ZHUANXING XINSHIQI DE GUANLI CHUANGXIN YANJIU

转型新时期的管理创新研究

魏成龙 冯常生 施媛 郑彦彦◎著

图书在版编目（CIP）数据

转型新时期的管理创新研究／魏成龙等著. —北京：企业管理出版社，2017.3

ISBN 978-7-5164-1488-0

Ⅰ. ①转… Ⅱ. ①魏… Ⅲ. ①企业管理—创新管理—研究—中国 Ⅳ. ①F279. 23

中国版本图书馆 CIP 数据核字（2017）第 055818 号

书　　名：转型新时期的管理创新研究
作　　者：魏成龙　冯常生　施　媛　郑彦彦
责任编辑：刘一玲　崔立凯
书　　号：ISBN 978-7-5164-1488-0
出版发行：企业管理出版社
地　　址：北京市海淀区紫竹院南路 17 号　　邮　　编：100048
网　　址：http：//www.emph.cn
电　　话：总编室 68701719　发行部 68414644　编辑部 68701322
电子信箱：80147@sina.com　zbs@emph.cn
印　　刷：北京市媛明印刷厂
经　　销：新华书店
规　　格：710 毫米×1000 毫米　16 开本　30.25 印张　460 千字
版　　次：2017 年 3 月第 1 版　2017 年 3 月第 1 次印刷
定　　价：78.00 元

前 言

无论是结构优化，还是要素升级，抑或是制度变革，供给侧结构性改革的“三大发动机”的核心都是创新，创新的主体是企业，政府要着力创新政策供给和创新政府治理；土地承载着生产资料和社会保障的双重功能，是农民安身立命之本，随着近年来城镇化进程的加快，农村集体土地被大量征用，大批农民失去了土地，失地农民的生活及权益保障的问题不仅仅是社会公平的问题，更是中国未来经济社会健康发展的一个重要基础，如何解决好失地农民问题已成为当前党和政府面临的紧迫难题和重大课题。本书主要研究中国转型新时期的企业创新环境优化、失地农民的权益保障问题和P2P网络借贷借款人信用风险管理。

一、开放式企业创新

随着经济全球化的趋势愈加猛烈，科学技术进步日新月异，企业所面临的外部环境日益复杂、不断变化，强有力竞争者也越来越多。想要在复杂多变的环境中站稳脚跟，在强手如云的竞争者中立于不败之地，必须将创新作为企业发展的源动力。2012年党的十八大中我国明确提出了“创新驱动发展战略”，要依赖自主创新实现跨越式突破，将创新提到了与改革同等重要的战略高度。企业创新既是国家在新形势下提出的战略导向，也是企业在发展中面临的实际需要和学术界的研究热点所在。学者们对企业创新问题的研究多是从创新的内涵，创新能力的提升，创新模式的探究，政策层面对创新的影响等方面展开的，其中对企业创新绩效的实证研究主要着眼于宏观或中观层面，从微观层面对创新绩效的深入研究很少，研究方法以传统方法为主。理论研究成果不能客观反映企业创新活动中存在的问题，因此也不能给出指导性的政策建议。企业作为创新主体，从企业角度采用合理的计量方法对创新绩效及其影响因素进行深入研究是十分必要的，这对企业自身找到创新效率缺失原因并予以改进有直接的指导意义，对政策制定者在宏观层面给予创新导向给出了理论依据。

我国企业自改革开放以来逐步融入到国际化市场中，接受外来科技知识和先进技术，但企业对知识的管理主要集中于学习借鉴而非自主研发，运营的主要方向集中于产品生产而非产品开发。在这种高投入、高能耗的生产模式下，企业生产的产品产量高而产品技术含量不足，没有独立知识产权，产品附加值极低，处于全球价值链的低端。同时，这种生产经营模式受制于资源短缺和环境压力，不利于社会经济的可持续发展。实践证明，在现阶段这种老路已经走不通，必须加速生产经营模式转变，从学习转向研究，从生产转向开发，依靠自主创新创造财富，充分发挥科技创新对经济社会的引领带动作用，提高科技进步对经济的贡献力，实现企业的绿色增长、经济社会的协调发展以及综合国力的提升。积极有效地开展企业自主创新是抵御外部环境变化的有效途径。通过开展技术创新形成创新成果，进一步的将创新成果转化为企业的成本优势和产品优势，有效提高市场份额，形成企业的品牌价值。

我国企业近年来研发投入显著增长，研发产出实现一定突破，但距离发达国家水平仍有显著差距，科技知识储备不足，高技术人才缺口较大。当前我国大多数企业都处于自主创新的起步阶段，不能科学地看待创新活动所面临的风险，缺乏知识管理和创新管理经验，企业不能合理分配和利用创新资源，造成创新资源浪费，创新效率低下。基于以上企业创新活动的现状及存在的问题，本书以河南上市企业为例对企业创新展开分析。

首先，本书在对企业创新理论、组织学习理论、知识管理理论等相关知识进行认真研究和梳理的基础上，对河南上市企业的创新投入和创新成果进行统计，对企业创新特点展开分析。整理得到2010—2013年河南上市企业的112组数据，运用数据包络模型对河南上市企业的创新绩效展开评估，考察企业创新的相对效率。结果表明：①各企业间的创新资源投入与创新产出成果分布不均，个别企业的创新投入和创新产出远高于其他企业。②河南企业研发能力较弱，创新方式相对封闭，高技术人才缺乏，创新成果不能有效转化为企业核心竞争力。112个样本数据的平均综合效率为0.28，创新绩效整体偏低，仅有6个样本的综合效率值达到1，大多数企业在创新活动中技术效率或规模效率严重偏低，与生产前沿相距较远，创新资源未得到有效利用，存在很大改进空间。

为探究企业间创新效率高低差别的产生原因，本书建立了创新绩效影响因素分析模型，考察企业规模、创新投入、政府支持力度等影响因素对企业创新绩效的影响。针对河南上市企业的107组有效样本数据运用Tobit方法进行回归分析，研究发现：①政府扶持力度、技术人员所占比例以及无形资产规模都与企业创新绩效正相关，而企业资产规模与企业创新绩效之间负相关。政府通过对企业创新进行产学研合作的引导、资金支持或其他创新政策倾斜，都会激励企业开展创新活动；技术人员自身知识储备和科研工作经验是企业创新能力的重要组成部分，技术人员投入力度的强弱程度对企业创新活动能否顺利开展起着至关重要的作用；充足的无形资产意味着企业具备自主创新能力和创新成果保护能力，这些已有的技术创新经验为企业在未来开展创新活动做好了知识储备，有助于企业更有效率地开展创新活动；资产规模大的企业对技术创新的认识相对保守，缺乏改变现状的动力，创新项目的研发周期长，创新管理系统庞大而冗杂，造成创新效率缺失。②在加入虚拟变量之后发现成熟企业的创新绩效相对较高。成熟企业在多年发展过程中累积了知识管理经验，具备识别创新项目的眼光，培养了稳定的科技团队，拥有充足的资金储备，能以科学的态度面对创新风险，有利于企业创新活动的顺利开展，这些企业能够以合理的创新投入和最优化的资源配置，取得最大化的创新收益。

为了更全面地分析开放式创新背景下的企业创新绩效问题，本书选取两家开放度高且信息披露较完备的河南上市企业，对其技术创新和产品创新的特征以及存在的问题展开案例分析。经过对企业的研发合作、技术交流、技术转让以及创新管理等方面分析，本书的结论是：

(1) 自主创新能力与开放式创新能力相互促进。具备较强自主创新能力的企业在开展开放式创新时，企业自身的科技软实力能够帮助它获得更高水准的交流平台。这些企业能够对外部环境中的新创意新思路有更好的识别能力，对新技术有更好的学习吸收能力，它在开放式创新中能够降低研发成本，提升自主创新能力。

(2) 企业从封闭式创新转向开放式创新是逐步展开的一系列变化过程，并非一蹴而就的。企业在感受到外部环境变化后，首先在意识层面发生转变，逐步认识到封闭式创新不能满足企业未来发展需要，并试图向外寻求合作机会；随后在创新合作的同时，合作方之间逐步熟悉并建立起信任关系；合作双方都认识到开放式创新的优势所在，深层次的实质性合作得以开展。

(3) 企业在开放式创新管理中必须注重人才梯队建设。科学的研发团队建设需要对研发资源整合，将企业内的研发资源交予研发团队统一管理。在团队中不仅要有学术带头人和核心技术骨干，还要有一批具备创新热情和基础知识扎实的技术人员。由学术带头人引领研发方向，核心技术骨干确保研发进展，一批技术人员作为科技人才后备力量，建立起人才梯队，优化研发人员结构，为持续创新夯实基础，提升企业的整体创新能力。

基于以上分析本书认为，中国企业目前尚未适应开放式创新环境，且自主创新能力较弱。在创新驱动发展的战略导向下，政府应在政策倾斜和资金支持上给予企业创新充分帮助；企业应将自主创新与开放式创新相结合，在加大创新资源投入的同时注重创新人才梯队建设，并加强知识产权保护意识，将创新成果有效转化为市场价值，提高企业创新绩效。

二、失地农民保障

随着我国新型城镇化的快速发展，大中小城市扩张、城镇化建设、工业园区建设对土地需求的激增，使得农业用地与非农用地之间的冲突愈演愈烈。农业用地被大量占用，直接导致我国失地农民数量急剧增加。然而，当前失地保障制度尚未完善，多数保障方案的设计有失偏颇，导致不少农民失地后陷入“种地无田、就业无岗、社保无份、发展无望”的窘境。同时，失地农民被“边缘化”也成为一个不争的事实，失地农民成为一个特殊群体，甚至有学者提出了城市居民、传统农民、失地农民“三元人口结构”理论。失地引发的一系列问题逐步凸显，土地问题成为农民的首要问题。失地农民问题成为重点关注和亟需破解的难题，研究失地农民保障评价体系具有重要的理论价值与现实意义。

本书从理论考察与文献分析出发，以可持续生计理论、资产建设与家庭经济学理论、可行能力理论为基础，从资本获得与投入、保障转换因素、保障水平输出等三个方面出发，构建失地农民保障水平评价指标体系，建立保障水平评价指数。在设计调查问卷后，利用随机抽样的方式进行问卷调查，运用因子分析、模糊综合评价、非参数检验、结构方程模型等数量分析工具，对失地农民的保障水平进行综合评价，分析影响失地农民保障水平的主要因素与影响路径，并根据实证分析结论有针对性地提出完善失地农民保障体系的逻辑与思路，以期为失地农民补偿和保障方案的优化设计提供有益建议。

本书的主要观点和研究结论可以总结为以下几个方面：

(1) 总体来看，失地后农民所拥有的生计资本比失地前有所增加。其中无论从失地前后，还是从静、动态来看，金融资本和人力资本在农户生机资本中的作用较大，自然资本发挥作用较小，社会资本的影响力在失地后增强。短期来看，在行政模式主导下，农户失地前后所拥有的生计资本的变动幅度大于市场模式下的变动幅度。但长期来看，结论也许会有所改变，有待进一步持续关注。

(2) 农户失地后的整体保障水平、基础保障水平和高阶保障水平均比失地前有所改善。从静态来看，失地后短期内基础保障的改善幅度大于高阶保障的改善幅度。但从动态来看，失地后基础保障的影响程度有所降低，高阶保障的影响程度则有所提升。如果在细分为市场模式和行政模式主导的情况下，行政模式下保障水平的提升幅度大于市场模式下保障水平的提升幅度，这与生计资本的变动是密切相关的。

(3) 在保障转换因素中，非农就业人口占比、高中以上学历人口占比、家庭平均收入、距经济中心的距离等四个转换因素指标对保障水平的影响是显著的，并且这种影响关系是正向的。而诸如就业人口占比、性别等这些转换因素对保障水平的影响是不显著的。

(4) 生计资本和转换因素之间直接相互影响，生计资本和转换因素可通过直接和间接的路径对保障水平产生正向的影响。无论是直接效应还是总效应，转换因素对保障水平的影响大于生计资本对保障水平的影响，转换因素对保障水平的作用非常重要。

根据以上研究结论，本书有针对性地提出了以下政策建议，以期为城镇化建设过程中优化完善失地农民保障体系提供参考：

(1) 减少与民争利，构建长期合理的利益共享机制：城镇化的目标是使农民成为城镇化的最大受益者，构建失地农民利益分配机制，要让失地农民切实分享到土地一级开发红利和二级开发红利；甚至可以探索农民对土地拥有"亚产权""名义产权"模式的制度安排。

(2) 产城良性互动，以产业发展带动人力资本提升：在新型城镇化项目的选择上要遵循资源区位优序发展的原则，优先推进城市辐射区、产城融合区的城镇化进程，促进产业与城镇的共生、共赢。

(3) 做活金融资本，探索个人资本账户模式：政府积极引导失地农民金融资本建设，留资安置、入股成熟项目获取收益均是一种有益尝试；探索个人资本账户模式，不仅增加失地农民的金融资本，而且可以实现社会保障功能。此外，培育社会资本，优化传统农村社会关系结构；筑牢"三大防线"，夯实基础保障；加强教育投入，关注高阶保障；因户而异，制定菜单式补偿方案等建议也有助于完善、提升失地农民的保障水平。

三、P2P 网络借贷借款人信用风险管理

2005 年 3 月，P2P 网络贷款在英国诞生，2007 年 8 月，我国的第一家 P2P 网贷平台拍拍贷成立。P2P 网络借贷自传入我国以来取得了飞速的发展，但是作为新生事物，发展与问题同在。P2P 网络借贷中借款人信用风险对 P2P 网络借贷中的各方行为主体都危害极大，借款人违约产生坏账直接危及投资人的利益，投资人无法收回投资本金，而投资人对 P2P 网络借贷平台的负面评价，会累及 P2P 网络借贷平台的声誉，进而使其他投资人对 P2P 网络借贷平台产生信任危机，如此恶性循环，P2P 网络借贷平台或因运营不支而停业，或因遭受挤兑而倒闭等。出现问题的 P2P 网络借贷平台逐渐增多就会对整个 P2P 网络借贷行业造成不良影响，阻碍行业发展。

P2P 网络借贷以互联网技术为依托，P2P 网络借贷平台作为借贷双方的中介平台，为放款人提供借款人的详细个人信息，以期实现双方之间的信息充分交流，但这只是理想中的状态，实际上，由于国内征信环境的限制，传统民间借贷中的信息不对称现象在 P2P 网贷中依然存在。根据信息不对称理论可知，在 P2P 网络借贷中，由于存在借款人信息不完全的现象，使得 P2P 网贷中的借款人信用风险问题十分突出。因此，缓解 P2P 网

贷中的借款人信息不完全状况成为控制P2P网贷信用风险的重要手段。

本书通过对国内知名P2P网络借贷平台人人贷的数据研究发现，利率、还款期限和还清笔数成为借款人违约风险的预测因素，借款人其他诸多信息因素并没有对借款人的违约率构成直接影响，平台公布的借款人信息只有极少数能够为投资人提供关于借方的风险参考，而例如借款人的个人信息如年龄、婚姻状况等，借款人的工作相关信息等规避来自借款人的信用风险是无用的。在借款人的信息中，借款人的信用评级所占的分量和代表的意义与其他信息指标是不同的。借款人信用评级是借款人信用状况的综合和直接体现，它应直接对投资人形成风险警示作用，使投资人根据借款人的信用评级选择自己的投资偏好。因此，借款人信用评级也应是其未来违约率的直接推测依据，但研究结果表明，借款人信用评级并没有对其预测违约风险造成影响，进而可以得出借款人信用评级不能对其未来信用风险构成参考，这样的结果也说明了作为借款人信息的汇总和精华体现，借款人信用评级已经失去了其应有的意义。

对于P2P网络借贷借款人信用风险的防范和控制，并不是单独依靠政府部门或P2P网络借贷平台就能取得成功的，必须要多方主体的共同参与和努力。P2P网络借贷平台应把控好借款人信用风险审核环节及贷后管理环节，充分利用已获取的借款人信用信息作出合理的信用风险判断并辅以完善的贷后管理计划，争取在P2P网络借贷平台这个载体上把借款人信用风险把控到安全的范围之内。P2P网络借贷的借贷主体双方也应充分自律，借款人应提高自身诚信意识，不依靠虚假增信过度借贷，投资人也应建立一套科学合理并适合自己的投资计划，树立强烈的风险意识，以使因个人失误造成的投资损失降到最低。政府部门适当进行行政干预，制定各种适用于P2P网络借贷行业的监管细则及辅助发展政策，一方面为P2P网络借贷行业的征信发展开辟道路；另一方面也要制定相关监管政策使P2P网络借贷行业的各方主体依法行事，规范自身的经济行为，同时也要对P2P网络借贷这个新生事物给予政策上的扶持，以推动P2P网络借贷行业在我国的深层次发展。

由于P2P网络借贷平台无法共享央行的征信数据，因此在对借款人进行风险定价的时候，需借助线下审核等实地调查模式来获取借款人信息。

对我国 P2P 网络借贷平台的信审环节进行实证研究，以探究 P2P 网络借贷平台对借款人的信用审核是否起到了降低借贷双方信息不对称的目的，又是否进一步降低了借贷过程中的借款人信用风险。在对人人贷借款人数据整理分析的基础上，从信息不对称角度出发，以探究平台所收集的借款人信息是否具有通过缓解借贷双方信息不对称而降低借款人信息风险的作用。本书通过理论和实证研究，找到了人人贷平台在处理借款人信用风险时存在的问题，一方面为丰富了 P2P 网络借贷借款人信用风险的理论研究，另一方面发挥了实证研究的现实说服力，为我国其他 P2P 网络借贷平台提供了借鉴对象和努力改进的方向，也为我国制定相关监管细则提供有效参考。具体到研究内容上的主要创新和贡献如下：

第一，创新性地提出我国 P2P 网贷中信息不对称现象不仅仅是由信息获取源头的限制造成的，还在于 P2P 网贷平台盲目依据不属于违约风险因子的信用评级对贷款进行分配，导致借款人信息因素被放大使用。

第二，借款人信用评级作为风险放大因子，会加剧借贷双方的信息不对称现象，从而诱发信用风险的发生。

本书是在魏成龙教授统筹下，有施媛、冯常生和郑彦彦分别撰写了上篇、中篇和下篇的初稿，最后由魏成龙定稿，参考了众多相关文献成果，在此表示感谢。

作者

2016 年 11 月

目 录

上篇 开放式企业创新

中篇　失地农民权益保障

下篇 P2P 网络借贷借款人信用风险管理

上篇 开放式企业创新

随着经济全球化的趋势愈加猛烈，科学技术进步日新月异，企业所面临的外部环境日益复杂、不断变化，强有力竞争者也越来越多。想要在复杂多变的环境中站稳脚跟，在强手如云的竞争者中立于不败之地，必须将创新作为企业发展的原动力。2012 年党的十八大中我国明确提出了“创新驱动发展战略”，要依赖自主创新实现跨越式突破，将创新提到了与改革同等重要的战略高度。企业创新既是国家在新形势下提出的战略导向，也是企业在发展中面临的实际需要和学术界的研究热点所在。学者们对企业创新问题的研究多是从创新的内涵，创新能力的提升，创新模式的探究，政策层面对创新的影响等方面展开的，其中对企业创新绩效的实证研究主要着眼于宏观或中观层面，从微观层面对创新绩效的深入研究很少，研究方法以传统方法为主。理论研究成果不能客观反映企业创新活动中存在的问题，因此也不能给出指导性的政策建议。企业作为创新主体，从企业角度采用合理的计量方法对创新绩效及其影响因素进行深入研究是十分必要的，这对企业自身找到创新效率缺失原因并予以改进有直接的指导意义，对政策制定者在宏观层面给予创新导向给出了理论依据。

我国企业自改革开放以来逐步融入到国际化市场中，接受外来科技知识和先进技术，但企业对知识的管理主要集中于学习借鉴而非自主研发，运营的主要方向集中于产品生产而非产品开发。在这种高投入、高能耗的生产模式下，企业生产的产品产量高而产品技术含量不足，没有独立知识产权，产品附加值极低，处于全球价值链的低端。同时，这种生产经营模式受制于资源短缺和环境压力，不利于社会经济的可持续发展。实践证明，在现阶段这种老路已经走不通，必须加速生产经营模式转变，从学习转向研究，从生产转向开发，依靠自主创新创造财富，充分发挥科技创新对经济社会的引领带动作用，提高科技进步对经济的贡献力，实现企业的绿色增长、经济社会的协调发展以及综合国力的提升。积极有效地开展企业自主创新是抵御外部环境变化的有效途径。通过开展技术创新形成创新成果，进一步将创新成果转化为企业的成本优势和产品优势，有效提高市场份额，形成企业的品牌价值。

我国企业近年来研发投入显著增长，研发产出实现一定突破，但距离发达国家水平仍有显著差距，科技知识储备不足，高技术人才缺口较大。当前我国大多数企业都处于自主创新的起步阶段，不能科学地看待创新活动所面临的风险，缺乏知识管理和创新管理经验，企业不能合理分配和利用创新资源，造成创新资源浪费，创新效率低下。基于以上企业创新活动的现状及存在的问题，本书以河南上市企业为例对企业创新展开分析。

第一，本书在对企业创新理论、组织学习理论、知识管理理论等相关知识进行认真研究和梳理的基础上，对河南上市企业的创新投入和创新成果进行统计，对企业创新特点展开分析。整理得到2010—2013年河南上市企业的112组数据，运用数据包络模型对河南上市企业的创新绩效展开评估，考察企业创新的相对效率。结果表明：①各企业间的创新资源投入与创新产出成果分布不均，个别企业的创新投入和创新产出远高于其他企业。②河南企业研发能力较弱，创新方式相对封闭，高技术人才缺乏，创新成果不能有效转化为企业核心竞争力。112个样本数据的平均综合效率为0.28，创新绩效整体偏低，仅有6个样本的综合效率值达到1，大多数企业在创新活动中技术效率或规模效率严重偏低，与生产前沿相距较远，创新资源未得到有效利用，存在很大改进空间。

第二，为探究企业间创新效率高低差别的产生原因，本书建立了创新绩效影响因素分析模型，考察企业规模、创新投入、政府支持力度等影响因素对企业创新绩效的影响。针对河南上市企业的107组有效样本数据运用Tobit方法进行回归分析，研究发现：①政府扶持力度、技术人员所占比例以及无形资产规模都与企业创新绩效正相关，而企业资产规模与企业创新绩效之间负相关。政府通过对企业创新进行产学研合作的引导、资金支持或其他创新政策倾斜，都会激励企业开展创新活动；技术人员自身知识储备和科研工作经验是企业创新能力的重要组成部分，技术人员投入力度的强弱程度对企业创新活动能否顺利开展起着至关重要的作用；充足的无形资产意味着企业具备自主创新能力和创新成果保护能力，这些已有的技术创新经验为企业在未来开展创新活动做好了知识储备，有助于企业更有效率地开展创新活动；资产规模大的企业对技术创新的认识相对保守，缺乏改变现状的动力，创新项目的研发周期长，创新管理系统庞大而冗杂，造成创新效率缺失。②在加入虚拟变量之后发现成熟企业的创新绩效相对较高。成熟企业在多年发展过程中累积了知识管理经验，具备识别创新项目的眼光，培养了稳定的科技团队，拥有充足的资金储备，能以科学的态度面对创新风险，有利于企业创新活动的顺利开展，这些企业能够以合理的创新投入和最优化的资源配置，取得最大化的创新收益。

第三，为了更全面地分析开放式创新背景下的企业创新绩效问题，本书选取两家开放度高且信息披露较完备的河南上市企业，对其技术创新和产品创新的特征以及存在的问题展开案例分析。经过对企业的研发合作、技术交流、技术转让以及创新管理等方面分析，本篇发现：①自主创新能力与开放式创新能力相互促进。具备较强自主创新能力的企业在开展开放式创新时，企业自身的科技软实力能够帮助它获得更高水准的交流平台。这些企业能够对外部环境中的新创意、新思路有更好的识别能力，对新技术有更好的学习吸收能力，它在开放式创新中能够降低研发成本，提升自主创新能力。②企业从封闭式创新转向开放式创新是逐步展开的一系列变化过程，并非一蹴而就的。企业在感受到外部环境变化后，首先在意识层面发生转变，逐步认识到封闭式创新不能满足企业未来发展需要，并试图向外寻求合作机会；随后在创新合作的同时，合作方之间逐步熟悉并建立起信任关系；合作双方都认识到开放式创新的优势所在，深层次的实质性合作得以开展。③企业在开放式创新管理中必须注重人才梯队建设。科学的研发团队建设需要对研发资源整合，将企业内的研发资源交予研发团队统一管理。在团队中不仅要有学术带头人和核心技术骨干，还要有一批具备创新热情和基础知识扎实的技术人员。由学术带头人引领研发方向，核心技术骨干确保研发进展，一批技术人员作为科技人才后备力量，建立起人才梯队，优化研发人员结构，为持续创新夯实基础，提升企业的整体创新能力。

基于以上分析本书认为，中国企业目前尚未适应开放式创新环境，且自主创新能力较弱。在创新驱动发展的战略导向下，政府应在政策倾斜和资金支持上给予企业创新充分帮助；企业应将自主创新与开放式创新相结合，在加大创新资源投入的同时注重创新人才梯队建设，并加强知识产权保护意识，将创新成果有效转化为市场价值，提高企业创新绩效。

第一章 绪论

本章介绍了本书上篇的研究背景、研究意义及研究的主要问题，对所研究对象进行明确界定，并在此基础上厘清了研究思路并确定了研究的技术路线和研究方法，最后给出了本篇的主要创新点。

一、研究背景

随着经济全球化的趋势愈加猛烈，科学技术飞速进步日新月异，企业所面临的外部环境日益复杂、不断变化，进而对企业生存和发展所造成的影响也越来越深刻。对于中国企业来说，如何应对环境变化所带来的机遇和挑战，成为众多企业管理者在考虑未来战略发展时必须思考的问题，同时这也成为学者们普遍感兴趣的研究问题。

随着全球化的不断推进，企业间的竞争与过去有很大不同，这种企业间竞争强度和竞争性质的变化也带来了企业运作方式的改变。一方面，企业间的竞争范围日益扩大；另一方面，企业与政府、供应商、客户、同行、中介机构以及其他组织之间的合作关系日益密切，传统企业间的个体竞争已逐渐演变为基于合作竞争的竞争新格局（Gomes – Casseres，1994；Håkansson，1987）。在全新的竞争格局中，我国企业该如何通过资源整合构建企业核心竞争力，是企业在竞争中胜出的关键所在。

我国在21世纪之初，开始了建设创新型国家的重大战略决策。技术创新在国家发展中发挥日益显著的作用，以建设知识共享为核心的资源建设已成为国家创新体系中的重要组成部分。

科技创新对经济社会发展中起到越来越重要的作用，能否快速获取新知识掌握新技术，研发资源能否得到有效配置，是决定着企业、地区乃至国家科技实力强弱的关键因素。对于强调知识重要性以及重视知识产权的当今经济社会，力争展开自主研发已经上升为国家战略，并成为我国能否实现经济增长方式转变的重要环节。党的十八大和全国科学技术大会明确强调：必须将提高自主创新能力作为科技发展的首要选择，作为提升国家竞争力的战略基点，努力将我国建设成为具备强大自主创新能力的国家，走具有中国特色的社会主义自主创新道路，这也是我国适应长远发展的战略选择。科技资源整合的质量，直接关系到一个国家的科学技术与经济社会发展的势头和方向，也影响着企业的兴衰存亡。为了适应国际创新竞争，针对我国科学技术与经济发展所面临的特殊背景和主要问题，分析我国科技资源整合利用的现状，探究企业创新绩效的影响因素，对提升企业创新能力、区域创新能力以及国家竞争力具有十分重要的作用。

（一）持续创新是企业赖以生存和发展的关键

在经济全球化、高新技术快速更新的浪潮中，把握自主创新的广度与深度是一个国家持续发展的关键。与此同时，企业作为国家创新主体之一，面对激烈的市场竞争环境，经过技术创新逐步形成成本优势与产品优势，是企业发展之根本。全球竞争环境的不确定性日益加剧，持续的创新更成为企业生存的必然选择，尤其是以培育企业核心竞争力为基础的技术创新，对提升企业核心竞争力具有至关重要的影响。因此，企业应该大力投资于研发活动，打造新产品推向市场，并力争构建差异化的产品，以提升企业的核心竞争力。因此，关于企业创新问题的探讨具有重要而深远的意义。

对企业而言，核心竞争力是其不同于其他企业的能力，可以是企业独有的技术、产品、降低成本的生产方式等。企业获得核心竞争力的根本途径是通过技术创新和产品创新实现较低成本的生产和较高市场接受度的产品创造获得。当今企业仅依靠简单的提高投入产出率或提升产品质量已不能在严酷的市场考验中抢占先机，必须向创新型企业转型拥有持续创新能力，才能够获取企业的核心竞争力并在市场竞争中取胜（见图1-1）。

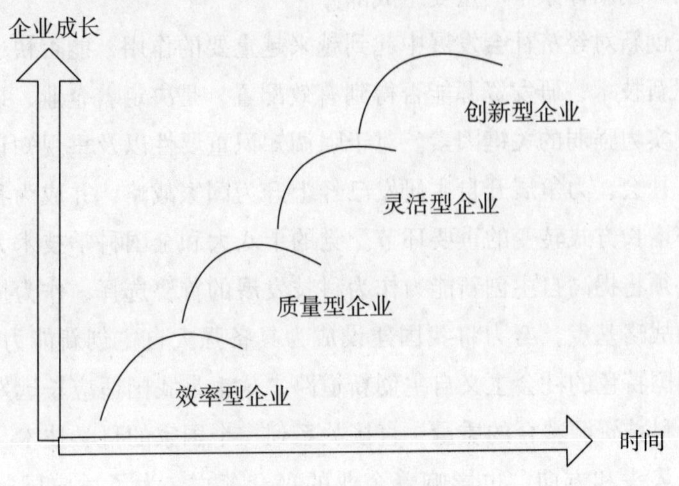

图1-1　企业发展方向

资料来源：陈劲. 永远发展——企业技术创新透析 [M]. 北京：科学出版社，2001.

20世纪80年代以来，技术革新日新月异，社会分工、社会需求以及产业组织，均在科技进步的推动下进入了一个新的阶段。企业所面对的市场已由周边市场、全国市场转为全球市场，消费者需求的日趋多样化，各个产业之间的界限变得模糊，知识和生产的综合性加强，这些都严重地影响到企业的组织行为方式，竞争态势发生了巨大变化。技术人员之间不再局限于企业内部交流，与外界的技术交流和研发合作日益增多，企业间的合作与竞争模式也发生了巨大变化，关起门来独立创新已无法赶上技术创新的趋势。传统企业竞争中的个体间竞争已不再是主要竞争格局，当前企业竞争转变为多个行业间多个地区间企业的群体间竞争，此时企业要在竞争中胜出则需要与其他企业合作，于是竞争格局中合作与竞争并存。在这种竞争格局下，多数企业意识到可以通过建立网络共享资源，以寻求合作并建立自己的竞争优势。此时，如果企业只依靠其内部资源试图实现企业能力的提升，不仅造成效率低下而且无法有效提升企业核心竞争力（李新春，2000），企业的绩效增长不再单纯依靠企业内部进行资源获取和资源分配，同时也依赖于合作伙伴的资源状态及彼此之间的合作情况。因此，要在复杂多变的全球化商业环境中实现跨组织成长，建立企业间的正式或非正式的合作关系是企业重要发展策略。Davidow，W. H（1992），Miles，R. E（1992），Peters，T.（1992）等人认为成功企业正在向动态网络化组织（Dynamic Network Form）转化，Snow，Charles C. 等人（1992）认为企业间的合作竞争正在逐步取代企业间的层级制度，新的市场竞争格局迫使每个企业都在一定程度上成为一个合作竞争的管理者和参与者。超过八成的企业间战略合作是与技术创新活动相关的，企业间建立起技术合作网络已经成为众多企业寻求技术创新的新模式。技术合作网络在数量上急剧增加，在合作质量上也发生了巨大变化，企业间越来越倾向于展开深层次的技术合作，合作逐步接近企业的核心业务领域（Hagedoorn & Schakenraad，1990）。

德鲁克（1995）曾建议企业经营方式的转变的关键并非所有权转变而是合作伙伴关系的发展。越来越多的企业意识到，在这个需要战略创新性、灵活性和集中性的商业环境中，企业期望通过自给自足寻求发展是越来越难的，而这正是技术网络不断发展的驱动力。技术网络为企业提供了前所未有的机会，使得企业可以在其合作伙伴的帮助下快速提升自身竞争力。通过把具备不同技能和知识基础的企业结合起来，技术网络为网络中的成员企业开创了独一无二的学习机会。

从以往20年的全球经济发展，尤其是跨国公司在全球的拓展，我们可以清晰地看到，通过技术密集型企业间所建立起的广泛的技术网络联盟，企业间得以实现高水平的知识互通和技术扩散（Barley，1992）。从技术创新的角度来说，企业应该通过与外部合作等方式来获取互补的技术资源（Teece，1986），或通过获取的互补资源来促使企业完成自主创新（Sheen & MacBryde，1995；Lanctota & Sweanb，2000；Funk，2003）；从其他企业的角度来看，即使其当前研发水平不足，如果能够有效地利用企业之间的互补创新资源实现技术合作，该企业也必定能够适应技术的快速更新换代所带来的环境变化，甚至可能比创新者获利更高（Rothaermel，2001）。

此外，多家企业结合创新联盟也是给予企业更多研发资源的一种有效途径。如果企业有效利用了所处的创新联盟，获得的资源就会更多。例如，联盟成员会相互传播他们合作伙伴的信誉如何，研发能力高低等信息。当一个企业在合作中保持良好信誉，不仅仅会吸引更多企业与之结成创新联盟，而且可以先发制人，争取到最有价值的合作伙伴，从而获得对企业有利的互补资源和技术知识以及持续发展的平台（Gulati，1998）。

（二）自主创新是我国发展的必然选择

科技发展在社会经济发展中起到了日益重要的作用，从企业间竞争到区域经济发展，乃至综合国力的考量都越来越多地体现在科技竞争上，提高自主创新能力是各国提升国家实力的战略举措。

我国作为一个发展中国家，经过30多年的改革开放已经逐步融入全球经济市场。随之而来的，我们也将会面临越来越多、越来越强的外部因素影响。我们必须坚持自主创新并拥有强大的综合国力，才能在竞争中把握机遇。

我国在2011年发布的国家“十二五”规划中明确提出要坚持“自主创新，重点跨越，支撑发展，引领未来”的指导方针，“以提高自主创新能力为核心”“着力提升科技创新基础能力，着力培养造就创新型科技人才队伍，全面推进国家创新体系建设，实现我国科技发展的战略性跨越，为进入创新型国家行列奠定坚实基础”。自主创新是我国在未来一段时间内科技发展的重要支撑点。改革开放以来，我国既开放市场也解放思想，积极学习并引进国外的先进技术提升自身生产的科技实力。随着国际环境的日益开放，国与国之间的联系也愈加紧密，我们可以有更多途径来借鉴国际先进的科技成果。对外来科技成果的学习和消化吸收在过去的30年中对我国科技进步和整体经济发展作出了重大贡献，但与此同时我们也应认识到，当代中国企业的发展和国家竞争力的提升绝不可以仅仅依靠技术引进。在对国外先进技术引进的过程中，无数事实反复证明真正的核心技术是我们买不来的，由于未能掌握核心技术，我国大多数企业都在低附加值、消耗资源、抄袭模仿中获得利润，在国际分工中处于低端位置，无法打破发达国家的技术垄断。此时必须依靠自主创新，用知识开发创造财富，从而拥有核心技术，提升企业竞争力，享有与竞争对手平等对话的权利。

一个国家只有拥有了强大的自主创新能力才能有效提升国家实力，在国际间竞争中赢得主动，这是我国在面对激烈的国际竞争和挑战前作出的正确举措，也是实现创新型国家的根本途径。

（三）企业创新的国际化开放化趋势

创新是一个企业追求可持续发展的必经之路，也是国与国之间竞争时拥有竞争优势的关键所在。随着经济全球化进程不断加快，企业活动呈现出生产国际化和销售国际化的趋势，企业创新活动也随之日益国际化，面临这样的外部环境，开放式创新成为企业拥有持续竞争力的有效方法。选择开放式创新的企业可以在全球范围内获取稀缺资源，能够整合全球范围有利于自身发展的创新资源并迅速学习吸收的企业将成为市场竞争中的强者。因此，Chesbrough 认为从企业外部获取资源（outsourcing）是企业获取成功的明智之选，并提出开放式创新模式。与封闭式创新相比，开放式创新中的企业与外部没有明确的边界或者是可渗透的。企业创新的思想来源既可以是企业内部也可以是企业外部，企业可以利用并且应该利用其内外部的创新思想（Chesbrough，2003a）。

随着企业创新活动的国际化和开放化，企业不再仅仅从内部获取所需知识，使得企业内外部形成了一个技术网络。企业能否充分利用并整合外部资源来架构企业自身的知识和技术，成为企业在激烈的市场竞争中成败的关键。

（四）实施创新驱动发展战略，激发企业创新活力

我国在改革开放之后经济快速增长主要依赖于低成本的劳动力投入和资源投入，这种生产模式一方面受到资源投入瓶颈的制约并造成了严重的环境污染；另一方面造成许多产业都处于全球价值链的低端，经济缺乏可持续发展能力。

在当今世界科技发展大环境下，创新从研发到商业化的周期大幅缩短，科学研究中多个学科间的相互渗透融合。国外从顶层设计到企业和科研机构都将提升创新能力作为改革方向和新的突破点，而我国当前科技资源利用效率低，大量创新成果仅停留于专利申请，不能有效转化为实用技术或新产品。

在内在发展制约和外来创新压力的双重影响下，我国要从顶层设计来对企业和研究机构的创新予以引导，并构建适合创新活动开展的制度环境。2012年年底，在党的十八大上我国明确提出了创新驱动发展战略，明确提出“科技创新是提高社会生产力和综合国力的战略支撑，必须摆在国家发展全局的核心位置”，将创新的战略地位提升到了前所未有的高度。

实施创新驱动发展战略对我国保护生态环境和节约能耗转变经济增长方式有重要意义。传统行业的高投入、高能耗造成了当前环境污染问题，通过创新驱动对传统行业进行改造既能够降低成本，节约能耗，减少污染，又能够提高生产力水平，全面提升经济增长的质量，推动经济增长方式的转变。

对河南省而言，实施创新驱动发展战略对中原经济区建设起到了至关重要的作用。河南省在国家创新驱动战略的指引下对其进行深入解读并探讨具体执行措施，扎实推进企业和研究机构构建科技平台，参与科技项目，充分发挥企业的创新主体作用，增强区域自主创新能力。河南省以高成长性产业、传统优势产业和战略性新兴产业为重点，从制定规划、技术标准、市场规范、人才引进、搭建合作平台等方面加以引导和扶持，并将公共投资的重点转向创新驱动发展的相关领域。力争以政府财政投入为引导，企业投入为主体，银行信贷及资本市场为支撑，充分发挥科技创新在河南省经济发展方式转变的支撑作用，促进经济社会由传统增长方式转向创新驱动增长方式。

（五）中国企业的创新现状

世界银行公布的数据显示，我国的研究与试验发展经费（R&D）占国内生产总值（GDP）的比重较低。2000年之前，我国的R&D经费支出都不足1%（0.6%~0.8%）。这一比例在2000年之后有了显著提高，该比例在2013年首次突破2%，在发展中国家中是较高的。2013年我国的研发经费总额高达11847亿元，比2012年增加1548亿元，年增长率15%，[①]位居世界第三。2014年，中国全社会研发投入（R&D）预计达到13400亿元，其中企业支出占76%以上；R&D占GDP比重预计可达2.1%；全时研

① 资料来源：2013中国科技统计年鉴。

发人员总量预计达到380万人/年，位居世界第一；每万名就业者中，研发人员数量达49.2人；国际科技论文数量稳居世界第二位，被引次数上升至第四位；国内有效发明专利达到66万件，比上年增长12%；全国技术合同成交额达8577亿元，比上年增长14.8%；国家高新区总收入达到23万亿元，比上年增长15%。①

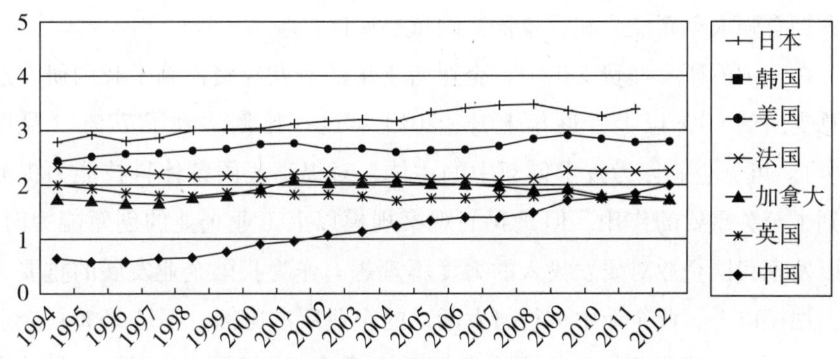

图1-2 部分国家研发经费投入占国内生产总值的比值

资料来源：国家统计局和科技部的历年《中国科技统计年鉴》。

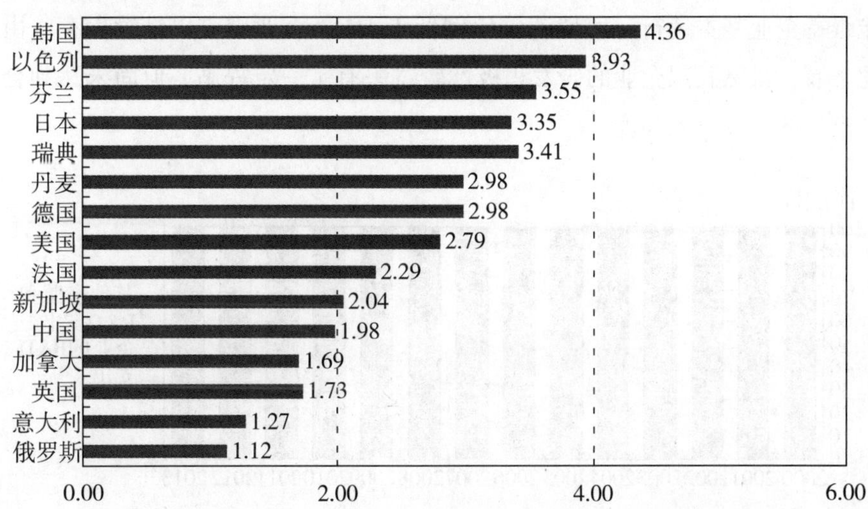

图1-3 2012年部分国家研发经费投入占国内生产总值的比值

资料来源：国家统计局和科技部的历年《中国科技统计年鉴》。

---

① 资料来源：2015年全国科技工作会议。

虽然我国的R&D经费投入已较过去有了迅速增长，且R&D经费总额和研发人员总量居于世界前列，但是相比于世界发达国家而言，研发强度还是远远不够的。近年来，多数发达国家的R&D经费投入占当年GDP的比值都在2%以上，日本、韩国及一些北欧国家的这一比值达到了3%，甚至超过4%（见图1－2、图1－3）。对研发活动的持续高水平投入是这些国家拥有强大创新能力和竞争优势的重要保证。

在我国的研发经费支出中，企业所支出的研发经费占到了我国研发经费总支出的60%以上并逐年上升，2013年这一比例达到了77%（见图1－4）。可见企业作为技术创新中的主体，对提高我国整体科技能力提升起到了至关重要的作用。但是我们观察规模以上工业企业的创新能力时，可以发现我国企业对研发投入的力度不理想。作为我国企业发展的重要力量，规模以上工业企业中进行研发活动的企业所占比例尚不足15%；企业研发经费占主营业务收入的比重常年平均不足1%（见表1－1）。科技发达国家经过多年的研发活动实践发现，企业研发经费投入超过销售收入5%以上时，企业具备实质性的开展研发活动的基础；该比例超过2%时，能维持企业基本运行；而倘若该比例低于1%，企业则难以继续生存。由此来看，虽然我国企业的研发积极性较过去有了一定提高，但尚未达到合理有效的研发投入强度。

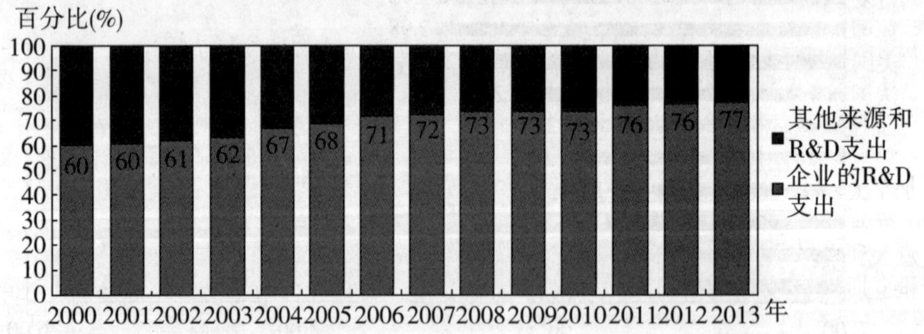

图1－4　我国研发经费内部支出中企业研发经费支出所占比例[①]

① 资料来源：国家统计局和科技部的历年《中国科技统计年鉴》。

表1-1　　规模以上工业企业的R&D活动情况

单位:%

指　标	2008年	2009年	2011年	2012年	2013年
有R&D活动的企业所占比重	6.50	8.48	11.50	13.70	14.83
R&D经费支出占主营业务收入的比重	0.61	0.69	0.71	0.77	0.80

资料来源：从2011年起，规模以上工业企业的统计范围从年主营业务收入为500万元及以上的法人工业企业调整为年主营业务收入为2000万元及以上的法人工业企业。

数据表明，近年来我国企业新产品销售收入占主营业务收入的比重稳定在11%~13%之间，其中大型企业的该比重略高于20%，中小型企业的比重较低（见表1-2）。企业研发经费投入不足会影响到企业的创新绩效，除此之外，研发活动不仅仅能够创造新的知识，还可以促进企业学习和吸收外部知识。因此，我国企业的研发经费投入不足，也会影响到我国企业技术学习和吸收的能力。

表1-2　　我国企业新产品销售收入占主营业务收入的比重

单位:%

企业规模	2011年	2012年	2013年
全　国	11.92	11.89	12.38
大型企业	20.56	20.29	21.01
中型企业	8.83	9.23	10.16

资料来源：国家统计局和科技部的历年《中国科技统计年鉴》。

面临新的国际竞争环境，我们必须认识到我国在科技发展方面仍存在许多问题。这一方面体现为自主创新能力弱，企业的创新热情创新活力和动力不足，企业、高校、研究机构之间的合作不够紧密，深层次合作少；另一方面，高技术人才缺口较大，企业内的创新资源未得到有效整合，配置效率低，资源未得到有效利用，自主创新政策落实需要进一步深化。因此我国企业必须对外部局势和自身位置有清醒的认识，准确把握市场需求，充分发挥技术创新产品创新对企业未来持续发展的支撑作用。

（六）河南企业的创新现状

在国家提出创新驱动发展战略之际，河南省企业紧跟国家政策，把提高自主创新能力作为河南省的发展战略中的重要举措，近年来技术创新取得了显著成效。

在研发投入方面，2013 年，河南省研发经费内部支出 355. 32 亿元，比上年增加 44. 54 亿元，增长 14. 33%，居全国第 11 位；研发经费投入强度（R&D 经费与地区生产总值之比）为 1. 11%，比上年提高 0. 06 个百分点，投入强度居全国第 18 位；研发人员全时当量 152251. 5 人年，比上年增加 23929 人，增长 18. 65%，居全国第 7 位，全省创新投入实现稳步增长。

观察 2006—2013 年数据我们看到，中部六省的研发经费投入强度均低于全国平均水平，河南省的该比例在逐年上升，但仍与其他省份有较大差距（见图 1 – 5）。河南省研发经费内部支出总量提升快，但较其他省而言，试验发展经费支出占总的研发经费支出比重大，而基础研究经费支出所占比例极低（见图 1 – 6）。基础研究是科学的根本，是创新驱动发展的动力源泉，只有着力发展基础研究，积累雄厚的基础研究成果才能支撑整个科技和社会经济的长远发展。

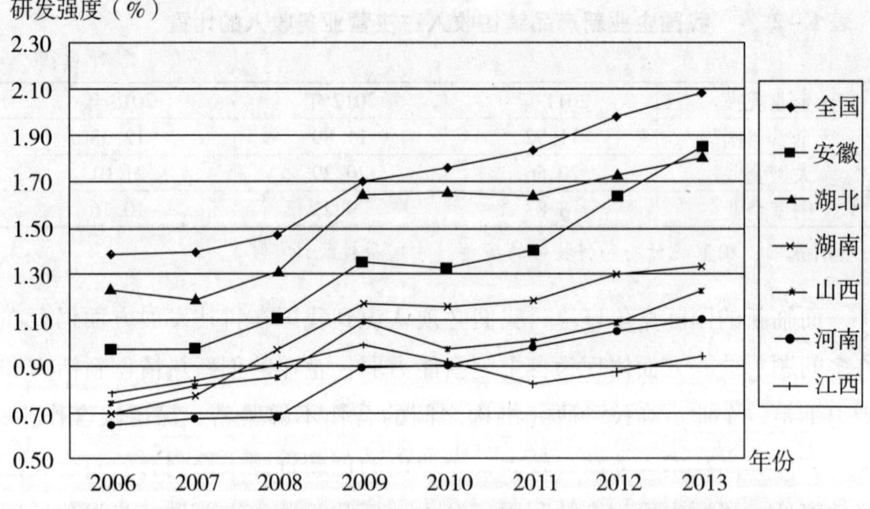

图 1 – 5　中部地区各省研究与试验发展（R&D）经费投入强度

资料来源：国家统计局和科技部的历年《中国科技统计年鉴》。

2013 年，河南省规模以上工业企业中，参与研发活动的企业数量占企业总数的比例为 8. 29%，居全国第 21 位，远低于全国平均水平 14. 83%（见图 1 – 7）。可见在规模以上工业企业中，愿意进行研发活动的企业数量也是有限的。

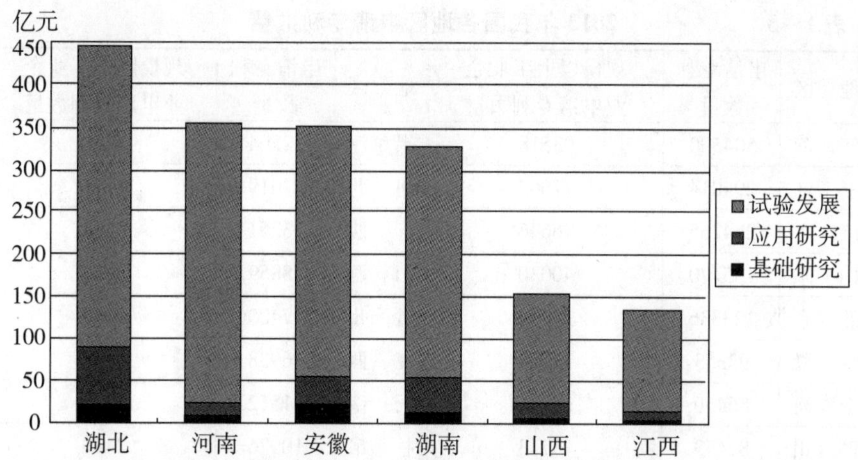

图 1 -6　中部地区各省研究与试验发展（R&D）经费内部支出（2013 年）

资料来源：国家统计局和科技部的历年《中国科技统计年鉴》。

从研发成果来看，2013 年，河南省规模以上工业企业的新产品销售收入占其主营业务收入的比例为 6.22%，居全国第 21 位，远低于全国平均水平 12.38%（见图 1 -7）。申请专利 55920 件，居全国第 11 位，其中规模以上企业申请专利 14400 件，居全国第 13 位（见表 1 -3）。全省的有效专利数 6470 件，每万人口拥有的专利数量为 0.69 件，比上年增加 0.14 件。近年来河南省的创新投入稳步增长，创新成果不断增加，但不应忽视的是企业创新人才优势不明显，研发能力仍然欠缺，创新成果转化能力不足。

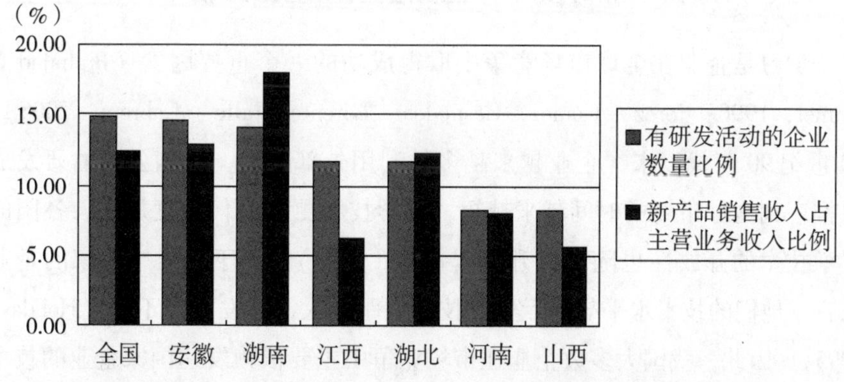

图 1 -7　中部地区各省规模以上工业企业研发基本情况

资料来源：国家统计局和科技部的历年《中国科技统计年鉴》。

表 1-3　　2013 年我国各地区申请专利数量

地　区	申请专利数量	规模以上工业企业申请专利数量	地　区	申请专利数量	规模以上工业企业申请专利数量
江　苏	504500	93518	黑龙江	32264	4282
浙　江	294014	77067	河　北	27619	9171
广　东	264265	96646	广　西	23251	4468
山　东	155170	40030	山　西	18859	5083
北　京	123336	19210	贵　州	17405	3446
安　徽	93353	32909	江　西	16938	4893
上　海	86450	25738	云　南	11512	2793
四　川	82453	15713	甘　肃	10976	2440
天　津	60915	16302	吉　林	10751	2520
陕　西	57287	7258	新　疆	8224	2256
河　南	55920	14400	内蒙古	6388	2062
福　建	53701	18896	宁　夏	3230	1132
湖　北	50816	16321	海　南	2359	748
重　庆	49036	12221	青　海	1099	334
辽　宁	45996	11628	西　藏	203	9
湖　南	41336	17424			

资料来源：国家统计局和科技部的历年《中国科技统计年鉴》。

二、开放式创新环境下中国企业创新能力分析

学习是企业在全球市场竞争中取得成功的一个重要因素（Prahalad & Hamel，1990；Jerez - Gómez，Céspedes - Lorente&Valle - Cabrera，2005）。20 世纪 90 年代以来，企业越来越多的利用外部资源，跨国公司的研发成果推广到全球市场的时间越来越短，科学技术更新换代速度加快，各国的科学技术的开放性也随之提升（江小涓，2004）。对于发展中国家的企业而言，他们的技术水平与国际先进技术差距较大，研发资源不足（Hobday，1995）。因此，我国大多数企业在市场竞争中主要依赖发达国家企业的技术引进。随着科技全球化程度加深，我国企业应该充分利用技术外溢效应带来的新机遇，在引进先进技术和先进设备的同时，提升企业自主创新能力。

为了掌握企业创新现状以及创新中存在的问题，笔者在研究中对河南省部分企业进行调查，发现企业创新中的以下特点：

（一）创新目标拘于眼前

不同学者对于企业的创新战略定位有不同分类方式。本篇吸收高建（1997）和宋建元（2006）的研究，设计问卷进行调查（见问卷见附录A）。结果表明（见图1－8），选择"跟随领先企业，保持技术优势"和"在企业现有领域保持创新地位"这两种相对保守创新战略的企业超过50%，随后，17.14%的企业选择"探索新技术以进入新兴市场"，14.29%的企业选择"技术引进、消化吸收后二次创新"，排在最后的是模仿和直接引进先进技术，均不足10%。从问卷结果可以看出，大多数企业创新战略是希望在现有领域能够保持地位或跟随领先企业不落后，而愿意探索新技术的企业较少。

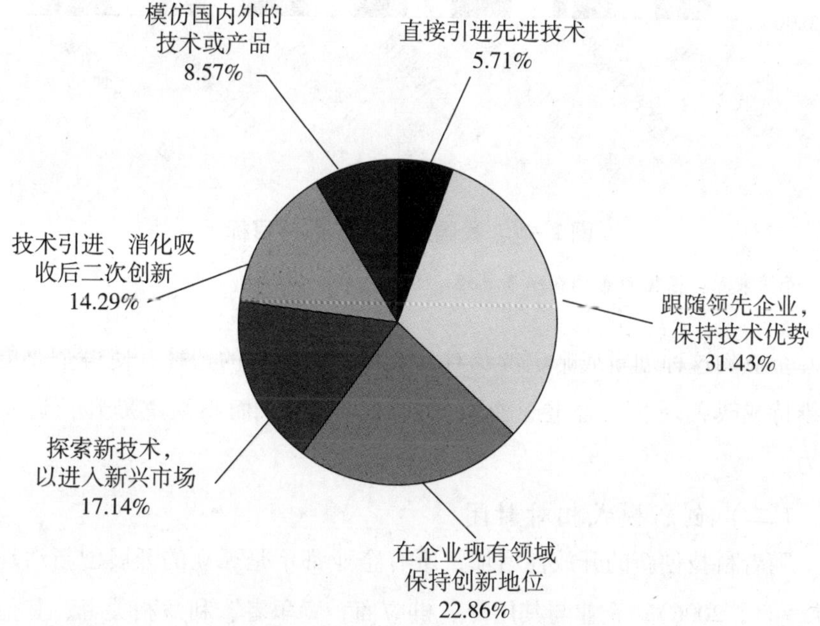

图1－8　我国企业创新战略定位

资料来源：根据问卷调查结果整理。

关于企业创新目标，本篇对其进行了更进一步的具体调查，用1～5分来评价目标对样本企业的适用性，创新的具体目标中得分最高的两项为“提高产品质量”（4.26）“提高产出水平”（4.03），而象征着企业未来发展潜力的“开发新市场”（3.86）“引进新产品”（3.40）“进入新的技术领域”（3.23）排在最后三位（见图1-9）。

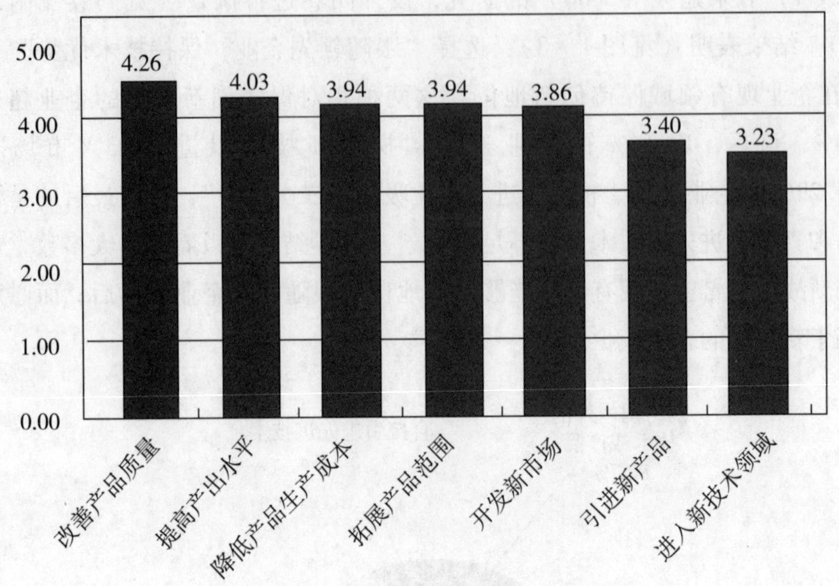

图1-9 我国企业创新具体目标

资料来源：根据问卷调查结果整理。

企业的这种创新战略定位及对其具体创新目标的选择，使得企业更愿意维持或改善现状，着重于稳定当前经营状况，而不注重提升长远发展潜力。

（二）创新模式相对封闭

随着科技创新的开放性增加，所有企业都不是孤立的开展创新活动的（宋建元，2006）；企业与其用户、供应商、竞争者、利益相关者、其他独立组织等构成了一个创新网络，王大洲（2000）通过对国有企业的调查发现，高达56.5%的样本企业进行技术创新主要由企业独立进行。本篇经过问卷调查得出的结论与该结果相似，45.71%的企业选择的创新方式为自主研发，产学研合作创新为37.14%，其中与科研机构合作的占到28.57%，与高校合作的占到8.57%。企业与外部合作创新集中于产学研，与其他企业之间的合作创新仅为11.43%（见图1－10）。而在产学研合作中，由于高等院校和科研机构更集中于理论研究和纯技术研究，与实际操作之间存在距离，并不能完全支撑企业的自主创新，使得产学研合作的成果转化能力不足。在企业的组织结构中，研发部门、营销部门、生产部门各司其职，对新产品的研发和新技术的引进一直以来都是研发部门负责，同时，与客户和供应商的联系是营销部门负责，用户和供应商极少参与企业创新。由于竞争者之间缺乏信任，担心企业技术核心外泄等原因，竞争者之间的创新合作更是少见。

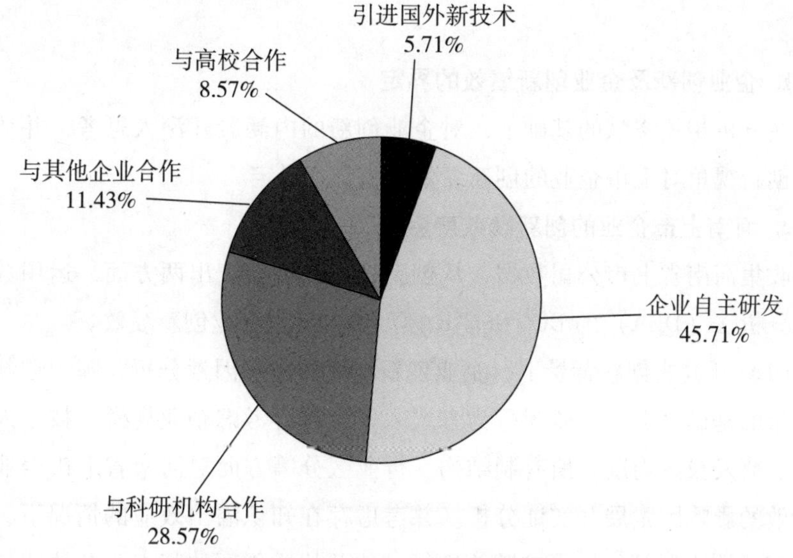

图1－10 我国企业创新方式

资料来源：根据问卷调查结果整理。

随着现代科学技术日益复杂多样，多领域综合性越来越强，企业则需要更完备的信息来进行技术创新。单个企业的技术资源是十分有限的，如果仅依靠自身资源提升研发能力，无法实现实质性的创新突破，无法跟上技术创新的步伐。技术再雄厚的企业也无法创造出其需要的所有知识和技术（Teece，1986），通过与外部合作来整合研发资源是企业学习消化技术知识进而提升企业自主创新能力的重要途径。

三、本篇研究的主要问题和研究框架

（一）研究的主要问题

本篇在梳理国内外企业关于创新绩效以及开放式创新研究领域的相关文献的基础上，针对中国企业在开放式创新环境下构建自主创新能力的迫切性，以及现有关于技术创新理论研究中存在的不足，对河南省上市企业的创新绩效进行实证研究，并对企业的创新绩效影响因素展开全面系统的分析。进而从创新知识溢出的外部性内在化这一角度，通过案例进一步分析开放式创新对企业创新绩效的影响，并针对我国企业技术创新和产品创新提出提升创新绩效的对策。具体来说，本篇将集中研究以下四方面内容：

1. 企业创新及企业创新绩效的界定

在分析相关文献的基础上，对企业创新的内涵展开深入思考，并从开放式创新视角对上市企业的创新绩效给出合理界定。

2. 河南上市企业的创新绩效度量

收集河南省上市公司数据，从创新投入和创新产出两方面，运用数据包络分析法（DEA）的 BC^2 和 C^2R 模型科学度量企业创新绩效。

（1）开放式创新背景下，企业创新绩效的影响因素分析。基于创新绩效度量的基础之上，从微观行为方式入手，综合考虑企业规模、技术人员比例、研发投入力度、所有制结构、行业区分等方面对河南省上市企业创新绩效的影响因素展开实证分析。并考虑存在知识溢出效应的情况下，通过研究开放式创新与技术扩散的途径，从开放式创新的特点、开放式创新的构建方式、建立信任关系、增强组织学习能力、促进人员流动、实现资源互补、分散创新风险等方面，分析企业间展开研发合作和技术交流如何影响创新绩效。

（2）提升企业创新绩效的对策及建议。从加大创新投入力度、提升创新资源利用水平、加大知识产权保护力度、加大政府对企业创新扶持力度、规范创新管理、建立创新型人才培养机制、营造创新氛围、构建人才梯队等方面，对如何提高企业创新绩效、提升企业创新能力和创新成果的给出对策及建议。并在综合分析企业研发合作如何展开的基础上，分析企业自主创新能力与开放式创新模式的协调，以及开放式创新环境下企业该如何展开科学的创新管理，有效促进企业创新绩效的提高。

（二）研究目的和研究意义

1. 研究目的

第一，本篇试图进一步丰富和深化创新理论研究。相对于其他管理理论而言，我国对创新理论关注较晚，近年来随着理论研究和实践推广的相互促进，在许多具体领域都有可探索的学术空间。

第二，本篇针对中国企业创新发展实际，选择合适的衡量指标对企业创新绩效进行合理度量，并对影响创新绩效的企业内外因素展开分析。

第三，中国企业创新能力的提升，提出符合我国国情的可操作性的对策建议。

2. 研究意义

创新驱动发展战略的引导下，我国要从生产要素驱动、投资规模驱动转向创新驱动发展，企业作为创新主体，直接影响到创新活动开展及经济增长方式转变的成败。河南企业作为中原经济区建设的主要力量，应当将创新作为企业发展的驱动力，这对河南省转变经济增长方式，获得核心竞争力和持续发展能力起到了重要作用，因此对河南企业创新展开研究是很有必要。通过本篇对企业创新绩效问题所进行的深入研究，在理论上，希望能够为我国企业创新绩效度量提供更全面更科学的解释，对提高企业创新绩效给出合理可行的解决方案，并能够丰富国内相关研究成果、促进我国关于企业创新绩效的研究和开放式创新研究的进一步发展。在实务上，能够给予中国企业，尤其是河南企业全面考量创新绩效的方法，能够帮助企业分析其创新绩效缺失的影响因素，并为企业提高其创新绩效给出政策建议。

因此，本篇的研究有助于正确理解企业创新绩效的内涵，正确把握我国企业自主创新中存在的问题，探寻企业创新绩效的度量方法；有助于深入研究我国企业创新投入与创新产出之间的影响机理，把握影响企业创新绩效的因素，丰富和发展创新驱动理论和开放式创新理论；有助于探寻企业开放式创新对创新绩效的促进作用，提升企业的创新绩效。

(三)研究方法和技术路线

1. 关键概念界定

(1)创新绩效。从 Collier DW(1977)对研发部门的绩效展开研究起，国内外学者均对企业创新绩效进行了大量研究。这些研究主要包括如何构建创新绩效的评价指标体系，以及寻找对创新绩效的科学量化方法等等。本篇中，采用多个指标对企业技术创新绩效进行度量，兼顾效率论(投入产出角度)和效果论(产出角度)。

(2)开放式创新。开放式创新的概念最早是由 Chesbrough 在 2003 年提出。开放式创新模式下，企业边界是可渗透的，企业的创新思想既可以源于自身研发部门或企业内其他部门，又可以源于企业外部，企业可以利用并且应该利用其内外部的创新思想。基于这种基本思想，本篇中的开放式创新是企业在创新的过程中，协调企业内部和外部的创新资源实现技术创新和产品创新的创新模式。

(四)研究方法

本篇基于开放式创新的理论视角，运用创新管理的前沿理论，综合我国企业创新现状，对创新绩效的度量和影响因素进行分析，并在开放式创新对创新绩效的作用机理等方面进行了理论与实证相结合的研究，为我国企业的创新实践提供了具有实践指导意义的参考框架。本研究主要运用了以下方法：

1. 规范研究和实证研究相结合

一方面借鉴国内外经典的和最新的企业创新、开放式创新及其他相关理论的前沿成果，结合中国企业的创新实际情况构建理论分析框架，提出理论假设；另一方面对相关理论进行实证检验并进行典型案例分析。

2. 统计分析和案例研究相结合

一方面通过上市公司公布数据，综合运用数据包络分析、回归分析等现代统计方法进行普遍意义上的定量分析，定量地验证理论假设；另一方面又通过对典型案例的深入分析和总结共同支持研究假设。

3. 动态研究和静态研究相结合

一方面对开放式创新对创新绩效作用机理进行实证研究进行了静态的断面分析；另一方面，论文还从开放式创新的不同阶段探讨了开放式创新与企业创新绩效的动态变化。

（五）技术路线

本篇以开放式创新理论、组织学习理论和知识管理理论为理论基础，在研究中注重理论分析与实例证明相结合、静态分析与动态分析相结合。所采用的研究方法为：以收集上市公司公开披露信息作为信息获取的主要手段；通过建立多元回归模型，综合运用数据包络分析、Tobit 模型分析、典型案例分析、成本收益分析相结合的研究方法，对开放式创新环境下企业创新绩效进行评价并对其影响因素展开分析。基于这些客观资料和数据结果，进行理论概括和推理分析。具体技术路线如下（见下页图 1－12）：

第一步，国内外关于企业创新绩效及开放式创新的理论研究。分析各主要观点的核心思想及产生的环境、适用范围和限制条件，分析创新绩效及开放式创新的内涵、创新绩效的度量方法以及影响因素的一般理论，为本篇研究提供启迪。

第二步，选择调查对象。其工作技术路线包括：①在总体研究中国企业创新现状的基础上，选择河南省的数据；②选择河南省内主要的上市公司进行调查；③在所选调查对象中采集企业研发经费投入、获批专利数量、创新模式、政府支持等相关信息。

第三步，调查结果整理分析。包括采集数据和对所采集信息资料的去伪存真、矛盾核实处理；利用软件绘制企业创新绩效及开放式创新的变化趋势图；根据这些结果分析企业创新绩效的发展趋势及制约因素，企业开放式创新的形成机理及治理方案。

第四步，实证研究。根据所收集的信息和实际调查的事实，借助数据包络分析法（DEA）的 BC^2 模型和 C^2R 模型建立企业创新绩效度量模型，并利用软件对中国国情背景下的企业创新绩效进行度量。用 Tobit 模型，利用 Eviews 对创新绩效的影响因素进行回归分析。进一步地分析开放式创新的建立与否对创新绩效的影响。

第五步，对策研究。在以上定量研究的基础上，从构建企业开放式创新、建立创新型人才培养机制等方面，提出提高企业创新绩效、提升企业创新层次的对策及建议。

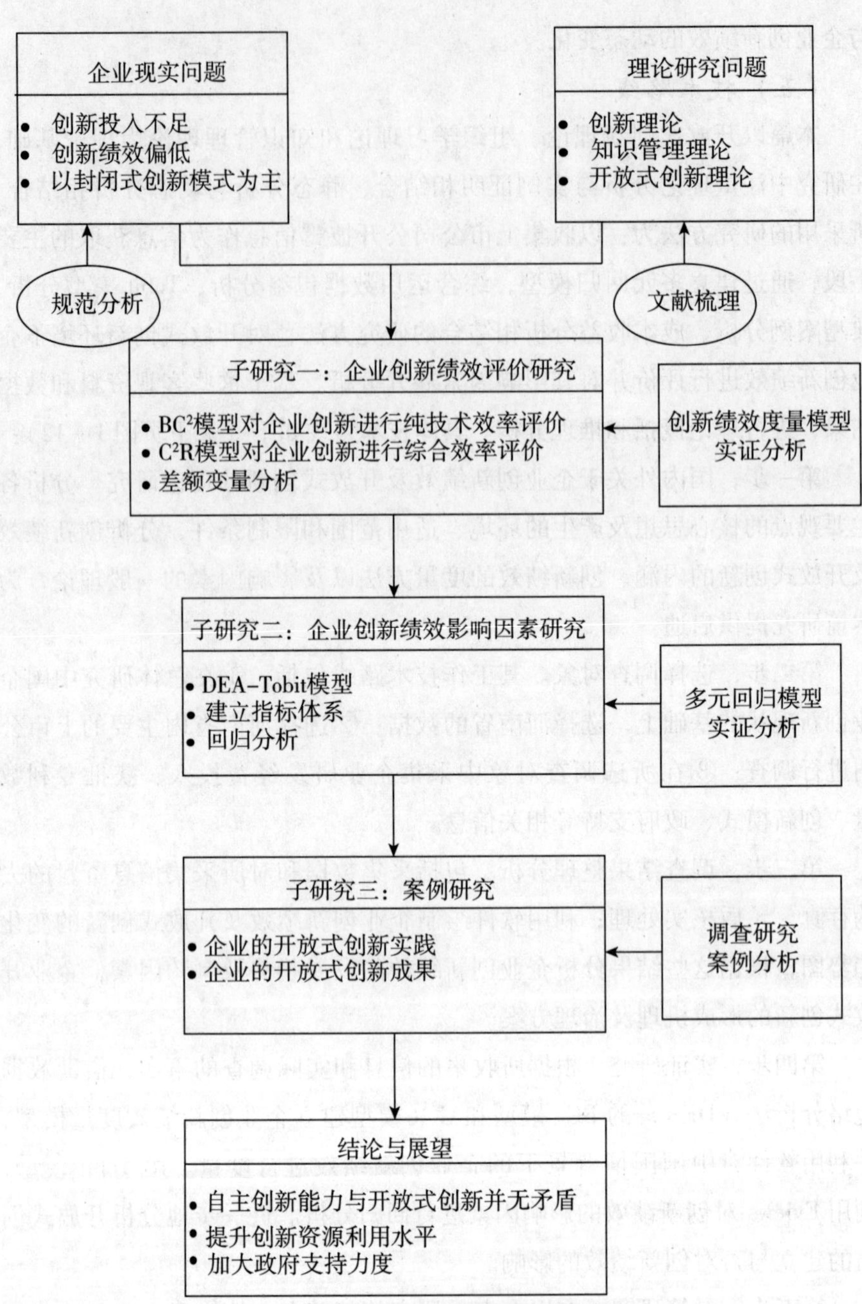

图 1－12　本篇研究的技术路线

四、主要创新点

本篇的创新点主要有以下四个方面：

（1）本篇是在充分了解国内外学术前沿研究成果的基础上，对企业创新绩效及开放式创新模式进行深入分析，本篇的研究是对企业创新理论和开放式创新理论的突破。

（2）本篇在对河南省上市企业进行充分调查的基础上，运用数据包络分析法建立衡量企业创新绩效的 BC^2 模型和 C^2R 模型，对企业创新绩效进行科学分析。并选取河南省上市企业的相关数据，运用 Tobit 回归分析和案例分析方法，对企业创新绩效的影响因素进行定量分析。已有的研究多为定性分析，进行实证分析的研究一般是从中观或宏观角度考察创新绩效，而从微观角度展开研究较少，具体的关于河南省创新现状和影响因素的研究则更少。本篇的研究能够有效克服目前研究中存在的一些缺陷，帮助企业找到创新活动中存在的问题，促进河南企业提升创新水平。

（3）本篇在进行影响因素分析时，不仅考察企业的研发经费、研发人员、政府支持力度等传统研究中的影响因素，还加入了无形资产规模、是新企业还是较成熟企业等因素，且这些变量的回归结果良好。较以往的研究而言，这一结果可以给予企业创新绩效问题更为全面的解释。

（4）本篇从创新知识溢出的外部性内在化的角度，通过案例分析探索企业与外部如何达成创新合作，如何在新的创新环境中开展创新管理，分析开放式创新对创新绩效的传导机理，提出提升企业创新绩效的若干政策建议，将具有更强的系统性和可操作性。

第二章　文献综述

创新不仅对整个社会、国家的经济发展，而且对企业的生存和长远发展，都起着至关重要的作用。William · Jack · Baumol 在其著作中指出，从 18 世纪以来所有经济的增长均要归功于创新。中外学者关于企业创新的界定和特征，创新绩效的度量以及开放式创新都有大量研究，本部分将从创新理论，企业创新绩效研究，开放式创新这三方面，对相关文献进行梳理。

一、关于创新理论的研究

（一）熊彼特的创新理论

1912 年，经济学家约瑟夫 · 熊彼特在其《经济发展理论》一书中首次提出了“创新（Innovation）”这一概念，一般认为这是创新理论的起点。对于创新，熊彼特指出：创新是构建一个新的生产函数，在经济活动中引入新的思想，以实现新的生产要素组合。他所指的新的生产要素组合主要包括以下五方面内容：①创造新产品新服务，或改进现有产品服务；②革新生产工艺或生产方式；③开拓新的市场；④重新控制原材料或半成品的新来源；⑤实施全新商业模式，建立新的企业架构。

由此可见，熊彼特对企业创新的认识，不仅仅是技术创新，还涵盖市场创新和组织模式创新等。所以熊彼特提出的创新并不是技术概念，而是经济概念。

此外，熊彼特也强调在企业创新活动中，企业家精神的正面作用。企业外部环境发生变化时可能会产生潜在的经济利益。当企业家看到潜在经济利益时，就会把握机会，通过投入和改变生产要素以获取这份经济利益。在企业家实现利润最大化的同时必然不断整合资源或开发新技术，在此过程中企业家已经构建出了全新的生产函数。除了获取利润之外，企业家的创新行为还有自我实现的动机。比如“把事情办好获得的愉悦感、展现创造力的愉悦感、施展个人才华的愉悦感”等，这些追求利润之外的个人价值的实现，在不断推动着企业创新活动的发展，也对整个社会的发展起[illegible]推动作用。

Freeman C. 对熊彼特所提出的创新模式进行了总结，分为熊彼特的创新模型Ⅰ和熊彼特的创新模型Ⅱ这两类（Freeman C.，1982）。

在创新模型Ⅰ中（见图2－1），熊彼特认为企业创新主要是生产要素的重新组合。企业家意识到创新能够带来经济利润，于是愿意承担风险对新技术进行创新投资，一旦取得成果则将伴随着新的生产模式的诞生，进而打破市场原本的均衡格局，企业家能够在一段时间内获得垄断利润。这种垄断利润会吸引更多企业家投入生产要素进行创新，形成创新活动的循环。

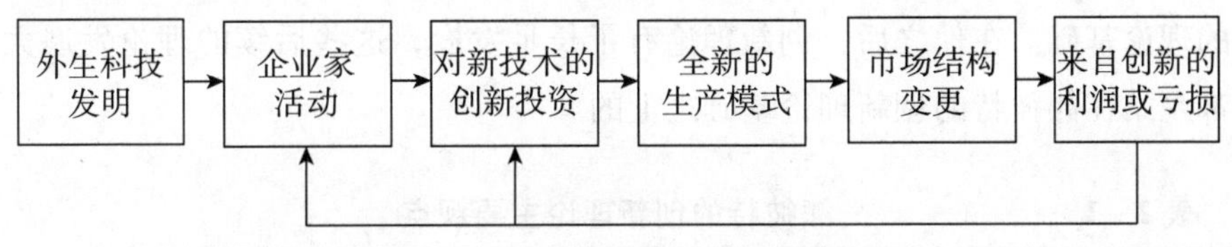

图2－1　熊彼特的创新模型Ⅰ

资料来源：Rothwell，R. G. and W. Zegveld，Reindustrialization and Technology. 1985，Harlow，Essex，UK：Longman.

随着企业创新越来越依赖内部研发，熊彼特将研究视角从企业家创新活动转向了垄断企业的创新活动（熊彼特，1943）。他认为创新是一项成本和经济风险都很大的活动，这种成本和风险是中小型规模的企业无力承担的，进而造成中小企业间激烈的竞争局面。在此基础之上，他提出了内生技术创新思想，研发活动来源于垄断企业内部的研发部门，创新带来的垄断利润激励着企业进一步进行创新投资，在企业内部形成了创新的良性循环。

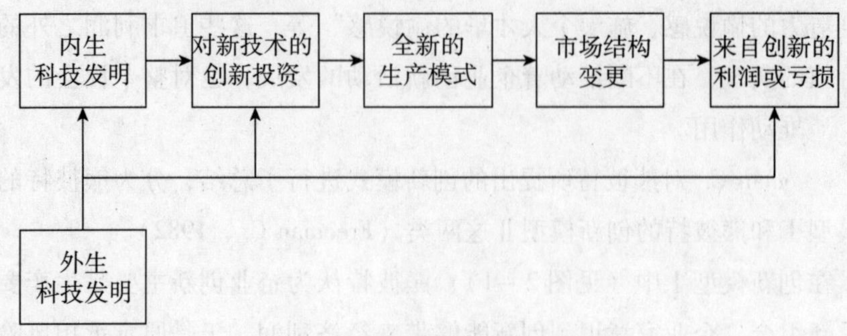

图 2－2　熊彼特的创新模型Ⅱ

资料来源：Freeman，C.，L. Soete，The Economics of Industrial Innovation，3rd Edition. 1997，Cambridge，MA：The MIT Press.

熊彼特的创新理论的主要观点如下（见表 2－1）。

作为创新理论的起点，熊彼特的创新观点为现代创新理论奠定了坚实的理论基础。在他之后，创新理论有了长足发展，这些后续的理论发展大都是站在熊彼特的创新理论基础之上的。

表 2－1　熊彼特的创新理论主要观点

基本观点	具体内容
创新的定义	创新是构建一个新的生产函数，在经济活动中引入新的思想，以实现新的生产要素组合
创新与企业家	企业家应具备抓住机遇的能力，有胆量利用企业内外部资源进行创新活动
创新与经济发展	创新→模仿→竞争→市场价格下降→无垄断利润→新的创新，这种循环推动着经济发展
创新与经济发展动力	追求超额经济利润和和企业家精神是企业家进行创新的动力，也是经济发展的动力
创新与淘汰	企业无法跟上外部创新环境时将面临淘汰，生产要素会被市场重新分配
创新的实现途径	企业家和垄断企业在推动创新和经济发展中起到了积极作用

资料来源：张林．创新型企业绩效评价研究［D］．武汉理工大学，2012.

（二）技术创新理论

在熊彼特提出创新理论之后，许多学者都在他的研究基础之上对创新理论作了更深入的研究。主要分为针对技术创新和制度创新两个学派，鉴于本篇主要研究对象是企业技术创新的相关问题，进而对技术创新部分学者们的理论研究成果进行综述。

1. 技术创新的内涵

一些学者在熊彼特的创新理论基础之上发展出了技术创新理论，国内外学者对于技术创新的内涵有不同的理解。

Mansfield 在继承了熊彼特的创新理论，对技术创新作出了诠释，"从新产品的设计开发到新产品的最终销售的企业活动"，他率先指出了模仿与技术创新之间的关联（Mansfield E.，1961）。在考察技术扩散的速度及其影响因素时，Mansfield 提出了 4 个假设：完全竞争市场；专利权对技术扩散影响较小；技术本身在技术扩散过程中不变；企业规模不影响新技术的应用。进而用技术模仿理论解释了新技术首次在某个企业内应用后，要经历多长时间才能被该行业广泛应用。至此之后技术创新开始成为经济学、管理学的一个重要分支，技术创新的内涵也不断完善。

表 2－2 列出一些具有代表性的各国学者对技术创新的概念界定：

表 2－2　技术创新的概念界定

学　者	年　份	技术创新的内涵
伊诺斯（J. L. Enos）	1962	选取发明，投入资金，成立组织，设定方案，聘用人员，拓展市场
厄特巴克（J. Uterback）	1974	技术的初次运用
凯米（M. Kamin）	1975	与技术的研究和应用相关的基础研究及市场活动
美国国家科学基金会（NSF）	1976	将全新的或改造后的产品或服务推向市场的过程
弗里曼（Freeman C.）	1982	新产品或新技术完成了从设计、生产、管理到市场商业化运用的整个流程

续表

学　者	年　份	技术创新的内涵
缪尔赛（Mueser R.）	1985	最终完成的具有独创性的一系列事件
经济合作与发展组织（OECD）	1992	涵盖产品创新与工艺创新以及在产品和工艺上的技术变化
斯通曼（Stoneman P.）	1997	首次将科技发明引入生产流程并通过研究开发应用于商业化的整个过程
汪应洛	1988	有效率的并且能为社会产生较高附加值的科技活动
柳卸林	1993	与新产品的生产、新设备和新工艺流程的首次商业化相关的活动
傅家骥	1996	推出新工艺、新产品，或开拓新市场；涵盖科技、金融与商业的整合过程
邹新月	2001	将经济与技术结合，两者有机融合相互转变
徐庆瑞	2005	泛指新理念的产生，生产出满足市场要求的商品的整个过程
吴贵生	2006	通过研发和要素组合，经过实践运用，实现经济和社会效益的商业活动

2. 技术创新的模型

（1）技术推动模型（Technology - push Model）。20 世纪 40 年代，V. Bush 在提交给美国总统罗斯福的报告“Science，Endless Frontier”① 中首次提出了技术推动模型，该模型在 20 世纪 50 年代到 60 年代中占主导地

① 中文译名为《科学——无尽的前沿》，1946 年。

位（见图2－3）。技术推动模型是一种线性模型，它假设技术创新是由技术进步推动的。由新的技术引发企业的生产进而导致新产品投入市场是一步一步向前推进的，市场是研发成果的最终体现。模型说明对于新技术的研发活动是技术创新的根本来源，各个环节间相对独立且不可逆。

图2－3　技术推动模型

资料来源：吴贵生．技术创新管理［M］．清华大学出版社．2000.

（2）需求拉动模型（Demand－pull Model）。20世纪60年代到70年代初期，需求拉动模型在技术创新理论中占到了主导地位（见图2－4）。这个时期，企业间的竞争增强，市场需求对企业创新研究的影响越来越大。需求拉动模型也是一个线性模型，企业看到市场中对新知识新技术的需求，研发部门进而开展实验开发投入生产，最后新产品进入市场进行销售。在该模型中，客户需求是创新来源，研发部门只是被动的配合市场需求进行研发工作。

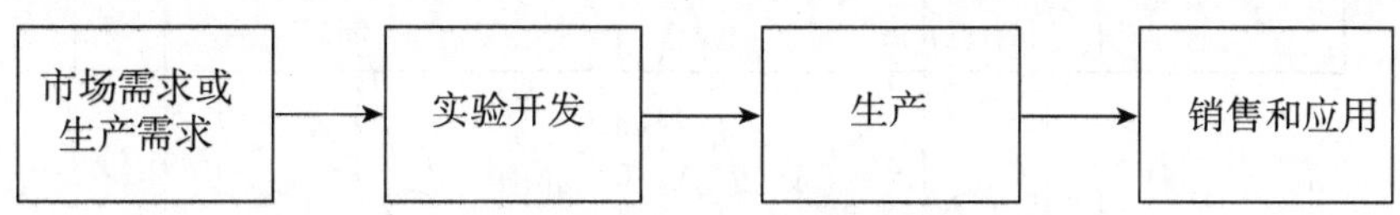

图2－4　需求拉动模型

资料来源：吴贵生．技术创新管理［M］．清华大学出版社．2000.

（3）交互创新模型（Coupling Model）。到了20世纪70年代至80年代初期，占主导地位的技术创新模型是交互创新模型（见图2－5）。这个时期发达国家都逐步形成了供大于求的买方市场，此时技术创新成为企业获取核心竞争力的关键所在。交互创新模型将技术推动模型和需求拉动模型结合起来，认为技术创新由技术推动和需求拉动共同决定，在创新从构思阶段到成果投入市场的整个流程中的每一环节，企业都可以并应该与外部互动，这种互动会影响技术创新的方向和最终结果。

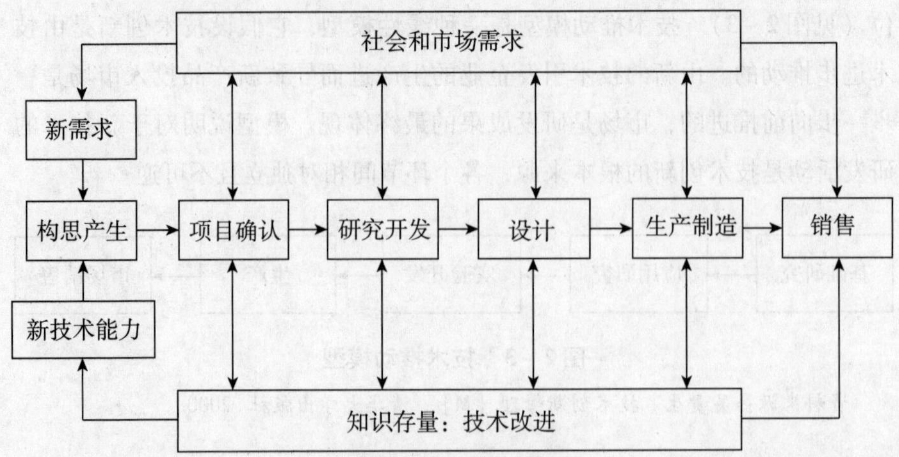

图 2-5 交互创新模型

资料来源：吴贵生．技术创新管理［M］．清华大学出版社．2000.

（4）链式环路模型（Chain-linked Model）。20 世纪 80 年代，在经济一体化的大环境下，企业要适应市场竞争中的种种情形迅速作出反应（见图 2-6）。S. Kline 和 N. Rosenberg 于 1986 年提出了链式环路模型。模型中

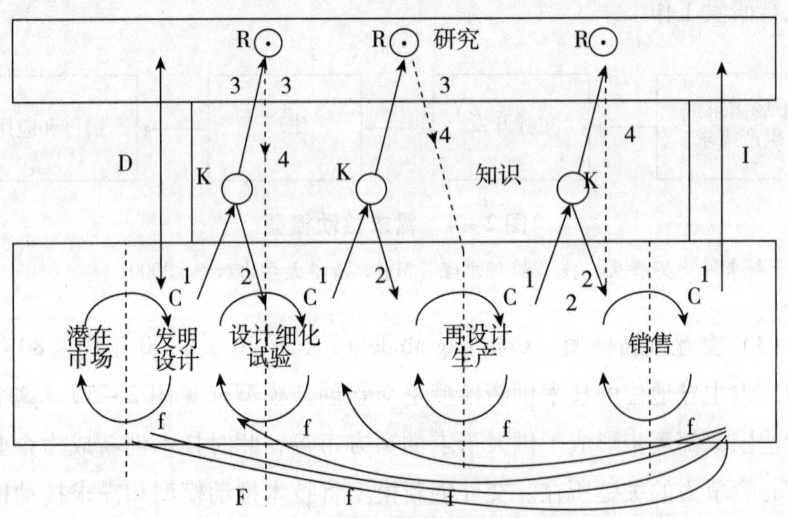

图 2-6 链式环路模型

资料来源：吴贵生．技术创新管理［M］．北京：清华大学出版社．2000.

的 C 路径是从潜在市场到发明设计，经过设计细化试验、再设计生产，最终实现销售，这是技术创新的中心路径。F 和 f 路径这是技术创新的中心路径。F 和 f 路径为反馈路线，表示创新的各个环节对市场信息的感受和影响。K－R 路径代表科技创新与技术研发之间的联系。D 路径代表创新设计与技术研发之间的联系；I 路径代表技术创新是如何推动科学进步的。

（5）系统整合网络模型（System Integration and Networking Model）。20 世纪 90 年代以来主要的创新模型为系统整合网络模型。消费者需求日益多样化和个性化，市场环境瞬息万变，这要求企业对市场和消费者需求作出快速反应。Rothwell（1992）基于第四代模型基础上提出了系统整合网络模型（见图 2－7）。该模型着眼于企业内部研发部门和企业销售部门与技术创新的内在联系，以及市场需求和科技知识这两个外部因素对企业内部技术创新的影响。与第四代模型相比，该模型借助了电子工具进行开发活动，探索在网络化的外部环境中实现技术创新的过程。

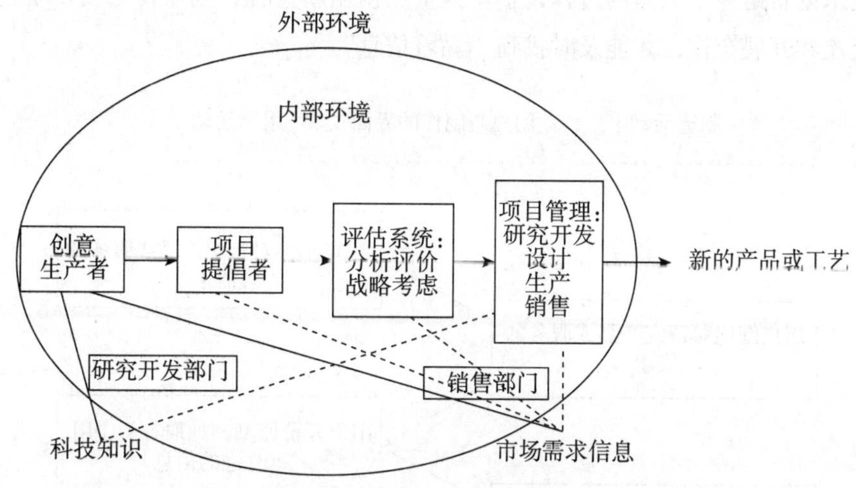

图 2－7　系统整合网络模型

资料来源：吴贵生．技术创新管理［M］．北京：清华大学出版社．2000.

3. 技术创新的演化

学者们对技术创新的研究大致经历了三个阶段，分别是研究企业个体创新的熊彼特创新模型，研究企业间合作的冯·希伯尔创新模型以及研究企业与国家在技术创新中相互作用的伦德佛尔创新理论。

第一阶段：熊彼特创新理论。熊彼特在对技术创新的内涵以及创新活动中企业家的重要作用进行研究，形成了熊彼特的创新理论。他认为在企业创新活动中，企业家精神对企业创新活动的开展起到了正面作用。企业家在追求自身利益最大化时要对生产要素重新组合，也就促进了技术创新，企业家在追求个人价值实现的同时也推动着企业技术进步。在这一阶段，技术创新理论主要强调企业家的推动作用。

第二阶段：冯·希伯尔创新理论。20 世纪 60 年代，Schmookler 对技术创新与经济增长之间的关系展开研究，他指出市场需求是推动技术创新的决定性力量。20 世纪 70 年代到 80 年代，E. Von Hippel 则对技术创新中企业之间的相互作用展开研究，研究表明企业与它的供应商和消费者以及竞争者之间是相互影响的，这些利益相关者间会产生技术交流。进一步的研究表明，创新过程中存在着许多"黏着信息"（sticky information），并认为技术创新是一个试错的过程，企业为了加快创新进程，则需要与用户增进交流和开展合作，才能及时找到"黏着信息"。

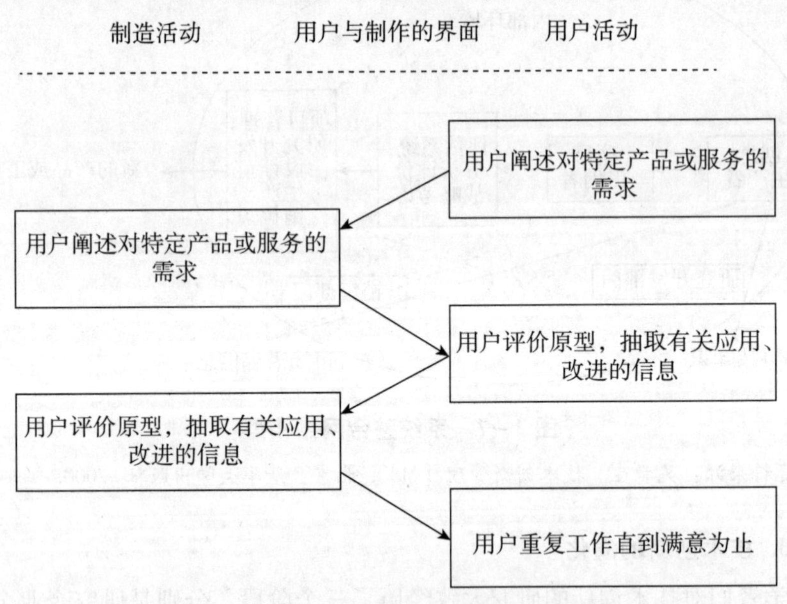

图 2－8　创新者与用户的交流和合作模式

一个企业可以从用户或制造者那里获得关于新产品新服务的创意，以便开发一个原型（prototype），将这一原型投入使用并进行测试，看其是否满足双方的需求，如果双方的需求不能有效地匹配（常是不匹配的），就需要对需求和能力进行重新考察，并再次设计以求新的产品对二者都更为匹配（见图2－8）。这种匹配度试验可以进行几次或多次，直到最终双方都能匹配时为止。

第三阶段：伦德佛尔创新理论。20世纪70年代，Gille提出技术系统的概念，开始了对创新的系统化这一性质进行研究；20世纪80年代初，Rothwell、Nelson（1988）等学者研究了创新的政策导向对技术创新的影响，此时创新与国家之间的关系开始得到学术界的关注。20世纪80年代后期，学者们对技术创新的认识转为：技术创新被政治经济等外部环境因素结构性的决定着，企业的技术创新能否开展、是否有效都并非企业自身能够决定，而是会受制于所在国家的经济环境和政策导向，企业开展技术创新的环境背景较复杂，过程也更综合化、动态化。1988年瑞典经济学家B. Lundvall受到E. Von Hippel关于企业之间信息交流的启发，基于国家生产系统这一概念，首次提出“国家创新系统”的概念，并指出国家应该对政策导向和经济环境对技术创新的支撑作用予以充分重视。

因此，随着企业技术创新客观事实的发展，创新理论对其研究程度也逐步加深，有关技术创新的理论已经历了三个阶段的演化，可由表2－3总结如下。

表2－3　　技术创新的理论：三个阶段的演化

理论阶段	第一阶段	第二阶段	第三阶段
理论名称	企业与企业家交互式创新	企业与企业交互式创新	企业与国家交互式创新
代表人物	熊彼特	冯·希伯尔	伦德佛尔
理论图示	企业　企业家	企业　企业	国家　企业

资料来源：陈劲．国家技术发展系统初探［M］．北京：科学出版社，2000.

20世纪80年代之后，国内外学者对企业技术创新有了进一步研究，Burgelman和M. A. Maidigue（1988）从企业技术创新能力的构成要素方面对技术创新能力予以定义。他们认为企业的技术创新能力包括对创新资源的利用能力、有效配置能力、对行业现状的领悟力、对获取技术的吸收能力、企业组织结构、企业创新管理能力以及企业是否具备创新氛围等多方面的企业创新特征。D. L. Burton（1992）从技术创新的核心内容对其进行分析，他指出企业技术创新最关键的是掌握专业知识的高技术人才，研发技术系统，创新管理系统，以及企业的核心价值观。徐庆瑞（1986）从技术创新的内容对其分析，他认为技术创新一般包括产品创新、工艺创新、设备创新、材料创新、生产组织与管理创新，而一个行业中的生产原材料对另一个行业而言是生产产品，生产组织与管理也可以看作是“生产工艺”，因此技术创新可以归纳为产品创新和工艺创新，进而可以从产品创新能力和工艺创新能力两个方面来探讨企业技术创新能力的概念。在这一分类下，企业的技术创新能力则可以看作是产品创新能力和工艺创新能力的综合能力。企业技术创新能力会反映在企业的外在表现中，因此衡量企业创新能力强弱时，可以关注对产品研发投入的能力、所研发产品的技术含量、产品的市场接受度以及研发产品的商业化能力。魏江（1995、1998）通过调查研究指出企业技术创新能力，应主要包括以下三方面：①企业技术创新能力既包括产品创新能力也包括工艺创新能力，是二者的能力整合；②企业技术创新能力不单指企业创造开发能力，而是一个复杂的系统能力；③企业技术创新能力与企业的创新战略密不可分，并且可以通过技术创新成果表现出来。

二、关于企业创新绩效的研究

（一）创新绩效的内涵

创新绩效（Innovation performance）是对企业技术创新活动的效率或技术创新效果的评价。创新绩效是衡量企业创新活动的一项重要指标，可以通过创新绩效反映出企业创新活动的优劣。在现代管理学和经济学中，对企业创新绩效的研究日益成为学者们关注的热点。1957年，Farrell首先提出了技术效率的概念。随后学者们对创新绩效的研究发展为可以度量，并且具有实际效益的创新活动产出。Collier D. W. （1977）对研发部门的绩效进行了研究；Papas R. A.，Remer D. S.（1985）和 Brown W. B.，Gobeli D.（1992）研究了创新效率的内涵问题；Werner B. M.，Souder W. E.（1997）从技术发展水平的角度对创新绩效进行研究；此外，Keller T. R.，Holland W. E. （1982）、Wilson D. K.，Mueser R.，Raelin J. A. （1994）等人对企业研发人员的创新绩效进行了研究。S. Y. Sohn，Yong Gyu Joo，Hong Kyu Han（2007）对国家研发基金项目从技术创新绩效、商业销售绩效、管理绩效、生产绩效和企业影响力绩效等方面进行评估。

（二）创新绩效的评价指标

学者们考察创新绩效评价问题时，采用了各种指标评价体系。在运用生产函数方法或进一步的运用随机生产前沿模型的评价方法时，学者们往往采用多投入单产出的指标体系，这种指标体系往往是从创新产生经济效益的角度来设计指标。Tremblay（1998）考察企业创新绩效时，采用的投入指标为：原材料、能源、劳动力、资本；产出指标为：创新产生的收益。Arcelus & Arocena（2000）在考虑国家技术创新问题时，采用投入指标为：总资本存量、总劳动力；产出指标为：GDP。

考虑到技术创新活动的复杂性以及其创新成果的多样性，为了更加全面地对企业创新绩效进行评价，学者们尝试构建多投入多产出的指标体系。池仁勇（2003）在对区域技术创新进行分析时，选取的投入指标为：新产品研发经费支出、新产品开发人员数量、企业总资产；选取的产出指标为：新产品销售额占主营业务收入的比例、新产品增长率、产品更新周期以及产品创新比重。Nasierowski & Arcelus（2003）分析国家技术创新时，选取投入指标为：产品和服务的进口、国内的研发费用支出、私人部门参与研发活动的程度、研发人员数量、教育支出总额；选取的产出指标为：在本国申请的专利数量、在国外申请的专利数量以及国家生产率。Dogan & Fausten（2003）分析银行企业技术创新时，选取的投入指标为：利息费用、人事管理费用；选取的产出指标为：银行的存款额、银行的贷款额、银行的投资债券额。

一些学者认为技术创新的最终都会反映在企业经济效益的提升上，因此这些学者从创新带来的经济效益角度来构建评价指标体系，对技术创新的效益进行度量。

Alegre（2006）在评价产品创新绩效时，将创新产出分为了创新效果和创新效率这两类指标。效果类指标包括：通过产品创新更新市场淘汰产品、通过新产品扩展企业产品线、通过改进产品扩展企业产品线、研发环保产品、扩大市场份额、拓展国内新市场、拓展国外新市场等；效率类指标包括：创新项目的平均开发时间、创新项目的平均费用、创新项目的效率满意度、创新项目的平均技术人员数量。单红梅（2002）、胡恩华（2002）、王青云（2004）认为对技术创新的评价指标应该分成经济效益指标和社会效益指标两类。其中，经济效益指标主要包括：新产品的数量、新产品的成本、新产品的销售收入、新产品创汇率、新产品的销售收入占主营业务收入的比例、新产品的市场竞争力、新产品销售收入与其研发投入经费的比例、新产品的市场接受度、专利增加量；社会效益指标主要包括：技术创新的社会贡献率、技术创新的社会积累率、新产品对促进社会就业率提升的作用、新产品对减少污染保护环境的作用、新产品对提高资源利用率的作用、新产品对相关产品的带动作用。

根据技术创新的创新对象的不同，Utterback（1975）将技术创新分为产品创新和过程创新两种，一些学者以技术创新对象为基点建立技术创新绩效评价指标体系。Prajogo（2006）提出，对产品创新指标和过程创新指标分别从创新数量、速度、水平、市场这四个方面构建指标体系。具体来说，产品创新指标包括：新产品的创新程度、新产品开发中最新创新技术的使用、新产品的开发速度、进入市场的新产品数量、首次进入市场的新产品数量等；过程创新指标包括：新技术的竞争力、新技术的先进性、吸收并采用最新技术的速度、过程技术改进速度等。陈劲和陈钰芬（2006）基于创新产出绩效和创新过程绩效构建了企业技术创新绩效指标体系，具体包括新产品销售率、新产品数、重大改进产品数、专利申请数、科技论文数、研发人员数、企业与科研单位交流频率、研发部门与顾客交流频率等指标。

Freeman（1982）指出，技术创新是包括创新构思、开展研发、投入制造、产品市场化的一系列过程。技术创新的成败与能够科学的对创新过程进行管理密切相关，因此 Chiesa（1996）等学者基于对创新过程的评价构建起创新绩效评价指标体系，建立了技术创新绩效评价的过程模型。该模型包括构思设计、产品开发、过程创新和技术获得这 4 个核心过程，以及管理与领导、资源分配、系统工具的有效使用这 3 个辅助过程。

现代技术创新是一个复杂的网络活动，它强调企业内部与外部、企业与企业之间更密切的联系。基于网络角度对技术创新的绩效进行评价，可以对企业外部环境及内部创新管理等方面综合考虑，相对全面地对创新绩效展开评价。党兴华（2004）等人从企业技术创新的网络化结构、企业的技术知识吸收利用水平以及企业对技术创新过程的组织管理三个方面给出创新网络环境下的企业的创新绩效评价体系。

从上述研究可知，现在仍然没有一套合适的指标体系来客观地评价技术创新绩效。同时，由于很难测量技术外溢带来的效益，现有的指标体系也没有科学地考虑技术创新的外溢性，并且建立指标体系时也没有科学地考虑投入与产出之间的时间滞后期。

（三）创新绩效的评价方法

1. 综合加权的评价方法

加权方法可以对指标赋予不同权重进而通过加权求和或加权求商等方式计算技术创新效率，该方法计算简洁直观。

2. 统计和数学方法

统计和数学方法主要包括层次分析法、模糊综合评价法、因子分析法、主成分分析法等，它们都是以数学、运筹学、统计学理论为基础的。

3. 随机前沿法

随机前沿法（Stochastic Frontier Analysis，简称 SFA）是在 1977 年，由 Aigner 和 Meeusen 等学者分别独立提出的。在考虑技术效率以及全要素分解的多投入多产出系统时，可以采用该方法。该模型中往往用柯布道格拉斯函数等对生产函数进行估计，随后将实际与理想的生产前沿值的偏差分为两个部分：因为自身效率不同而产生的偏差和不可控因素造成的统计干扰。Battese 和 Coelli 又于 20 世纪 90 年代对该模型进行了改进，该改进模型被广泛应用于效率测定的各个领域。

随机前沿模型的基本表达式为：

$$Y = f(X,\beta)e^{\varepsilon} = f(X,\beta)e^{v-u}$$

其中，Y 是产出，X 表示投入，β 是待定参数，$\varepsilon = v - u$ 是误差项，其中 u 是由于效率不同造成的偏差，v 是统计干扰的随机误差项，服从正态分布且均值为 0。

将上式取对数可以得到一个线性模型：

$$\mathrm{Ln}\, Y = \mathrm{Ln}\,(X,\beta) + \varepsilon = \mathrm{Ln}\,(X,\beta) + v - u$$

由于 SFA 方法将效率低产生的残差和随机误差项独立开来，所以评价结果较为合理，并且稳定性强。我国一些学者运用 SFA 方法分析企业创新绩效问题。韩晶（2010）用 SFA 方法对我国企业的创新绩效进行了分析。赵志耘（2013）用 SFA 方法构建生产函数，对转型期我国企业研发效率进行了实证研究。冯锋（2011）用 SFA 方法研究了外源技术对我国企业创新绩效的影响。

4. 数据包络分析法

A. Charnes 和 W. W. Cooper（1978）首次提出了规模报酬不变模型（C^2R 模型），随后数据包络分析法（Data Envelopment Analysis，简称 DEA）得到了学术界的广泛关注。DEA 方法是处理多输入多输出系统效率评价问题的有效方法，是运用线性规划评价决策单位之间的相对效率高低。

该方法将多个决策单位的投入产出数值点映射在空间中，选取相同投入中的最大产出点或相同产出中的最小投入点为有效率的基准点（benchmark），依此判定其余缺乏效率点距离有效率点的距离。即通过投入产出数据寻找有效基准点进而构建包络线，包络线上的点为有效率的点，包络线以下的点为缺乏效率的点。

在系统中有 n 个决策单元（decision making unit，简称 DMU），每个决策单元 $DMU_i(i = 1,2\cdots n)$ 都有 m 种投入 $x_{ij}(j = 1,\cdots m)$ 和 s 种产出 $y_i k(k = 1,\cdots,s)$ 则每个 DMU_i 的相对效率则可以转化为对线性规划问题求解：

$$min\theta \quad s.t. \quad y_i - \lambda Y \leqslant 0$$

$$\theta_{xi} - \lambda X \geqslant 0$$

$$\lambda \geqslant 0$$

其中 i 为第几个企业，λ 是常向量，θ 是待求解的 DMU_i 的相对效率。当 $\theta=1$ 时，该 DMU 是相对有效率的，当 $\theta<1$ 时，该 DMU 是相对缺乏效率的。

国内外许多学者用 DEA 方法对创新绩效进行评价。李健英（2015）运用 DEA 方法对 2012 年制造业上市企业的创新绩效进行分析，赵树宽（2013）以吉林省 151 家高技术企业作为样本，运用 DEA 方法进行创新绩效评价。钱丽（2015）以 2003—2010 年中国工业企业的省级数据，通过 DEA 模型比较了创新效率的区域差异。

5. 层次分析法（AHP）

层次分析法是 Saaty 提出一种定性分析与定量分析相结合的分析方法。通常用以解决复杂问题的绩效评估时运用层次分析法。运用层次分析法具体研究时，将复杂的问题分解为几个子问题，并建立子问题之间的内在联系，通过将子问题两两比较得到上层目标和下层目标的有序阶层，并运用数学工具对各个阶层的指标量化处理。借助这种有序阶层结构可以清晰地看到复杂问题的整体特征，并对定性指标作出估计。

6. 模糊评价法（FCE）

模糊评价法（Fuzzy Comprehensive Evaluation，简称 FCE）是基于模糊数学理论来对不易测度的因素进行定量分析的方法，在评价目标的影响因素较多时模糊分析法是一种有效的评价手段。在具体操作时，由专家打分或个人主观判断来对各个影响因素在整体中的重要程度进行判定，由专家或个人给出的权重值构建评价矩阵。

7. 平衡计分卡（BSC）

平衡计分卡（Balanced Score Card，简称 BSC）是从内部财务、内部运营、企业客户以及学习成长这四部分确定评估指标，每个指标下又包含多个二级指标。通过这四项指标对企业的战略目标转化为可量化的数值，保证企业战略目标得到有效执行，对企业绩效进行科学管理。

平衡计分卡可以运用于组织评价并改善绩效，对促进其达成目标有很好的推动作用。它一方面既保留着传统的财务数值，又兼顾了利益相关者和企业的未来发展指标，将复杂的系统转化为可量化的精确目标，平衡了财务指标和非财务指标之间、短期盈利和长期发展之间、企业内部和外部利益相关者之间的关系。

对创新绩效评价的各种评价方法都有一定优势和适用范围，能否根据研究目的、评价对象的特征、数据的可获得性等方面选择适合的评价方法，会直接影响到评估结果的科学性和有效性。

（四）创新绩效的影响因素

从20世纪50年代以来，学者们对企业创新和创新绩效影响因素的认识由浅到深，几十年间伴随着技术进步的同时，对企业创新的理论研究也有了新的进展。对于创新绩效的影响因素的研究方法主要有单因素驱动分析法、双因素驱动分析法、多因素驱动分析法等（见表2－4）。

表2－4　　　　创新绩效影响因素的分析方法

分析方法	单因素驱动分析法	双因素驱动分析法	多因素驱动分析法
时　　间	20世纪50—60年代	20世纪70年代	20世纪80年代至今
相关理论	技术创新推动论	演化理论	系统论
核心内容	科学发展与技术创新的发展相互促进；需求创造技术创新	创新活动效率受到企业外部环境的影响	创新活动效率受到企业内外部环境的相互作用

国内外学者在研究创新绩效影响因素时主要集中在以下六个方面（见表2－5）。

表2－5　　国内外学者对创新绩效影响因素研究的主要观点

影响因素	代表人物	主要观点
企业所有制类型和企业规模	Eric W. K. Tsang（2008）	外国公司比（新加坡）国内企业，在所有制上具有优势，进而对研发绩效产生了积极影响
	Eiichi Tomiura（2007）	不同规模的（日本）制造业企业与企业外部合作网络紧密程度对创新绩效的影响

续表

影响因素	代表人物	主要观点
研究对象是否为高新技术企业或创新型企业	Jian Cheng Guan，(2009)	（中国）高新技术的制造业企业的创新绩效更突出
	Katharine Wakelin (2001)	（英国）创新型企业的创新绩效高于非创新型企业
政府支持力度	Jian Cheng Guan，(2009)	政府支持力度对（中国）制造业企业的创新绩效有正面影响作用
	Emre Özçelik (2008)	政府对研发活动资金投入对（土耳其）制造业企业的研发活动有显著的正面影响
	David Walwyn (2007)	（芬兰）政府对手机制造业的对研发投资有较高的投资回报率，取得了65倍的经济利益
	王刚（2015）	（中国）政府采购政策对创新有显著的激励作用
企业战略定位	In Hyeock Lee (2009)	（韩国）企业的本土定位影响着研发投资和经营绩效
	吴晓波（2015）	（中国）市场导向和创业导向均对企业绩效产生积极影响；探索性创新和利用性创新对企业绩效有正向影响
	Yasuyuki Todo (2009)	（日本）企业在进行基础研究或应用型研究时以借鉴国外先进技术知识为目标
研发与销售的结合程度以及市场压力	LouisY. YLu (2004)	（中国台湾）IT企业研发活动与销售活动结合的越好，研发活动的成果越显著，新产品的开发也越好
	Mark　A. A. M. Leenders (2008)	当企业研发活动与高水平的新产品开发资源结合时，研发与销售活动的结合对企业创新绩效起到最好的作用
	Alfredo Del Monte (2003)	开展研发活动的（意大利）企业具有较高的销售增长率
	Chang – Yang Lee (2009)	高科技企业面对市场竞争压力时会积极开展创新活动

续表

影响因素	代表人物	主要观点
研发强度以及知识储备	Yasuyuki Todo (2009)	在（日本）跨国企业母公司的技术知识储备不能完全应用到其子公司中
	Bou Wen Lin (2006)	企业的商品化定位与其研发强度是互相补充的

三、关于开放式创新的研究

（一）开放式创新的产生

1912 年，熊彼特提出创新这一概念以来，人们逐步接受了创新对企业长久发展的重要作用，但传统的创新理念中，企业创新集中于企业内部研发，依赖企业自身产生的创意进行开发设计并投入生产最终实现销售。通过研发形成的科技成果是企业宝贵财富，也是阻止竞争对手进入市场的有效手段，因此为了保持技术领先地位，企业对其研发过程往往是保密的（陈钰芬，2007）。

Chesbrough（2003，2004）发现，传统的创新模式下，企业之间不进行技术交流，企业在核心技术上要依赖自身研发获得，这种创新模式称为封闭式创新（见图 2－9）。在封闭式创新模式下，企业的研发过程从最初的研究开发到形成产品推向市场都由企业自身完成。

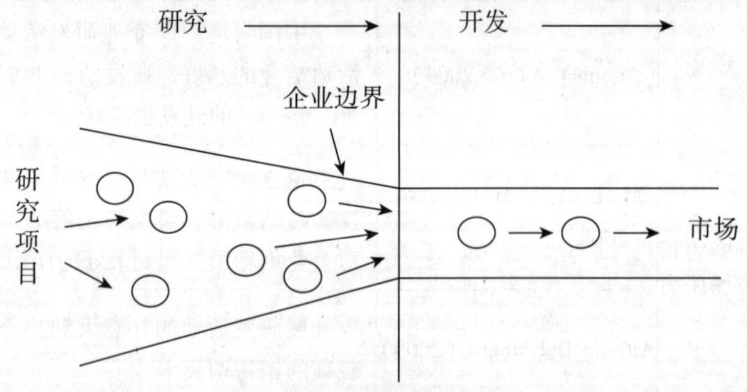

图 2－9　封闭式创新模式

资料来源：Chesbrough，H. Open innovation，the new imperative for creating and profiting from technology. Harvard business school Press，2003.

在封闭式创新模式下，研发活动都在企业自身范围之内，企业为其研发活动配备高水平的研发人员、先进的实验设备和充足的资金支持，一旦研发成功，首先投入市场则可能在市场中处于领先地位，在这种竞争优势下企业更有机会寻求新的创意，这样就形成了一个良性循环（见图2－10）。

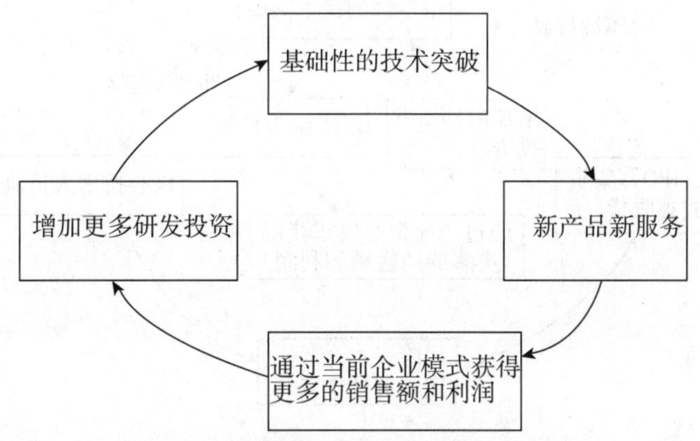

图2－10 封闭式创新模式的良性循环

资料来源：Chesbrough，H. Open innovation，the new imperative for creating and profiting from technology. Harvard business school Press，2003.

20世纪中，封闭式创新模式在企业创新中占据着主导地位，并有效地推动着企业创新和技术进步。而在20世纪末，企业的内外部环境发生了较大变化，封闭式创新已不能满足企业创新的需求，开始出现开放式创新。具体的变化有以下三种：

（1）人才流动的速度和比例不断增长。由于人才流动，企业保留原有的技术人员难度增大，企业内部的技术知识可能流向企业外部，与此同时，企业在引进人才的同时也为企业带来了新的技术知识。

（2）知识体系不断丰富，产品或服务进入市场的时间缩短。科技活动的复杂性和综合性越来越强，新技术从出现到淘汰的周期缩短，企业在封闭式创新模式下难以取得创新成果，需要结合多方的技术优势开展合作，缩短研发周期，共担风险。

（3）风险投资的出现和快速发展。风险资本的出现和快速发展造就了大批技术人才，带着创新思想从实验室、企业、高校或科研机构走向市场，创建起有价值的企业，这对封闭式创新模式的企业带来了巨大冲击。

由于企业所面临的内外部环境出现了上述这些变化，封闭式创新的良性循环被打破（见图2－11）。鉴于此，Chesbrough（2003）提出了开放式创新。

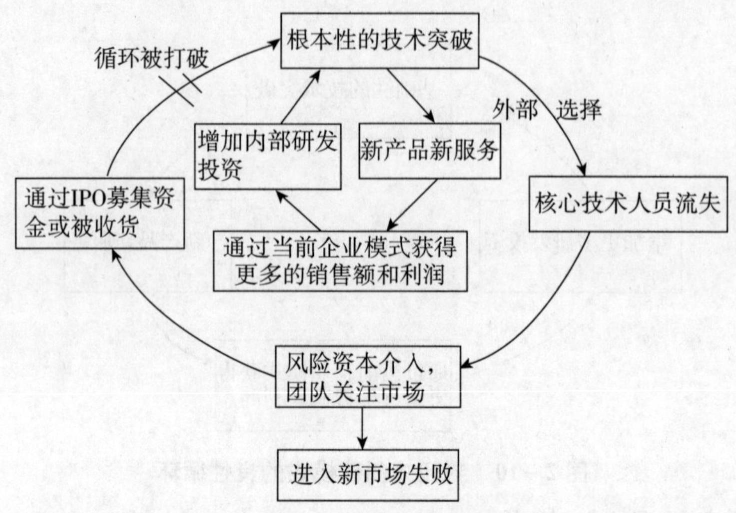

图2－11　被打破的良性循环

资料来源：Chesbrough，H. Open innovation，the new imperative for creating and profiting from technology. Harvard business school Press，2003.

（二）开放式创新的内涵

Chesbrough（2003）提出了“开放式创新（Open Innovation）”这一概念，“开放式创新是对知识流入和知识流出的有目的的使用，以提高内部创新的速度并扩大创新外部利用的市场”。他对开放式创新的定义既包含技术的外部来源也包括技术的外部市场化。该理论认为开放式创新环境中企业边界是可渗透的，企业的创新思想来源既可以是企业内部的研发部门也可以是企业外部（如客户、供应商、研究机构、高校、合作伙伴等），企业应该有效利用外部的创新思想并将其整合到企业内部的创新体系中，同时，企业内部的创新思想也应该通过开放的企业边界渗透到市场中，通过技术特性、技术合作、战略联盟、风险投资等方式将创新思想商业化，充分发挥其价值。开放式创新模式下，不再明确区分创新思想是源于于企业内部还是外部、创新成果是应用于企业内部还是外部，更关注企业如何将创新要素整合后，以低成本和短时间实现创新的价值，并获得最大收益（见图2－12）。

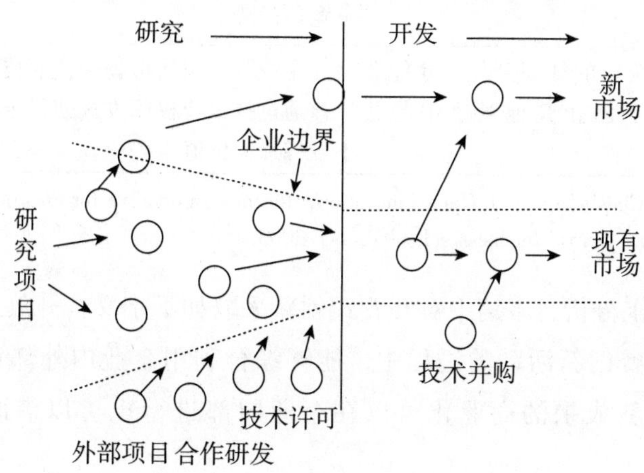

图2－12　开放式创新模式

资料来源：Chesbrough，H. Open innovation，the new imperative for creating and profiting from technology. Harvard business school Press，2003.

表2－6对封闭式创新与开放式创新进行了区别和对比，通过表格可以更加直观地理解开放式创新的内涵。

表2－6　　封闭式创新与开放式创新的比较

封闭式创新	开放式创新
本行业中最聪明的员工为我工作	并不是所有的聪明的员工都在为我工作。我需要与市场中的人才合作
必须依赖自己的创新投入来获得创新成果	充分利用企业内外部研发资源来实现创新
为了占据市场领先地位必须进行自主创新	自主创新并非获取领先地位的唯一手段
首先进行创新成果市场化的企业才能在竞争中取得胜利	创新的效率和效果要比是否首先市场化更重要

续表

封闭式创新	开放式创新
为了获得竞争优势，必须掌握核心技术	能够有效地用企业内外部资源则更具有竞争优势
必须控制企业的知识产权，才能获得垄断地位，阻止其他竞争中与我竞争	企业既应该从市场中获取技术专利也应该通过技术授权等方式使得企业创新成果发挥最大价值

资料来源：Chesbrough，H. Open innovation，the new imperative for creating and profiting from technology. Harvard business school Press，2003.

基于以上分析，本篇中对开放式创新采取如下定义：开放式创新模式是企业在开展创新活动的过程中，能够综合利用企业内外部资源实现创新，技术创新成果的商业化可以在企业内部进行也可以借助企业外部实现。

（三）开放式创新的创新绩效

开放式创新可以扩展企业的创新解决方案，能够帮助企业应对来自市场和客户迅速变化的要求。尽管开放式创新的创新模式和创新理念正在被越来越多的企业接纳，然而学者们对开放式创新对创新绩效的影响持有不同观点。

1. 开放式创新对企业创新绩效的正面影响

Von Hippel（1986）指出，客户为企业提供的信息对于企业创新是十分重要的。从客户处可以反馈市场需求，并为企业提供有价值的产品创意，帮助企业开发出更满足市场需求的产品，进而提高创新效率。Clark（1989）指出，供应商为企业提供的信息对于企业创新也十分重要。与具有先进技术能力的供应商展开合作，充分利用供应商的资源能够有效降低产品研发成本，缩短产品研发周期，并进而提升企业竞争优势。Klevorick（1995）指出，企业可以通过产学研合作获得研究专家的技术支持，快速把握技术发展趋势，有效促进企业创新活动的开展。

企业间的合作能够帮助企业获取互补知识（Mitehell & Singh，1992），通过共享创新资源可以分担创新风险，降低创新成本，缩短开发周期并提高创新效率（Pisano，1990；Tyler & Steensma，1995；Das & Teng，2000）。

从提高创新效率的角度来说，企业可以通过从外部获得创新理念或技术知识，进而加强自身的创新储备（Rigby & Zook，2002）。通过开放式创新，企业得以充分利用外来技术，既可以节约创新成本，又可以缩短产品研发时间，多个组织共享创新资源，分摊创新风险。因此企业可以通过与外部进行创新合作提高创新效率，降低技术开发的不确定性。

从创新成果商业化的角度来说，开放式的创新模式下，企业在与外部进行技术交流的同时就会形成压力和动力，帮助企业更清醒地认识到自身在市场中的地位，促使企业要赶在其他企业之前进行技术开发并实现商业化（Chesbrough，2003）。企业内部的创新理念和创意流向市场时，企业也可以通过外部的反应来评估该创意是否具备进一步投资的价值。开放式创新可以通过技术转让等方式获得收益，进而使得技术人员从中获利（Chesbrough，2003）。对创新成果的商业化本身也是对技术人员创意的肯定，员工可以从中获得工作成就感和认同感，可以帮助企业留住核心技术人员（Rigby & Zook，2002）。在创新成果商业化的同时，企业也可以将不再适用于自身的创新成果转让出去，降低创新成果的市场不确定性。

2. 开放式创新对企业创新绩效可能造成的负面影响

虽然开放式创新可以降低企业在创新过程中面临的技术不确定性和市场不确定性，但是在开展开放式创新时应合理把握开放程度，当开放度过大时则会对企业的创新绩效产生负面影响。

Biemans（1995）指出在合作创新中可能存在的一系列问题，如企业会增加对外源技术的依赖性；交易成本增加；对管理者的统筹能力要求提高；核心技术外流等。开放程度过大会造成企业内部资源投入分散（Laursen & Salter，2004）。罗炜（2000，2001）指出企业在与外部开展合作创新时可能会遇到企业间的价值观或企业文化的冲突，导致研发合作的失败。

一些学者指出相对于外部技术源而言，内部技术源也许更具优势：

第一，企业开展内部研发可以降低组织成本（Mowery，1983）；

第二，企业进行内部研发的全过程连续性强，对外部技术外溢的吸收能力强（Cohen & Levinthal，1990）；

第三，企业通过内部研发，拥有足够的技术储备和技术资源，在对外合作中能够占据主导地位（Powell，2005）。

企业在一定程度的开放环境中有利于提高创新绩效，而随着开放程度的提高，开放式创新带来正面影响的同时也有一定的负面作用，因此学者们对企业合适的开放度进行了一系列研究。其中 Laursen & Salter（2006）的研究指出，企业的开放程度与创新绩效之间为倒 U 型的曲线关系。陈钰芬（2007）对我国企业进行分析的结果表明，在我国目前企业开放度和研发强度都较低的情况下，可以通过提升开放度来提高创新绩效。

（四）开放式创新的研究现状

2003 年 Chesbrough 教授提出了开放式创新的概念之后，学者们纷纷对开放式创新从内涵、分类、管理方式等方面展开了探索研究。

MildredA. Hastbacka（2004）指出，开放式创新的实践模式包括战略、资源、进程和组织这四部分，这四个部分共同构建一个金字塔模型，其中后三个部分作为创新战略的基础处于模型底层，对创新起到支撑作用。

Perkmalm and Walsh 分析了开放式创新中的产学研合作关系，他们指出企业对外部创新源的依赖越来越大，大学与产业间的关系在企业创新中的作用越来越重要。

West 将开放式创新中企业与外部的关系分为深度关系和广度关系；正式关系和非正式关系，他认为开放式创新既需要建立深度关系也需要建立广度关系，这两者是相互促进的。

Gassmann 提出，尽管开放式创新模式是企业创新的未来趋势，但并非每个企业都必须采用开放式创新模式。他认为当外部环境中以下因素增强时应采用开放式创新：全球化趋势；技术强度；技术联合；新的商业模式出现；知识优势。Chesbrough 以及 Gassmannand Enkel（2006）指出，企业应合理协调获取外源知识的能力和挖掘内源知识的能力。

Maula（2006）认为企业不仅与生产互补品的企业保持良好合作，还应该与供应商或消费者开展良好合作，必要时也应该与竞争者开展合作，这样开放式创新才能有实质性的成果。

我国学者也针对我国国情和企业发展现状对开放式创新展开研究：许庆瑞（2004）和陈劲（2006）对宝钢集团进行了案例研究；任寒青（2006）对中兴公司的创新策略进行了案例研究；杨武（2005）分析了华

为的创新战略后认为企业自主创新不等同于封闭式创新，而是建立在与外界合作基础上的开放式创新。在合作的同时，必须把知识产权保护融入企业创新管理和国家科技创新体系中。陈劲（2006）也提出，开放式创新与自主创新之间并不矛盾，开放式创新环境下企业开展技术创新，是在更广阔的范围内寻找技术资源并使得创新资源得到充分利用，最终形成具有自主知识产品的新产品或新服务。王建（2015）运用层级回归分析法研究了吸收能力和开放对企业创新平衡模式的影响。张振刚（2015）通过对华南地区 119 家企业进行问卷调查发现内向型和外向型开放式创新对企业创新绩效产生显著的正面影响。阳银娟（2015）以高科技制造业企业为例，分析了环境动荡性对企业开放度与创新绩效关系。

四、文献述评

由上文可以看出，国内外学者对创新理论，创新绩效及开放式创新进行了大量研究。其中对内涵、特征及构建评价指标的研究较多，深层次展开实证研究或案例研究则相对偏少。对创新绩效开展的实证研究主要着眼于宏观或中观层面，从微观层面对创新绩效的深入研究很少，研究方法以传统方法为主。本篇将在学者们已有的研究成果之上，采用合理的计量方法对创新绩效及其影响因素进行深入研究，这对企业自身找到创新效率缺失原因并予以改进有直接的指导意义，对政策制定者在宏观层面给予创新导向给出了理论依据。

第三章　企业创新绩效评价及其影响因素的理论分析

一、创新绩效的内涵和评价指标体系

（一）创新绩效的内涵

创新绩效（Innovation Performance）是衡量企业创新活动的一项重要指标，可以通过创新绩效直观地反映创新活动的优劣。对企业创新绩效主要有以下两种视角：

1. 创新效率和创新效果

创新效率是指创新活动从创新资源投入到创新成果产出的效率，即创新思想或创意通过研发工作并进行生产活动转化为新产品、新工艺或新服务的生产效率。创新效果则是考虑创新成果的产出，即新产品、新工艺或新服务的数量及质量。依据考察创新效率和创新效果，对创新绩效的研究分为效率论和效果论。

本篇在研究中包括创新效率和创新效果两个维度。

2. 企业内部和企业外部

企业在开展研发活动时，在企业内部对创新绩效的评价包括从创新资源投入到创新成果产出的全过程。然而对于当今企业来说，其创新绩效并不能完全由企业内部的组织结构、资金投入、研发人员数量等方面来决定，其创新绩效会受到外部环境的影响。企业的外部环境包括政治经济环境、技术发展水平、创新网络、竞争者、供应商、消费者及其他利益相关者等。

（二）创新投入和创新产出的内涵

1. 创新投入

创新投入是指企业在开展创新过程中所投入的各种资源，包括人员投入、经费投入、设备和物品投入等。在本篇研究中主要考虑研发经费支出和研发人员数量这两类创新投入。

研发经费支出是企业研究与开发某项目所支付的费用。

研发人员是指企业内参与研发项目的工作人员，既包括项目组进行研发活动的高技术人才，也包括科技行政管理人员以及为项目组提供直接服务的辅助人员。研发人员分为全时人员和非全时人员。全时人员指报告期内从事研发工作的时间占到全年工作时间90%或以上的工作人员。非全时人员指报告期内从事研发工作的时间占到全年工作时间10%（含）~90%的工作人员。

2. 创新产出

经济合作与发展组织（OECD）将创新产出分为直接产出和间接产出，其中直接产出是研发活动直接产生的各类成果，如专利、新产品、科技论文等；间接产出是研发活动对社会经济间接产生的贡献，如劳动生产率、工业增加值、减少的环境污染、对相关产业的带动作用等。①

中国科技统计年鉴中认为研发产出包括：专利申请受理数、专利申请授权数、科技论文数，高科技产品出口额、高科技产品出口额占商品出口总额的比重等。

本篇中创新产出主要采用中国科技统计年鉴中列出的指标。

（三）创新绩效的评价指标体系

1. 指标选取原则

运用模型评价企业创新绩效时需要考察创新投入和产出指标，指标选取的数量、科学性、代表性会对研究的有效性产生很大影响，因此在选择指标时应遵循以下原则：

科学原则：所选取的指标能够可靠的代表创新投入和创新产出的真实水平，准确而不脱离实际。

典型原则：所选取的指标能够真实地体现创新投入和创新产出水平。

可操作性：所选取的指标是可以获得的，且在建立数学模型中是可操作的。

---

① 资料来源：http：//www. amazon. cn/弗拉斯卡蒂手册——究与试验发展调查实施标准/dp/B006HY22VI.

简洁原则：所选取的指标之间要避免重复统计或相互包含，考察对创新投入和创新产出影响大的指标。

2. 构建指标体系

创新投入的指标：国内外学者对创新投入的指标选择较为一致，一般都采用创新的资金投入和创新的人员投入两类指标。其中创新的资金投入是研发强度中最重要的因素，这些资金既包括用于企业内部自主研发的研发费用，也包括技术引进费用和技术转让交易费用等。有研究表明研发经费支出与企业的专利产出之间存在着显著相关性，R^2 超过 0.9（Pavitt；Acs）。创新的人员投入主要采用参与创新活动的科研工作人员数量或研发人员的全时当量。

创新产出的指标：与创新产出具有最直接联系的是专利数据，专利数据在多年中标准统一客观，所以专利数据作为创新产出的指标是较为可靠的。我国的专利分为发明专利、实用新型专利以及外观设计专利这三类，我国学者在考察创新产出指标时还采用了另外三组指标：非专利技术、新产品销售收入、技术贸易收入。其中非专利技术指企业对自己的技术创新成果保密，作为自身的技术储备，保持竞争优势。新产品是指企业运用新技术或新构思进行生产，或外观、工艺、性能较原产品有了明显改进的产品；新产品销售收入指企业主营业务中通过新产品的销售获得的销售收入。技术贸易是指企业通过技术转让等方式获得收益。

本篇在对前人的研究基础之上，采用国际上普遍采用的指标：研发经费支出、研发人员数量以及专利数量来对河南企业的创新绩效进行分析。

二、创新绩效评价的理论支撑

（一）创新理论

创新这一概念是熊彼特于 1912 年在其著作《经济发展理论》中提出的，他认为创新是构建一个新的生产函数，在经济活动中引入新的思想，以实现新的生产要素组合。他所指的新的生产要素组合主要包括以下五方面内容：①创造新产品新服务，或改进现有产品服务；②革新生产工艺或生产方式；③开拓新的市场；④重新控制原材料或半成品的新来源；⑤实施全新商业模式，建立新的企业架构。

创新理论是熊彼特经济理论的核心，也是创新绩效评价的核心理论。

在熊彼特的创新理论提出之后，学者们都对创新的动力源泉、创新源等问题开展了相关研究，提出了技术创新、管理创新、市场创新、制度创新等创新理论分支，丰富和发展了创新理论。在这些理论中，企业创新主要有以下六项特征：

（1）组织创新性。组织创新性是指企业的组织结构方面的创新。组织结构包括管理人员的构成、组织内各部门如何分工合作等。组织结构创新可以改变企业边界的界定，对外部环境变化作出迅速有效的反应，通过调整自身结构来适应外部环境的变化，降低外部环境的不确定性对企业造成的风险。

（2）技术创新性。技术创新是企业通过研发活动，运用先进的科技知识改进生产工艺，以降低生产成本、开发新产品、使用新材料，进而提高企业的核心竞争力并拥有可持续发展能力。企业寻求可持续发展，技术创新是根本途径，只有不断推进技术创新实现技术进步，企业才能获得并保持市场核心竞争力。

（3）管理创新性。管理创新是将创新要素创造性的整合，实现管理理念、管理方式等的优化组合以提高管理水平，适应企业发展要求，并有效促进企业创新活动的顺利进行，产生新的研发成果，提高企业的创新能力。

（4）全面创新性。企业创新是体现在企业经营发展的整个过程中的，包括组织、技术、管理、市场、观念、制度等等。各个层面的创新之间彼此紧密联系，形成了有机整体，共同构成了企业的全面创新。

（5）自主创新性。自主创新包括原始创新、集成创新和再创新三个方面。企业积极开展创新活动，对生产要素重新组合，力求通过新的生产要素组合获得最大化的经济利益。

（6）持续创新性。企业创新是一个长久的，动态变化的连续过程，持续创新涉及企业的内外部的各个环节的管理创新和观念改变。坚持持续创新才能够保证企业持续发展，持续获得经济利益。

企业创新不仅仅指新产品的开发创造，新技术的形成以及新市场的开发，创新还包含着知识管理模式的改变以及组织结构的改变，企业必须根据内外部环境的变化来优化配置其生产要素的组合方式，以提高企业竞争力，长期占据竞争优势。

（二）组织学习理论

1958 年，March 和 Simon 首次提出了组织学习的思想，众多学者对该理论进行的研究是在此基础之上的发展。在管理学中一般认为组织学习是组织内部对各种信息进行有效整合，进而改进企业行为的过程；在经济学中一般认为组织学习是可以计量的，通过计量对信息内所得信息进行整合处理并提高企业绩效。

学习最初是一项个体活动，通过学习获得直接经验或间接经验并且自身发生变化以适应外部环境的变化。但是随着科学技术的进步，科技知识以前所未有的速度出现和更新，无论个人还是企业所需知识都越来越广泛越来越复杂，仅仅通过个体学习不能满足客观需要，因此以组织形式进行的学习增多，开展组织学习在学习效果上往往会超过个人学习的效果简单加和。

组织学习是企业内部的集体活动，对组织学习的过程主要有以下四种典型模型：

Cyert – March 模型（1963）：组织学习是个体信念，个体行为，组织行为，环境影响这四阶段的循环（见图 3 – 1）。

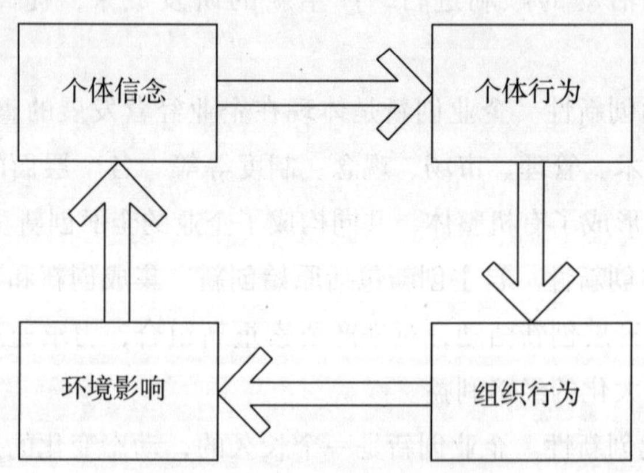

图 3 – 1　Cyert – March 模型

Argyris – Schon 模型（1978）：组织学习分为发现、解决、执行、推广等四个阶段（见图 3 – 2）。

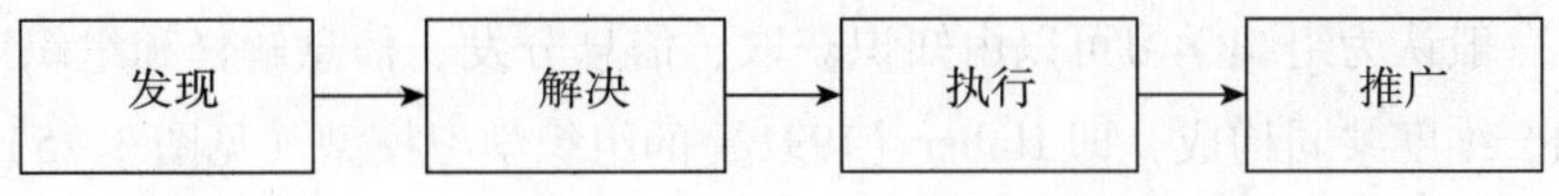

图 3 - 2　Argyris - Schon 模型

Senge 模型（1990）：组织学习中有三个层次（个人、团队、企业）和五项修炼（自我超越、共同愿景、团队学习、改善心智、系统思考），该模型得到了许多国际企业的认可（见图 3 - 3）。

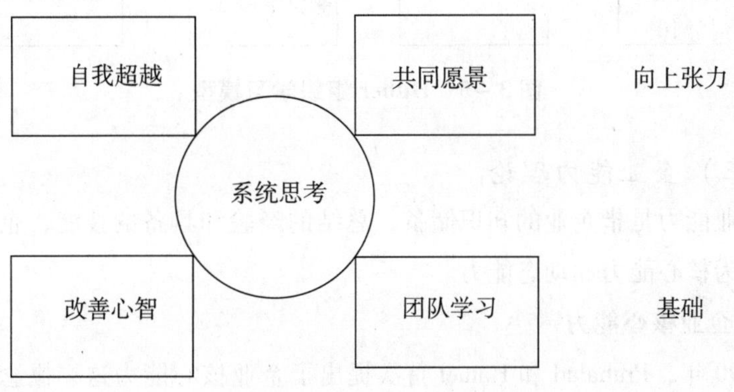

图 3 - 3　Senge 模型

Haeckel - Nolan 模型（1993）：组织学习包括感应、解释、决策、行动等四个过程（见图 3 - 4）。

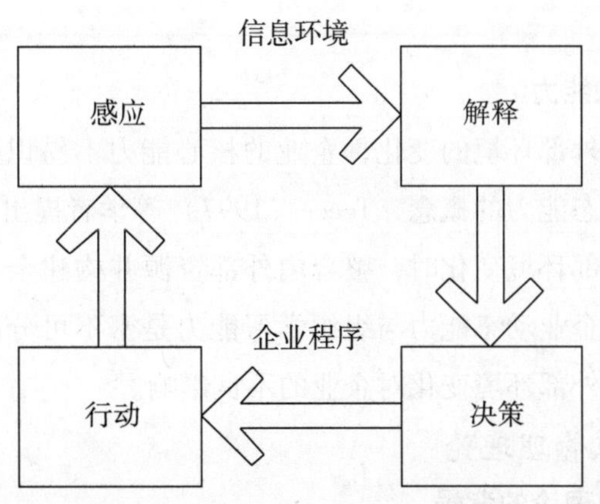

图 3 - 4　Haeckel - Nolan 模型

一般认为组织学习可以由知识获取、信息分发、信息解释和组织记忆这四个维度共同构成，即 Huber（1991）的组织学习模型（见图 3 – 5）。

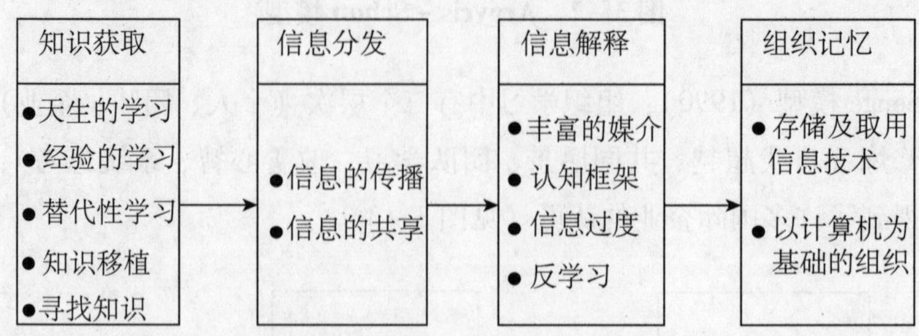

图 3 – 5　Huber 组织学习模型

（三）企业能力理论

企业能力是指企业的知识储备，总结的经验和具备的技能，企业能力可以分为核心能力和动态能力。

1. 企业核心能力

1990 年，Prahalad 和 Hamel 首次提出了企业核心能力这一概念，企业核心能力可以理解为企业的知识积累，尤其是对生产技术该如何协调以及对各种技术该如何有机结合的知识积累。他们指出企业竞争优势源于将具体的人财物等生产资源转化为抽象的企业能力。企业拥有先进的知识才能提升企业的核心能力，企业应运用其核心能力整合企业资源，获得竞争优势。

2. 企业动态能力

随着企业内外部环境的变化，企业的核心能力不易识别，因此一些学者提出了企业动态能力的概念。Teece（1997）等学者提出，企业动态能力是企业在面对外部环境变化时，整合内外部资源并构建全新生产关系以降低风险的能力。企业动态能力与组织学习能力是密不可分的，只有提升组织学习才能抵御外部环境变化对企业的不良影响。

（四）知识管理理论

1. 知识管理理论的背景

知识管理这一概念是从实务中诞生的，20 世纪 80 年代，通过对美国企业调查发现企业家普遍认识到：知识是企业最宝贵的资产。自此之后，学术领域对知识管理展开更为详尽深入的研究。20 世纪 90 年代，彼得·圣吉[①]提出，在信息化浪潮下，将知识管理不应再纳入信息管理体系中，而应该单独进行管理。知识管理应将重点放在对员工的管理。

在企业能力理论中，将企业能力分为核心能力和动态能力，而先进的知识就是企业核心能力的根本，企业占有着独有的知识和技术以及其他资源，才具备强大的企业能力。

经济学家马歇尔曾指出，知识积累是促进企业提升生产效率的有效途径，强调了知识对于企业发展的重要性。索洛增长模型中也指出，技术进步是经济增长的源泉之一。在 Romer 和 Lucas 的新增长理论中指出：知识和人力资本既是投资的副产品而且还具有知识外溢效应，强调了知识和人力资本是经济增长的动力源泉。

知识管理理论研究的发展是与企业对知识管理的实践经验密不可分的，IBM、惠普等著名企业从 20 世纪末起注重知识管理，推出了知识管理的课程或报告，这些知识管理的实践为理论发展提供了宝贵经验。

2. 知识管理的内涵

当前学术界对于知识管理尚未有权威的定义，学者们从不同角度对知识管理的内涵有不同见解：

Daniel E. O'Leary 认为，知识管理是通过对知识的管理来促进产生、获取和应用知识；是将组织内源知识和外源知识整合并与企业内的人相联系的过程。

Laurie（2005）认为知识管理是知识获取、创造到使用的系统过程，通过这个系统过程提升知识价值。

美国生产力和质量中心（APQC）[②] 的观点指出：知识管理是企业有组织、有目的地采取的战略，保证在恰当的时间将恰当的知识传递出去，同时在企业成员间对知识进行共享，并提升企业应对环境变化的迅速反应能

① 《The Fifth Discipline》，中文译名《第五项修炼》。

② APQC. Knowledge Management（Classic Best Practices Report）. http：//www. apqc. org/knowledge – base/documents/knowledge – management – best – practices – report.

力和创新能力。

Liebowitz 等人（2001）认为，知识管理关注如何在企业内部掌握知识，理解知识，协调知识，运用知识，知识管理本身也是通过无形资产创造更大价值的过程。

可以肯定的是，知识管理是以提高企业创新能力为目标的，通过知识管理可以有效管理企业内外部的知识并提供有效的知识共享平台，每个员工可以自由地将个人知识分享给组织也可以顺畅地获得组织其他人分享的知识。

3. 知识管理理论的学派

对知识管理的研究主要分为三个学派：

（1）技术学派。技术学派考察知识管理时注重的是对信息的管理，着重关注技术效率、信息系统、人工智能等方面的研究。该领域的学者往往有计算机或信息科学的教育背景，在技术学派看来，知识是可以标记、可以进行处理的信息，是企业的资源。

（2）行为学派。行为学派在考察知识管理时注重的是人的主观能动性，认为知识管理关键是对人的管理。该领域的学者往往有哲学、社会学、心理学的教育背景，常探讨员工个体行为或员工技术的评估或是提升、改变。在行为学派看来，知识是对技能不断改变时时更新的过程。

（3）综合学派。综合学派在考察知识管理时，既考虑信息技术又考虑人的行为，注重的是将人和信息统筹协调处理，即将信息的获得和运用能力与人的技术创新能力相结合，增强整个企业的知识管理能力，降低因为外部环境变化而对企业造成的冲击。该学派的研究促进着技术学派和行为学派的相互交流和提升。

三、创新绩效评价的研究方法

国内外学者在对绩效评价时运用了统计学、最优化方法等数学工具，主要方法有随机前沿分析、数学规划、指标体系、数据包络分析、层次分析法等。其中随机前沿分析法和数据包络分析法是最为常见的：

（一）随机前沿分析法（SFA）

随机前沿法（Stochastic Frontier Analysis，简称 SFA）是在 1977 年，由

Aigner 和 Meeusen 等学者分别独立提出的。在考虑技术效率以及全要素分解的多投入多产出系统时，可以采用该方法。该模型中往往用柯布道格拉斯函数等对生产函数进行估计，随后将实际与理想的生产前沿值的偏差分为两个部分：因为自身效率不同而产生的偏差和不可控因素造成的统计干扰。Battese 和 Coelli 又于 20 世纪 90 年代对该模型进行了改进，该改进模型被广泛应用于效率测定的各个领域。

随机前沿模型的基本表达式为：

$$Y = f(X,\beta)e^{\varepsilon} = f(X,\beta)e^{v-u}$$

其中，Y 是产出，X 表示投入，β 是待定参数，$\varepsilon = v - u$ 是误差项，其中是 u 由于效率不同造成的偏差，v 是统计干扰的随机误差项，服从正态分布且均值为 0。

将上式取对数可以得到一个线性模型：$\text{Ln}Y = \text{Ln}(X,\beta) + \varepsilon = \text{Ln}(X,\beta) + v - u$

由于 SFA 方法将效率低产生的残差和随机误差项独立开来，所以评价结果较为合理，并且稳定性强。我国一些学者运用 SFA 方法分析企业创新绩效问题。韩晶（2010）用 SFA 方法对我国企业的创新绩效进行了分析。赵志耘（2013）用 SFA 方法构建生产函数，对转型期我国企业研发效率进行了实证研究。冯锋（2011）用 SFA 方法研究了外源技术对我国企业创新绩效的影响。

（二）数据包络分析法（DEA）

A. Charnes 和 W. W. Cooper（1978）首次提出了规模报酬不变模型（C^2R 模型），随后数据包络分析法（Data Envelopment Analysis，简称 DEA）得到了学术界的广泛关注。DEA 方法是处理多输入多输出系统效率评价问题的有效方法，是运用线性规划评价决策单位之间的相对效率高低。该方法将多个决策单位的投入产出数值点映射在空间中，选取相同投入中的最大产出点或相同产出中的最小投入点为有效率的基准点（benchmark），依此判定其余缺乏效率点距离有效率点的距离。即通过投入产出数据寻找有效基准点进而构建包络线，包络线上的点为有效率的点，包络线以下的点为缺乏效率的点。在系统中有 n 个决策单元（decision making unit，简称 DMU)，每个决策单元 $DMU_i(i = 1,2,\cdots n)$ 都有 m 种投入 $x_{ij}(j = 1,\cdots,m)$ 和 s 种产出 $y_{ik}(k = 1,\cdots,s)$，i 为第几个企业，λ 是常向量，θ 是待求解的 DMU_i 的相对效率。则每个 DMU_i 的相对效率则可以转化为对线性规划问题求解：

$$\min \theta \quad s.t. \quad y_i - \lambda Y \leqslant 0$$

$$\theta_{xi} - \lambda X \geqslant 0$$

$$\lambda \leqslant 0$$

其中当 $\theta = 1$ 时，该 DMU 是相对有效率的，当 $\theta < 1$ 时，该 DMU 是相对缺乏效率的。

国内外许多学者用 DEA 方法对创新绩效进行评价。李健英（2015）运用 DEA 方法对 2012 年制造业上市企业的创新绩效进行分析，赵树宽（2013）以吉林省 151 家高技术企业作为样本，运用 DEA 方法进行创新绩效评价。钱丽（2015）以 2003—2010 年中国工业企业的省级数据，通过 DEA 模型比较了创新效率的区域差异。SFA 方法和 DEA 方法是在测算企业创新绩效中最常用的两种方法，将两种模型的特点对比如下（见表 3－1）：

表 3－1　　SFA 和 DEA 方法的比较

区别	SFA	DEA
确定的函数形式	有	无
随机误差	存在	不存在
样本数据量	较大	不需要大量数据
结果稳定性	稳定性强	稳定性弱
对数据结果的解释	随机误差项和残差项	有效率和低效率项
选定生产前沿的方法	由生产函数构建生产前沿	由投入和产出数据选择部分 DMU 为生产前沿

（三）层次分析法（AHP）

层次分析法是 Saaty 提出一种定性分析与定量分析相结合的分析方法。

通常用以解决复杂问题的绩效评估时运用层次分析法。运用层次分析法具体研究时，将复杂的问题分解为几个子问题，并建立子问题之间的内在联系，通过将子问题两两比较得到上层目标和下层目标的有序阶层，并运用数学工具对各个阶层的指标量化处理。借助这种有序阶层结构可以清晰地看到复杂问题的整体特征，并对定性指标作出估计。

（四）模糊评价法（FCE）

模糊评价法（Fuzzy Comprehensive Evaluation，简称 FCE）是基于模糊数学理论来对不易测度的因素进行定量分析的方法，在评价目标的影响因素较多时模糊分析法是一种有效的评价手段。在具体操作时，由专家打分或个人主观判断来对各个影响因素在整体中的重要程度进行判定，由专家或个人给出的权重值构建评价矩阵。

（五）平衡计分卡（BSC）

平衡计分卡（Balanced Score Card，简称 BSC）是从内部财务、内部运营、企业客户以及学习成长这四部分确定评估指标，每个指标下又包括多个二级指标。通过这四项指标对企业的战略目标转化为可量化的数值，保证企业战略目标得到有效执行，对企业绩效进行科学管理。平衡计分卡可以运用于组织评价并改善绩效，对促进其达成目标有很好的推动作用。它一方面既保留着传统的财务数值；另一方面又兼顾了利益相关者和企业的未来发展指标，将复杂的系统转化为可量化的精确目标，平衡了财务指标和非财务指标之间、短期盈利和长期发展之间、企业内部和外部利益相关者之间的关系。

对创新绩效的评价有多种分析方法，每种方法各有其适用范围和优缺点，现将主要的评价方法的特点列于表 3 - 2 中进行对比。

表 3 - 2　创新绩效的评价方法

评价方法	定　义	特　点
因素分析法	运用统计指标对影响最终目标的各个因素进行分析	简洁直观；常用于定性研究
模糊评价法	由专家打分对影响因素的重要程度进行判定	可以对不易测度的因素进行定量分析
平衡计分卡	通过四项指标来衡量企业创新绩效	平衡财务和非财务指标；兼顾短期盈利和长期发展

续表

评价方法	定 义	特 点
层次分析法	分解复杂问题为多个子问题并建立有序阶层结构	定性分析与定量分析相结合
聚类分析法	对样品和指标之间的亲疏性进行分类	可以得出企业创新绩效的相对水平；对数据量要求大
主成分分析法	将复杂多个影响因素提炼为少数几个指标分析创新绩效	可避免指标间的相互包含；对数据量要求大
因子分析法	将观测变量按相关性分类，每一类代表一个公共因子	用少数因子反映整体的大多数信息；统计分析量大
随机前沿分析法	估计生产函数，并将偏差分为随机误差和低效率的残差	结果稳定性强
数据包络分析法	评价相似投入产出方案的多个目标之间的效率	得出相对效率的高低值；评价客观

（六）创新绩效评价的意义

企业创新绩效的评价有助于评估企业已有项目的优劣，对企业进一步筛选创新项目，鼓励研发活动的开展等方面都有显著影响。

（七）改进创新绩效管理

通过对企业创新绩效的评价可以帮助企业提升知识管理的能力，对技术创新的效果有明确度量，更进一步明确创新目标。对创新绩效的评价并非企业开展技术创新的终极目标，而是为了达到提升创新能力的一种手段和工具。通过创新绩效评价可以对企业创新项目的优劣程度，企业创新能力的高低进行合理客观的评价，并由此分析改进创新整个流程的管理方法，从而提高创新绩效，建立或巩固企业核心竞争力，在市场竞争中获取或保持领先地位。

（八）引导创新方向

通过对企业创新绩效的评价能够对企业当前创新项目和创新能力作出客观合理的评价，也能够帮助企业预测创新的未来趋势。通过创新绩效评价结果可以科学的评估创新项目的质量，清晰地看到与其他企业相比本企业所处地位如何，及时找到企业在创新过程中的优劣所在，借助评价结果可以客观地反思自身在创新中存在的不足之处。找到创新活动的差距和不足能够正确地引导企业设定合理的创新目标，起到积极导向作用，改进创新流程，优化创新管理和知识管理方法。

（九）激励创新活动

通过创新绩效评价能够帮助企业识别创新活动的质量，有助于增加企业对创新活动优劣的判断能力。企业开展创新活动需要判断哪些新项目的值得投资，投入多大力度的投资，创新项目能获得怎样的经济利益和企业价值提升。通过对创新绩效的评价能够提高企业辨别创新项目优劣的能力，帮助企业用科学的眼光找到合适的创新投资项目，并给予充足的资金、人力和技术支持，力求通过创新活动获得最大的创新成果，提高企业创新水平。这种识别到投资的过程是对优秀创新项目的激励。

（十）激励创新人员

在创新理论中，科技人员的创意从产生萌芽到投入生产直至最终实现创新成果是对员工创新能力的充分肯定，当员工看到自己的创意最终实现为商品可以获得巨大的成就感和工作认同感，并愿意忠诚地留在企业中发挥自身创新能力。通过对创新绩效评价可以更为科学地进行内部绩效考核，给予科技员工应有的绩效奖金，能够有效激励员工更积极地产生新创意，从为企业工作转化为实现自我价值，企业与员工之间有相同的奋斗目标，两者产生同向合力，激发员工创新潜能。进行创新绩效评估是对优秀科技员工的激励，也使所有科技员工都有更大的动力投入科研工作，促进企业内良好创新环境的构建，形成企业创新不竭的动力源泉。

四、企业创新绩效研究的基本假设

在前人的研究基础上，本篇对企业创新绩效问题展开分析时，基于以下假设：

（一）开放式创新模式促进企业创新绩效提升

开放式创新是企业的一种创新模式，在当前技术更新换代速度加快，消费者对产品多样化个性化需求增大的前提下，与外部企业或高校、研究机构展开合作，是企业正确把握外部环境和自身需求的正确决策。开放式创新模式对企业创新绩效会有积极影响作用：

从节约创新成本来说，在开放式创新环境中，企业可以通过产学研合作或其他形式的技术交流，从外部环境获得创新理念或所需的技术知识，节约自身研发成本，并大大缩短研发周期，从创意产生到形成新产品速度加快，能够早于市场其他企业满足消费需求。

从降低创新风险来说，通过与外部其他企业或研究机构开展研发合作，一方面可以实现风险分摊，每个企业都不必面临过大的创新风险；另一方面由于企业与合作者存在技术和知识互补，在研发活动中分别发挥自己的优势，并在整个创新团队中出现更多思想碰撞，更能够取得显著创新成果，提高研发活动的成功率，从而降低创新风险。

从创新动力来说，相比于关起门来开展研发，企业在与外部进行研发合作或技术交流时能够更真切地感受到技术更新速度和市场变化速度之快。这种市场压力可以转化为企业进一步前行的动力，帮助企业看清自身在市场中的地位并准确把握市场需求。

（二）研发投入力度与创新成果、创新效率

企业研发投入既包括研发经费投入也包括研发人员投入，研发产出包括新产品、新技术、专利、商标等，当企业增大任何一种投入要素的数量时，产出数量不会减少。即加大研发力度可以提升企业创新成果。

然而创新效率则是衡量从创新投入到产生成果的过程是否有效。研发投入力度增大时，各种投入要素之间未必实现合理配置，很可能出现部分要素投入冗余，或处于创新规模报酬递减的阶段，使得创新投入未能充分发挥作用。这种情况下会出现研发投入增加快，而研发成果的增加速度慢，创新效率反而降低。因此加大研发投入力度未必能够提升创新效率。

（三）政府对企业的研发支持促进企业创新绩效提升

由于创新活动是具有一定的公共物品属性的，即创新活动产生的创新成果是可以通过技术外溢、知识扩散等途径传播到市场中，为其他企业或相关组织所用，对整个社会的科技发展水平有正向推动所用。企业创新往往是一种手段，其创新的最终目的是获得最大化的利润。因此通过市场手段来调节创新投入会出现市场失灵，企业对创新资源的投入力度低于社会应有的创新资源投入力度。

政府通过对企业创新进行产学研合作的引导、资金支持或其他创新政策倾斜，都会激励企业开展创新活动。通过产学研合作引导，能够给予企业更广阔的创新平台和寻找优秀创新项目的机会。政府补助方式给予创新支持能够对企业产生杠杆效应，带动企业自身的创新热情，充分挖掘和发挥企业创新能力。

（四）充足的知识储备是提升企业创新绩效的有效保障

创新活动是需要大量的知识储备和技术经验作为“固定资产”才能在研发活动中取得显著效果。如果没有这些知识储备，直接投入研发经费或研发人员，则企业内的研发人员只能从事知识学习吸收和技术操作指导工作，研发人员需要相当多的技术知识储备和技术工作经验，研发活动才能得以开展。企业在过去积累的知识和技术是未来开展研发活动的重要保障，已有的技术创新经验为企业做好了知识储备和经验积累，夯实了展开研发活动的基础，企业得以更有效率的开展创新活动。

从开放式创新的角度而言，企业所拥有的大量知识储备和技术经验是其寻找更高水准创新平台的筹码。当一个企业具备较强的自主创新能力，已拥有卓著的创新成果时，更容易找到优秀的研发合作伙伴，不仅合作洽谈成功率高，研发合作的成果也会更为显著。

第四章　企业创新绩效度量的实证分析

一、基于 DEA 的创新绩效评价模型

（一）生产可能集前沿面分析

生产理论中，将生产函数理解为一定技术条件下，生产要素通过各种组合方式所能获得的最大产量。这是从实际生产活动的抽象概括而来的投入产出间关系的经济模型，通过该模型可以直观得到企业以某一产出量为目标时，需要进行怎样的生产要素组合，并进而帮助企业生产决策。然而该模型是对实际经济生产的高度简化的理想模型，实际生产并非依照生产函数的投入组合就可以得到最大产量的理论值，往往会出现实际值小于理想值的情况。因此我们在理想情形下，将完全满足假设的生产函数称为生产前沿。直观来看，生产前沿是根据一组具体的（投入，产出）组合数据，构造出从投入到产出映射关系的外部边界，使得所有投入产出组合数据点都在该边界线上或该边界的下方（内部），则该边界为生产前沿。可以看出，生产前沿代表着经济生产活动中效率最优的组合，是给定生产要素投入时的最大产量。在研究效率度量和有效性分析时，可以通过将实际产量与生产前沿产量比较来判别企业的生产效率，从两者之间的距离也可以看到与理想最优产量的差距。

假设在生产活动中有 m 种投入要素，s 种产出要素，则投入向量为 $X = (x_1, x_2, \cdots x_m)^T \in R_m$，产出向量为 $Y = (y_1, y_2, \cdots y_s) T \in R_s$，则可以将生产可能集定义为：

$T = \{(X,Y) \mid$ 产出向量 Y 可由投入向量 X 生产出来$\}$。

假设在生产活动中有 n 个待评价的决策单元，每个待评价的决策单元有相似的投入产出结构，均由 m 种投入，通过生产得到 s 种产出。那么我们可以将第 j 个待评价的决策单元的投入向量和产出向量记为：

$X_j = (x_{1j}, x_{2j}, \cdots x_{mj})^T, j = 1, \cdots, n$ 为投入向量；

$Y_j = (y_{1j}, y_{2j}, \cdots y_{sj})^T, j = 1, \cdots, n$ 为产出向量，

其中，x_{ij} 是 DMU_j 的第 i 种投入要素的投入量，$x_{ij} \geqslant 0$；

Y_{rj} 是 DMU_j 的第 r 种产出要素的产出量，$y_{rj} \geqslant 0$。

由这 n 个待评价决策单元的观测值组成的集合 $T' = \{(X_j, Y_j), j = 1, \cdots, n\}$ 构成了一个生产可能集，该生产可能集是上述 T 的子集，即 $T' \subset T$。

生产可能集 T 一般满足以下假设：

1. 凸性假设

$\forall (X, Y) \in T$ 和 $\forall (X', Y') \in T, \exists \lambda \in [0, 1]$,

s.t. $\lambda(X, Y) + (1 - \lambda)(X', Y') = [\lambda X + (1 - \lambda)X', \lambda Y + (1 - \lambda)Y'] \in T$。

即对 X 和 X' 分配 λ 和 $1 - \lambda$ 的权重进行投入，则可得到 Y 和 Y' 以 λ 和 $1 - \lambda$ 比例的产出。

2. 锥性假设

$\forall (X, Y) \in T$ 和 $k \geqslant 0$，一定有 $k(X, Y) = (kX, kY) \in T$。

即将投入成倍增加，则可得到同样倍数的产出。

3. 无效性假设

对于 $X' \geqslant X$，若 $(X, Y) \in T$，则一定有 $(X', Y) \in T$；

对于 $Y' \leqslant Y$，若 $(X, Y) \in T$，则一定有 $(X, Y') \in T$；

即比用更多的投入获得同样产出是可行的，用同样的投入得到更少的产出也是可行的。

4. 最小性假设

对于一个生产系统而言，满足前三条假设的生产可能集是确定的。在获得待评价决策单元的样本数据 $(X_j, Y_j), j = 1, \cdots, n$，可由样本数据构造出满足前三条假设的生产可能集：

$$T = \{(X, Y) \mid \sum_{j=1}^{n} \lambda_j X_j \leqslant X, \sum_{j=1}^{n} \lambda_j Y_j \leqslant Y, \lambda_j \geqslant 0, j = 1, 2, \cdots, n\}。$$

（二）DEA 基本模型

数据包络分析法（Data Envelopment Analysis，简称 DEA）是针对具有相似投入产出要素结构的决策单元（Decision Making Unit，简称 DMU）间，考察相对效率高低的评价方法，常用于对多投入多产出的系统进行效

率评价。

Farrell（1957）首先提出了技术的相对效率，A. Charnes 和 W. W. Cooper（1978）基于相对效率的思想提出了第一个 DEA 模型：规模报酬不变模型（C^2R 模型）。对于不满足锥性假设的生产可能集，A. Charnes 和 W. W. Cooper 等学者又于 1985 年提出了 C^3GS^2 模型。几十年中，DEA 方法有了诸多改进，学者们将 DEA 方法越来越多的应用于社会经济的各个领域。

DEA 方法不用考虑从投入到产出的函数关系，而是根据每个 DMU 的投入和产出数据来评价从投入到产出的相对效率。DEA 方法的基本思想是由 n 个 $DMU_i(i=1,\cdots,n)$ 的 m 种投入数据 $x_{ij}(j=1,\cdots,m)$ 和 $y_{ik}(k=1,\cdots,s)$ 产出数据，每个 DMU 的相对效率可以转化为线性规划问题。由这些数据寻找到生产前沿面，当投入产出点落在生产前沿面上时认为该 DMU 是有效率的，否则是缺乏效率的。

C^2R 模型和 BC^2 模型是最常用的两种 DEA 模型。

1. C^2R 模型

C^2R 模型是在规模报酬不变条件下，衡量 DMU_j 间的相对效率。运用该模型时要求各个 DMU_j 间有相似的投入产出结构，在模型中具有可比性。每个 DMU_j 都有 m 种类型的投入和 s 种类型的产出，这样 C^2R 模型中的输入向量和输出向量为：

输入向量（投入）x_{ij} 输出向量（产出）y_{rj}

$$
\begin{array}{lllll}
 & DMU_1 & x_{11}\cdots & x_{m1} & \Rightarrow y_{11}\cdots y_{s1} \\
 & \vdots & \vdots & & \vdots \\
\text{决策单元} & DMU_j & X_{1j}\cdots & x_{mj} & \Rightarrow y_{1j}\cdots y_{sj} \\
 & \vdots & \vdots & & \vdots \\
 & DMU_n & x_{1n}\cdots & x_{mn} & \Rightarrow y_{1n}\cdots y_{sn}
\end{array}
$$

其中：$DMU_j(j=1,\cdots,n)$ 表示第 j 个决策单元

x_{ij} 是 DMU_j 的第 i 种投入要素的投入量，$x_{ij}\geqslant 0$；

y_{rj} 是 DMU_j 的第 r 种产出要素的产出量，$y_{rj}\geqslant 0$；

由于各种投入和各种产出在系统中的地位作用有差别，对 DMU 进行评价时可以对每种投入和输出赋予权重：

v_i 是第 i 种投入要素的权重；

u_r 是第 j 种产出要素的权重；

$$i = 1, \cdots, m; j = 1, \cdots, n; r = 1, \cdots s;$$

输出向量（产出）y_{ik}

记 $X_j = (x_{1j}, x_{2j}, \cdots x_{mj})^T, j = 1, \cdots, n$ 为模型的输入向量；

$Y_j = (y_{1j}, y_{2j}, \cdots y_{sj})^T, j = 1, \cdots, n$ 为模型的输出向量；

$v = (v_1, v_2, \cdots, v_m)^T$ 为 m 种输入的权向量；

$u = (u_1, u_2, \cdots, u_s)^T$ 为 s 种输出的权向量。

则可以用$\frac{u^T y_j}{v^T x_j}$来表示每个 DMU_j 的效率评价，$j = 1, \cdots, n$，一般认为 $\frac{u^T y_j}{v^T x_j}$ 数值越大，则 DMU_j 能够用相对小的投入获得相对大的产出，效率高。

由此构建出 C^2R 模型为：

$$\begin{cases} \max \dfrac{u^T y_0}{v^T x_0} \\ \dfrac{u^T y_j}{v^T x_j} \leqslant 1, 2, \cdots n \\ u \geqslant 0, v \geqslant 0 \end{cases} \tag{4-1}$$

对分式规划 4－1 进行 C^2 变换（Charnes－Cooper 变换）：

$$t = \frac{1}{v^T x_0} > 0, \omega = tv, \mu = tu$$

则可以得出 4－1 模型的等价线性规划：

$$\begin{cases} \max h_0 = u^T y_0 \\ \omega^T X_j - \mu^T Y_j \geqslant 0, j = 1, 2, \cdots, n \\ \omega^T X_0 = 1 \\ \omega \geqslant 0, \mu \geqslant 0 \end{cases} \tag{4-2}$$

线性规划 4－2 的对偶规划为：

$$\begin{cases}\min\theta \\ \sum_{j=1}^{n} X_j\lambda_j \leqslant \theta X_0 \sum_{j=1}^{n} X_j\lambda_j \geqslant Y_0 \\ \lambda_j \geqslant 0, j=1,2,\cdots,n\end{cases} \tag{4-3}$$

在对偶规划 4－3 中，θ 为 DMU 的效率评估，λ_j 为 DMU_j 的权重。在该规划中考虑松弛变量 S^+ 和 S^-，其中 S^+ 表示对于产出可以进行的改进，S^- 表示对于投入可以进行的改进，则可将线性规划进一步写为：

$$\begin{cases}\min[\theta - \varepsilon(e'^{T}S^- + e^{T}S^+)] \\ \sum_{j=1}^{n} X_j\lambda_j + S^+ = \theta X_0 \\ \sum_{j=1}^{n} Y_j\lambda_j - S^- = Y_0 \\ \lambda_j \geqslant 0, j=1,2,\cdots,n \\ S^+ \geqslant 0, S^- \geqslant 0\end{cases} \tag{4-4}$$

其中 $e' = (1,1,\cdots,1)^T \in E_m e = (1,1,\cdots,1)^T \in E_s$

当该模型的最优解为 $\theta^0 = 1$，且 $S^+ = 0, S^- = 0$ 时，则 DMU_{j0} 的投入产出组合落在生产前沿面上，是 DEA 有效的。该点表示在投入不变的条件下，产出达到了最大值，没有提高的空间；在产出不变的条件下，投入达到了最小值，没有缩减的空间。

当 $\theta^0 = 1$，但 $S^+ \neq 0, S^- \neq 0$ 时，则称该 DMU_{j0} 为 DEA 弱有效。该点表示投入的规模不经济，在投入不变的条件下，部分产出可以提高；在产出不变的条件下，部分投入可以减少。

当 $\theta^0 < 1$ 时，则称该 DMU_{j0} 为 DEA 无效。该点表示不仅投入的规模不经济，而且投入结构也不合理。可以对投入重新组合，使得投入减少到原投入的 θ^0 倍，即可以达到原产出。此时，可对投入和产出作如下调整：

$$\hat{X} = \theta X_0 - S^{-0}, \hat{Y} = Y_0 + S^{+0}$$

则可以缩减的投入量 ΔX 和可以扩大的产出量 ΔY 分别为：

$$\Delta X = X_0 - \hat{X} = (1-\theta)X_0 + S^{-0}, \Delta Y = \hat{Y} - Y_0 = S^{+0}$$

即为了使缺乏效率的 DMU 达到有效率的点，需要减少投入和增加产出。

由模型求得的结果还可以看到 DMU_{j0} 所在的规模收益情况：

当 $\frac{1}{\theta^0}\sum_{j=1}^{n}\lambda_j^0 = 1$ 时，规模收益不变。

当 $\frac{1}{\theta^0}\sum_{j=1}^{n}\lambda_j^0 > 1$ 时，规模收益递减，数值越大，递减趋势越明显。此时投入量成倍增加时，获得的产出并不能成倍增加，因此不必增加投入。

当 $\frac{1}{\theta^0}\sum_{j=1}^{n}\lambda_j^0 < 1$ 时，规模收益递增，数值越小，递增趋势越明显。此时投入量成倍增加时，获得的产出会超过成倍增加，因此可以增加投入。

2. BC^2 模型

C^2R 模型是假设规模报酬不变的情况下考虑 DMU_j 的效率，这种假设未必符合实际生产的情况，因此 Banker，Charnes 和 Cooper 等人于 1984 年提出了规模报酬可变的 BC^2 模型。

构建出 BC^2 模型为：

$$\begin{cases} \max \dfrac{u^T y_0}{V^T x_0 + V_0} \\ \dfrac{u^T y_j}{v^T x_j + V_0} \leqslant 1, \ \mathrm{j} = 1, 2, \cdots, n \\ u \geqslant 0, v \geqslant 0 \end{cases} \tag{4-5}$$

对分式规划进行 C^2 变换（Charnes - Cooper 变换），并对权重系数增加凸性假设：$\sum_{j=1}^{n}\lambda_j^0 = 1$，则可以得出 4-5 模型的等价的对偶规划：

$$\begin{cases} \min\theta = V_0 \\ \sum_{j=1}^{n} X_j\lambda_j \leqslant \theta X_0 \\ \sum_{j=1}^{n} Y_j\lambda_j \geqslant Y_0 \\ \sum_{j=1}^{n}\lambda_j = 1, \lambda_j \geqslant 0, j = 1, 2, \cdots, n \end{cases} \tag{4-6}$$

在该规划的求解结果中，可以通过观察 V_0 判断规模报酬情况：

当 $V_0 = 0$ 时，规模报酬不变，此时是在最适规模下生产。

当 $V_0 < 0$ 时，规模报酬递减，此时是在高于最适规模下生产。

当 $V_0 > 0$ 时，规模报酬递增，此时是在低于最适规模下生产。

（三）DEA 有效的经济意义

根据 DEA 有效的判定标准，可以看出在数据包络分析法中，判断一个 DMU 是否有效，是看是否能够找到或能够构造出另一个 DMU′（满足同样类型的投入产出要素）比它更“好”。这种“好”即意味着在同样投入的情况下，DMU′的产出比原 DMU 更多；或在同样产出的情况下，DMU的投入比原 DMU 更少。如果不能找到或构造出这样的 DMU′，则原 DMU 就是有效的，否则是非有效的。

当最优解 $\theta^0 < 1$ 时，则可以找到或可以构造出另一个 DMU′，该 DMU′的投入不高于原 DMU，而产出比原 DMU 更高。即原 DMU 是非 DEA 有效的，并且 θ^0 越接近于 0，则原 DMU 的效率越低。

当 $\theta^0 = 1$，但 $S^- \neq 0$，$S^+ = 0$ 时，可以看出 S^- 是一个 m 维向量，该向量中部分分量 =0，而部分分量 >0。这种情况下，可以找到或可以构造出另一个 DMU′，该 DMU的部分投入小于原 DMU 的对应投入，而产出等于原 DMU 的产出，该情形为 DEA 弱有效。

当 $\theta^0 = 1$，但 $S^+ \neq 0$，$S^- = 0$ 时，可以看出 S^- 是一个 s 维向量，该向量中部分分量 =0，而部分分量 >0。这种情况下，可以找到或可以构造出另一个 DMU′，该 DMU 的投入等于原 DMU 的投入，而部分投入大于原 DMU 的对应投入，该情形为 DEA 弱有效。

当 $\theta^0 = 1$，且 $S^+ = 0$，$S^- = 0$ 时，S^- 的 m 个分量和 S^+ 的 s 个分量均为 0，说明找不到也构造不出另一个 DMU′，使得该 DMU′的部分投入小于原的对应投入，而产出等于原 DMV 的产出。换言之，原 DMU 的投入产出组合落在生产前沿面上，除非增加投入，否则产出没有再提高的空间，该情形为 DEA 有效。

（四）DEA 方法的操作步骤

1. 选择 DMU

在选择被考察对象时，要求所有的 DMU 都是可比较的，有相同类型的投入要素和产出要素。为了得到可靠的结果，样本数量要达到指标数量的两倍或以上。但是样本数量并非越多越好，当样本数量过大时样本间的同构性差，分析结果会受到一些所考察因素之外的影响。此外，在选择样本时应注意统计口径的一致性，避免出现因为统计口径的差别而造成的结果失真。

2. 确定投入产出指标

在构建投入产出指标体系时，需要每个 DMU 都通过选取指标的投入产生选取指标的产出，且在投入增加时产出不会减少。选取的指标总数不应该过多，指标体系过于繁杂会对评价结果的可靠性产生负面影响。此外，选取指标时还应考虑数据的客观性和可得性，以便进行进一步的模型运算。

3. 寻找恰当的 DEA 模型

数据包络分析是多种具体模型的统称，具体的每个模型都各有其适用范围和优缺点，在选择具体操作模型时要根据 DMU 的特性并根据数据情况进行选择，以求达到最合理的评价效果。

4. 结果分析

由 DEA 模型通过线性规划求解得到的结果可以看到各个 DMU 的相对效率值，进而找到有效率和缺乏效率的 DMU，并可以针对缺乏效率的 DMU 给出改进方案。

（五）DEA 方法的特点及适用条件

1. DEA 方法的优点

数据包络分析法是基于各个投入产出的数据构造出一个有效率的生产前沿面，并进而对所有投入产出组合点进行效率分析，在实际操作中 DEA 方法有它的许多优点：

科学客观：DEA 在构造生产前沿面时依据各个 DMU 的全部投入产出数据，排除了主观因素，输入模型中的数据得到充分利用，并降低了因为统计误差等原因造成的生产前沿面结果失真。

结果直观：通过 DEA 模型得到的计算结果，一方面可以直观的看出各个 DMU 的相对效率高低；另一方面还对非有效的 DMU 给出改进方向和改进程度，能够帮助非有效的 DMU 达到有效率的点。

适用性强：DEA 模型非常适用于多投入多产出的系统，多投入多产出正是现实社会经济中最常见的情形，以企业创新为例，既可以对不同企业之间的创新绩效进行比较，又可以对同一企业在不同时期的创新绩效进行比较。

2. DEA 方法的缺点

在实践中发现，运用 DEA 模型评价绩效可能会出现以下问题：

数据量适中：对 DMU 的数据量要求是所选择指标总量的两倍以上，但 DMU 的数量也不可过大，否则会影响评价结果的科学性。

相对效率：DEA 模型的计算结果表示的是该 DMU 与其他 DMU 相比的相对效率，而并非实际效率，不便于企业进一步进行对策分析。

归因：影响产出量的因素除了投入量和技术高低之外，还有其他因素。在 DEA 模型中将创新产出低于生产前沿面的原因均归于效率不足，而未像 SFA 模型一样将低效率造成的残差和随机误差分开。

由于 DEA 方法计算简单，评估客观，数据结果的意义明确，对于多投入多产出的系统有良好的评估效果。可以借助数据结果为企业决策者提供有效的决策依据，因此本篇中拟采用 DEA 方法中的 C^2R 和 BC^2 模型对河南上市企业的创新绩效进行实证分析。

二、指标选取和数据来源

（一）构建指标体系

在我国的研发经费支出中，企业所支出的研发经费超过了我国研发经费总支出的60%，并呈逐年上升趋势。2013 年这一比例达到77%（见图4－1）。企业研发人员的数量占到了我国研发人员数量的62%（见图4－2），研发人员全时当量占到了全社会研发人员全时当量的77%，说明企业在创新活动中对于研发人员的投入也是巨大的。可见企业既是我国技术创新的活动主体，也是研发经费投入和研发人员投入的主体。

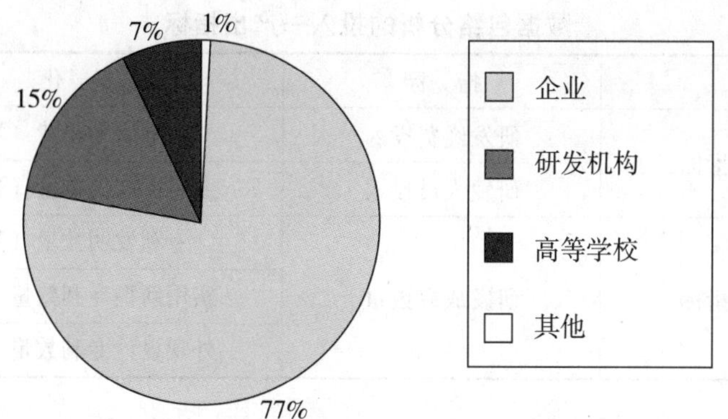

图4-1　2013年按执行部门分组的研发经费内部支出

资料来源：国家统计局和科技部的历年《中国科技统计年鉴》。

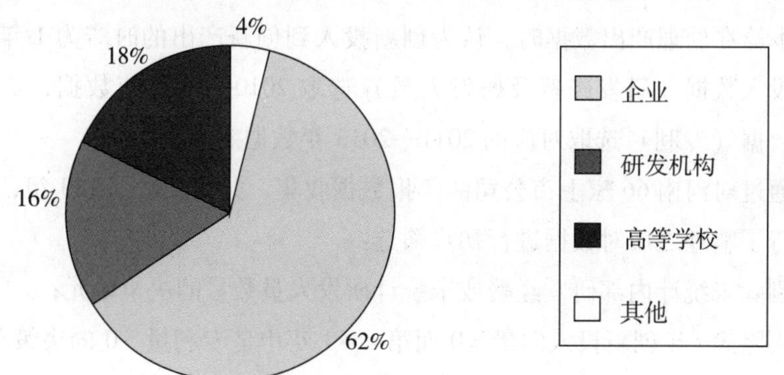

图4-2　2013年按执行部门分组的研发人员数量

资料来源：国家统计局和科技部的历年《中国科技统计年鉴》。

在构建指标体系的过程中，兼顾数据的可获得性，连续性以及决策单元间的数据可比性，本研究在理论研究的基础上选择的创新投入指标分别为，X_1：企业内部研发经费（万元）；X_2：企业研发人员数量（人/年）。

创新产出方面，专利是衡量企业创新产出的合适变量，根据前人研究成果并考虑数据可获得性，本篇中选取专利申请数量来代表创新产出。Y：专利申请数量（件）。其中专利申请授权数可以细分为专利发明 Y_1（件），实用新型专利 Y_2（件），外观设计专利 Y_3（件）这三类（见表4-1）。

表 4-1　　数据包络分析的投入—产出指标

	指　标	量　化
投入指标	研发经费投入	内部研发经费（X_1）
	研发人员投入	研发人员数量（X_2）
产出指标	研发成果数量	专利发明数量（Y_1）
		实用新型专利数量（Y_2）
		外观设计专利数量（Y_3）

（二）样本选取和数据来源

在对企业创新绩效评价进行实证分析时，本篇通过查阅企业年报，选取了河南省的上市企业于 2010—2013 年的数据，借鉴其他学者的研究成果，本篇在处理产出数据时，认为创新投入到创新产出的时滞为 1 年，即创新投入数据（研发经费及研发人员）选取 2010—2012 年数据，而创新产出数据（专利）选取对应的 2011—2013 年数据。

通过对河南 66 家上市公司的年报数据收集，共得到数据 183 组，对数据进行了整理之后对数据进行初步筛选：

剔除未统计内部研发经费或未统计研发人员数量的决策单元；

剔除第 t 年创新投入向量 =0 而第 $t+1$ 年申请专利量 >0 的决策单元；

剔除第 t 年创新投入向量 >0 而第 $t+1$ 年申请专利量 =0 的决策单元。

经过初步筛选得到有效数据 112 组，即 112 个决策单元（DMU），各个 DMU 的创新投入和创新产出原始数据见附录 B。

表 4-2 给出了投入产出数据的描述性统计结果。

表 4-2　　描述性统计结果

	指　标	最小值	最大值	平均值	中位数	峰　度	偏　度
X_1	内部研发经费（万元）	23	70002	7848	3602	9.62	3.02
X_2	研发人员数量（人/年）	38	18512	792	312	68.23	7.61

续表

	指　标	最小值	最大值	平均值	中位数	峰　度	偏　度
Y_1	专利发明数量（件）	0	110	11	4	11.90	3.24
Y_2	实用新型专利数量（件）	0	169	20	7	8.80	2.83
Y_3	外观设计专利数量（件）	0	68	5	0	14.10	3.59
Y	授权专利总量（件）	1	328	35	17	9.94	2.95

由该结果可以看到，各项指标的峰度统计值远大于0，均属于尖峰分布。无论是投入数据还是产出数据都有平均值 > 中位数，偏度 > 0，存在右偏。这说明在112个决策单元中，大多数数据处于平均数以下，各个企业间的创新投入产出资源分配不均，个别企业的创新投入和产出数据非常大。

此结果也可从累积分布函数（CDF）得到：图4－3、图4－4分别为112个决策单元的内部研发经费和研发人员数量的累积分布函数，由图4－3可以看出，将内部研发经费投入从小到大排列，其中内部研发经费投入最少的前77个（即前69%的）决策单元研发经费总额仅占到112个决策单元研发经费总额的19.67%，而研发经费投入最大的剩下30%决策单元的研发经费投入占到了112个决策单元研发经费总额的80%以上。类似的，在图4－4中，研发人员数量投入最少的68%的决策单元所投入的研发人员数量仅占到112个决策单元研发人员总数的19.47%，而投入研发人员数量最大的剩余32%决策单元的研发人员数量则占到了112个决策单元研发人员总数的80%以上。

在对数据按年度分类后可以看到，企业内部研发经费的2010年平均为4126万元，2011年平均为8512万元，2012年平均为10335万元，整体来看企业内部研发经费投入是呈上升趋势的。

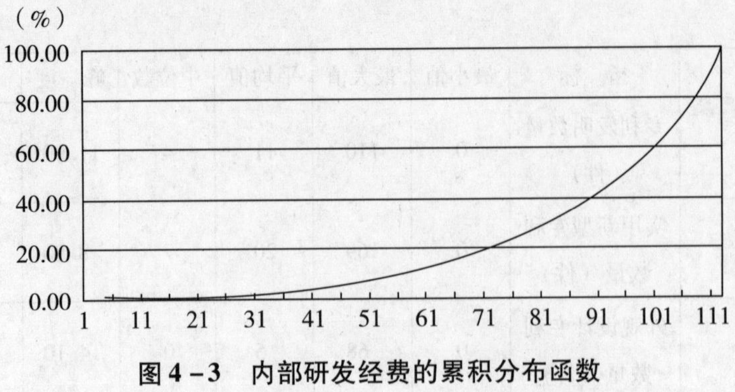

图4-3　内部研发经费的累积分布函数

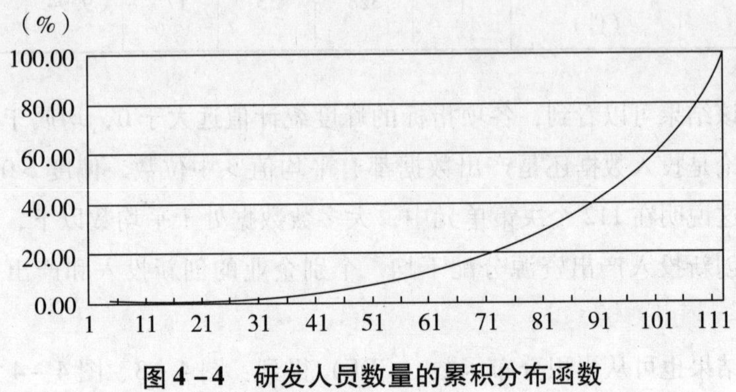

图4-4　研发人员数量的累积分布函数

三、企业创新绩效度量的实证分析

(一) 相关性检验

首先，对投入产出数据进行相关性分析，以验证当投入增加时，产出不减少，其中 X_1：企业内部研发经费（万元）；X_2：企业研发人员数量（人/年）；专利发明 Y_1（件），实用新型专利 Y_2（件），外观设计专利Y_3（件）。

相关性检验结果如表4-3所示，可以看出投入与产出之间的相关系数均为正数，即当研发经费 X_1 增加时，Y_1，Y_2 和 Y_3 都倾向于增加；当企业研发人员数量 X_2 增加时，Y_1，Y_2 和 Y_3 也都倾向于增加。由此可见，企业加大创新投入时，会获得更显著的创新产出。

表 4-3 指标之间的相关系数

	X_1	X_2	Y_1	Y_2	Y_3
X_1	1				
X_2	0.31	1			
Y_1	0.42	0.17	1		
Y_2	0.47	0.11	0.73	1	
Y_3	0.15	0.02	0.43	0.52	1

（二）纯技术效率分析

数据包络分析本质上是把现实问题转化为数学规划问题并进而求解，因此可以借助处理线性规划问题的软件来处理数据包络分析问题，本篇采用了 MaxDEA 6 的 BC^2 模型对河南上市企业 112 个决策单元的数据进行处理，进而得出创新的纯技术效率值（Pure Technical Efficiency Score，记为 VRS），评价其有效性。具体的数据结果可见表 4-4。

表 4-4 各个决策单元创新的纯技术效率值

DMU	VRS	DMU	VRS	DMU	VRS
001	0.073406	016	1	031	0.141025
002	0.660208	017	0.940814	032	0.121644
003	1	018	0.053537	033	0.11481
004	1	019	0.510524	034	0.730643
005	0.988056	020	0.363861	035	0.361941
006	1	021	0.852713	036	0.203968
007	0.3125	022	1	037	0.357816
008	0.298912	023	1	038	1
009	0.168948	024	0.417466	039	0.547117
010	0.23336	025	0.281658	040	0.619075
011	0.263321	026	0.332538	041	0.17579
012	0.049062	027	0.275552	042	0.349769
013	0.22093	028	0.454237	043	0.418603

续表

DMU	VRS	DMU	VRS	DMU	VRS
014	0. 231178	029	1	044	0. 405498
015	0. 945394	030	0. 33075	045	0. 25061
046	0. 27788	069	1	091	0. 434782
047	0. 110198	070	0. 864085	092	0. 627007
048	0. 132239	071	0. 313868	093	0. 483407
049	0. 149096	072	0. 282034	094	0. 10971
050	0. 225854	073	0. 989761	095	0. 052882
051	0. 132575	074	0. 866588	096	0. 080495
052	0. 262935	075	0. 5353	097	0. 496952
053	0. 605882	076	0. 495298	098	0. 473523
054	0. 445117	077	0. 149084	099	0. 338386
055	0. 676182	078	0. 814096	100	0. 058465
056	1	079	0. 798122	101	0. 017222
057	0. 904762	080	0. 314195	102	0. 022791
058	1	081	0. 138579	103	0. 259921
059	1	082	1	104	0. 092079
060	0. 242322	083	0. 395042	105	0. 041269
061	0. 175592	084	0. 772983	106	0. 320883
062	0. 592468	085	0. 217364	107	0. 014765
063	1	086	0. 384	108	0. 264953
064	0. 468762	087	0. 341264	109	0. 4056
065	0. 164998	088	0. 354754	110	0. 572492
066	0. 157719	089	0. 353567	111	0. 079372
067	0. 243003	090	0. 24591	112	0. 071278
068	1				

1. 纯技术效率（VRS）的整体分析

通过 DEA 模型得到的结果，当决策单元的纯技术效率值（VRS）越接近于1时，认为其相对效率越高，在样本中是有效率的；当决策单元的纯技术效率值越接近于0时，其效率越低，在样本中是缺乏效率的。112个决策单元的平均纯技术效率为0.45，相对较低，其中效率值为1的企业共15个，占总样本数的13%，说明仅有13%的企业在技术创新活动中是相对有效的。由图4-5可以看到，超过60%的企业创新的纯技术效率不足0.5，且集中于0.2左右，说明大多数企业在创新活动中效率严重偏低，与生产前沿距离远，有很大改进空间。纯技术效率值在0.5（含）至1（不含）之间的企业是具备较强创新发展潜力，有一定改进空间的。在创新环境良好，创新管理理念先进的企业群中，该区间的占比应当较大，而在样本数据中，该区间内仅有22个样本，占总样本数的19%。河南上市企业中创新效率“较好”的企业数量很低，大多数有创新意识的企业对企业技术创新的理解不足，正在摸着石头过河，对创新资源如何合理利用、如何科学分配均没有深刻理解，造成创新效率整体偏低。

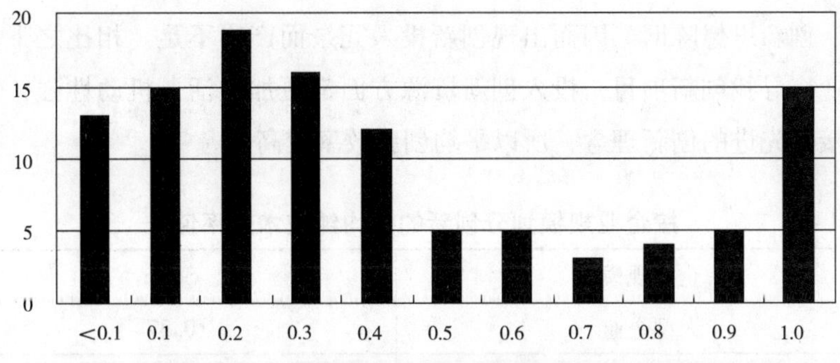

图4-5 样本企业创新的纯技术效率分布

具体的，根据效率强度的不同，可以将决策单元分为四类：

（1）强效率单元：Score = 1，此类中共有样本15个，且这15个样本的松弛变量均为0，是DEA有效的。一般来说，在没有外部环境或技术条件发生重大变化的情况下，这些样本都可以继续保持高效率的创新活动。

（2）轻度非效率单元：0.8≤Score<1，此类中共有样本9个，效率接近生产前沿，可对投入或产出作出适当调整才可以达到有效率的生产前沿。

（3）中度非效率单元：0.5≤Score<0.8，此类中共有样本13个，效率不高，有较大的改进空间。

（4）严重非效率单元：Score<0.5，此类中共有样本75个，此类决策单元的效率非常低，在创新资金和人员投入量不少，而创新产出却不高，必须调整创新投入要素组合以提高创新效率。

2. 纯技术效率分组结果分析

为了进一步分析企业本身所具备的不同特征对创新绩效的影响，本篇对样本按照企业规模、所有制类型以及所在行业进行分类，考察每一类中企业纯技术效率值的高低。

（1）规模分类。根据国家统计局在2011年发布的《统计上大中小微型企业划分办法》，对样本数据按企业规模进行分类。由于样本中没有微型企业，因而分为大型企业，中型企业和小型企业三类。经统计得出（见表4-5），大型企业在三类中的平均纯技术效率值最低，这往往由于在大型企业中管理层次过多而造成资源浪费，人力资源的创新激情不足，甘于现状，创新思想陈旧，因而出现创新投入冗余而产出不足。相比之下，中小企业在寻找创新项目，投入创新资源方面都更加灵活，机动性强，且更容易接受先进的创新理念，所以平均创新效率较高。

表4-5　　按企业规模划分创新的平均纯技术效率值

企业规模	Score
大型企业	0.37
中型企业	0.73
小型企业	0.97
平　　均	0.45

（2）所有制类型分类。对样本数据按照企业所有制类型分类统计后得到表4-6，可以看出，除中外合资企业之外，企业各种所有制类型的企业的创新效率差别不明显，均接近整体的平均水平。究其原因，中外合资企业更倾向于直接吸收或学习外来的先进技术成果，而自主创新的压力和动力不足，造成其创新管理松懈，创新投入未能有效转化为创新成果。

表4-6　按企业所有制类型划分创新的平均纯技术效率值

所有制类型	Score
国有企业	0.48
股份制企业	0.41
中外合资企业	0.23
有限责任制企业	0.60
平　均	0.45

（3）所在行业分类。对样本数据按照企业所有制类型分类统计后得到表4-7。样本数据中的五种行业的平均创新效率都不高，而采矿业的创新效率极低，这与采矿业的特殊行业性质是有着密切联系的。采矿业本应是技术含量较高的行业，但不少采矿企业具有垄断势力，经营理念较为保守，不愿为创新担风险，更倾向于将资金投入到机械设备采购，将管理精力投入到采矿设备和人员安排中。采矿业若积极开展技术创新则能够大大削减材料处理成本，降低整理能耗，减少环境污染，达到成本与收益的最佳组合，所以提高创新效率对采矿业是十分必要的。

表4-7　按企业所在行业划分创新的平均纯技术效率值

行　业	Score
农、林、牧、渔业	0.36
信息传输、软件和信息技术服务业	0.38
制造业	0.47
采矿业	0.04
交通运输、仓储和邮政业	0.37
平　均	0.45

（三）综合效率分析

为考查样本数据是否处于合适的生产规模，即是否规模有效，本篇进一步借助 DEA 的 C^2R 模型对样本数据进行处理，考察样本数据的综合效率。

1. 综合效率结果分析

通过 C^2R 模型得到的数据结果可见表4-8。在结果中显示了 112 个样本数据的技术效率（CRS）、纯技术效率（VRS）、规模效率（SE）以及规模报酬情况。其中技术效率可认为是综合效率，当综合效率 =1 时，认为 DEA 是有效的。纯技术效率是衡量企业在要素投入产出的要素搭配比例是否有效率，而规模效率是衡量企业是否处于合适的生产规模上。技术效率、纯技术效率与规模效率之间满足：

技术效率（CRS）=纯技术效率（VRS）规模效率（SE）

纯技术效率和规模效率均在［0，1］之间取值，仅当纯技术效率和规模效率都取值为 1 时，该决策单元才能达到综合效率为 1。即综合有效率的决策单元一定既是纯技术有效率又是规模有效率的。

112 个决策单元的平均综合效率为 0.28，相对较低，其中综合效率值为 1 的企业仅 6 个，占总样本数的 5%，说明仅有 5% 的企业在技术创新活动中是有效率的。由图 4 -6 可以看到，超过 83% 的企业创新综合效率不足 0.5，说明大多数企业在创新活动中技术效率或规模效率严重偏低，与生产前沿距离远，有很大改进空间。

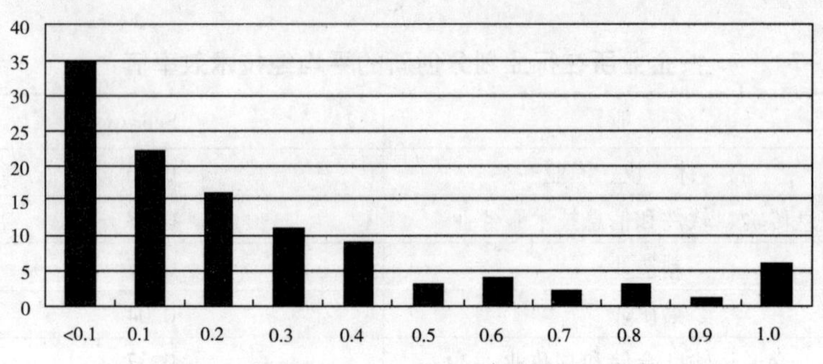

图 4 -6　样本企业创新的综合效率分布

表 4 -8　各个决策单元的创新效率值和规模报酬情况

DMU	技术效率（CRS）	纯技术效率（VRS）	规模效率（SE）	规模报酬
1	0.07	0.07	0.96	递增
2	0.21	0.66	0.31	递减
3	0.25	1.00	0.25	递减

续表

DMU	技术效率（CRS）	纯技术效率（VRS）	规模效率（SE）	规模报酬
4	1.00	1.00	1.00	不变
5	0.17	0.99	0.17	递增
6	0.41	1.00	0.41	递增
7	0.12	0.31	0.38	递增
8	0.08	0.30	0.26	递增
9	0.02	0.17	0.13	递增
10	0.05	0.23	0.22	递增
11	0.06	0.26	0.22	递增
12	0.01	0.05	0.30	递增
13	0.04	0.22	0.16	递增
14	0.11	0.23	0.49	递增
15	0.87	0.95	0.92	递增
16	1.00	1.00	1.00	不变
17	0.70	0.94	0.75	递减
18	0.01	0.05	0.21	递增
19	0.08	0.51	0.16	递增
20	0.11	0.36	0.30	递增
21	0.45	0.85	0.53	递增
22	0.49	1.00	0.49	递减
23	0.54	1.00	0.54	递减
24	0.22	0.42	0.53	递减
25	0.07	0.28	0.25	递增
26	0.17	0.33	0.51	递增
27	0.11	0.28	0.41	递增
28	0.38	0.45	0.84	递增
29	0.89	1.00	0.89	递减
30	0.31	0.33	0.93	递增

续表

DMU	技术效率（CRS）	纯技术效率（VRS）	规模效率（SE）	规模报酬
31	0. 07	0. 14	0. 47	递增
32	0. 08	0. 12	0. 64	递增
33	0. 07	0. 11	0. 65	递增
34	0. 71	0. 73	0. 97	递增
35	0. 29	0. 36	0. 81	递增
36	0. 07	0. 20	0. 37	递增
37	0. 10	0. 36	0. 29	递增
38	1. 00	1. 00	1. 00	不变
39	0. 52	0. 55	0. 95	递增
40	0. 62	0. 62	0. 99	递增
41	0. 11	0. 18	0. 62	递增
42	0. 35	0. 35	0. 99	递增
43	0. 39	0. 42	0. 93	递减
44	0. 32	0. 41	0. 79	递增
45	0. 17	0. 25	0. 68	递增
46	0. 21	0. 28	0. 74	递增
47	0. 07	0. 11	0. 64	递增
48	0. 09	0. 13	0. 69	递增
49	0. 12	0. 15	0. 83	递增
50	0. 19	0. 23	0. 86	递增
51	0. 10	0. 13	0. 73	递增
52	0. 21	0. 26	0. 79	递增
53	0. 15	0. 61	0. 24	递增
54	0. 35	0. 45	0. 79	递增
55	0. 63	0. 68	0. 94	递增
56	0. 49	1. 00	0. 49	递增
57	0. 22	0. 90	0. 24	递增

续表

DMU	技术效率（CRS）	纯技术效率（VRS）	规模效率（SE）	规模报酬
58	1.00	1.00	1.00	不变
59	1.00	1.00	1.00	不变
60	0.22	0.24	0.89	递增
61	0.12	0.18	0.68	递增
62	0.45	0.59	0.75	递增
63	1.00	1.00	1.00	不变
64	0.43	0.47	0.91	递增
65	0.04	0.16	0.23	递增
66	0.04	0.16	0.26	递增
67	0.03	0.24	0.13	递增
68	0.35	1.00	0.35	递增
69	0.67	1.00	0.67	递增
70	0.32	0.86	0.37	递增
71	0.17	0.31	0.54	递增
72	0.11	0.28	0.37	递增
73	0.93	0.99	0.93	递增
74	0.82	0.87	0.95	递增
75	0.14	0.54	0.26	递增
76	0.16	0.50	0.33	递增
77	0.14	0.15	0.93	递增
78	0.41	0.81	0.50	递减
79	0.35	0.80	0.44	递减
80	0.25	0.31	0.81	递减
81	0.07	0.14	0.53	递增
82	0.25	1.00	0.25	递增
83	0.04	0.40	0.10	递增
84	0.61	0.77	0.79	递增

续表

DMU	技术效率（CRS）	纯技术效率（VRS）	规模效率（SE）	规模报酬
85	0. 14	0. 22	0. 66	递增
86	0. 04	0. 38	0. 12	递增
87	0. 04	0. 34	0. 12	递增
88	0. 20	0. 35	0. 56	递增
89	0. 29	0. 35	0. 81	递增
90	0. 10	0. 25	0. 40	递增
91	0. 42	0. 43	0. 98	递增
92	0. 44	0. 63	0. 70	递减
93	0. 37	0. 48	0. 78	递减
94	0. 09	0. 11	0. 82	递增
95	0. 01	0. 05	0. 15	递增
96	0. 04	0. 08	0. 53	递增
97	0. 15	0. 50	0. 30	递增
98	0. 22	0. 47	0. 46	递增
99	0. 22	0. 34	0. 66	递增
100	0. 06	0. 06	0. 99	递增
101	0. 01	0. 02	0. 71	递增
102	0. 02	0. 02	0. 83	递增
103	0. 22	0. 26	0. 85	递增
104	0. 08	0. 09	0. 91	递增
105	0. 03	0. 04	0. 75	递增
106	0. 20	0. 32	0. 61	递减
107	0. 00	0. 01	0. 22	递增
108	0. 04	0. 26	0. 14	递增
109	0. 38	0. 41	0. 94	递增
110	0. 57	0. 57	1. 00	递增
111	0. 06	0. 08	0. 72	递增
112	0. 01	0. 07	0. 15	递增

2. 规模报酬分析

规模报酬是研究在投入指标成比例增加时，产出指标是否会出现成比例增加的问题。

若某一决策单元的各个投入指标都增加一倍，而产出指标增加超过一倍，则称该决策单元处于规模报酬递增阶段，此时应该扩大生产规模；

若某一决策单元的各个投入指标都增加一倍，而产出指标增加不到一倍，则称该决策单元处于规模报酬递减阶段，此时应该缩减生产规模；

若某一决策单元的各个投入指标都增加一倍，而产出指标也增加一倍，则称该决策单元处于规模报酬不变阶段，此时处于最优生产规模下，不应扩大生产，也不应缩减生产。

在企业成长中，从小企业逐步扩大为大企业的过程一般会先经历规模报酬递增，随后经历规模报酬不变，最后当投入成本过大时会出现规模报酬递减。由表 4 - 8 的结果可以看到，112 个决策单元中，共有 6 个决策单元处于规模报酬不变阶段，说明这 6 个决策单元处于最优生产规模下，短期内不必改变生产规模，能够保持其创新效率的优势地位。有 92 个决策单元处于规模报酬递增阶段，即相对于创新产出而言，该决策单元创新投入不足以致从投入到产出不能达到规模有效率的状态，应成比例的扩大创新要素投入，以追求更显著的创新成果进而提高创新规模效率和综合效率。有 14 个决策单元处于规模报酬递减阶段，即相对于创新产出而言，该决策单元创新投入过多以致从投入到产出不能达到规模有效率的状态，应成比例的缩小创新要素投入，以追求更高的创新规模效率和综合效率。

（四）企业创新效率 DEA 评价

为了进一步分析企业之间创新效率差别是如何产生的，本篇对样本企业按照企业规模、所有制类型以及所在行业进行分类，考察每一类中企业平均效率值的高低。

1. 规模分类

对样本数据按照企业所有制类型分类统计后得到表 4 - 9。在大中小三种企业规模中，中小型企业借助其在投资项目选择以及人员分配中的灵活性，实现相对高的纯技术效率，大企业由于对改变现状的动力不足，创新管理结构复杂等原因造成纯技术效率偏低。三者的规模效率以中型企业的规模效率最高，这是由于在开展创新活动时，小企业往往处于规模报酬递增阶段，应当扩大投资规模；而大企业处于规模报酬递减阶段，应当缩减投资规模，相对而言，中型企业的创新投资规模是相对有利的，能够达到较大的投入产出效率。

表 4－9　　按企业规模划分平均创新效率值

企业规模	技术效率（CRS）	纯技术效率（VRS）	规模效率（SE）
大型企业	0.22	0.37	0.58
中型企业	0.55	0.73	0.71
小型企业	0.35	0.97	0.36
平　　均	0.28	0.45	0.59

2. 所有制类型分类

对样本数据按照企业所有制类型分类统计后得到表 4－10。中外合资企业的纯技术效率和规模效率都偏低，其中纯技术效率低是由于中外合资企业更倾向于直接吸收或学习外来的先进技术成果，而自主创新的压力和动力不足，造成其创新管理松懈，创新投入未能有效转化为创新成果。规模效率低是由于样本中的中外合资企业处于规模报酬递增阶段，应当增大投入力度以达到规模有效率。

表 4－10　　按企业所有制类型划分创新的平均创新效率值

所有制类型	技术效率（CRS）	纯技术效率（VRS）	规模效率（SE）
国有企业	0.22	0.48	0.38
股份制企业	0.27	0.41	0.64
中外合资企业	0.07	0.23	0.33
有限责任制企业	0.36	0.60	0.56
平　　均	0.28	0.45	0.59

3. 所在行业分类

对样本数据按照企业所有制类型分类统计后得到表4－11。可以看出样本中的农林牧渔业和采矿业都处于规模报酬递增阶段，应该调整创新投资规模以达到有效率的规模水平。

采矿业的纯技术效率极低，这是由于采矿企业倾向于具有垄断势力，经营理念较为保守，不愿为创新担风险，更倾向于将资金投入到机械设备采购，将管理精力投入到采矿设备和人员安排中。而对创新投入要素该如何分配注重不足。此外，采矿业的技术创新并非表现于专利申请方面。如DMU107平煤股份（601666）在开展技术创新时着重考虑安全生产和节能减排问题并组织科技攻关，并积极开展产学研协同创新，在报告期内获得了国家级科技进步奖5项，并荣获煤炭工业科技创新先进企业。

表4－11　　　　按企业所在行业划分平均创新效率值

行　业	技术效率（CRS）	纯技术效率（VRS）	规模效率（SE）
农、林、牧、渔业	0.10	0.36	0.29
信息传输、软件和信息技术服务业	0.27	0.38	0.61
制造业	0.29	0.47	0.59
采矿业	0.01	0.04	0.18
交通运输、仓储和邮政业	0.23	0.37	0.69
平　　均	0.28	0.45	0.59

（五）差额变量分析

就DMU_{17}和DMU_{109}为例，对缺乏效率的决策单元进行分析，找出效率不足的原因，并根据投影原理进行改进。根据C^2R模型求解得到DMU_{17}和DMU_{109}的参数值见表4－9。

其中Score为C^2R模型求解的相对效率值，可以看到两个决策单元均存在效率不足。可用$\sum_{n=1}^{n}\lambda_j$即表中Sum Lambda来判断决策单元的规模报酬情况：

若 $\exists \lambda_j (j = 1, \cdots, n), s.t. \sum_{n=1}^{n} \lambda_j = 1$，则该 DMU 规模报酬不变；

若 $\forall \lambda_j (j = 1, \cdots, n), s.t. \sum_{n=1}^{n} \lambda_j < 1$，则该 DMU 规模报酬递增；

若 $\forall \lambda_j (j = 1, \cdots, n), s.t. \sum_{n=1}^{n} \lambda_j > 1$，则该 DMU 规模报酬递减。

可以看出，DMU_{17}的 $\sum_{n=1}^{n} \lambda_j = 1.5$，属于规模报酬递减，而 DMU_{109}的 $\sum_{j=1}^{n} \lambda_j = 0.6051$ 属于规模报酬递增，与表 4 - 8 中结果一致。因此，DMU_{17}创新资源投入规模过大，应该适当缩减资源投入以达到有效规模；DMU_{109}创新资源投入规模过小，应该扩大资源投入力度以达到有效规模。

Original 代表决策单元实际输入或输出指标的原始值；

Proportionate Movement 代表径向改进值，Input - oriented 模型中产出的径向改变值为 0，因此表格中的径向改变值为各项投入指标等比例减少的数值，均为负值，表示投入要素应该减少；

Slack Movement 代表松弛变量改进值，即 C^2R 模型中的 $S_1^-, S_2^-, S_1^+, S_2^+, S_3^+$，正值表示产出应该增加，负值表示投入应该减少；

Projection 代表应达到的目标值，目标值 = 原始值 + 径向改进值 + 松弛变量改进值。

表 4 - 12　　C^2R 模型求解 DMU_{17} 和 DMU_{109} 的参数值

DMU		DMU_{17}	DMU_{109}
Score		0.7045	0.3806
Sum Lambda		1.5000	0.6051
X_1：内部研发经费（万元）	Original	8681.35	8695.32
	Proportionate Movement	-2564.94	-5386.25
	Slack Movement	-3466.75	-2168.66
	Projection	2649.66	1140.41
X_2：研发人员数量（人/年）	Original	396.00	288.00
	Proportionate Movement	-117.00	-178.40
	Slack Movement	0.00	0.00
	Projection	279.00	109.60

续表

DMU		DMU_{17}	DMU_{109}
Y_1：专利发明数量（件）	Original	45.00	12.00
	Slack Movement	0.00	0.00
	Projection	45.00	12.00
Y_2：实用新型专利数量（件）	Original	40.00	28.00
	Slack Movement	35.00	0.00
	Projection	75.00	28.00
Y_3：外观设计专利数量（件）	Original	0.00	6.00
	Slack Movement	12.00	0.00
	Projection	12.00	6.00

DMU_{17}的效率值 θ 为 = 0.7045，下面对它的投入产出要素改进方向进行分析：

1. 内部研发经费 $x_{1,17}$

研发经费投入原始值 $x_{1,17} = 8681.35$

径向改变值 $(\theta - 1)x_{1,17} = -2564.94$

松弛变量改进值 $S^-_{1,17} = -3466.75$

对内部研发经费可改进的投入量 $\Delta_{x1,17} = (\theta - 1)x_{1,17} + S^-_{1,17} = -6031.69$

目标值 $\hat{x}_{1,17} = x_{1,17} + \Delta x_{1,17} = 8681.35 - 6031.69 = 2649.66$

将内部研发经费缩减 6031.69 万元，达到 2649.66 万元时，是相对有效率的。

2. 研发人员数量 $x_{2,17}$

研发人员数量原始值 $x_{2,17} = 396.00$

径向改变值 $(\theta - 1)x_{2,17} = -117.00$

松弛变量改进值 $S^-_{2,17} = 0.00$

对研发人员数量可改进的投入量 $\Delta x_{2,17} = (\theta - 1)x_{2,17} + S^-_{2,17} = -117.00$

目标值 $\hat{x}_{2,17} = x_{2,17} + \Delta x_{2,17} = 396.00 - 117.00 = 279.00$

将研发人员数量缩减 117 人，达到 279 人时，是相对有效率的。

3. 专利发明数量 $y_{1,17}$

专利发明数量原始值 $y_{1,17} = 45$

松弛变量改进值 $S_{1,17}^{+} = 0$

对专利发明数量可改进的产出量 $\Delta y_{1,17} = S_{1,17}^{+} = 0$

目标值 $\hat{y}_{1,17} = y_{1,17} + \Delta y_{1,17} = 45 + 0 = 45$

将专利发明数量不必改变，保持目前的45件就是相对有效率的。

4. 实用新型专利数量 $y_{2,17}$

实用新型专利数量原始值 $y_{2,17} = 40$

松弛变量改进值 $S_{2,17}^{+} = 35$

对实用新型专利数量可改进的产出量 $\Delta y_{2,17} = S_{2,17}^{+} = 35$

目标值 $\hat{y}_{2,17} = y_{2,17} + \Delta y_{2,17} = 40 + 35 = 75$

将实用新型专利数量扩大35件，达到75件时，是相对有效率的。

5. 外观设计专利数量：$y_{3,17}$

外观设计专利数量原始值 $y_{3,17} = 0$

松弛变量改进值 $S_{3,17}^{+} = 12$

对外观设计专利数量可改进的产出量 $\Delta y_{3,17} = S_{3,17}^{+} = 12$

目标值 $\hat{y}_{3,17} = y_{3,17} + \Delta y_{3,17} = 0 + 12 = 12$

应当注重并申请外观设计专利，将外观设计专利数量扩大到12件时，是相对有效率的。

四、本章小结

本章基于生产可能前沿面分析，构建对河南上市企业的创新效率评价的DEA模型并具体运用 C^2R 和 BC^2 模型进行实证分析。对112个样本的投入产出变量之间进行了相关性检验，并对决策单元进行纯技术效率分析、规模效率分析、综合效率分析，并根据差额变量分析给出了改进方案。

由实证结果中可以看出，河南上市企业开展技术创新的整体效率较低，普遍而言，纯技术效率和规模效率均未达到有效率水平，与生产前沿面距离较远，可改进空间大。对处于规模报酬递增阶段的企业应扩大技术创新的投入规模，超过一定规模之后，对处于规模报酬递减阶段的企业应缩减技术创新的投入规模。对于特定企业而言，可以借助投影分析方法进行差额变量分析，明确企业创新过程中存在的不足、改进方向和改进力度，帮助企业更科学更有效地开展创新管理，提高创新效率。

第五章　企业创新绩效的影响因素分析

本篇在第四章对河南企业的创新绩效进行评价，分析了创新绩效的现状、特点及造成创新绩效偏低的原因。本章中将更进一步的对企业创新绩效进行研究，把握影响创新绩效高低的各种因素。

学者们对创新绩效的影响因素研究是从定性分析开始的，我国学者在此方面作了大量研究，近年来开始对创新绩效影响因素进行实证研究，运用各种计量方法和数学模型得出结论，增强了研究的说服力。基于前人的研究成果和具体操作中的可行性，本章将基于 DEA - Tobit 模型对企业创新绩效影响因素进行实证分析。

一、企业创新绩效影响因素分析方法

（一）DEA - Tobit 分析法的产生背景

传统计量经济学理论中，当考虑自变量和因变量的回归问题时，往往采用最小二乘法（OLS）。但是实际操作中，数据往往不满足最小二乘法的假设条件，如果继续用最小二乘法进行回归分析则会出现结果偏差，可靠性大大降低。例如本研究中，使用创新效率值作为因变量，该值处于[0，1]之间，即因变量“被截断”，不能取所有值，如果用最小二乘法回归则所估计的参数不能保证无偏性和一致性。处理这类截断数据的回归问题时，可以将 Tobit 模型与 DEA 模型结合，形成 DEA - Tobit 模型，该模型成为越来越多的学者分析效率及其影响因素问题的有效方法。Chilingerian（1995）和 Luoma etc.（1996）用 DEA - Tobit 分析法对医疗卫生领域的效率和影响因素进行了研究。Kumar（2009）和 Sufian（2009）分别运用 DEA - Tobit 分析法对印度银行业和中国银行业的效率影响因素进行了研究。郭淡泊（2012）运用 DEA - Tobit 分析法对国家创新体系的运行效率及其影响因素进行分析。本篇在进行创新绩效影响因素研究时，选择的因变量是 DEA 模型计算得到的效率值，为防止结果有偏差，本篇中也采用

DEA－Tobit 分析法对影响创新绩效高低的企业内外部因素展开分析。

（二）Tobit 模型

Tobit 模型可以用来处理因变量受限制（Limited Dependent Variable）的回归分析。最早是于 1958 年，经济学家 James Tobin 结合 Probit 和多次回归法建立了 Tobit 模型。当因变量为受限制变量时不采用最小二乘法进行估计，而改用极大似然估计法（MLE，Maximum Likelihood Estimator）对待定参数进行估计。

受限因变量包括截断数据（Truncated Data）或审查数据（Censored Data）。其中截断数据是指因变量的观测值都集中在某一固定区间以内，在此区间外不存在任何样本数据观测值，截断数据可能会减少样本规模；审查数据是指因变量的取值受到限制，例如将小于 0 的因变量定义为 0，审查数据不改变样本规模。

标准 Tobit 模型为：令 $Y_i^* = \beta X_i + \varepsilon_i$ 其中 $\varepsilon_i \sim N(0,\sigma^2)$

$$\begin{cases} Y_i = Y_i^* & if \quad Y_i^* > 0 \\ Y_i = 0 & if \quad Y_i^* \leqslant 0 \end{cases} \tag{5-1}$$

其中，Y_1^* 是潜变量（latent dependent variable），Y_i 是实际因变量，X_i是自变量（向量），β 是相关系数（向量），ε_i 相互独立且 $\frac{\varepsilon_i}{\sigma}$ 服从标准正态分布。待估计参数为 β 和 σ 。

由 5－1 可以计算出因变量取值为 0 的概率为：

$$\begin{aligned} P(Y_i = 0) &= P(Y_i^* \leqslant 0) = P(\beta X_i + \varepsilon_i \leqslant 0) \\ &= P(\varepsilon_i \leqslant -\beta X_i) = P(\frac{\varepsilon_i}{\sigma} \leqslant -\frac{\beta X_i}{\sigma}) \end{aligned}$$

由于 $\varepsilon_i \sim N(0,\sigma^2)$，则 $\frac{\varepsilon_i}{\sigma} \sim N(0,1)$，

则 $P(\frac{\varepsilon_i}{\sigma} \leqslant -\frac{\beta X_i}{\sigma})$ 可以写为标准正态分布的分布函数值 $F(-\frac{\beta X_i}{\sigma})$，或 $1 - F(\frac{\beta X_i}{\sigma})$，其中 $F(\bullet)$ 是标准正态分布的分布函数。

因此 $P(Y_i = 0) = 1 - F(\frac{\beta X_i}{\sigma})$ (5-2)

而 $P(Y_i > 0) = 1 - P(Y_i = 0) = F(\frac{\beta X_i}{\sigma})$

可看出事件 $\{Y_i > 0\}$ 符合正态分布，其均值 $E(Y_i) = \beta X_i$，方差 $Var(Y_i) = \sigma^2$。

则该事件的概率可写为正态分布函数：

$$P(Y_i > 0) = \frac{1}{\sqrt{2\pi\sigma}} \exp\left[\frac{-(Y_i - \beta X_i)^2}{2\sigma^2}\right] \quad (5-3)$$

由 5-2 和 5-3 可以得到 Y_i 的分布函数，进而得到样本似然函数为：

$$L(\beta,\sigma) = \prod_{i=1}^{n_1}\left[1 - F\left(\frac{\beta X_i}{\sigma}\right)\right]\prod_{i=1}^{n_2}\left(\frac{1}{\sqrt{2\pi\sigma}}exp\left[\frac{-(Y_i - \beta X_i)^2}{2\sigma^2}\right]\right)$$

其中 n_1 是出现事件 $\{Y_1 = 0\}$ 的样本个数，n_2 出现事件 $\{Y_i > 0\}$ 的样本个数。

对其取对数得到对数似然函数：

$$\mathrm{Ln}L(\beta,\sigma) = \sum_{i=1}^{n_1} \mathrm{Ln}\left[1 - F\left(\frac{\beta X_i}{\sigma}\right)\right] - \frac{n_2}{2}\mathrm{Ln}\sigma - \sum_{i=1}^{n_2}\left[1 - F\left(\frac{-(Yi - \beta Xi)^2}{2\sigma^2}\right)\right] \quad (5-4)$$

对函数 5-4，分别对 β 和 σ 求偏导数并求极值，

可得到 $\hat{\beta}$ 和 $\hat{\sigma}$，$s.t.\ L(\hat{\beta},\hat{\sigma}) = \max L(\beta,\sigma)$。

由于极大似然估计法得出的结果是具有无偏性和一致性的，所以用 Tobit 模型得出的结果也是具有无偏性和一致性的。

（三）DEA-Tobit 分析法的操作步骤

DEA-Tobit 分析法是一种两阶段分析方法，具体实施该方法时应遵循以下操作步骤：

1. 通过 DEA 方法计算效率

该方法的第一步是在不考虑外界环境影响的情况下，通过 DEA 方法计算综合效率（CRS）、纯技术效率（VRS）及规模效率情况。

2. 运用Tobit模型考察影响效率的因素

在第一步计算结果的基础之上，将综合效率（CRS）、纯技术效率（VRS）或规模效率（SE）的数值作为因变量，将影响以上效率值的多个因素作为自变量建立回归模型。由于DEA模型得出的相对效率值均分布在［0, 1］之间，如果用最小二乘法（OLS）对模型进行参数估计则会出现回归结果有偏差且不一致；又由于自变量取值范围较大而因变量取值范围很小，会出现参数估计的结果不显著，不能有效解释影响因素问题。因此，运用Tobit模型进行影响因素分析，并对结果进行分析，给出改进方案。

在本篇的研究中，将第四章中计算得出的综合效率（CRS）、纯技术效率（VRS）或规模效率（SE）的数值作为因变量，以企业创新绩效影响因素作为自变量（向量），运用Tobit模型进行回归分析，考察企业创新绩效值的高低是由何影响的。

（四）DEA－Tobit分析法的特点和适用性

单使用DEA方法并不能直观地看到影响效率高低的因素是哪些、影响程度如何，而DEA－Tobit分析法则是在DEA模型和回归模型的基础上进行的改进，既能够很好地计算效率，又能够掌握影响效率的影响因素。与企业效率评价及影响因素分析方法相比，DEA－Tobit分析法有很多优点：

1. 效率评价客观

基于数据包络分析法计算各个决策单元之间的相对效率，样本数据中的所有数据均被运用在模型中，没有数据量的浪费，且不需要主观估计生产函数。生产前沿面和每个决策单元的相对效率都完全由样本数据通过数学规划求解获得，结果客观可靠。

2. 适用范围广

在运用数据包络分析法计算效率的过程中，只要求各个决策单元间有同样的投入产出结构，计算结果是由所有样本的投入产出数据获得，且仅由这些样本的投入产出数据获得，其他外部影响因素都不影响对效率的运算结果。此外该模型对所采用的量纲等都没有要求，因此该模型被广泛应用于社会经济的各个领域。

3. 操作简便易行

在运用数据包络分析法计算效率时，由于是数学规划问题，因此可以借助软件实现。类似的，影响因素分析部分运用 Tobit 回归时，也可以借助统计软件来完成。数据包络分析和 Tobit 回归在软件实现方面都是简便易行的。

4. 影响因素分析准确

传统的线性回归模型通过最小二乘法对参数进行估计，而当 DEA 模型算出的效率值 θ 作为因变量时，因为 $\theta \in [0,1]$，取值范围相对集中，而自变量取值变化范围大，则会出现参数估计的结果不显著，不能有效解释影响因素问题；更由于因变量 $\theta \in [0,1]$，如果用最小二乘法进行参数估计则会出现结果有偏差且不一致，因此用最小二乘法估计参数的不准确的。Tobit 模型可以有效避免这一情况的出现，使得参数估计的结果反映了参数的真实值。

正因为 DEA – Tobit 分析法得到的结果准确客观，并可以更好地找到效率缺失缘于何处，因而可以科学地指导被研究的组织提升效率。目前，DEA – Tobit 分析法目前被广泛应用于政府财政支出、医疗卫生、农业生产、能源利用、企业绩效、银行效率等各个领域。

二、指标选取和数据来源

（一）构建指标体系

在分析企业创新绩效影响因素时，用第四章通过 DEA 模型获得的企业创新效率数值作为因变量，考察企业内外部的哪些影响因素对这些效率值产生影响。

因变量：综合效率（CRS）、纯技术效率（VRS）和规模效率（SE），取值均为 0 到 1 之间。

企业创新绩效的影响因素有很多，部分因素之间难免有相关性，将每种影响因素均纳入计量模型进行实证研究是不现实的，本篇在借鉴前人研究成果的基础之上，结合我国企业创新活动的特性，根据本篇的研究需要和数据的可获得性，考虑如下影响因素：

1. 资产规模对企业创新绩效的影响

资产规模代表着一个企业的整体实力，是其开展创新活动的基础。熊彼特的创新理论中指出，企业对创新活动投资是需要有足够资金支持的，小企业往往是由于资产规模不足使得其不具备开展创新活动的条件，资产雄厚的企业开展创新活动可以更合理地对创新项目的投资、高技术人才、先进生产设备进行配置，对企业内部资源进行优化整合，充分利用企业内的创意形成科技含量高的新产品。但是另一方面，也有学者认为当小企业在起步阶段规模增大促进创新绩效提高，而当企业规模过大时，可能也会造成大企业创新投入多，处于创新规模报酬递减阶段，反而使得创新效率降低。

在本篇中，采用员工总数和技术人员所占比例，即技术人员数量/员工总数，来代表企业人力资源状况，考察其对企业创新绩效的影响。

2. 人力资源状况对企业创新绩效的影响

企业开展创新项目，仅有资金投入是不够的，技术人员自身的知识储备和科研工作经验是企业创新能力的重要组成部分，技术人员的投入力度的强弱程度对企业创新活动能否顺利开展起着至关重要的作用。在一个企业内技术人员过少时，创新活动无法有效开展，只能从事技术含量低的生产。而随着技术人员数量增加，可以在企业内逐步形成技术攻关小组或研发部门，企业创新活动才能开展。随着企业内技术人员比例提升，企业内有稳定的创新团队合作模式，形成良好的创新氛围和健全的创新管理模式，这时企业创新活动有效开展，创新效率得以进一步提高。

在本篇中，采用员工总数和技术人员所占比例，即技术人员数量/员工总数和员工总数来代表企业人力资源状况，考察其对企业创新绩效的影响。

3. 政府支持力度对企业创新绩效的影响

由于创新活动是具有一定的公共物品属性的，即创新活动产生的创新成果是可以通过技术外溢、知识扩散等途径传播到市场中，为其他企业或相关组织所用，对整个社会的科技发展水平有正向推动所用。企业创新往往是一种手段，其创新的最终目的是获得最大化的利润。因此通过市场手段来调节创新投入会出现市场失灵，企业对创新资源的投入力度低于社会应有的创新资源投入力度。在这一问题上，政府可以通过引导产学研合作，给予经费支持或政策倾斜等方面对企业创新加以扶持。政府对企业研发的资助会产生杠杆效应，带动企业进一步开展创新活动，提高创新绩效。

在本篇中，采用当期政府补助来代表政府支持力度，并对样本数值取对数，考察其对企业创新绩效的影响。

4. 创新资金保障对企业创新绩效的影响

在开展创新活动时有更充足的资金保障，企业在进行创新战略规划时，可以根据自身的主营业务收入情况来对外部环境和企业内部情况进行合理评估，进行市场预测分析，调整企业经营战略，选择合适的创新项目并制订创新项目计划，对创新项目进行经费投入，组织创新活动的开展，保证创新目标顺利完成。

创新活动是需要资金积累和知识储备的，企业对研发经费的支出一方面可以提高创新活动的效果，生产出创新产品；另一方面，创新绩效是从创新投入到创新产出的相对效率值，随着企业对研发经费投入增大，可以产生更好的创新效果而未必获得更高的创新效率。

无形资产是企业通过创新活动、组织管理或人力资源管理所形成的非物质的价值创造，企业拥有的无形资产具体来说包括有商标权、专利权、非专利技术、特许经营权等，这些无形资产都可以为企业创造未来收益。无形资产在很大程度上是对企业过去创新成果的肯定和保护，充足的无形资产意味着企业的具备自主创新能力和创新成果保护能力，这些已有的技术创新经验为企业在未来开展创新活动做好了知识储备，有助于企业更有效率地开展创新活动。

在本篇中，采用营业收入、研发费用、无形资产来代表企业创新的资金保障，并对样本数值取对数，考察其对企业创新绩效的影响。

本篇在分析创新绩效影响因素问题时，选取的自变量指标和因变量指标如表5-1，运用Tobit回归模型来检验各个影响因素对创新绩效的影响，回归模型如下：

模型一：

$$CRS = \beta_0 + \beta_1 \mathrm{Ln}FA + \beta_2 PT + \beta_3 TE + \beta_4 \mathrm{Ln}GS + \beta_5 \mathrm{Ln}SALE + \beta_6 \mathrm{Ln}RD + \beta_7 \mathrm{Ln}IA + \varepsilon \tag{5-5}$$

模型二：

$$VRS = \beta_0 + \beta_1 \mathrm{Ln}FA + \beta_2 PT + \beta_3 TE + \beta_4 \mathrm{Ln}GS + \beta_5 \mathrm{Ln}SALE + \beta_6 \mathrm{Ln}RD + \beta_7 \mathrm{Ln}IA + \varepsilon \tag{5-6}$$

模型三：

$$SE = \beta_0 + \beta_1 \, \text{Ln}FA + \beta_2 PT + \beta_3 TE + \beta_4 \, \text{Ln}GS + \beta_5 \, \text{Ln}SALE + \beta_6 \, \text{Ln}RD + \beta_7 \, \text{Ln}IA + \varepsilon \quad (5-7)$$

表 5－1　　影响因素变量汇总

变量类型	变　量	采用指标	符　号
因变量	创新绩效	综合效率	CRS
		纯技术效率	VRS
		规模效率	SE
自变量	资产规模	固定资产	FA
	人力资源状况	技术人员比例	PT
		员工总数	TE
	政府支持	当期政府补助	GS
	创新资金保障	营业收入	SALE
		研发费用	RD
		无形资产	IA

（二）样本选取和数据来源

与第四章类似，在分析企业创新绩效影响因素问题时，本篇仍选取河南上市企业 2010—2012 年的数据，通过查阅企业年报得到创新绩效影响因素的自变量指标数据。

第四章中筛选得到 112 组数据，本章对这 112 个决策单元的影响因素指标收集整理后，进行了初步筛选，剔除无形资产为零的 5 个样本，最终得到 107 组有效样本数据。这 107 组数据的各个影响因素指标原始数据见附录 C。

表 5－2 给出了投入产出数据的描述性统计结果：

表 5－2　　变量的描述性统计结果

指　标		最小值	最大值	平均值	中位数	峰　度	偏　度
固定资产	lnFA	7.55	14.36	10.88	10.93	0.28	0.11

续表

指　标		最小值	最大值	平均值	中位数	峰　度	偏　度
技术人员比例	PT	0.85	73.04	19.52	16.13	3.68	1.77
员工总数	TE	231.00	83166.00	4610.63	2286.00	57.84	6.87
当期政府补助	lnGS	2.80	9.77	7.01	7.01	0.59	-0.33
营业收入	lnSALE	8.81	14.98	11.86	11.80	-0.05	0.26
研发费用	lnRD	3.13	11.16	8.05	8.20	0.81	-0.51
无形资产	lnIA	12.34	22.79	18.17	18.05	2.03	-0.01

在对影响因素固定资产总额、当期政府补助、营业收入、研发费用、无形资产取对数之后，降低了极端数值对总体回归结果的影响，由表5-2可以看到这些变量的峰度的绝对值均<3，属于厚尾分布，比正态分布更平，而代表员工情况的技术人员比例和员工总数两项指标的峰度均>3，均属于瘦尾分布，比正态分布更尖。

在变量的偏度方面，固定资产、技术人员比例、员工总数及营业收入的偏度>0，存在右偏。这说明在107个样本中，这四项指标的大多数数据处于平均数以下。尤其是员工人数的分布存在严重右偏，说明各个企业的员工人数分布不均匀，个别企业的员工数量非常大。

三、企业创新绩效影响因素实证分析

（一）相关性检验

相关性分析是用来考察两个变量之间是否存在线性关系的一种常见的统计方法，即考察当一个变量发生变化时，另一个变量是否会随之发生变化。这在线性回归分析中是非常重要的，如果线性回归模型中的自变量之间存在较强的线性相关关系则会严重影响回归分析结果的科学性。

Pearson 相关系数是常用的检验变量间相关性的方法：

假设被检验变量为 X_1 和 X_2，通过搜集样本对变量间的相关关系进行检测。收集到 X_1 的 n 个样本为 $x_{1i}(i=1,2,\cdots,n)$，X_2 的 n 个样本为 $x_{2i}(i=1,2,\cdots,n)$ 样本均值即是样本的算术平均值，分别记为 $\bar{x}_1$ 和 $\bar{x}_2$，则 X_1，X_2 之间的 Pearson 相关系数为：

$$r = \frac{\sum_{i-1}^{n}(x_{1i} - \bar{x}_1)(x_{2i} - \bar{x}_2)}{\sqrt{\sum_{i-1}^{n}(x_{1i} - \bar{x})^2(x_{2i} - \bar{x}_2)^2}}$$

当$0 < r < 1$时，认为X_1和X_2正相关；

当$-1 < r < 0$时，认为X_1和X_2负相关；

$|r|$越接近于1，则X_1和X_2之间的线性相关关系越显著；

当$r = 0$时，认为X_1和X_2不相关。

通过计算，得到各个自变量之间的相关系数矩阵（见表5－3）：

表5－3　　自变量之间的相关系数

	lnFA	PT	TE	lnGS	lnSALE	lnRD	lnIA
lnFA	1						
PT	－0.2191	1					
TE	0.4822	－0.0688	1				
lnGS	0.3062	－0.0588	0.1459	1			
lnSALE	0.7989	－0.2152	0.5404	0.3865	1		
lnRD	0.2704	0.0857	0.3206	0.3331	0.4258	1	
LnIA	0.6339	－0.1337	0.4199	0.5278	0.6559	0.3940	1

其中，PT表示技术人员所占比例，TE为员工总数，lnFA、lnGS、lnSALE、lnRD、lnIA分别为固定资产总额、当期政府补助、营业收入、无形资产的自然对数值。

在相关性检验结果中，首先由相关系数的符号可以看出，除了技术人员所占比例之外，其余变量两两之间皆为正相关关系，可以解释为当企业规模增大时，企业的固定资产、员工总数、营业收入、研发经费支出、无形资产总额、政府补助力度都会随之发生正向变化，相关性分析的结果与现实中的企业情况是一致的。

技术人员所占比例与固定资产总额、当期政府补助金额、营业收入、无形资产总额间均为负相关关系。这并非由于技术人员的总额减少造成，而是当企业规模较大时，员工总量增加多，组织结构变得复杂，员工们分配于企业各个具体部门中，技术人员在所有员工中的比例显得相对不足了。值得关注的是技术人员所占比例 PT 与研发经费支出 RD 之间是存在正相关关系的，这说明有意愿开展创新活动的企业会同时扩大研发经费的支出额度和技术人员所占比例的提升，注重创新资源的合理分配。

从相关系数的数值来看，绝大多数变量间的相关系数均 <0.7，可认为变量间不存在典型的线性相关关系，然而固定资产总额与营业收入之间的相关系数较高，达到了 0.7989。在后续分析这两者的变量和参数估计问题时，需进行谨慎处理。

（二）回归结果

本篇借助软件 Eviews5 进行 Tobit 回归分析。根据方程 5 - 5、5 - 6、5 - 7，分别以综合效率 CRS，纯技术效率 VRS，规模效率 SE 为因变量，用 Tobit 模型进行回归分析的结果列于表 5 - 4、表 5 - 5、表 5 - 6 中。

表 5 - 4　　对综合效率进行 Tobit 回归结果

	Coefficient		Std. Error	z - Statistic	Prob.
C	0.77516	**	0.345862	2.241244	0.025
lnFA	-0.085238	***	0.030825	-2.765232	0.0057
PT	0.002006		0.001843	1.088266	0.2765
TE	-6.66E-07		3.38E-06	-0.197156	0.8437
lnGS	0.015002		0.022965	0.65326	0.5136
lnSALE	-0.013738		0.035951	-0.382123	0.7024
lnRD	-0.057748	**	0.019298	-2.992467	0.0028
lnIA	0.051101	**	0.024312	2.101833	0.0356

注：**、***分别表示在5%、1%水平上显著。

表 5 - 5　　对纯技术效率进行 Tobit 回归结果

	Coefficient		Std. Error	z - Statistic	Prob.
C	1.251864	***	0.434788	2.879252	0.004
lnFA	-0.107826	***	0.03892	-2.770473	0.0056
PT	-0.000464		0.002316	-0.20034	0.8412

续表

	Coefficient		Std. Error	z – Statistic	Prob.
TE	–2.49E–06		4.22E–06	–0.589316	0.5556
lnGS	0.02926		0.029062	1.006801	0.314
lnSALE	0.006755		0.045625	0.148056	0.8823
lnRD	–0.092878	***	0.024744	–3.753591	0.0002
lnIA	0.048288		0.030669	1.574482	0.1154

注：***表示在1%水平上显著。

表5–6　　对规模效率进行 Tobit 回归结果

	Coefficient		Std. Error	z – Statistic	Prob.
C	–0.073639		0.380222	–0.193674	0.8464
lnFA	–0.070892	**	0.033915	–2.090323	0.0366
PT	0.006543	***	0.002029	3.224027	0.0013
TE	–3.19E–06		3.71E–06	–0.860926	0.3893
lnGS	–0.013746		0.025268	–0.544028	0.5864
lnSALE	0.047396		0.039647	1.195462	0.2319
lnRD	–0.014341		0.021295	–0.673443	0.5007
lnIA	0.054336	**	0.026761	2.030421	0.0423

注：**、***分别表示在5%、1%水平上显著。

由表5–4、表5–5、表5–6的结果可以看出，回归模型整体显著。

1. 资产规模与企业创新绩效之间负相关

由模型回归的相关系数可以看到：企业固定资产规模（FA）与企业创新的综合效率CRS、纯技术效率VRS和规模效率SE均有显著的负相关关系，这一结论与传统研究结果不同。企业资产规模的大小是对企业研发投入效率有显著影响的，大企业虽然资金雄厚，但同时也存在对创新项目从发现到开展研究到投入生产最终形成产品的周期长，创新管理系统庞大而冗杂，最终造成对创新项目投入多，但创新取得的成果与创新投入相比效率并不高。相比之下，资产规模小的企业在创新项目选择、技术人员培养和分配等方面都具有更大的灵活性，因而创新效率较高。

2. 人力资源状况对企业创新绩效的影响

由模型回归结果可以看到：企业人员数量（TE）在对企业创新的综合效率 CRS、纯技术效率 VRS 和规模效率 SE 的回归模型中，回归系数为负值但回归系数不显著，说明企业人员总量与创新绩效的高低之间并不存在显著的线性关系。

而技术人员所占比例（PT）与企业创新的综合效率 CRS 和规模效率 SE 均有正相关关系，即技术人员所占比例越高，则企业创新绩效越高，这与创新绩效影响因素的传统分析结果是一致的。技术人员占全员人数只有达到一定比例，研发人员之间有稳定的创新团队合作模式，企业内部形成良好的创新氛围，创新管理健全有效，创新活动才能有效开展，并取得有效的创新成果，创新效率得以提高。

3. 政府支持力度对企业创新绩效的影响

通过模型的回归结果可以看到，政府补助金额（GS）与企业创新的综合效率 CRS 和纯技术效率 VRS 之间均有正相关关系，政府补助金额与企业创新的规模效率 SE 之间存在负相关关系，但所估计的参数结果并不显著。

4. 创新资金保障对企业创新绩效的影响

由模型回归的相关系数可以看到：企业营业收入（SALE）与企业创新的纯技术效率 VRS 和规模效率 SE 之间相关系数为正值，而与综合效率 CRS 之间相关系数为负值，但所估计参数结果并不显著。

在对企业创新的综合效率 CRS、纯技术效率 VRS 和规模效率 SE 的回归模型中，研发经费投入（RD）的回归系数为负值，且在前两个模型中在 1% 显著性水平上是显著的，说明对于样本企业而言，研发经费的投入虽然可以促进创新成果的增加，然而创新成果的增加程度比不上研发投入的增加程度，导致创新效率反而降低。由此可见，企业应当更科学地评估创新项目，寻找真正有价值的创新项目进行创新投资，并在创新全程加大管理力度，合理分配研发经费的去向，保证创新项目顺利开展并取得预期成果。

回归结果中，无形资产（IA）与综合效率 CRS、纯技术效率 VRS 和规模效率 SE 之间都存在正相关关系，且在模型一和模型三中，参数都在 5%

显著性水平上是显著的。无形资产意味着企业过去的自主创新能力以及创新成果保护能力，这些都是企业进一步开展技术创新的知识储备和经验积累，有助于企业创新绩效的提升。

（三）回归模型改进

鉴于表5－4、表5－5、表5－6的回归结果中，固定资产规模（FA），技术人员所占比例（PT），政府补助金额（GS），研发经费投入（RD）和无形资产（IA）均对企业创新效率有一定影响，而员工总数（TE）和营业收入（SALE）的参数估计结果不显著，与创新绩效之间不相关，另一方面相关性分析中营业收入（SALE）与其他自变量间存在一定的线性相关性，因此在对创新绩效影响因素的进一步分析中，决定剔除员工总数（TE）和营业收入（SALE）这两个自变量。除此之外，为保证模型设计更符合现实中的企业情况，也确保回归结果的准确性，本篇在前人的研究基础之上，对模型一、模型二和模型三增加了一些虚拟变量：

1. 所有制性质对企业创新绩效的影响

本篇中样本企业有国有企业、股份制企业、中外合资企业、有限责任制企等四种企业所有制性质。本篇将其分为股份制企业和非股份制企业，用OWNERSHIP表示。

如果某一样本企业属于股份制企业，则OWNERSHIP＝1，其余所有制形式OWNERSHIP＝0。

2. 企业成立时间对创新绩效的影响

考察企业成立的时间长短对企业创新绩效是否存在影响。

企业成立年数（YE）＝样本所在年份－企业成立年份

设置两个虚拟变量：

如果某一企业成立年数≤10年，则YE_1取1，其余情况YE_1取0；

如果某一企业10年＜成立年数≤20年，则YE_2取1，其余情况YE_2取0。

3. 企业规模对创新绩效的影响

根据国家统计局在2011年发布的《统计上大中小微型企业划分办法》，将企业分为大型企业、中型企业、小型企业及微型企业等四类，本研究中所观测的样本中没有微型企业。在设置虚拟变量企业规模（SIZE）

时，判断企业是否为大型企业对创新绩效的影响。

如果某一样本企业为大型企业，则 SIZE = 1，其他规模的企业类型 SIZE = 0。

4. 所在行业对创新绩效的影响

样本中的企业涵盖有制造业、农林牧渔业、信息技术服务业、采矿业、交通运输业等五种行业类型。本篇将其分为制造业和非制造业，用 IND 表示。

如果某一样本企业为制造业企业，则 IND = 1，其他行业的企业 IND = 0。

改进后的回归模型如下：

模型四：

$$CRS = \beta_0 + \beta_1 \mathrm{Ln}FA + \beta_2 PT + \beta_3 \mathrm{Ln}GS + \beta_4 \mathrm{Ln}RD + \beta_5 \mathrm{Ln}IA + \beta_6 \mathrm{OWNERSHIP} + \beta_7 YE_1 + \beta_8 YE_2 + \beta_9 SIZE + \beta_{10} IND + \varepsilon \quad (5-8)$$

模型五：

$$VRS = \beta_0 + \beta_1 \mathrm{Ln}FA + \beta_2 PT + \beta_3 \mathrm{Ln}GS + \beta_4 \mathrm{Ln}RD + \beta_5 \mathrm{Ln}IA + \beta_6 OWNERSHIP + \beta_7 YE_1 + \beta_8 YE_2 + \beta_9 SIZE + \beta_{10} IND + \varepsilon \quad (5-9)$$

模型六：

$$SE = \beta_0 + \beta_1 \mathrm{Ln}FA + \beta_2 PT + \beta_3 \mathrm{Ln}GS + \beta_4 \mathrm{Ln}RD + \beta_5 \mathrm{Ln}IA + \beta_6 OWNERSHIP + \beta_7 YE_1 + \beta_8 YE_2 + \beta_9 SIZE + \beta_{10} IND + \varepsilon \quad (5-10)$$

经过改进后的回归模型中的影响因素如表 5-7 所示：

表 5-7　影响因素变量汇总

变量类型	变　量	采用指标	符　号
因变量	创新绩效	综合效率	CRS
		纯技术效率	VRS
		和规模效率	SE

续表

变量类型	变　量	采用指标	符　号
自变量	资产规模	固定资产	FA
	人力资源状况	技术人员所占比例	PT
	政府支持	当期政府补助	GS
	创新资金保障	研发费用	RD
		无形资产	IA
虚拟变量	所有制性质	股份制企业取 1，其余取 0	OWNERSHIP
	成立时间	成立年数≤10 年取 1，其余取 0	YE_1
		10 年 < 成立年数≤20 年取 1，其余取 0	YE_2
	企业规模	大型企业取 1，其余取 0	SIZE
	所在行业	制造业企业取 1，其余取 0	IND

借助 Eviews 5 对模型四、模型五、模型六进行 Tobit 回归分析得到的结果列于表 5 - 8、表 5 - 9、表 5 - 10 中。

表 5 - 8　　对综合效率进行 Tobit 回归结果

	Coefficient		Std. Error	z - Statistic	Prob.
C	0. 627207	**	0. 270298	2. 320432	0. 0203
lnFA	- 0. 070727	***	0. 02203	- 3. 210527	0. 0013
PT	0. 003389	**	0. 001719	1. 970673	0. 0488
lnGS	0. 026123		0. 019493	1. 340134	0. 1802
lnRD	- 0. 061597	***	0. 016007	- 3. 848166	0. 0001
lnIA	0. 052917	**	0. 021058	2. 51286	0. 012
OWNERSHIP	- 0. 097923	*	0. 050692	- 1. 931729	0. 0534
YE_1	- 0. 179749	**	0. 072203	- 2. 489488	0. 0128
YE_2	- 0. 228996	***	0. 061461	- 3. 725862	0. 0002
SIZE	- 0. 214682	***	0. 063176	- 3. 398181	0. 0007
IND	0. 137951	**	0. 06601	2. 089844	0. 0366
R - squared = 0. 419007					

注：*、**、***分别表示在 10%、5%、1% 水平上显著。

表 5-9　　对纯技术效率进行 Tobit 回归结果

	Coefficient		Std. Error	z-Statistic	Prob.
C	1.274425	***	0.308889	4.12584	0
lnFA	-0.070839	***	0.025175	-2.813865	0.0049
PT	-0.000475		0.001965	-0.241726	0.809
lnGS	0.034971		0.022276	1.569922	0.1164
lnRD	-0.072415	***	0.018292	-3.958778	0.0001
lnIA	0.038444		0.024065	1.597527	0.1101
OWNERSHIP	-0.18278	***	0.057929	-3.155237	0.0016
YE_1	-0.123447		0.082512	-1.496114	0.1346
YE_2	-0.105733		0.070236	-1.505387	0.1322
SIZE	-0.297216	***	0.072195	-4.116832	0
IND	0.051615		0.075435	0.684239	0.4938
R-squared = 0.437585					

注：***表示在1%水平上显著。

表 5-10　　对规模效率进行 Tobit 回归结果

	Coefficient		Std. Error	z-Statistic	Prob.
C	-0.179957		0.2971	-0.605713	0.5447
lnFA	-0.035865		0.024214	-1.481185	0.1386
PT	0.009245	***	0.00189	4.891712	0
lnGS	0.004386		0.021425	0.20471	0.8378
lnRD	-0.029372	*	0.017594	-1.66942	0.095
lnIA	0.066027	***	0.023146	2.852586	0.0043
OWNERSHIP	0.064378		0.055718	1.15543	0.2479
YE_1	-0.240694	***	0.079363	-3.032829	0.0024
YE_2	-0.340508	***	0.067556	-5.040413	0
SIZE	-0.027348		0.06944	-0.393832	0.6937
IND	0.251764	***	0.072556	3.469944	0.0005
R-squared = 0.341932					

注：*、***分别表示在10%、1%水平上显著。

由表 5－8、表 5－9、表 5－10 可以看出，加入企业所有制形式、成立时间、企业规模及所在行业这些虚拟变量之后，原有自变量仅有政府补助（GS）对规模效率（SE）进行回归时系数由负数变为了正数，其余自变量系数的符号均未发生变化。但是显著性水平发生了一些变化，因此对创新绩效的影响因素进一步分析：

（1）资产规模对企业创新绩效的影响。在三个模型中，固定资产规模（FA）与企业创新绩效之间均为显著负相关关系。依样本数据而言，资产规模大的企业往往面对外部环境的改变不能及时作出调整，对技术创新的认识相对保守，缺乏改变现状的动力。而小企业在开展技术创新活动时在创新项目选择、技术人员培养和分配等方面都具有更大的灵活性，因而创新效率较高。

（2）人力资源状况对企业创新绩效的影响。技术人员所占比例（PT）与企业创新的综合效率 CRS 和规模效率 SE 均有显著正相关关系，而与纯技术效率 VRS 之间不存在显著相关关系。由此可见，在企业中技术人员所占比例越高，则企业创新的综合效率及规模效率都会越高。对技术人员的投入并不会产生立竿见影的效果，往往是投入到一定数量并形成一个稳定的创新团队时，企业内部才能形成良好的创新氛围，促进创新管理的健全。在技术人员达到一定比例后，企业创新活动才能有效开展，并取得有效的创新成果，创新效率得以提高。

5. 政府支持力度对企业创新绩效的影响

通过模型的回归结果可以看到，政府补助金额（GS）与企业创新的综合效率 CRS 和纯技术效率 VRS 之间均有正相关关系，显著性水平较模型一、模型二有了提高。政府补助金额与规模效率 SE 之间不存在显著相关关系。由此可见，政府给予企业的支持力度越大，则企业开展技术创新的综合效率和纯技术效率都会越高。政府通过对企业创新进行资金支持、产学研合作的引导或其他创新扶持，都会激励企业开展创新活动。通过政府补助方式给予创新支持能够对企业产生杠杆效应，带动企业自身的创新热情，充分挖掘和发挥企业创新能力。

6. 创新资金保障对企业创新绩效的影响

在三个模型中研发经费投入（RD）与企业创新绩效之间均为显著负

相关关系。说明研发经费的投入可以提高创新成果，而未必能够提高创新效率。创新成果可以形成专利、形成新产品或新服务，而创新效率则是衡量从创新投入到产生成果的过程是否有效。该结果表明样本企业在对创新项目进行投资时，并未使得创新投入充分发挥作用。究其原因，可以归结为以下三种：①在创新项目开始前对创新项目的评估不够科学，不能准确估计创新项目可能带来的风险和收益，使得创新项目的选择有些盲目，造成了创新资源的浪费，创新效率的缺失；②在创新项目实施过程中取得了阶段性成果，却未能通过专利等形式将其转化为可度量的绩效，造成模型中的创新效率偏低；③在创新项目管理中，对各种创新资源的分配不够合理，导致企业内的部分创新资源未得到充分利用，造成创新投入多产出少。

回归结果中，无形资产（IA）与综合效率 CRS、纯技术效率 VRS 和规模效率 SE 之间都存在正相关关系，且在模型一和模型三中都是显著正相关关系。说明企业已有的专利、商标、非专利技术都是企业未来开展技术创新的宝贵知识储备和经验积累，拥有雄厚的无形资产无疑对企业创新绩效提升有积极作用。

7. 所有制性质对企业创新绩效的影响

在回归结果中可以看到，企业所有制形式（OWNERSHIP）与综合效率 CRS 和纯技术效率 VRS 均为显著负相关关系，而与规模效率 SE 之间为正相关关系。股份制企业相比于其他企业而言，综合效率和纯技术效率偏低，而规模效率偏高。这一结果与表 4 - 10 中看到的按企业所有制分类得出的平均创新效率值是一致的，股份制企业的创新综合效率 CRS 和创新纯技术效率 VRS 比 107 个样本的样本均值低，而规模效率 SE 则比样本均值高。

8. 企业成立时间对创新绩效的影响

在回归结果中，企业成立年数（YE_1 和 YE_2）与综合效率 CRS、纯技术效率 VRS 及规模效率 SE 之间均为负相关关系，其中与成立年数与综合效率 CRS 和规模效率 SE 之间显著负相关。这说明对于成立年数≤20 年的企业创新效率是偏低的，而成立年数 >20 年的企业创新效率较高。成熟企业在多年发展过程中累积了知识管理经验，具备识别创新项目的眼光，培养了稳定的科技团队，拥有充足的资金储备，能以科学态度面对创新风险，这些都有利于企业创新活动的顺利开展，这些企业能够以合理的创新投入和最优化的资源配置，取得最大化的创新收益。

在结论（1）中资产规模与企业创新绩效正相关，为综合考虑资产规模和企业成立时间对企业创新绩效的影响，本篇进一步地对资产规模和企业成立时间进行相关性检验，发现两者的相关系数为 -0.10，存在企业创立时间长但资产规模反而偏小的现象。这是由于样本数据并非取自同一家企业，在不同企业进行横向比较时由于所在行业、发展战略等多重因素影响，造成企业资产规模与企业成立时间之间的负相关关系。对创新绩效而言，企业成立时间长，则从项目识别、人员配置到管理理念以及创新的风险控制都更为成熟，能够以科学的态度看待企业创新并能在创新活动中合理配置创新人员和创新资金，并能在企业内部的政策上予以全方位支持，倾向于取得更大的创新绩效。相比而言，资产规模大的企业则会出现船大难调头，在外部环境发生变化时，它从思想认识到资源配置上进行转变都较缓慢，会落在市场趋势之后，而小企业则转变较为灵活，这种灵活性帮助小规模企业在开展创新活动时取得更大创新绩效。

9. 企业规模对创新绩效的影响

根据回归结果可知，企业规模（SIZE）与综合效率 CRS、纯技术效率 VRS 及规模效率 SE 之间均为负相关关系，其中与企业规模与综合效率 CRS 和纯技术效率 VRS 之间显著负相关。说明大型企业的创新绩效比中小型企业的创新绩效低，这一结果与表 4 -9 中看到的按企业规模划分得出的平均创新效率值是一致的，大型企业的创新综合效率 CRS、创新纯技术效率 VRS 及规模效率 SE 比 107 个样本的样本均值低，而且综合效率 CRS、创新纯技术效率 VRS 是明显偏低的。

10. 所在行业对创新绩效的影响

在回归结果中，企业所在行业（IND）与综合效率 CRS、纯技术效率 VRS 及规模效率 SE 之间均为正相关关系，其中与成立年数与综合效率 CRS 和规模效率 SE 之间显著正相关。这说明制造业企业的创新效率高于其他行业。

（四）稳健性分析

前面运用 Tobit 方法对企业创新绩效的影响因素进行了实证分析，从企业的资产规模、人力资源状况、政府支持力度、创新资金保障、所有制性质、成立时间长短、企业规模、所在行业等八个方面对企业影响因素进行探讨。

通过模型的改进可以看到，增加或减少对创新绩效影响不显著的变量不会明显影响回归模型的结果，参数的符号和大小基本一致。这说明用 Tobit 模型来分析企业创新绩效影响因素问题得出的结果是稳健的。

此外，本篇在考虑资产规模对企业创新绩效影响时，尝试选择了用总资产（TA）代替固定资产（TF）；在考察无形资产对企业创新绩效影响时，尝试选择了用整理后的无形资产（IA－）即无形资产（IA）减去土地使用权代替无形资产。用 Tobit 回归之后得出的结果没有明显变化，与原模型的结论一致（见表 5－11），这也说明用 Tobit 模型来分析企业创新绩效影响因素问题得出的结果是稳健的。

表 5－11　　稳健性检验结果

变　量	综合效率（CRS）		技术效率（VRS）		规模效率（SE）	
C	0. 749152	**	1. 228288	***	－0. 022395	
	（－2. 537418）		（3. 676223）		（－0. 070397）	
lnTA	－0. 009403		－0. 006533		0. 036086	
	（－0. 33671）		（－0. 206711）		（1. 199197）	
PT	0. 003699	**	8. 40E－06		0. 008986	***
	（－2. 064262）		（0. 004142）		（4. 65375）	
lnGS	0. 039601	**	0. 042515	**	0. 02099	
	（－2. 072612）		（1. 966225）		（1. 019503）	
lnRD	－0. 063274	***	－0. 077044	***	－0. 029451	
	（－3. 698722）		（－3. 979657）		（－1. 597748）	
lnIA－	0. 010011		0. 005897		0. 009751	
	（－0. 960831）		（0. 5001）		（0. 868547）	

续表

变　量	综合效率（CRS）		技术效率（VRS）		规模效率（SE）	
OWNERSHIP	-0.066809		-0.153402	***	0.078905	
	(-1.27788)		(-2.592777)		(1.400676)	
YE_1	-0.192252	**	-0.141815	*	-0.242776	***
	(-2.554575)		(-1.665132)		(-2.993874)	
YE_2	-0.230266	***	-0.113177		-0.326839	***
	(-3.58299)		(-1.556164)		(-4.719876)	
SIZE	-0.283261	***	-0.370352	***	-0.094271	
	(-4.202691)		(-4.855496)		(-1.298073)	
IND	0.123145	*	0.037684		0.229522	***
	(-1.780402)		(0.481433)		(3.079686)	

注：*、**、***分别表示在10%、5%、1%水平上显著。

四、本章小结

本章运用 DEA-Tobit 方法对河南上市企业创新绩效的影响因素进行实证分析。从企业资产规模、人力资源状况、政府支持力度、创新资金保障、所有制性质、成立时间长短、企业规模、所在行业等八个方面对企业影响因素进行探讨。

由实证结果可以看出，企业的资产规模、研发经费投入力度与企业创新绩效之间负相关，这是由于企业对其创新资源未能合理利用造成的，由于创新资源分配不合理，利用不充分，创新意识保守造成企业创新绩效的缺失。另一方面，技术人员所占比例、政府支持力度、无形资产与企业创新绩效之间正相关，企业在开展创新活动时，知识积累，创新人才积累以及外来的政策支持都对创新绩效的提高起到了显著的推动作用。

第六章 开放式创新模式对企业创新绩效的影响

企业创新绩效及其影响因素分析很复杂，上文中用 DEA - Tobit 模型是在高度抽象化和理想化的情况下对该问题进行的分析，而开放式创新这一因素不易定量分析，为了尽可能全面地看待企业创新绩效问题，本章将通过案例研究，从开放式创新模式这一视角出发对两家企业进行了深入研究。

一、案例研究方法及研究设计

（一）案例研究方法

案例研究方法是开展社会科学研究时的一种十分重要的研究方法（Eisenhardt，1989），可以借助案例研究，更客观更贴近现实地掌握所要研究的问题。由于开放式创新模式，从开放度到合作默契度都较难科学度量，且各个企业在具体操作时都根据自身情况作出调整，如果通过一般的数学模型衡量开放式创新对企业创新绩效的影响则难以保证变量统计口径一致，且结果的稳定性差，造成定量分析结果不科学，不能有效指导企业提升创新绩效。本章将采用描述性案例分析法，对样本企业的开放式创新合作模式，开放式创新管理理念以及合作成果开展研究，有助于发现开放式创新模式与企业创新绩效之间的作用机制和科学管理模式。

Eisenhardt（1989）针对案例研究，提出了八个步骤：启动；研究设计与案例选择；研究工具与研究方法选择；资料收集；资料分析；形成假设；文献对话；研究结束。Yin（2003）在其基础上改为五个步骤：研究方案设计；做好收集数据的准备工作；收集数据；分析数据；撰写研究报告。项保华（2005）提出了案例研究的五个步骤：确定研究问题、理论抽样、收集和分析资料、结果比较、撰写报告。本篇将按照 Yin 提出的研究步骤开展案例研究。

（二）研究设计

在开放式创新模式中，企业不再明确区分创意是来源于企业内部还是企业外部，既重视企业内部独立产生的创意，也对企业外部流入的创意同等重视，争取以最小的研发成本和最快的研发速度实现创新成果，并对创新成果商业化，获得最大利润。因此，在考察开放式创新模式对企业创新绩效影响时，将主要从研发合作与技术交流、技术转让、创新管理等三个方面展开研究：

1. 研发合作与技术交流

从节约创新成本来说，在开放式创新环境中，企业可以通过产学研合作或其他形式的技术交流，从外部环境获得创新理念或所需的技术知识，节约自身研发成本，并大大缩短研发周期，从创意产生到形成新产品速度加快，能够早于市场其他企业满足消费需求。

从降低创新风险来说，通过与外部其他企业或研究机构开展研发合作，一方面可以实现风险分摊，单独企业不必面临过大的创新风险；另一方面由于企业与合作者存在技术和知识互补，在研发活动中分别发挥自己的优势，并在整个创新团队中出现更多思想碰撞，能够取得更为显著创新成果，提高研发活动的成功率，从而降低创新风险。

从创新动力来说，相比于关起门来开展研发，企业在与外部展开研发合作或技术交流时能够更真切地感受到技术更新速度和市场变化速度之快。这种市场压力可以转化为企业进一步前行的动力，帮助企业看清自身在市场中的地位并准确把握市场需求。

2. 技术转让

从创新成果市场化来说，当企业开展开放式创新，将内部产生的创意或理念流向市场时，企业可以由外界反应来对该创意进一步评估，分析其是否具备继续投资的必要，市场接受度如何。

从对技术人员的激励来说，企业将成型的技术通过技术转让完成市场化，可以获得经济利益，企业中的技术人员也随之从中获利，这是对企业技术人员在金钱角度的激励。另外，技术转让本身作为对技术成果的商业化，是对技术人员创意和技术水平的充分肯定，从技术转让本身可以获得工作成就感和认同感，激励技术人员进一步开展创新活动。

从降低市场风险来说，将不再适用于企业自身的成果通过技术转让，在获利的同时也可以降低创新成果的市场不确定性。

3. 创新管理

在开放式创新环境中进行企业创新管理时，对于企业的管理者在企业创新文化构建、高技术人才培养和引进、研发团队建设等方面都提出了更高要求。

建设创新型企业文化：中国企业在开展技术创新时往往瞻前顾后，不敢大胆去想更不能勇于实施，在这样的企业环境中，员工缺乏创新灵感和创新工作动力，企业难以取得实质性的创新突破。因此企业在开展创新活动时，需要将创新的价值观灌输给每一个员工，构建起创新型企业的文化氛围。

学习培训：企业在开展创新管理时，应注重全员创新能力的提升。可以通过为员工创造学习和培训的机会，帮助员工提升自身技术本领和创新思维，进而提升整个企业的创新能力。开展人才培训既是针对技术人才短缺问题的有效解决办法，也是企业进行人力资源投资和知识储备的重要途径，同时还会帮助企业营造创新型文化氛围。

研发团队建设：企业在开展技术创新和产品创新时，要将研发资源整合，形成企业创新团队，整个企业的研发资源由研发团队统一管理。在该团队中要有学术带头人引领研发方向，有核心技术骨干确保研发进展，并注重人才梯队建设，储蓄科技人才后备力量，实现持续创新。

对创新风险的正确认识：技术创新和产品创新都是高风险活动，当一项创新项目做足前期评估活动，在研究与开发的全过程中监管得力，技术人员没有明显工作失误，但最终创新成果不尽如人意时，企业应当鼓励技术人员寻找问题根源，勇于创新。不应对技术人员过于苛责，以免造成进一步开展创新活动时缩手缩脚，缺乏勇气。

（三）案例选择

案例研究必须兼顾信息的可获得性和所选企业的代表性（Eisenhardt, 1989）。本篇在选择案例时，选择标准如下：

（1）开放式创新企业：选取具备开放式创新意愿，在创新活动中积极与外界开展技术交流和合作，对开放式创新有实践的企业；

（2）高科技行业：在行业区分上，选择生物制药行业和仪器仪表制造业两个行业中的企业，这两个行业都对技术要求较高，且技术更新周期短；

（3）样本企业差异性：尽量避免所选案例雷同，选择来自不同行业，不同规模，不同所有制形式的企业。

在满足以上三条标准的企业中，本篇选择了两家具有代表性的上市企业进行研究。

二、案例研究——A 企业

（一）A 企业简介

A 企业是 1992 年创建的一家从事血液制品和疫苗产品研发生产的高新技术企业。2006 年在深交所上市，截至 2013 年企业总资产达到 36.43 亿元，当年实现营业收入 11.18 亿元，利润总额 5.61 亿元，企业规模和市场占有率均居于行业前列，是血液制品、疫苗产品行业的龙头企业。近年来，该企业承担多项国家、省市级科技攻关项目，并有博士后科研工作站和独立的研发中心。

该企业是国内首家通过 GMP 认证的血液制品企业，生产规模、生产品种、市场覆盖率和主导产品的产量销量均居国内同行业首位。从 2005 年该企业介入疫苗领域，成为我国最大的流感病毒裂解疫苗生产基地。2013 年开始研发基因重组和单克隆抗体，目前已经启动四个单抗的研发。

A 企业近年来研发经费投入力度见表 6－1。

表 6－1　　A 企业研发经费投入金额和比例

项目　　年份	2009	2010	2011	2012	2013
研发投入金额（万元）	4062.57	5613.77	4420.39	6380.02	5981.38
研发投入/营业收入（%）	3.33	4.45	4.60	6.56	5.35

截至 2013 年年底，企业共有员工 1181 人，其中研发人员 191 人、生产及技术人员 727 人、销售人员 120 人、管理和财务人员 143 人。其专业构成和教育程度可见图 6－1、图 6－2。

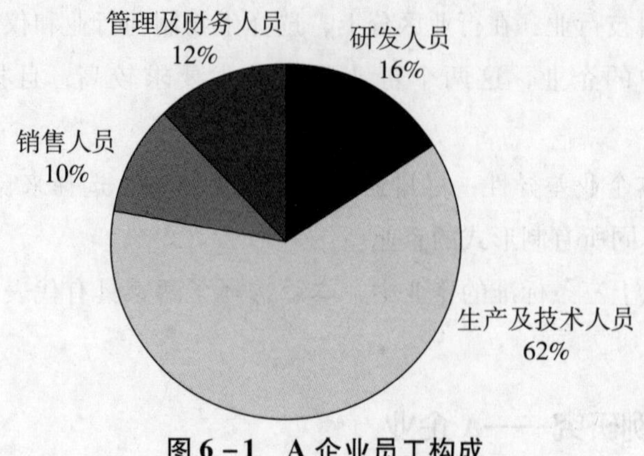

图 6-1　A 企业员工构成

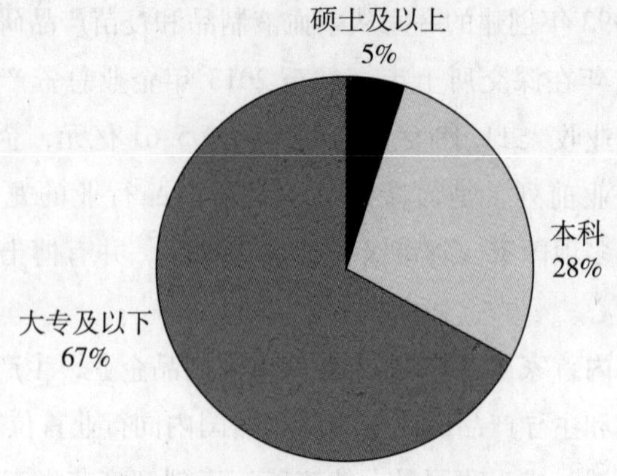

图 6-2　A 企业员工教育程度

（二）A 企业开放式创新实践

1. 研发合作和技术交流

该企业在 2008 年之前未与其他企业或高校、研究机构开展实质性的技术合作，集中于封闭式创新，开展自主研发，对产品创新、技术创新的投入力度较大，在该阶段取得了显著的创新成果。这一阶段企业与外界的合作局限于与商业银行合作打通融资渠道，与上游供应商合作，进行供应链管理，而在技术层面上创新管理的思维较为保守，倾向于通过自主研发成果获得核心竞争力，担心技术合作可能造成的技术知识外流，对企业带来损失。

2009 年，国家鼓励生物产业龙头企业积极开展技术引进，推动企业间、企业与科研机构间开展技术合作。① 在这种国家政策引导下，该企业开始与外界开展研发合作，在2009年当年，开展研发合作只是该企业的意愿，并未真正与外界达成合作。

2010年，该企业与中科院生物技术局共同创建了生物技术创新与产业化基金，实现企业科研机构的合作共赢，提升了企业的科研实力与综合竞争力。同年，该企业与中国科学院工程研究所等研究机构开展科研合作。

2011年是该企业大范围开展技术合作的一年，与中科院巴斯德研究所、工程研究所及中科院微生物所建立了联合实验室。企业更接近市场前沿，研究机构更接近技术前沿，两方都充分发挥各自在技术创新和产品创新中的优势，合作研发疫苗。除与国内研发机构开展合作之外，该企业也将目光投向国际市场，与国际研究机构签署技术交流协议，就疫苗和免疫性药物开展技术交流合作。当年多个技术合作项目都在研发阶段，创新合作全面展开。

2012年和2013年，企业与中科院生物局、中科院巴斯德研究所、中科院过程工程研究所及中科院微生物所等研究机构的技术合作继续展开，多个合作研发项目都在稳步推进。在此时，技术交流合作已经成为该企业高管制定企业发展战略时的重要考虑事项。

2. 技术转让

2011年起，该企业的业务范围逐步扩大，在其全资子公司中，主要经营范围扩展到生物工程与生物医学工程技术的开发和转让、技术咨询以及技术服务。

通过技术转让，企业在获得了经济收益的同时也有效促进原有技术实现更新换代，降低创新成果的市场风险。

3. 创新管理

2013年起，该企业开始实施全面技术创新的发展战略，形成了“研发——生产——储备”的良性循环，确保行业领先地位。

① 国务院办公厅：《国务院办公厅关于印发促进生物产业加快发展若干政策的通知》，2009年6月2日。

在实施员工培训方面，自2010年起，企业建立起并开始实施较科学的培训考核人事管理制度。并在员工培训方面逐步加大技术知识培训力度，2012年之后，开展了如微生物学、血液和疫苗制品等知识的专业培训，提高员工的技术水平，并构建后备人才梯队，为持续创新夯实基础，提升企业的整体创新能力。

在研发团队建设方面，注重培养研发人才和业务骨干，防止高技术人才流失，并积极引进技术人员。2011年该企业组建了生物研发中心，在当年就被认定为国家级企业技术中心。该中心在资金投入、设备投入、高技术人才整合以及管理体制等方面都为研发活动铺平道路。研发中心建立后，组建起疫苗研发团队，加大了研发投入力度，研发项目有效进展，之后每年研发中心都有十几个在研项目或合作项目，研发活动如火如荼地开展。研发成果显著。

（三）A企业创新成果

以2010年为时间界限，对比2010年之前和2010年之后的企业研发成果可以明显看到，虽然2010年之前，企业专注于自主研发，取得了行业内的突出成就，但2010年之后企业与外部展开实质性技术合作，开展开放式创新取得了更为辉煌的研发成果：

近年来该企业先后承担国家863计划项目5项，科技重大专项5项、国家中小企业创新基金试点项目1项，蛋白类生物药和疫苗发展专项1项、国家高技术产业化项目3项，国家科技攻关项目1项，国家火炬计划项目3项，国家重点新产品2项；省重大科技专项4项，省科技攻关项目8项，产业化项目6项。这些已结项或正在开展的研究项目为企业未来的持续发展打下了良好基础。

该企业成立之初是专注于血液制品的研发和生产，在保持血液制品领先的同时，积极向疫苗领域延伸。目前研发出的甲型H1N1流感疫苗、乙型肝炎疫苗等均已投入市场，多个疫苗处于研发或报批阶段。2013年我国出现H7N9流感疫情，该企业作为国内首家从世界卫生组织认可的实验室取得了H7N9流感疫苗研发用毒株，启动H7N9流感疫苗的研发工作，在新疫苗研制方面再次走在国内前列。

三、案例研究——B 企业

B 企业简介

B 企业创立于 1998 年，2009 年在深交所创业板挂牌上市，属于首批创业板上市企业。是一家从事传感器、仪器仪表的研发和生产的高新技术企业。该企业作为国内气体探测仪器行业的领先企业，多年来通过持续创新积累了丰富的技术经验，多次获得省市级科技进步奖和国家重点新产品称号。该企业研发生产的气体传感器，国内市场占有率达 60%，居国内首位。截至 2013 年，企业总资产达到 7.35 亿元，当年实现营业收入 3.02 亿元，利润总额 5474 万元。B 企业近年来研发经费投入力度见表 6－2。

表 6－2　　B 企业研发经费投入金额和比例

项目＼年份	2009	2010	2011	2012	2013
研发投入金额（万元）	1067.89	1343.65	1766.44	2691.32	2779.90
研发投入/营业收入（%）	8.41	7.72	6.76	10.18	9.19

截至 2013 年年底，企业共有员工 732 人，其中研发人员 224 人，生产及技术人员 121 人，销售人员 269 人，管理和财务人员 118 人。其专业构成和教育程度见图 6－3、图 6－4。

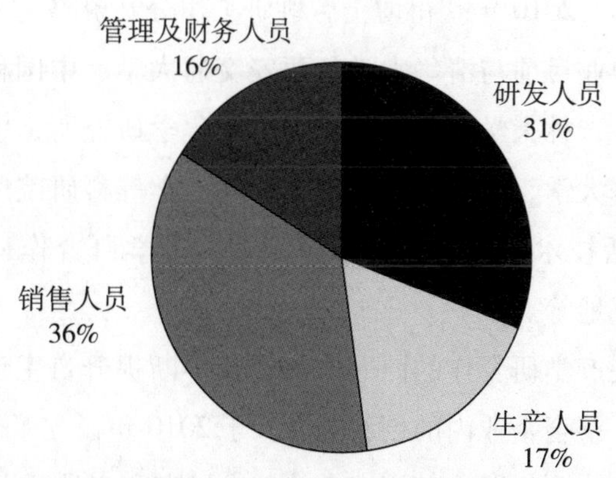

图 6－3　B 企业员工构成

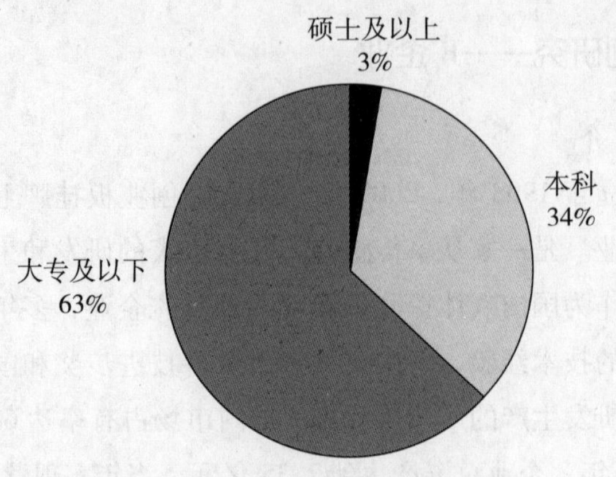

图 6-4　B 企业员工教育程度

（一）B 企业开放式创新实践

1. 研发合作和技术交流

与 A 企业不同，B 企业在建立之初就开始与高校和研究机构展开合作。在上市之前就已成为当地的产学研基地。

早期与高校和研究机构的合作是以建立实习基地和人才对口接收等方式开展的。将高校培养专业知识与企业锻炼操作技能相结合，纳入一批既有理论知识也熟悉实际经验的高校毕业生。在人才培养方面与高校展开良好合作后，该企业逐步扩大合作范围，与高校和科研机构开展技术交流和科研项目的合作。2010 年获得博士后科研工作分站资格，开启产学研合作的新模式。该企业目前与清华大学、西安交通大学、中国科技大学、北京航空航天大学、吉林大学、中科院长春应用化学研究所、中科院上海硅酸盐研究所、上海大学、中国矿业大学、郑州大学等科研院所建立了长期广泛的合作，包括技术交流，科研项目研究，产学研合作，建立实习、实训、实践创新基地等。

在积极开展产学研合作的同时，该企业不断提升自主创新能力，积极搭建科研平台，整合企业内的创新资源。于 2010 年设立了研究院，主要从事传感器、气体检测仪器、矿用安全的技术研究和产品开发。

2. 技术转让

开放式创新环境中企业可以通过技术转让获得经济利益也可以降低市

场风险，该企业的创新管理思路较为开放，产学研合作时期就已开始将技术转让、技术服务和技术咨询作为企业的主营业务之一。通过技术转让将企业内部享有的技术转移出去，加速技术更新换代，开展新一轮技术创新。

3. 研发管理

该企业努力构建创新型企业文化，明确提出将“尽责、创新、快乐”这一核心价值观作为企业的文化统领。技术结合市场，以持续的市场开拓为引导、技术创新为支撑，通过持续创新，提升企业的技术研发能力和创新管理能力，巩固企业在传感器、仪器仪表研发生产领域的领先地位。

在人力资源管理方面，该企业在保持目前技术队伍稳定的前提下，从10年起建立人力资源培训体系，开设大讲堂，积极开展企业内部人员培训，提高业务人员专业水平。在2011年到2012年间认真编订培训科目，完善培训体系，加强企业内部培训师队伍的建设，有组织、有计划地加大全员培训。在开展技术培训的同时也加强企业文化建设，企业上下统一价值观，提升企业凝聚力。

在研发团队建设方面：该企业一方面对老员工进行培训，另一方面不断引进高素质人才，优化研发人员结构，建设人才梯队。在学术带头人和核心技术骨干的带领下，团队内形成了极大的创新热情，创新成果显著。2012年，该企业建立了研究院，并在此平台上整合企业研发资源，在加大自主创新力度的同时也加强与高校和科研机构的研发合作技术交流，在光学传感器方面的研发取得了阶段性成果。在研究院的统一管理下，创新资源使用率大大提高，提升了产品研发的品质和效率。在2013年，该企业搭建起技术知识共享平台，实现了企业内部知识的贡献，充分发挥知识的价值。

在企业内部创新管理方面，将创新团队与营销部门和生产部门有机结合，深入分析客户需求，针对个性市场展开研发，用新技术和新产品满足市场需求。

（二）B企业创新成果

该企业虽然企业规模不算大，但是坚持以先进理念引领创新，企业上下营造出良好的创新文化氛围，创新资源利用率高，创新管理卓有成效，取得了一系列显著的创新成果：

该企业设立了独立的研究院，专门开展传感器和气体检测仪器的研发活动，该研究院每年研发并通过科技成果鉴定投放市场新产品都在 3 项以上。企业现已申请专利 313 项，授权 224 项，注册计算机软件著作权 33 项，拥有核心技术的自主知识产权，企业产品通过科技成果鉴定 33 项，其中 13 项达到国际先进水平，20 项达到国内领先水平。参与国家标准制定 6 项。

截至 2013 年，该企业拥有专利 215 项，其中发明专利 23 项，实用新型专利 150 项，外观设计专利 42 项；计算机软件著作权 45 项；商标 39 项。仅 2013 年当年，该企业新增专利 45 项，其中发明专利 9 项、实用新型专利 31 项、外观设计 5 项；新增商标 2 项。

四、案例总结

（一）自主创新能力与开放式创新能力

从 20 世纪末开始，企业人才流动速度加快，科技知识综合性越来越强，技术从产生到淘汰的更新时间缩短，这些企业外部环境的变化“逼迫”企业在封闭式创新模式和开放式创新模式之间作出选择。为了适应这种环境变化，企业一方面要提升自主创新能力，另一方面要与外界开展研发合作和技术交流。

由上文中两个企业案例可以看到，企业在开展开放式创新时都具备相当程度的自主创新能力，这种企业自身的科技软实力能够使它获得更高水准的交流平台。自主创新能力强的企业能够对外部环境中的新创意新思路有更好的识别能力，对新技术有更好的学习吸收能力，它在开放式创新中更容易找到所需的全新知识并学为已用，有效降低研发成本，进一步提升企业自主创新能力。另一方面，自主创新能力强的企业在开展产学研合作时，能够大幅提升合作洽谈成功率，与优秀的合作者之间实现研发合作。在产学研强强联手搭建起的优质创新交流平台上，企业、高校与研究机构三者之间实现优势互补，研发合作取得的成果也更为显著。

在展开研发合作的阶段，企业也不能丢失自主创新能力。在上述案例中，企业积极开展开放式创新的同时都加大力度提升自我创新能力。试图完全依赖开放式创新，仅通过创新模式转变就获得实质性的创新成果是不可能的。研发合作是建立在平等互助基础之上的，如果企业忽略自身研发实力的提升，它与合作者之间将陷入不平等关系，终究会被合作伙伴抛弃。

自主创新能力是企业的核心竞争力，而开放式创新模式是帮助企业提升创新能力的良好平台。开放式创新是企业提升创新能力的途径，但并非创新的根本目的。一个企业如果不具备自主创新能力，开放式创新是无从谈起的。只有企业自主创新能力强，才能与高校、科研机构有更好的合作基础并取得卓著的创新成果，从而进一步提升自主创新能力，实现自主创新与开放式创新之间的良性循环。

（二）封闭式创新转向开放式创新

在前文的 Haeckel – Nolan 模型中指出组织学习包括感应、解释、决策、行动等四个过程，在这两个案例中可以看到：企业从感受到外部环境的变化，到最终实现实质性的创新合作并取得成果是逐步展开的一系列变化过程，并非一蹴而就（见图 6 –5）。

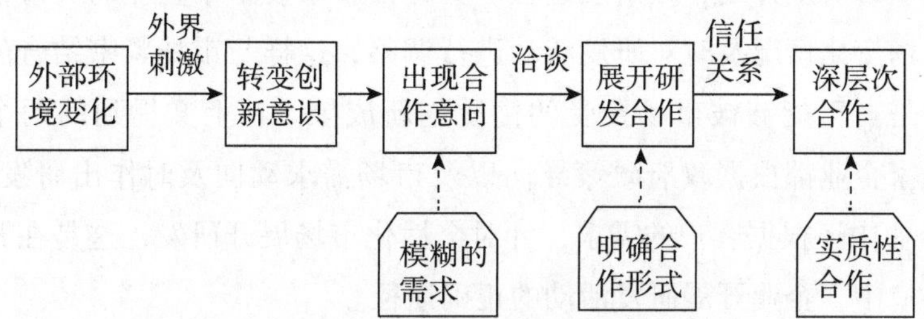

图 6 –5　企业逐步开展开放式创新模式

当企业在外部环境的刺激下意识到必须转变创新模式时，是停留在意识层面的，此时企业对开放式创新模式的认识较浅，是由技术更新换代和人员流失给企业带来的压力造成的迫不得已的转变，这时开放式创新尚未得到有效开展。

企业在转变创新思维后增加与外界的接触，试图寻找机会与相关企业或高校、研究所展开合作，这是表现出的合作意向是一种模糊的需求，企业对合作具体如何展开，带来的风险如何，是否能够降低技术创新的成本都没有明确的态度。

在企业自身具备一定的知识储备和技术实力的基础上，与其他企业或高校、科研机构间通过洽谈达成合作协议，开始展开研发合作。此时的合作双方在合作分工、收益分配等问题上都有明确划分，合作正在相互了解和熟悉中逐步开展，合作方之间的信任关系也在逐步建立。

企业在开放式创新理念下展开研发合作之后，从研发合作的实践中认识到研发成本的降低，研发成果的提升之后，更愿意与合作伙伴展开实质性合作。合作默契和信任关系都是在实践中建立起来的，企业在创新成果中看到了开放式创新的优势，给予它更大的动力展开深层次的合作关系。

（三）企业内部部门协调

许多企业在企业营销方案制订等方面是十分关注市场动向并及时调整的，但这种外部环境的变化往往只能影响到营销部门，波及研发部门则所需时间较长且影响力度减弱。

无论是技术转让还是新产品投入市场，评价研发成果的优劣的根本标准是市场接受度。在研发活动开展之前对市场需求作出详尽分析并根据市场特征制订研发计划，在研发过程中实时接收市场给予企业的反馈信息并依据市场变化情况及时对研发活动进行调整，这样与市场紧密结合的研发成果才是真正能够被市场接受的优质创新成果。在上文提到的两个案例中，两家企业都根据政府政策导向以及市场需求动向及时作出研发调整，在B企业中还根据客户的需求，针对个性化市场展开研发，这是在开放式创新环境中，企业开展研发活动的正确途径。

（四）人才梯队建设与持续创新

由于科技知识更新越来越快、越来越复杂，企业仅依靠少数几个研究人员是不能完成研发任务的。当研发人员较少时，这些研发人员只能做技术学习和操作指导，无法开展实质性的研发活动，这些研发人员并没有发挥他们应有的能力，是人力资源浪费。企业内累积到一定数量的研发人员才能形成研发团队，通过团队协作可以降低研发成本并提升企业整体创新成果产出效率。

科学的研发团队建设需要对研发资源整合，将企业内的研发资源交予研发团队统一管理。在团队中有学术带头人和核心技术骨干，还要有一批具备创新热情和基础知识扎实的技术人员。由学术带头人引领研发方向，核心技术骨干确保研发进展，一批技术人员作为科技人才后备力量，建立起人才梯队，优化研发人员结构，为持续创新夯实基础，提升企业的整体创新能力。

第七章　本篇研究结论、政策建议及研究展望

一、研究结论

随着经济全球化的趋势愈加猛烈，科学技术飞速进步日新月异，企业所面临的外部环境日益复杂、不断变化，且同行业的有力竞争者范围扩大。企业如何在复杂多变的环境中站稳脚跟，在强手如云的竞争者中立于不败之地，是众多企业在发展过程中遇到的难题，也是学术界对企业研究的关注点所在。

改革开放以来，我国企业慢慢融入到国际化市场中，接受外来科技知识和先进技术，但企业对知识的管理主要集中于学习借鉴而非自主研发，运营的主要方向集中于产品生产而非产品开发，在这种导向下，我国企业生产产品产量大，但产品技术含量不足，没有独立知识产权，产品附加值极低。这种生产经营模式造成企业利润率低之外，还造成资源消耗过度，国际分工中处于低端位置等不利影响。

要打破发达国家的技术垄断，必须转变生产经营模式，从学习转向研究，从生产转向开发，依靠企业自主创新创造财富。积极有效地开展企业自主创新是抵御外部环境变化的有效途径。通过开展技术创新并形成创新成果，并将创新成果转化为企业的成本优势和产品优势，能够有效提高市场份额，并通过产品优势形成企业的品牌价值。可见企业应该注重技术创新活动，通过总结自身技术经验并学习吸收他人的知识，把握有价值的创意，通过研发活动将创意开发为新产品或新服务，获得与其他企业不同的差异化产品，建立企业的核心竞争力。

技术创新活动与简单的商品生产不同，它需要较大的资金投入、高科技人员储备以及知识积累才能得以顺利开展。通过研究发现，近年来，我国研发经费投入占国内生产总值的比重和研发人员数量均逐年上升，但距

离发达国家水平还有显著差距，研发强度远远不足，高科技人才缺口较大。我国大多数企业在开展自主创新时都处于起步阶段，资金投入、科技人员储备、知识积累都有很大不足，其中不乏一些企业被创新面临的风险和所需的巨大资源投入吓退；部分企业对技术创新认识不足，在未形成足够的创新资源准备时就开展技术创新，或技术创新从研发资源投入到成果产出的时间过长造成创新活动的失败。还有些企业对技术创新的收益和风险理解偏差，对技术创新所要承担的风险估计不足或对技术创新可能产生的成果过高估计，造成创新资源浪费，创新效率低下。

本篇首先对企业创新理论、组织学习理论、知识管理理论、开放式创新理论等相关理论知识进行深入研究和梳理。之后，对河南企业当前的创新投入和创新成果进行统计，并对企业创新特点进行分析。在此基础上运用 DEA 模型对河南上市企业的创新绩效展开评估，并进一步建立创新绩效影响因素分析模型，运用 Tobit 方法对模型进行回归分析，得出的结论与假设基本一致。最后依据实证分析结果，针对河南企业在创新活动中存在的问题，提出相应的政策建议。

本篇针对企业创新绩效问题，通过理论分析和实证分析，得出的主要结论有以下几点：

1. 河南企业创新绩效普遍较低

在对河南企业创新现状研究后，发现河南规模以上工业企业中参与研发活动的比例仅有 8.29%，这一比例远低于全国平均水平 14.83%，说明河南企业普遍缺乏创新意识和创新意愿，企业经营目标拘于眼前，缺乏对长远发展的规划。另外，在研发经费投入、研发人员投入、研发成果数量上，均与兄弟省份有较大差距，研发能力较弱，创新方式相对封闭，高技术人才缺乏，成果不能有效转化为企业核心竞争力。

通过对河南上市企业的创新投入和创新产出数据进行分析，发现河南企业间的创新投入和产出指标变量分布不均，存在严重右偏，即个别大企业在创新经费投入和创新人才投入以及创新成果产出等方面均远远领先于其他企业，绝大部分企业的创新投入和产出量都在平均线以下。进一步的，运用数据包络分析法对创新投入产出效率时，发现样本数据中仅有 5% 的样本综合效率是 DEA 有效的，而超过八成的样本综合效率不足 0.5，存在纯技术效率或规模效率的严重偏低，与生产前沿面相距甚远，创新资源未得到有效利用，有很大改进空间。

2. 资产规模与企业创新绩效之间负相关

通过 DEA – Tobit 模型得到企业创新效率值并进而分析创新绩效的影响因素。在实证结果中看到，企业固定资产规模（FA）与企业创新的综合效率 CRS、纯技术效率 VRS 和规模效率 SE 均有显著的负相关关系，这一结论与传统研究结果不同。企业资产规模的大小是对企业研发投入效率有显著影响的，大企业虽然资金雄厚，但往往面对外部环境的改变不能及时作出调整，不少资产规模大的企业对技术创新的认识相对保守，缺乏改变现状的动力；另一部分愿意开展创新活动的企业对创新项目从发现到开展研究到投入生产最终形成产品的周期长，创新管理系统庞大而冗杂，最终造成对创新项目投入多，但创新取得的成果与创新投入相比效率并不高。相比之下，资产规模小的企业在创新项目选择、技术人员培养和分配等方面都具有更大的灵活性，处于创新规模报酬递增阶段，因而创新效率较高。

3. 人力资源状况与企业创新绩效之间正相关

企业开展创新项目，仅有资金投入是不够的，技术人员自身的知识储备和科研工作经验是企业创新能力的重要组成部分，技术人员的投入力度的强弱程度对企业创新活动能否顺利开展起着至关重要的作用。技术人员所占比例（PT）与企业创新的综合效率 CRS 和规模效率 SE 均有显著正相关关系。由此可见，在企业中技术人员所占比例越高，则企业创新的综合效率及规模效率都会越高，这与创新绩效影响因素的传统分析结果是一致的。

对技术人员的投入并不会立竿见影产生效果，往往是需要投入到一定比例并形成稳定的创新团队时，企业内部才能形成良好的创新氛围，促进创新管理的健全。换言之，只有一批高技术人才之间有成熟的合作模式，企业创新活动才能有效开展，并取得有效的创新成果，创新效率得以提高。如果技术人员投入过少，只能局限于对外部先进技术的学习吸收阶段，仅能对企业内现有技术问题进行初步处理，技术含量较低。由于此时企业内未能形成技术攻关小组，缺少交流学习机会，导致技术人员无法开展实质性的研发工作，这是对高技术人才的浪费。

科学的研发团队建设需要对研发资源整合，将企业内的研发资源交予研发团队统一管理。在团队中有学术带头人和核心技术骨干，还要有一批具备创新热情和基础知识扎实的技术人员。由学术带头人引领研发方向，核心技术骨干确保研发进展，一批技术人员作为科技人才后备力量，建立起人才梯队，优化研发人员结构，为持续创新夯实基础，提升企业的整体创新能力。

4. 政府支持力度与企业创新绩效之间正相关

由于创新活动是具有一定的公共物品属性的，即创新活动产生的创新成果是可以通过技术外溢、知识扩散等途径传播到市场中，为其他企业或相关组织所用，对整个社会的科技发展水平有正向推动所用。企业创新往往是一种手段，其创新的最终目的是获得最大化的利润。因此通过市场手段来调节创新投入会出现市场失灵，企业对创新资源的投入力度低于社会应有的创新资源投入力度。通过模型的回归结果可以看到，政府补助金额（GS）与企业创新的综合效率 CRS 和纯技术效率 VRS 之间均有正相关关系。由此可见，当一个企业得到政府支持力度大时，则企业创新的综合效率及纯技术效率都会越高，这一结论与传统分析结果一致。

政府通过对企业创新进行产学研合作的引导、资金支持或其他创新政策倾斜，都会激励企业开展创新活动。通过产学研合作引导，能够给予企业更广阔的创新平台和寻找优秀创新项目的机会。政府补助方式给予创新支持能够对企业产生杠杆效应，带动企业自身的创新热情，充分挖掘和发挥企业创新能力。

5. 创新资金保障对企业创新绩效的影响

当一个企业在开展创新活动时有充足的资金保障，那么它在进行创新战略规划时，可以根据自身财务结构来对外部环境和企业内部情况进行合理评估，进行市场预测分析，调整企业经营战略，选择合适的创新项目并制订创新项目计划，对创新项目进行经费投入，组织创新活动的开展，保证创新目标顺利完成。

无形资产是企业通过创新活动、组织管理或人力资源管理所形成的非物质的价值创造，企业拥有的无形资产具体来说包括有商标权、专利权、非专利技术、特许经营权等，这些无形资产都可以为企业创造未来收益。

无形资产在很大程度上是对企业过去创新成果的肯定和保护，充足的无形资产意味着企业的具备自主创新能力和创新成果保护能力，这些已有的技术创新经验为企业在未来开展创新活动做好了知识储备，有助于企业更有效率地开展创新活动。回归结果中，无形资产（IA）与企业创新的综合效率 CRS、纯技术效率 VRS 和规模效率 SE 之间都存在正相关关系，拥有雄厚的无形资产无疑对企业创新绩效提升有积极作用。

在模型回归结果中，研发经费投入（RD）与企业创新的综合效率 CRS、纯技术效率 VRS 和规模效率 SE 之间均为显著负相关关系。说明研发经费的投入可以提高创新成果，而未必能够提高创新效率。创新成果可以形成专利、形成新产品或新服务，而创新效率则是衡量从创新投入到产生成果的过程是否有效。该结果表明样本企业在对创新项目进行投资时，并未使得创新投入充分发挥作用。究其原因，可以归结为以下三点：①在创新项目开始前对创新项目的评估不够科学，不能准确估计创新项目可能带来的风险和收益，造成对创新项目的盲目选择，对创新资源的浪费，反映在数据上是创新效率的缺失；②在创新项目实施过程中取得了阶段性成果，却未能通过专利等形式将其转化为可度量的绩效，造成模型中的创新效率偏低；③在创新项目管理中，对各种创新资源的分配不够合理，导致企业内的部分创新资源未得到充分利用，造成创新投入多产出少。

6. 企业成立时间对创新绩效的影响

在回归结果中，企业成立年数（YE_1 和 YE_2）与综合效率 CRS、纯技术效率 VRS 及规模效率 ES 之间均为负相关关系，其中与成立年数与综合效率 CRS 和规模效率 ES 之间显著负相关。这说明对于成立年数≤20 年的企业创新效率是偏低的，而成立年数>20 年的企业创新效率较高。成熟企业在多年发展过程中累积了知识管理经验，具备识别创新项目的眼光，培养了稳定的科技团队，拥有充足的资金储备，能以科学态度面对创新风险，这些都有利于企业创新活动的顺利开展，这些企业能够以合理的创新投入和最优化的资源配置，取得最大化的创新收益。

7. 自主创新能力与开放式创新能力相互促进

从 20 世纪末开始，企业人才流动速度加快，科技知识综合性越来越强，技术从产生到淘汰的更新时间缩短，为了适应这种环境变化，企业一方面要提升自主创新能力；另一方面要与外界开展研发合作和技术交流。

具备较强自主创新能力的企业在开展开放式创新时，企业自身的科技软实力能够帮助它获得更高水准的交流平台。自主创新能力强的企业能够对外部环境中的新创意新思路有更好的识别能力，对新技术有更好的学习吸收能力，它在开放式创新中更容易找到所需的全新知识并学为己用，降低研发成本，进一步提升自主创新能力。另外，自主创新能力强的企业在开展产学研合作时，能够大幅提升合作洽谈成功率，与优秀的合作者之间实现研发合作。产学研强强联手搭建起的优质创新交流平台上，企业、高校与研究机构间优势互补，研发合作取得的成果也更为显著。

在展开研发合作的阶段，企业也不能丢失自主创新能力。试图完全依赖开放式创新，仅通过创新模式转变就获得实质性的创新成果是不可能的。研发合作是建立在平等互助基础之上的，如果企业忽略自身研发实力的提升，它与合作者之间将陷入不平等关系，终究会被合作伙伴抛弃。自主创新能力是企业的核心竞争力，而开放式创新模式是帮助企业提升创新能力的一个良好平台。开放式创新是企业提升创新能力的途径，但并非创新的根本目的。一个企业如果不具备自主创新能力，是无从谈起开放式创新的。只有企业自主创新能力强，才能与高校、科研机构有更好的合作基础并取得卓著的创新成果，从而进一步提升自主创新能力，实现自主创新与开放式创新之间的良性循环。

二、政策建议

（一）寻找问题根源

要提升企业创新绩效，首先应当客观准确地掌握企业当前创新情况，寻找创新绩效缺失的根源，才能做到对症下药，针对存在的问题找到解决方案。

1. 从已完结的创新项目中获得的产出是否与当初的预期相吻合

企业可以从检查已有的创新项目成果对创新项目是否有效率作出直观判断，效率缺失是由于最初对创新项目的评估不科学，还是在创新项目的研发过程中出现了与预想不同的偏差，或是在创新产品推向市场时与市场需求脱节？对企业而言，无论创新绩效是高是低，都应当从创新成果中得来的反馈中累积的创新管理的经验。

2. 是否对技术创新投入了充足的人力、物力和和政策支持

技术创新所需要的资金投入和高技术人才投入都是非常大的，而且需要相当量的资本储备和知识储备创新活动才能顺利展开。小规模的创新投入只能“试水”，而不能实质性地展开研发活动。企业家在面对外部环境变化时要有足够的胆识和魄力，勇于面对存在的困难提出正面解决方案，对创新风险和创新效益进行科学评估，选择优质创新项目并对其进行充足的人力资源投资和资金支持，并在企业内部制定鼓励创新的政策以营造良好的创新氛围。

3. 创新资源之间是否合理搭配

技术创新项目的顺利开展，充足的资金投入、合理的科技人员安排以及科学的知识管理是缺一不可的。不少企业创新效率低，是由于各种创新资源的投入分配的不科学不合理造成的。通过对当前存在的企业创新项目的分析，找到各种创新资源之间分配是否合理，是否存在某种资源的投入冗余和其余资源的相对不足？

技术创新的资源投入与成果产出之间存在着创新效率的规模报酬问题。企业对创新资源的投入逐步增加的过程，往往会先出现创新效率的规模报酬递增，随后是规模报酬不变，当创新资源投入过多时，创新产出的增加速度就显得不足，此时会出现创新效率的规模报酬递减。企业应对自身创新规模是处于何种规模报酬阶段有基本认识。

4. 创新成果是否真正满足市场需求

对创新成果优劣的评判，最终标准是市场的接受度。当创新成果被市场广泛接受时，企业应当从中总结经验，并寻求新的创新项目，在市场竞争中保持核心竞争力。而当创新成果不甚理想时，就应对整个创新项目进行全面分析，是前期调研中对市场预测不准，还是创新活动成果未达到预期水平，从经验中把握未来创新的方向。

（二）加大创新资源投入力度

从回归分析的结果中看到企业创新经费的投入与创新效率之间是负相关的，但造成这种负相关的原因主要是由于结构失调，创新投入与创新产出之间的正相关关系是毋庸置疑的。

企业要形成核心竞争力必须通过创新来降低成本或获得产品优势，而企业需要有充足的资本储备作为后盾，充足的知识储备作为研究基础，创新活动才能顺利开展。对创新资源投入过少时，这些创新资源只能用于应对简单的技术处理或知识学习，而无法开展研发活动。换言之，这些投入只能用于生产辅助工作而并非实质性的研发工作，因而无法形成任何有效的创新成果，从创新角度来看像是竹篮打水一般劳而无功。企业创新不是短期活动，只有形成了高科技人员团队并具备充足的知识储备基础，才具备实质性开展创新活动的条件。

相比于创新资源投入数量而言，创新资源的投入质量则更为重要。创新意味着更新、创造和改变，这种创造性劳动是与简单的重复劳动远远不同的，它需要打破现有的思维定势才能寻找到新的创意，需要有充足的知识积累才实现从量变到质变。因此，企业创新活动对技术人员和管理者的要求都非常高。技术人员自身的知识储备和科研工作经验是企业创新能力的重要组成部分，技术人员是否具备创新素质对企业创新活动能否顺利开展起着至关重要的作用。因此企业应注重对科技人才的培养，建立完善的人才培养机制，构建高技术人才梯队，并加强人才交流，才能在市场竞争中长期拥有竞争优势。

熊彼特在理解创新问题时，提到企业家精神在创新活动开展中的重要作用。除此之外，从管理方面而言，相比于其他生产活动，创新活动需要企业进行有效的知识管理、创新组织管理和风险管理。通过知识管理形成坚实的知识储备基础，通过创新组织管理建立有战斗力的技术攻关团队，通过风险管理科学地看待创新的高风险和高回报。这些都是对企业管理者更高的要求，管理者不能拘于眼前利益，而需要考虑长远，综合评估创新项目的风险、成果和可能出现的问题，选择优质创新项目并对其进行充足的人力资源投资和资金支持，在创新项目实施过程中通过反馈及时调整，并在企业内部制定鼓励创新的政策以营造良好的创新氛围，促进创新活动的顺利开展。

（三）提升创新资源利用水平

1. 提升纯技术效率：优化投入要素组合

企业开展创新活动时必然对其投入人力、物力等各种资源，而探究企业创新效率不足的原因时，发现不少企业都存在研发经费投入或技术人员投入冗余情况，即人、财、物不能达到最优配置水平，导致部分创新投入要素未能得到充分利用，而使得整体创新效率不足。

如何达到合理的创新资源分配是企业在提升创新效率时首先考虑的问题。要解决这一问题，一方面要通过已开展的创新活动累积充足的创新管理经验，通过经验总结可以看到哪些要素投入冗余，哪些要素投入不足，并由此寻求最适合的投入要素搭配模式；另一方面可以通过与其他企业相比较的计量结果，找出企业中哪种创新资源未能得到充分利用，并可得到投入冗余量，缩减该创新要素的投入或扩大其他创新要素的投入，逼近技术有效状态。

除了资源间搭配不合理这一因素之外，对创新项目的盲目选择也是对创新资源的极大浪费。企业应当更科学地评估创新项目，寻找真正有价值的优势创新项目进行创新投资，并在创新全程加大管理力度，合理分配研发经费的去向，保证创新项目顺利开展并取得预期成果。

2. 提升规模效率：寻找合适的创新规模

影响企业创新综合效率的除了纯技术效率之外，还有规模效率。技术创新的资源投入与成果产出之间存在着创新效率的规模报酬问题。企业对创新资源的投入逐步增加的过程，往往会先出现创新效率的规模报酬递增，随后是规模报酬不变，当创新资源投入过多时，创新产出的增加速度就显得不足，此时会出现创新效率的规模报酬递减。企业应对自身创新规模是处于何种规模报酬阶段有基本认识。若企业处于规模报酬递增阶段，应扩大技术创新每种要素的投入规模；若企业处于规模报酬递减阶段，则应缩减技术创新每种要素的投入规模；若企业处于规模报酬不变阶段，则不必更改当前的要素投入规模。

对于特定企业而言，可以借助计量方法进行差额变量分析，明确企业创新过程中存在的不足、改进方向和改进力度，帮助企业更科学更有效地开展创新管理，提高创新效率。

（四）加大知识产权保护力度

企业所面临的外部经济环境不断变化，要想在瞬息万变的环境中保持竞争优势则需要拥有核心竞争力，核心竞争力往往要通过降低成木或产品优势来体现。企业开展创新活动的最终目的是要通过推出新产品或获得新技术实现经济利益的提升。因此企业在研发过程中应对核心技术和创新阶段性成果予以保护，避免因为信息外露造成经济损失。对最终形成的创新成果应通过注册商标或申请专利等方式，以法律手段保护企业的知识产权。

将创新成果注册商标或申请专利，可以激励企业进一步开展更深入的研发工作，形成企业核心竞争力，并将创新成果转化为无形资产，提升企业价值。通过商标或专利可以树立企业品牌，是企业信誉和实力的象征。一个企业想要在市场竞争中不断壮大就必须要有自己的品牌产品，通过商标和品牌可以将该企业的商品与其他商品区分开来，实施产品差异化战略，占据市场份额。商标和品牌也正是众多消费者选取商品时的衡量标准，企业可以借此获得更多经济利润。

（五）加大政府支持力度

企业通过创新活动取得的创新成果根本目的是为了获取经济利润，通过销售商品获得经济利润时，即是将企业创新成果展现在市场面前，虽然未向市场公示整个创新过程及核心技术，但产品本身就包含着与创新技术相关的很大信息量。产品投入市场后，有利竞争者会对该产品进行全方位的分析，既包括市场也包括技术，不仅可以学习到外观设计，甚至可以还原出与原生产企业相近的生产技术和产品。与此同时，新产品投入市场也会在一定程度上改变消费者对产品的需求或改变下游产业生产者的外部环境。因此，创新不仅仅会为企业带来经济利润，还会对利益相关者产生经济影响，即创新活动产生的创新成果是可以通过技术外溢、知识扩散等途径传播到市场中，为其他企业或相关组织所用，对整个社会的科技发展水平起到正向推动所用。对大多数企业而言，创新的根本目的是要通过新产品销售或获得降低生产成本的新技术以获得最大化的经济利润。那么在存在技术创新外部性的情况下，仅通过市场手段来调节企业创新投入力度会出现市场失灵，造成企业对创新资源的投入力度低于社会应有的创新资源投入力度。在这一问题上，政府可以通过对企业创新进行产学研合作的引导、资金支持或其他创新政策倾斜来对企业创新加以扶持。通过产学研合作引导，能够给予企业更广阔的创新平台和寻找优秀创新项目的机会。政府补助方式给予创新支持能够对企业产生杠杆效应，带动企业自身的创新热情，充分挖掘和发挥企业创新能力，更深入地开展创新活动。

三、研究的局限性

我们通过对相关理论知识进行研读，并查阅大量参考文献，对企业创新绩效度量和其影响因素进行分析，力求完美。但是，本篇存在一定的研究局限性：

（一）指标选择和模型设计

本篇通过数据包络分析河南企业创新绩效问题时，选取的产出指标为企业专利申请量。而不少学者认为企业的“新产品产值”或“新产品销售额”也是衡量企业创新产出的良好指标。但是在实际操作中，可以查阅到全国、省级和市级的所有企业或规模以上工业企业的新产品产值总和，而单个企业的新产品产值并未披露。由于担心选取该指标造成样本数据缺失过大，只能遗憾地放弃了这一创新产出指标。由于专利申请量并不能完全代表企业的创新产出成果，因此会对企业创新绩效的度量结果的科学性和准确性造成影响。

在对创新绩效进行影响因素分析时，选择了资产规模、人力资源状况、政府支持力度、创新资金保障等方面对企业影响因素进行探讨，而企业与外界的联系、管理者的创新管理等等指标也会对企业创新绩效产生影响，但由于这些指标不易量化处理，所以未能列入模型中进行回归，这也会对回归结果造成影响。

在模型选择方面，用 Tobit 模型进行效率值的影响因素分析是较为科学的，但是对效率值进行影响因素分析时也可采用 GMM 等其他计量模型，每个模型研究思路不同，若尝试以其他模型对影响因素进行分析，可以对文中模型的回归结果稳健性进一步分析。

（二）样本数据选取

在用数据包络分析方法对企业创新绩效进行评估时，样本数量不宜过小也不宜过大，所以在通过年报搜集数据可得更多年份数据的情况下，本篇仅采用了 2010—2012 年的数据作为样本。但是在进一步分析影响因素时就显得样本量略有不足，回归模型的分析结果受到了数据量的限制。

四、研究展望

企业在面临日益激烈的市场竞争时，必须要拥有核心竞争力才能在市场竞争中胜出，必须要有较强的创新能力才能保证企业的持续发展，因而自主创新是我国企业长远发展的必经之路，对于企业创新绩效进行研究是非常有意义的。本篇在用数据包络模型分析企业创新效率的基础上，希望对创新效率的影响因素展开科学合理的分析，但是由于时间和能力有限，在模型设计和样本选择方面是存在局限性的，本人将在未来的学习中对企业创新绩效问题进行更完善的研究。

（1）在 DEA – Tobit 模型中增加输入输出指标个数，将原来未考虑的非量化因素纳入考察范围，对企业创新绩效展开更加全面的研究，为企业提升创新绩效提供理论依据。

（2）目前所选的部分样本之间较大差别，不具备完全可比性，因此在进一步研究中选择样本数据时可以更谨慎一些，对样本中各个变量的统计口径进一步核查，使得更具代表性，研究结果更加严谨，回归结果更有说服力。

（3）各种对绩效的评价方法以及影响因素分析法都各有自己的特点，在后续研究中可以考虑对一些自变量采用分段回归，并将数据包络分析与其他分析方法相结合，或将多种模型分析结果进行比较分析，找出每种方法对创新绩效给出不同方面的解释，对创新绩效进行更全面的分析。

附录 数据包络分析法进行创新绩效评价原始数据

Serial No.	Stock Code	Company Name	Years	R&D expenses	Technical staff	Patented invention	Utility model patent	Design patent
1	000400	XJDQ	2010	14001. 67	3219	31	22	2
2	000400	XJDQ	2011	24297. 71	2782	89	69	24
3	000400	XJDQ	2012	30190. 03	2735	110	81	6
4	000612	JZWF	2010	22. 98	97	0	9	0
5	000612	JZWF	2011	97. 51	98	2	0	0
6	000612	JZWF	2012	164. 76	90	3	6	0
7	000676	SD	2010	3638. 15	128	0	5	0
8	000676	SD	2011	3767. 63	130	1	3	0
9	000676	SD	2012	3849. 01	288	1	0	0
10	000949	XXHX	2010	285. 52	442	2	1	0
11	000949	XXHX	2011	87. 27	1284	0	2	0
12	000949	XXHX	2012	12951. 79	1258	3	0	0

续表

Serial No.	Stock Code	Company Name	Years	R&D expenses	Technical staff	Patented invention	Utility model patent	Design patent
13	002007	HLSW	2010	5613. 77	172	1	0	0
14	002007	HLSW	2012	6380. 02	180	2	6	0
15	002046	ZYKJ	2010	460. 16	272	29	37	0
16	002046	ZYKJ	2011	336. 87	385	46	56	1
17	002046	ZYKJ	2012	8681. 35	396	45	40	0
18	002087	XYFZ	2012	4080. 14	1380	2	1	0
19	002132	HXKJ	2010	2219. 36	76	0	2	0
20	002132	HXKJ	2011	2778. 32	110	0	4	0
21	002132	HXKJ	2012	351. 54	91	0	6	2
22	002179	ZHGD	2010	12324. 00	1256	56	154	37
23	002179	ZHGD	2011	16772. 00	1458	91	169	68
24	002179	ZHGD	2012	18263. 00	1564	51	94	12
25	002189	LDGD	2010	2035. 38	206	2	4	0
26	002189	LDGD	2011	1717. 27	207	3	9	1
27	002189	LDGD	2012	2403. 75	199	2	6	1

续表

Serial No.	Stock Code	Company Name	Years	R&D expenses	Technical staff	Patented invention	Utility model patent	Design patent
28	002216	SQSP	2010	2250. 37	271	5	2	16
29	002216	SQSP	2011	3265. 77	429	16	11	59
30	002216	SQSP	2012	3913. 63	462	6	2	23
31	002225	PYPN	2010	5624. 57	351	2	7	0
32	002225	PYPN	2011	7767. 21	414	2	10	0
33	002225	PYPN	2012	8488. 17	433	2	10	0
34	002296	HNHHKJ	2010	1270. 31	286	11	42	0
35	002296	HNHHKJ	2011	1953. 13	426	17	25	0
36	002296	HNHHKJ	2012	2652. 08	352	4	1	0
37	002321	HYNY	2012	119. 85	260	0	3	0
38	002358	HNSYDQ	2010	1914. 97	163	2	54	0
39	002358	HNSYDQ	2011	2729. 5	251	3	41	0
40	002358	HNSYDQ	2012	3536. 04	257	5	51	1
41	002406	XCYDCDZ	2010	3978. 28	551	9	7	1
42	002406	XCYDCDZ	2011	4057. 23	571	4	43	9

续表

Serial No.	Stock Code	Company Name	Years	R&D expenses	Technical staff	Patented invention	Utility model patent	Design patent
43	002406	XCYDCDZ	2012	4880. 56	522	9	49	12
44	002407	DFD	2010	3228. 59	194	10	5	0
45	002407	DFD	2011	4248. 013	28	9	9	1
46	002407	DFD	2012	3613. 69	395	13	6	3
47	002423	ZYTG	2010	5194. 73	755	4	13	0
48	002423	ZYTG	2011	6945. 48	761	11	7	0
49	002423	ZYTG	2012	5854. 53	746	7	24	0
50	002448	ZYNP	2010	4130. 72	526	6	27	0
51	002448	ZYNP	2011	4304. 17	808	8	17	0
52	002448	ZYNP	2012	5033. 59	297	10	12	2
53	002535	LZZJ	2010	3590. 53	68	0	2	1
54	002535	LZZJ	2011	3642. 92	140	2	15	1
55	002535	LZZJ	2012	4263. 58	163	4	33	0
56	002560	TDGF	2011	1226. 38	38	3	3	0
57	002560	TDGF	2012	1560. 23	42	0	3	0

续表

Serial No.	Stock Code	Company Name	Years	R&D expenses	Technical staff	Patented invention	Utility model patent	Design patent
58	002582	HXN	2011	847. 25	195	1	0	32
59	002582	HXN	2012	2601. 40	198	0	0	50
60	002601	HNBLL	2011	5828. 91	515	18	6	0
61	002601	HNBLL	2012	5587. 57	523	10	0	0
62	300007	HNHW	2010	1343. 65	159	6	19	1
63	300007	HNHW	2011	1766. 44	186	30	50	8
64	300007	HNHW	2012	2691. 32	216	7	25	4
65	300080	HNXDXCL	2010	3925. 34	333	2	0	0
66	300080	HNXDXCL	2011	5162. 06	306	2	2	0
67	300080	HNXDXCL	2012	2681. 93	200	1	1	0
68	300179	HNSFD	2010	642. 87	43	0	5	0
69	300179	HNSFD	2011	869. 63	45	0	10	0
70	300179	HNSFD	2012	1187. 63	47	0	5	0
71	300248	ZZXKP	2011	934. 34	249	0	0	6
72	300248	ZZXKP	2012	1444. 80	217	0	2	3

续表

Serial No.	Stock Code	Company Name	Years	R&D expenses	Technical staff	Patented invention	Utility model patent	Design patent
73	300259	HNXTKJ	2011	1005.02	148	1	25	9
74	300259	HNXTKJ	2011	1137.81	179	9	21	13
75	300263	LYLH	2011	1549.79	89	2	0	0
76	300263	LYLH	2012	1572.21	113	3	0	0
77	600066	ZZYTKC	2010	22235.35	856	13	5	13
78	600066	ZZYTKC	2011	30279.84	1328	30	138	30
79	600066	ZZYTKC	2012	70001.79	1560	22	153	22
80	600172	HHXF	2010	675.03	984	0	22	4
81	600172	HHXF	2012	4461.17	459	1	10	0
82	600186	LHWJ	2012	208.58	60	0	0	2
83	600020	ZYGS	2012	366.6	202	1	0	0
84	600207	ACGK	2011	65.04	455	4	9	0
85	600207	ACGK	2012	587.91	457	2	10	0
86	600222	TLYY	2010	1006.96	154	1	0	0
87	600222	TLYY	2011	1664.82	152	1	0	0

续表

Serial No.	Stock Code	Company Name	Years	R&D expenses	Technical staff	Patented invention	Utility model patent	Design patent
88	600285	LRZY	2010	3146. 70	155	5	0	0
89	600285	LRZY	2011	3991. 75	216	10	1	0
90	600285	LRZY	2012	3232. 37	237	3	0	2
91	600312	PGDQ	2010	398. 70	516	10	30	0
92	600312	PGDQ	2011	27848. 12	536	33	65	0
93	600312	PGDQ	2012	20731. 38	581	34	59	0
94	600439	RBK	2010	6006. 05	1168	7	6	11
95	600439	RBK	2011	6889. 55	1136	1	2	0
96	600439	RBK	2012	6757. 70	1131	7	0	0
97	600531	YGJQ	2010	934. 77	138	3	1	0
98	600531	YGJQ	2011	1737. 67	141	5	4	0
99	600531	YGJQ	2012	1171. 82	291	5	13	0
100	600569	AYGT	2010	1093. 34	18512	6	15	0
101	600569	AYGT	2011	63658. 13	5064	10	9	0
102	600569	AYGT	2012	54960. 30	4930	15	17	0

续表

Serial No.	Stock Code	Company Name	Years	R&D expenses	Technical staff	Patented invention	Utility model patent	Design patent
103	600595	ZFSY	2010	6020. 34	336	12	13	0
104	600595	ZFSY	2011	8854. 67	1389	3	28	0
105	600595	ZFSY	2012	16196. 89	2360	5	18	0
106	601608	ZXZG	2012	55364. 60	1547	49	71	0
107	601666	PMGF	2011	42200. 19	3790	2	3	0
108	601677	MTLY	2012	2344. 13	188	1	2	0
109	601717	MKJX	2010	8695. 32	288	12	28	6
110	601717	MKJX	2011	27165. 97	318	26	34	12
111	601717	MKJX	2012	30909. 55	755	7	9	0
112	603993	LYMY	2012	11268. 68	584	0	2	0

附录 DEA－Tobit 方法分析企业创新绩效影响因素原始数据

DMU	CRS	VRS	SE	FA	TECH STAFF	TE	GS	SALE	RD	IA
1	0.0706	0.0734	0.9623	81520.22	3219	6054	7037.95	385552.61	14001.67	6473.54
2	0.2059	0.6602	0.3119	83681.32	2782	6020	5337.98	436230.51	24297.71	7535.83
3	0.2494	1.0000	0.2494	104257.05	2735	5479	13350.80	436230.51	30190.03	4538.42
4	1.0000	1.0000	1.0000	183134.10	97	4059	90.00	559397.01	22.98	6311.02
5	0.1700	0.9881	0.1720	179489.84	98	4072	610.50	596951.31	97.51	5812.88
6	0.4121	1.0000	0.4121	163618.22	90	4007	6122.08	612380.27	164.76	5323.55
7	0.1179	0.3125	0.3773	1021356.73	128	692	241.81	78405.06	3638.15	6591.18
8	0.0782	0.2989	0.2615	96419.91	130	630	769.48	72036.60	3767.63	6278.48
9	0.0215	0.1689	0.1274	18899.85	288	1442	842.00	48281.61	3849.01	5162.58
10	0.0585	0.2633	0.2222	204771.44	1284	10700	399.01	396855.25	87.27	4337.73
11	0.0148	0.0491	0.3014	224914.67	1258	10416	376.68	341065.98	12951.79	6873.27
12	0.0360	0.2209	0.1632	69708.91	172	1282	2191.62	126162.07	5613.77	9536.61

续表

DMU	CRS	VRS	SE	FA	TECH STAFF	TE	GS	SALE	RD	IA
13	0. 1129	0. 2312	0. 4885	79235. 39	180	1187	2870. 90	97246. 02	6380. 02	8939. 09
14	0. 8654	0. 9454	0. 9154	22349. 61	272	775	1094. 87	6722. 89	460. 16	10473. 29
15	1. 0000	1. 0000	1. 0000	29652. 75	385	815	1688. 30	13938. 11	336. 87	20520. 08
16	0. 7045	0. 9408	0. 7489	39612. 89	396	863	3405. 84	66086. 39	8681. 35	24254. 31
17	0. 0112	0. 0535	0. 2089	192811. 45	1380	7936	7179. 82	315771. 14	4080. 14	10882. 49
18	0. 0794	0. 5105	0. 1556	89146. 74	76	1790	1937. 13	186504. 12	2219. 36	3735. 86
19	0. 1098	0. 3639	0. 3017	102231. 19	110	2268	1718. 32	195581. 82	2778. 32	4224. 97
20	0. 4535	0. 8527	0. 5318	110918. 35	91	2329	3012. 21	194258. 81	351. 54	4130. 60
21	0. 4950	1. 0000	0. 4950	63563. 51	1256	5809	384. 24	37512. 00	12324. 00	11882. 46
22	0. 5416	1. 0000	0. 5416	63691. 77	1458	6594	799. 92	186635. 84	16772. 00	13125. 83
23	0. 2193	0. 4175	0. 5253	66369. 92	1564	6867	603. 24	220347. 84	18263. 00	12938. 22
24	0. 0698	0. 2817	0. 2479	25817. 39	206	2222	614. 58	44813. 67	2035. 38	1268. 94
25	0. 1694	0. 3325	0. 5095	26845. 61	207	2131	383. 90	48972. 47	1717. 27	1218. 24
26	0. 1120	0. 2756	0. 4064	33892. 24	199	1984	437. 70	53751. 04	2403. 75	1167. 53
27	0. 3821	0. 4542	0. 8412	37059. 75	271	3013	3946. 33	192338. 94	2250. 37	7247. 07
28	0. 8882	1. 0000	0. 8882	49395. 14	429	3809	3565. 96	262648. 09	3265. 77	15378. 00

续表

DMU	CRS	VRS	SE	FA	TECH STAFF	TE	GS	SALE	RD	IA
29	0. 3064	0. 3308	0. 9263	49395. 14	462	4089	3650. 55	268057. 19	3913. 63	15100. 05
30	0. 0664	0. 1410	0. 4707	39124. 93	351	3429	519. 18	159214. 33	5624. 57	6913. 91
31	0. 0778	0. 1216	0. 6397	56191. 34	414	3901	541. 28	202054. 83	7767. 21	18106. 09
32	0. 0744	0. 1148	0. 6480	54312. 95	433	4022	1300. 03	214569. 42	8488. 17	18003. 38
33	0. 7115	0. 7306	0. 9737	4631. 51	286	422	467. 00	25028. 71	1270. 31	538. 13
34	0. 2950	0. 3619	0. 8150	5194. 20	426	614	897. 00	34495. 52	1953. 13	528. 10
35	0. 0749	0. 2040	0. 3671	11585. 84	352	631	273. 00	29399. 01	2652. 08	565. 45
36	0. 1037	0. 3578	0. 2898	110504. 96	260	1920	5403. 51	180941. 71	119. 85	19326. 17
37	1. 0000	1. 0000	1. 0000	7442. 36	163	690	348. 71	48892. 44	1914. 97	2334. 55
38	0. 5170	0. 5471	0. 9450	17403. 29	251	899	1690. 92	70497. 96	2729. 50	2778. 35
39	0. 6159	0. 6191	0. 9948	55880. 36	257	986	903. 64	99048. 69	3536. 04	3671. 95
40	0. 1087	0. 1758	0. 6184	26647. 89	551	1763	488. 78	101481. 50	3978. 28	8854. 30
41	0. 3479	0. 3498	0. 9947	37866. 68	571	1756	354. 34	103074. 85	4057. 23	8616. 66
42	0. 3888	0. 4186	0. 9287	39549. 43	522	1590	1017. 45	86411. 20	4880. 56	11602. 33
43	0. 3196	0. 4055	0. 7881	27643. 28	194	1131	514. 49	81856. 22	3228. 59	3420. 87
44	0. 1701	0. 2506	0. 6788	57781. 50	328	1212	543. 21	137283. 26	4248. 01	4969. 91

续表

DMU	CRS	VRS	SE	FA	TECH STAFF	TE	GS	SALE	RD	IA
45	0. 2062	0. 2779	0. 7421	88428. 50	395	1167	1203. 48	144448. 24	3613. 69	5693. 63
46	0. 0702	0. 1102	0. 6372	57980. 44	755	4032	2429. 38	140709. 45	5194. 73	17613. 40
47	0. 0906	0. 1322	0. 6853	94825. 93	761	3962	2015. 53	173680. 39	6945. 48	17705. 45
48	0. 1238	0. 1491	0. 8303	95091. 65	746	3913	6677. 76	185431. 00	5854. 53	17289. 97
49	0. 1950	0. 2259	0. 8634	22082. 50	526	2286	704. 07	82223. 66	4130. 72	5902. 87
50	0. 0972	0. 1326	0. 7328	50798. 54	808	3061	476. 19	97579. 25	4304. 17	5891. 09
51	0. 2088	0. 2629	0. 7939	52691. 87	297	3272	556. 66	102277. 37	5033. 59	3278. 56
52	0. 1470	0. 6059	0. 2426	21740. 99	68	1268	34. 88	85008. 00	3590. 53	4787. 63
53	0. 3529	0. 4451	0. 7929	35096. 41	140	1396	230. 41	110292. 73	3642. 92	5957. 26
54	0. 6323	0. 6762	0. 9352	167021. 22	163	1488	2309. 05	133236. 84	4263. 58	30359. 78
55	0. 4895	1. 0000	0. 4895	8495. 15	38	231	257. 95	96504. 31	1226. 38	8306. 37
56	0. 2156	0. 9048	0. 2383	13440. 16	42	246	46. 18	97361. 29	1560. 23	8181. 12
57	1. 0000	1. 0000	1. 0000	19960. 37	195	2950	1947. 60	78476. 98	847. 25	2453. 26
58	1. 0000	1. 0000	1. 0000	25453. 11	198	3257	1200. 54	89654. 71	2601. 40	3308. 92
59	0. 1185	0. 1756	0. 6751	83352. 69	523	1695	426. 79	180380. 92	5587. 57	3641. 03
60	0. 4468	0. 5925	0. 7542	6859. 59	159	560	1140. 77	17394. 94	1343. 65	2273. 97

续表

DMU	CRS	VRS	SE	FA	TECH STAFF	TE	GS	SALE	RD	IA
61	1.0000	1.0000	1.0000	7359.71	186	622	1972.52	26131.12	1766.44	6315.82
62	0.4261	0.4688	0.9090	8475.90	216	689	2299.94	26449.15	2691.32	6855.93
63	0.0372	0.1650	0.2257	27262.34	333	1546	1740.31	120980.28	3925.34	6277.55
64	0.0405	0.1577	0.2569	45039.22	306	1415	1690.73	163508.29	5162.06	6740.35
65	0.0310	0.2430	0.1276	82166.71	200	1240	1585.81	86793.97	2681.93	9037.08
66	0.3510	1.0000	0.3510	2406.63	43	279	1667.24	11167.57	642.87	1922.54
67	0.6708	1.0000	0.6708	9566.69	45	317	977.49	10982.47	869.63	2749.60
68	0.3211	0.8641	0.3716	11103.92	47	318	739.52	13166.70	1187.63	2844.59
69	0.1700	0.3139	0.5417	2622.32	249	867	1104.38	18426.64	934.34	755.44
70	0.1054	0.2820	0.3738	2783.62	217	861	329.66	20943.68	1444.80	1082.20
71	0.9253	0.9898	0.9349	1906.96	148	514	591.52	23582.07	1005.02	3160.18
72	0.8205	0.8666	0.9468	4861.50	179	671	485.74	29145.13	1137.81	3414.78
73	0.1393	0.5353	0.2603	8285.82	89	807	815.50	44352.29	1549.79	1556.23
74	0.1646	0.4953	0.3323	10330.74	113	943	16.50	41294.33	1572.21	22.92
75	0.1383	0.1491	0.9274	110411.45	856	5216	2512.62	1347850.01	22235.35	22069.15
76	0.4054	0.8141	0.4980	101061.55	1328	7116	6388.64	1674424.87	30279.84	49265.25

续表

DMU	CRS	VRS	SE	FA	TECH STAFF	TE	GS	SALE	RD	IA
77	0. 3532	0. 7981	0. 4425	314651. 78	1560	9127	12954. 90	1976345. 92	70001. 79	60186. 99
78	0. 2535	0. 3142	0. 8067	119037. 43	984	3642	115. 50	81125. 28	675. 03	621. 03
79	0. 0735	0. 1386	0. 5300	178738. 85	459	3069	240. 43	125581. 00	4461. 17	476. 15
80	0. 2539	1. 0000	0. 2539	73115. 72	60	7045	3562. 76	254282. 69	208. 58	52138. 61
81	0. 0399	0. 3950	0. 1010	1721303. 94	202	2798	1599. 60	397089. 02	366. 60	792049. 90
82	0. 6125	0. 7730	0. 7924	67815. 64	455	2439	757. 13	59791. 00	65. 04	1576. 84
83	0. 1435	0. 2174	0. 6602	151067. 63	457	2517	111. 84	136357. 76	587. 91	370. 31
84	0. 0442	0. 3840	0. 1151	49881. 52	154	1219	753. 50	91330. 30	1006. 96	2481. 10
85	0. 0408	0. 3413	0. 1195	56605. 33	152	1237	1328. 50	98078. 18	1664. 82	7857. 44
86	0. 2000	0. 3548	0. 5638	21729. 77	155	1227	342. 60	38123. 88	3146. 70	5734. 69
87	0. 2870	0. 3536	0. 8118	22289. 38	216	1482	353. 05	44877. 82	3991. 75	5955. 19
88	0. 0985	0. 2459	0. 4007	27874. 73	237	1838	1997. 30	56270. 08	3232. 37	7835. 16
89	0. 4243	0. 4348	0. 9760	42491. 23	516	3504	743. 60	204561. 96	398. 70	23002. 31
90	0. 4372	0. 6270	0. 6972	67991. 66	536	3572	2378. 74	252528. 54	27848. 12	29311. 47
91	0. 3748	0. 4834	0. 7752	86532. 70	581	3649	339. 09	347188. 40	20731. 38	33913. 31
92	0. 0903	0. 1097	0. 8230	33843. 68	1168	12222	700. 68	200489. 22	6006. 05	10932. 22

续表

DMU	CRS	VRS	SE	FA	TECH STAFF	TE	GS	SALE	RD	IA
93	0.0078	0.0529	0.1475	41682.17	1136	11659	1109.15	226440.05	6889.55	14348.16
94	0.0429	0.0805	0.5332	48605.10	1131	9652	15801.64	224554.65	6757.70	16331.23
95	0.0582	0.0585	0.9948	1194164.78	18512	25346	122.81	2829673.42	1093.34	210776.68
96	0.0122	0.0172	0.7109	1134934.99	5064	23638	2149.76	2976813.67	63658.13	205515.24
97	0.0189	0.0228	0.8277	1049579.56	4930	21813	4664.22	3190000.00	54960.30	200253.80
98	0.2214	0.2599	0.8519	686149.65	336	6313	9366.01	1082624.88	6020.34	15678.35
99	0.0842	0.0921	0.9143	954392.08	1389	13893	17542.00	1192851.00	8854.67	291658.68
100	0.0310	0.0413	0.7504	314506.97	2360	13062	8637.62	1104223.89	16196.89	290298.44
101	0.1964	0.3209	0.6120	375592.16	1547	8825	10014.73	723580.81	55364.60	103740.05
102	0.0033	0.0148	0.2216	902788.26	3790	83166	1342.82	2506863.89	42200.19	71017.49
103	0.0382	0.2650	0.1444	80358.08	188	2112	2963.00	526359.59	2344.13	8554.78
104	0.3806	0.4056	0.9383	23527.69	288	3533	2530.69	675210.05	8695.32	22574.68
105	0.5700	0.5725	0.9957	113316.03	318	3344	2520.29	806008.24	27165.97	25926.29
106	0.0575	0.0794	0.7242	121281.93	755	5750	1029.26	1021285.38	30909.55	33000.80
107	0.0103	0.0713	0.1450	362367.05	584	8139	5219.89	292372.34	11268.68	69806.01

DEA－Tobit 方法分析企业创新绩效影响因素原始数据（续）

DMU	Ownership	YE	SIZE	IND
1	System of Limited Responsibility	11	大型	Manufacturing industry
2	System of Limited Responsibility	11	大型	Manufacturing industry
3	System of Limited Responsibility	11	大型	Manufacturing industry
4	Public ownership	7	大型	Manufacturing industry
5	Public ownership	7	大型	Manufacturing industry
6	Public ownership	7	大型	Manufacturing industry
7	System of Limited Responsibility	18	中型	Manufacturing industry
8	System of Limited Responsibility	18	中型	Manufacturing industry
9	System of Limited Responsibility	18	大型	Manufacturing industry
10	Public ownership	11	大型	Manufacturing industry
11	Public ownership	11	大型	Manufacturing industry
12	Sino – foreign joint	12	大型	Manufacturing industry
13	Sino – foreign joint	12	大型	Manufacturing industry

续表

DMU	Ownership	YE	SIZE	IND
14	System of Limited Responsibility	13	中型	Manufacturing industry
15	System of Limited Responsibility	13	中型	Manufacturing industry
16	System of Limited Responsibility	13	中型	Manufacturing industry
17	System of Limited Responsibility	10	大型	Manufacturing industry
18	System of Limited Responsibility	9	大型	Manufacturing industry
19	System of Limited Responsibility	9	大型	Manufacturing industry
20	System of Limited Responsibility	9	大型	Manufacturing industry
21	System of Limited Responsibility	12	中型	Manufacturing industry
22	System of Limited Responsibility	12	大型	Manufacturing industry
23	System of Limited Responsibility	12	大型	Manufacturing industry
24	Public ownership	9	大型	Manufacturing industry
25	Public ownership	9	大型	Manufacturing industry
26	Public ownership	9	大型	Manufacturing industry
27	System of Limited Responsibility	13	大型	Manufacturing industry
28	System of Limited Responsibility	13	大型	Manufacturing industry
29	System of Limited Responsibility	13	大型	Manufacturing industry
30	Shareholding system	26	大型	Manufacturing industry

续表

DMU	Ownership	YE	SIZE	IND
31	Shareholding system	26	大型	Manufacturing industry
32	Shareholding system	26	大型	Manufacturing industry
33	Shareholding system	20	大型	Information transmission industry
34	Shareholding system	20	大型	Information transmission industry
35	Shareholding system	20	大型	Information transmission industry
36	Public ownership	12	大型	Agriculture, forestry, animal husbandry and fishery
37	Shareholding system	22	中型	Manufacturing industry
38	Shareholding system	22	中型	Manufacturing industry
39	Shareholding system	22	中型	Manufacturing industry
40	Shareholding system	60	大型	Manufacturing industry
41	Shareholding system	60	大型	Manufacturing industry
42	Shareholding system	60	大型	Manufacturing industry
43	Shareholding system	15	大型	Manufacturing industry
44	Shareholding system	15	大型	Manufacturing industry
45	Shareholding system	15	大型	Manufacturing industry
46	Shareholding system	10	大型	Manufacturing industry
47	Shareholding system	10	大型	Manufacturing industry

续表

DMU	Ownership	YE	SIZE	IND
48	Shareholding system	10	大型	Manufacturing industry
49	Shareholding system	56	大型	Manufacturing industry
50	Shareholding system	56	大型	Manufacturing industry
51	Shareholding system	56	大型	Manufacturing industry
52	System of Limited Responsibility	6	大型	Manufacturing industry
53	System of Limited Responsibility	6	大型	Manufacturing industry
54	System of Limited Responsibility	6	大型	Manufacturing industry
55	Shareholding system	12	小型	Manufacturing industry
56	Shareholding system	12	小型	Manufacturing industry
57	Shareholding system	21	大型	Manufacturing industry
58	Shareholding system	21	大型	Manufacturing industry
59	Shareholding system	39	大型	Manufacturing industry
60	Shareholding system	16	中型	Manufacturing industry
61	Shareholding system	16	中型	Manufacturing industry
62	Shareholding system	16	中型	Manufacturing industry
63	Shareholding system	17	大型	Manufacturing industry
64	Shareholding system	17	大型	Manufacturing industry

续表

DMU	Ownership	YE	SIZE	IND
65	Shareholding system	17	大型	Manufacturing industry
66	Shareholding system	17	小型	Manufacturing industry
67	Shareholding system	17	中型	Manufacturing industry
68	Shareholding system	17	中型	Manufacturing industry
69	Shareholding system	22	大型	Information transmission industry
70	Shareholding system	22	大型	Information transmission industry
71	Shareholding system	14	中型	Manufacturing industry
72	Shareholding system	14	中型	Manufacturing industry
73	Shareholding system	19	中型	Manufacturing industry
74	Shareholding system	19	中型	Manufacturing industry
75	Shareholding system	21	大型	Manufacturing industry
76	Shareholding system	21	大型	Manufacturing industry
77	Shareholding system	21	大型	Manufacturing industry
78	Shareholding system	35	大型	Manufacturing industry
79	Shareholding system	35	大型	Manufacturing industry
80	Shareholding system	16	大型	Manufacturing industry
81	Shareholding system	14	大型	Transportation, storage and postal industry

续表

DMU	Ownership	YE	SIZE	IND
82	Shareholding system	7	大型	Manufacturing industry
83	Shareholding system	7	大型	Manufacturing industry
84	Shareholding system	20	大型	Manufacturing industry
85	Shareholdingsystem	20	大型	Manufacturing industry
86	Shareholding system	16	中型	Manufacturing industry
87	Shareholding system	16	大型	Manufacturing industry
88	Shareholding system	16	大型	Manufacturing industry
89	Shareholding system	18	大型	Manufacturing industry
90	Shareholding system	18	大型	Manufacturing industry
91	Shareholding system	18	大型	Manufacturing industry
92	Shareholding system	8	大型	Manufacturing industry
93	Shareholding system	8	大型	Manufacturing industry
94	Shareholding system	8	大型	Manufacturing industry
95	Shareholding system	19	大型	Manufacturing industry
96	Shareholding system	19	大型	Manufacturing industry
97	Shareholding system	19	大型	Manufacturing industry
98	Shareholding system	17	大型	Manufacturing industry

续表

DMU	Ownership	YE	SIZE	IND
99	Shareholding system	17	大型	Manufacturing industry
100	Shareholding system	17	大型	Manufacturing industry
101	Shareholding system	3	大型	Manufacturing industry
102	Shareholding system	6	大型	Mining industry
103	Shareholding system	17	大型	Manufacturing industry
104	Shareholding system	56	大型	Manufacturing industry
105	Shareholding system	56	大型	Manufacturing industry
106	Shareholding system	56	大型	Manufacturing industry
107	Shareholding system	7	大型	Mining industry

中篇 失地农民权益保障

随着我国新型城镇化的快速发展，大中小城市扩张、城镇化建设、工业园区建设对土地需求的激增，使得农业用地与非农用地之间的冲突愈演愈烈。农业用地被大量占用，直接导致我国失地农民数量急剧增加。然而，当前失地保障制度尚未完善，多数保障方案的设计有失偏颇，导致不少农民失地后陷入“种地无田、就业无岗、社保无份、发展无望”的窘境。同时，失地农民被“边缘化”也成为一个不争的事实，失地农民成为一个特殊群体，甚至有学者提出了城市居民、传统农民、失地农民“三元人口结构”理论。失地引发的一系列问题逐步凸显，土地问题成为农民的首要问题。失地农民问题成为重点关注和亟须破解的难题，研究失地农民保障评价体系具有重要的理论价值与现实意义。

本篇从理论考察与文献分析出发，以可持续生计理论、资产建设与家庭经济学理论、可行能力理论为基础，从资本获得与投入、保障转换因素、保障水平输出等三个方面出发，构建失地农民保障水平评价指标体系，建立保障水平评价指数。在设计调查问卷后，利用随机抽样的方式进行问卷调查，运用因子分析、模糊综合评价、非参数检验、结构方程模型等数量分析工具，对失地农民的保障水平进行综合评价，分析影响失地农民保障水平的主要因素与影响路径，并根据实证分析结论有针对性地提出完善失地农民保障体系的逻辑与思路，以期为失地农民补偿和保障方案的优化设计提供有益建议。

本篇的主要观点和研究结论可以总结为以下几个方面：

第一，总体来看，失地后农民所拥有的生计资本比失地前有所增加，其中无论从失地前后，还是从静、动态来看，金融资本和人力资本在农户生机资本中的作用较大，自然资本发挥作用较小，社会资本的影响力在失地后增强。短期来看，在行政模式主导下，农户失地前后所拥有的生计资本的变动幅度大于市场模式下的变动幅度。但长期来看，结论也许会有所改变，有待进一步持续关注。

第二，农户失地后的整体保障水平、基础保障水平和高阶保障水平均比失地前有所改善。从静态来看，失地后短期内基础保障的改善幅度大于高阶保障的改善幅度。但从动态来看，失地后基础保障的影响程度有所降低，高阶保障的影响程度则有所提升。如果在细分为市场模式和行政模式主导的情况下，行政模式下保障水平的提升幅度大于市场模式下保障水平的提升幅度，这与生计资本的变动是密切相关的。

第三，在保障转换因素中，非农就业人口占比、高中以上学历人口占比、家庭平均收入、距经济中心的距离等四个转换因素指标对保障水平的影响是显著的，并且这种影响关系是正向的。而诸如就业人口占比、性别等这些转换因素对保障水平的影响是不显著的。

第四，生计资本和转换因素之间直接相互影响，生计资本和转换因素可通过直接和间接的路径对保障水平产生正向的影响。无论是直接效应还是总效应，转换因素对保障水平的影响大于生计资本对保障水平的影响，转换因素对保障水平的作用非常重要。

针对实证研究结论，我们有针对性地提出了以下政策建议，以期为城镇化建设过程中优化完善失地农民保障体系提供参考：①减少与民争利，构建长期合理的利益共享机制：城镇化的目标是使农民成为城镇化的最大受益者，构建失地农民利益分配机制，要让失地农民切实分享到土地一级开发红利和二级开发红利；甚至可以探索农民对土地拥有“亚产权”“名义产权”模式的制度安排。②产城良性互动，以产业发展带动人力资本提升：在新型城镇化项目的选择上要遵循资源区位有序发展的原则，优先推进城市辐射区、产城融合区的城镇化进程，促进产业与城镇的共生、共赢。③做活金融资本，探索个人资本账户模式：政府积极引导失地农民金融资本建设，留资安置、入股成熟项目获取收益均是一种有益尝试；探索个人资本账户模式，不仅增加失地农民的金融资本，而且可以实现社会保障功能。此外，培育社会资本，优化传统农村社会关系结构；筑牢“三大防线”，夯实基础保障；加强教育投入，关注高阶保障；因户而异，制订菜单式补偿方案等建议也有助于完善、提升失地农民的保障水平。

第一章　导　论

一、研究背景与研究意义

（一）问题的提出

《中华人民共和国宪法》规定，我国实行土地公有制度，城市土地归国家所有，农村土地归农民集体所有。改革开放之后，农村家庭联产承包责任制广泛推行，广大农民有了土地的使用权，改变了“人民公社”统一核算、统一分配的格局。不同于城镇居民，在农民家庭中土地几乎成为唯一的收入来源，成为农民生活、就业、养老等重要的保障。同时土地是一种稀缺资源，不仅关系着国计民生，而且成为各个行业发展的必不可少的要素之一。

由于历史原因，我国农村与城市经济社会发展隔离，形成典型的城乡二元结构。随着我国现代化与城市化的快速推进，各种经济社会矛盾显现，城乡一体化逐步成为一种客观要求与战略部署。城乡一体化可以实现城乡产业发展互补、经济政策平等、国民待遇统一，使城市和农村在劳动力、技术、资源等要素相互融合，互为资源，互为市场，互相服务。党的十八大报告中，也用较大篇幅阐述城乡一体化的重要意义，报告指出推动城乡发展一体化是解决“三农”问题的根本途径。

随着城乡一体化战略的快速推进，失地农民问题数量急剧增加。尽管我国没有官方权威数据，但是大量研究数据和调查数据从侧面诠释着失地农民数量的激增。《全国土地利用总体规划纲要（2006—2020 年）》提出，以2005年为基期，到2010年和2020年，新增建设用地分别控制在1500万亩和4500万亩。按照研究人员的测算，每被占用一亩农地，将会催生1.5个失地农民，并且2005年我国的失地农民数量已在5300万人左右，那么在2010年，我国失地农民的数量应该在7550万人，2020年将高达1.2亿人。新型城镇化建设是我国未来经济社会发展的主角，也是社会财富再分配的过程，对未来中国社会经济的发展是难得的机遇，但如果相关问题处理不好，长远来看，会是社会经济发展的一场灾难，因此，应高度重视对失地农民权益保障的研究。国家和地方政府也意识到了失地农民这个群体的特殊属性，针对失地农民制订了一系列相关的保障措施，但是这些措施没有从根本上解决失地农民的保障问题，过度重视现金补偿，而忽视了系统、全面的保障，由于失地引发的农民问题仍然大量存在。

1. 失地农民保障政策的演变

失地农民问题自新中国成立以来一直存在。1953年12月，我国颁布了第一部相对完整的关于保障征地农民的法律文件《中央人民政府政务院关于国家建设征用土地办法》，该文件并没有体现征用农民土地强制性，而是在国家建设确实需要的情况下，尽量利用荒地、空地，不征用或少征用农民土地，对于已征用的土地按公平合理的代价予以补偿。这里的补偿主要是对征地农民一次性补偿为主，但是关于补偿并没有统一标准，只强调了补偿的“公平合理”，可见当时国家经济建设用地与农民耕地之间的矛盾并不突出。

1982年国务院公布了《国家建设征用土地条例》，在该条例中首次规范了征用土地的程序和审批土地的权限，并规定了具体的失地农民土地补偿和失地农民安置补偿标准，即“征用耕地补偿标准为该耕地年产值的三至六倍”“每一个农业人口安置补助费标准，为该耕地每亩产值的二至三倍”，该土地补偿框架一直沿用至今。此外，该条例的突破性创新是提出解决了失地农民剩余劳动力的安置问题，开创了中国土地征用制度中解决失地农民劳动力问题的先河，是失地农民保障政策中的一座里程碑。

1986年《中华人民共和国土地管理法》中提出支持失地农民开发经营，兴办乡镇企业解决当地失地农民问题。但是随着失地农民的增多，乡镇经营企业已不能满足多余的劳动力，失地农民的长远生计问题并没有得到有效的解决。

2001 年国土资源部发布了《关于切实做好征地补偿安置工作的通知》，该通知进一步补充了 1982 年《国家建设征用土地条例》的保障措施，提出要逐步为失地农民购买养老、医疗、失业等保险，保障失地农民长期的生活。并在通知中首次提出了征地补偿检查制度，用于检查补偿费用的落实以及失地人口安置落实情况。

2004 年 11 月，国土资源部发布了《关于完善征地补偿安置制度的指导意见》，意见进一步统一了征地补偿标准，增加了失地农民安置途径。在保障失地农民原有生活水平的基础上，首次将失地农民纳入城镇就业保障体系。不同于《国家建设征用土地条例》中笼统地提出失地农民剩余劳动力安置，在该意见中明确提出，创造积极条件，免费向失地农民提供技能培训，就业推荐等。该意见中首次提出要建立相应的社会保障制度，保障失地农民的长远生计问题。

2006 年劳动保障部发布了《关于做好被征地农民就业培训和社会保障工作指导意见的通知》，该文件首次对城市规划区内和城市规划区外的失地农民分别详细制定了失地农民就业安置和社会保障制度，有条件的失地农民将纳入城镇社会保障体系，并首次提出要建立失地农民社会保障资金，确保失地农民的就业和保障方面的安置工作顺利进行。

2006 年党中央和国务院下发了《国务院关于加强土地调控有关问题的通知》，加强了对我国土地的管理和调控，严格控制年度新增建设用地，在失地农民社会保障费用落实的前提下适当征地，该文件首次将征地的前提条件与失地农民的社会保障挂钩。

为贯彻落实 2006 年的上述两个文件，2007 党中央和国务院发布了《关于切实做好被征地农民社会保障工作有关问题的通知》，通知中明确了失地农民保障工作责任部门，落实社会保障资金渠道，管理社会保障资金用途，审查失地农民社会保障落实情况。

2009 年失地农民保障问题成为“两会”热点，民进中央参政议政部认为当前我国失地农民缺乏专门的法律法规，因此建议出台一部专门针对失地农民保障问题的法律法规，逐渐将失地农民融入我国城镇社会保险制度中。这是首次关于失地农民保障法律法规制定的相关提议。

2010 年国土资源部下发了《关于进一步做好征地管理工作的通知》，通知中为进一步保障失地农民生活和长远生计问题制定了一系列的补充事项，本着“谁用地、谁承担”进一步落实社保基金，在失地农民就业方面采用多元化安置途径，并对于失地农民住宅拆迁的事项，做了一系列保障措施，包括解决居住、补偿安置等问题。

2013 年国务院下发了《关于印发全国资源型城市可持续发展规划（2013—2020 年）的通知》，通知中将失地农民的就业保障问题列入资源型城市可持续发展规划中，培育失地农民再就业工程，扶持失地农民进行创业产业项目，着力研究失地农民社会保障问题。该文件主要制订了解决失地农民长远生计问题的相关措施。

可以说，失地农民保障政策的制定是一个逐步完善的过程。自新中国成立以来，我国失地农民现象已经存在，在政策制定上主要围绕以农民土地合理补偿为主：2000 年之前，失地农民问题相关政策主要围绕农民土地补偿和安置补偿的标准上做了详细的规定，但是没有考虑失地农民的长远生计问题；2000 年之后，随着我国经济建设和城市化的发展，工业、城市用地与耕地之间的矛盾日益加剧，农民失去土地后的生活和生计问题才逐渐引起社会的关注，政府也开始将失地农民剩余劳动力就业问题纳入保障政策，政府文件主要围绕失地农民社会保障内容、保障措施、保障资金、保障责任部门等做了一系列的规定。

2. 失地农民保障的五种模式

随着失地农民问题的严重性日益加剧，中央政府对失地农民相关问题制订了一系列的保障措施，为切实妥善安排失地农民的保障问题，2001 年国土资源部批准上海青浦区、嘉兴等 9 个城市为征地制度改革试点，并允许各地根据自身实际情况，因地制宜进行摸索和创新，最终目标是制定出符合当地情况的失地农民保障措施和模式。与此同时，全国各级地方政府也在积极探索失地农民保障问题，这一问题一时间受到了全国各地的重视。通过各地方政府的不断实践和努力，失地农民的保障问题取得了较好的进展，形成了各具特色的失地农民保障安置模式，归纳起来主要有以下五种。

（1）农保模式。农保模式即农村社会保障模式，农民失去土地后将纳入农村社会保障体系。目前我国比较典型的是山东青岛市实施的农保模式。本篇以青岛为例，介绍青岛市失地农民保障模式。

2004 年青岛市人民政府出台了《关于建立农村社会基本养老保险制度的意见》，意见规定青岛市的农业户籍人口可以参加当地的农村社会基本养老保险。为了进一步保障失地农民的权益，2007 年青岛市人民政府出台了《关于进一步做好被征地农民社会基本养老保险工作的通知》，青岛市农民失去土地后将被纳入农村社会基本养老保险体系中。该通知规定失地农民所缴纳的养老保险基数依据参保时上年度各地区农民的人均纯收入确定。缴纳资金由农民个人、村集体和政府共同承担，农民土地被占用后，农民个人所得的安置补助费、村集体所得的土地补偿费、镇级财政所得的土地收益金应优先缴纳失地农民社会养老保险，不足的部分由当地政府从社会保障储备金和国有土地使用收入中列支。失地农民一旦加入农村社会养老保险，参保农民待遇不得低于农民最低生活保障水平。

可见，将失地农民纳入农村社会养老保险体系，保障了农民的基本生活和养老，避免了一次性补偿费带来的不可持续发展的弊端。同时将征地补偿费和安置补助费直接缴纳失地农民养老保险，提高工作效率。但是农村社会养老保险体系所保障的内容和水平有限，仅仅达到农民最低生活标准，这离农民小康水平的目标相差甚远，并且将失地农民纳入农村社会保障体系不利于城乡一体化保障体系的建设。

（2）镇保模式。2003 年上海市人民政府出台了《上海市被征用农民集体所有土地农业人员就业和社会保障管理办法》，上海市农民失去土地后，剩余劳动力将被纳入城镇的就业服务范围内，享受就业服务机构和各级政府提供的就业培训、指导、就业援助等服务，最终实现失地农民就业。失地农民社会保障将参考小城镇社会保险办法规定的标准执行。同年上海市政府出台了《上海市小城镇社会保险暂行办法》，这是上海市在城市化进程中单独为失地农民制定的社会保障制度，这一保障模式简称镇保模式。上海市的镇保模式解决了失地农民遇到的生存和发展问题，其保障内容包括养老、医疗、失业、生育、工伤等五险。为了进一步保障失地农民的权益，上海市失地农民社会保险除了包括基本社会保险外，还为失地农民实行了补充社会保险。其中基本社会保险由用人单位按照社会上年度平均工资的60%、基本费率24%缴纳，① 个人部分从失地农民的安置补助费中直接扣除，具体标准由各级地方政府确定，其具有强制性，失地农民必须缴纳这一部分保险。而补充社会保险具有鼓励性，失地农民并不强制缴纳，但政府应鼓励并指导从业且有条件的失地农民缴纳和建立个人账户，主要用来补充失地农民生活费用、养老、医疗等。基本社会保险费用优先由失地农民的安置补助费承担，不足的部分由各地方县政府补贴。补充社会保险费用由个人和用人单位共同承担，用人单位和从业人员缴费基数分别由本单位上年度职工工资总额和本人上年度工资收入确定，缴费比例由用人单位和从业人员个人自主确定。

（3）城保模式。城保模式即城镇社会保障模式，农民失去土地后将纳入城镇社会保障体系。目前我国北京、广州、成都等地方的失地农民都是按照城保模式进行安置。本篇以北京市失地农民的安置方式为例，介绍城保模式的内容和运行机制。

2004年北京市出台了《北京市建设征地补偿安置办法》，将失地农民分为两类：第一类是农转非劳动力，即农民失去土地后仍在法定劳动年龄范围内，并且具有劳动能力的人员，但正在接受教育的学生除外。第二类是超转人员，即农民失去土地后，男满60周岁，女满50周岁以上的人员以及完全不具备劳动能力的人员，这两类人员的保障安置方法不同。对于农转非劳动力，按批准征地当月开始，缴纳国家和地方规定的各项社会保险费用，保险费用由征地单位将补偿款直接划拨给当地的社保机构。对于失地农民的就业问题，北京市政府也做了详细的规定，加强就业服务机构对农转非人员进行职业指导和技能培训，若有单位招用农转非人员，则征地单位需要支付一定的就业补偿款；若农转非人员自谋职业，则就业补偿款归农民本人所有。对于超转人员来说，办法规定由民政部门负责，根据本地区的最低生活标准至最低退养费标准的范围接收并支付生活费用。2012年北京市财政局发布了《关于完善征地超转人员医疗待遇和管理有关

① 上海市社会保险用人单位基本费率各项缴纳比例分别为：养老保险缴费比例为17%；医疗保险缴费比例为5%；失业保险缴费比例为2%；生育保险费暂不缴纳；工伤保险费另行规定。

问题的意见》，意见中规定按照北京基本医疗保险标准为超转人员建立个人医疗账户，享受城镇职工基本医疗保险。

北京市将失地农民纳入城镇社会保障制度，并就农转非人员制定了促进就业的政策加速了农转非劳动力融入城市的步伐，不仅能够体现社会公平，还有利于促进城乡一体化建设，这是未来失地农民保障的发展趋势。但是，城保模式会加重城市财政的负担，经济发达的省市可以根据当地实际情况，可以尝试或者就某一项保障内容将失地农民纳入当地城市社会保障中。

（4）商保模式。农民失去土地后将被纳入商业保险模式。早在20世纪90年代，重庆市已经开始实施失地农民商业保险安置模式，也有学者称为“重庆模式”。在商保模式中，重庆市探索出一条失地农民安置补助费托管，商业保险公司保障与管理，政府监督与补贴的保障模式，解决了当时失地农民保障的诸多问题。重庆市合作的商业保险公司是中国人寿保险重庆分公司，只要达到一定年龄，并经个人同意的失地农民，土地行政主管部门便将土地补偿费、安置补助费的全额或半额划拨给保险公司。由保险公司每月付给参保失地农民生活费，而政府对保险公司进行监督和补贴。随着城乡一体化建设的发展，2007年重庆市对其失地农民保障模式进行了改革，2007年12月31日之前参加商保模式的失地农民按原办法规定实施保障，2007年12月31日之后的失地农民将按新实施的保障模式进行，即将失地农民纳入现行的城镇基本养老保险方式实施。自2008年新办法的实行，之前重庆商保模式已经结束。

商业保险模式在一定程度上减轻了财政负担，市场化的运行机制提高了资金的运行效率。同时保险公司能够保证资金的有效运转，运用专业优势使得失地农民缴纳的补偿费用保值增值，取得良好的资本收益。但是保险机构是盈利性组织，不具备保障的准公共品性质，一旦保险公司的经营存在较大的风险，那么失地农民的保障也会受到严重影响。从国家政策层面来看，很少提及保险机构介入失地农民保障的问题，各地方政府也极少将商业保险作为失地农民的保障机构。商保模式的运用和推广需要结合地方当地实际情况进行深入研究。

（5）专门保障模式。该模式并不是将失地农民纳入现有的保障体系中，而是地方政府根据当地的实际情况，单独针对失地农民建立不同于农村和城市社会保障体系的保障制度。目前我国南海、芜湖等地方针对失地农民建立了专门保障模式，这里以南海、芜湖模式为例进行概括。①南海模式。1992 年南海市开始实行“土地股份制”，将集体和农民土地集中管理经营。同时该模式下的农民土地、土地上的附着物、土地使用权等折价入股进入用地企业，农民根据自身实际拥有的土地享有一定的股权，最终获得土地农转非所带来的收益，保障失地农民的利益。②芜湖模式。在该模式中，村集体和农民始终保留土地的所有权，只是将这种使用权进行转租，集体和农民由此获得一定的土地收益金。若土地再次进行交易时，集体和农民依然可以获得土地带来的收益，这种收益是持续和长远的。单独针对失地农民建立的保障模式能够满足当地农民的利益诉求，也能够体现出地方政府对当地失地农民保障的重视，但是针对失地农民建立的保障模式也不利于城乡一体化建设的发展。随着城镇化建设速度的加快，失地农民的保障模式向城镇居民的保障模式靠拢是发展的趋势，不仅能够保障农民权益，而且体现了社会公平。

以上五种模式是一种有益的探索，每种模式都有区域性和适用条件，若切实提升失地农民保障水平，我们必须深入调查分析，全面系统思考，创新制度，优化当前保障模式。

3. 失地农民保障存在的问题

对于失地农民保障问题的关注我国起步较晚，21 世纪才开始得到重视。目前，我国就失地农民存在的问题制订了一系列的保障措施，包括征地补偿费、剩余劳动力的安置、落实保障措施负责部门、制定失地农民保障制度和体系等。虽然这些措施在部分地区的失地农民的问题上已经取得了较好的成效，但是就我国大部分地区特别是欠发达地区来说，我国制定的保障措施仍然处于探索阶段。随着我国城市化建设步伐的加快，失地农民问题的严重性日益加剧，国家和地方政府也亟须制定更为有效的、全面的保障措施、保障制度，更要避免只制定不落实的情况发生。总之，目前我国失地农民的保障措施还不完善，存在一系列的问题。通过对保障及其相关问题的研究，我们总结失地农民在保障措施方面存在的问题主要有以下几点：

（1）保障方式单一，不具有可持续性。目前国家和地方政府发布了许多有关失地农民的保障措施，这些包括失地农民征地补偿安置、就业安置、医疗保险等，部分地区也建立了失地农民社会保障制度和体系，但是目前我国最主要的还是以货币一次性给付的安置方式为主，虽然学者们的研究中多次提到可持续生计的保障措施和理论，但是这些保障措施还没有完全地落实到失地农民的保障安置政策中。单一货币安置方式这种“一锤子买卖”，可以解决失地农民近几年的基本生活问题，但是农民暴富后大肆挥霍、沉迷赌毒的案例屡有报道，并且农民持续稳定的收入、医疗、就业等问题并没有得到有效解决。

（2）征地补偿费用较低，补偿不合理。《中华人民共和国土地管理法》对失地农民征地补偿费的相关规定，失地农民的征地补偿费包括“土地补偿费、安置补偿费、地上附着物和青苗补偿费的总和”，其中土地补偿费和安置补偿费是根据“产值倍数法”计算的，并没有按土地的市场价格进行补偿。“产值倍数法”计算这两项补偿费用最高不超过“耕地征收前三年平均年产值的 10 倍和 6 倍”。根据《2014 年中国统计年鉴》数据计算 2011 年、2012 年、2013 年我国农作物平均年产值为 1908 元。则每亩耕地的土地补偿费和安置补偿费最高能够补偿 19080 元和 11448 元，补偿费用较低，只能解决失地农民当前短期的生活问题。补偿费用不仅不能代表当时的土地价格，更不能反映土地潜在增值的价值，并且没有考虑各地经济发展情况和农民生活水平的不同。[①] 征地补偿费用低，而地方政府征地后转手卖给开发商，即可赚取高额的土地出让金，可以说产值倍数法“瘦了农民，肥了政府和开发商”。

（3）职业培训体制不健全，就业困难影响村民长久发展。农民失去土地后，征地补助费或者农民简单地搬入新的住宅并不能保障他们的长远生计。失地前，农民的主要职业是农民，他们并没有很高的文化水平和技能，也很少有竞争意识。失地后，农民被农村和城市边缘化，征地补偿费虽然能够短时间增加农民收入，但是这些费用也只能维持一段时间的生活，长远的生计问题依然得不到保障。农民失去土地也就意味着失去了一

① 高勇．城市化进程中失地农民问题探讨［J］．经济学家，2004（1）

辈子的保障，失去了就业岗位，土地带来的收益已不能再享有，农民失去土地后急需寻找可以替代土地资金来源的就业机会。而现实生活中，我国完善的培训机制还尚未建立，政府极少组织专门的培训机构对失地农民进行真正有价值的技能培训，也较少提供真正适合的再就业的途径，失地农民自身又不愿意花精力与金钱主动学习技能，最终导致失地农民的再就业困难。

（4）即使在基本社会保障方面，城乡统一的社会保障体系尚未建立。在政策层面，我国颁布了构建失地农民社会保障体系的政策措施。在实践中，我国只有个别的地方政府根据当地实际情况建立了失地农民保障体系，并将运用到失地农民的保障中，但是这些保障体系与真正的城镇居民失业、医疗等保障相差甚远，大部分保障措施只是围绕养老保障开展，只能称之为基本的生活保障①，完善、统一的社会保障体系还未真正形成。由于我国城乡二元经济和各地不同发展情况的特殊性，使得我国很难在短时间内构建统一的失地农民保障体系。各地失地农民保障模式的不同，以及与城镇居民保障制度的差异，使得我国失地农民在保障方面有失公平性。

（5）保障范围多局限于物质范畴，对高阶需求考虑较少。自我国 1953 年 12 月颁布第一部相对完整的关于保障征地农民的法律文件开始，之后颁布了一系列有关失地农民保障措施的法律法规文件，特别是 21 世纪之后，随着城镇化步伐的加快和失地农民数量的增多，我国对失地农民的现状和将来的发展越来越重视，失地农民保障政策也越来越完善。但是目前对失地农民保障的关注，主要是对其失地补偿和基本社会保障的关注，这些保障多以一次性现金补偿和“养老保障”为主，精神文化、心理、社交、市民化融入、发展等高阶需求保障问题较少涉及，失地农民的可持续生计问题依然没有得到国家和各级地方政府的高度关注。

建立完善的失地农民保障体系是应对城镇化快速发展的必要措施，那么如何去判断我国失地农民的保障体系是否完善恰当？哪些指标能够衡量一个地区失地农民保障水平的高低？重要指标有哪些？如何完善失地农民

① 陈信勇，蓝邓骏. 失地农民社会保障的制度建构［J］. 中国软科学，2004（3）.

保障体系？这是本篇研究的重点。

（二）研究意义

在城镇化快速发展的过程中我国产生了大量的失地农民，失地农民数量正在以上升趋势发展，中央及地方政府对失地农民这一庞大群体都予以高度关注。鉴于失地农民保障问题，中央及地方政府出台了一系列政策、文件，要求做好失地农民的生活、医疗、就业等。在失地农民问题已经成为需要严肃面对和迫切需要解决的当下中国，研究评价失地农民保障体系具有重要的意义。

1. 研究失地农民保障水平，有利于维护社会稳定

失地农民保障问题是城镇化过程中不可避免的一个重要社会经济问题。如上文所述，目前有学者提出我国社会的"三元人口结构"，即将我国人口区分为城市居民、传统农民和失地农民三大群体，将失地农民单独作为一个群体进行研究。农民被征收土地后，土地不再给予农民生活、就业等各种保障措施，失地农民的保障水平随着土地的征收而发生一定的变化，农民的合法的权益必须得到维护。然而，由于国家对征地补偿标准的规定只考虑了农地给农民带来的经济效益，虽然已有政策将农民的就业、医疗等保障措施纳入到失地农民保障体系中，但是从目前我国失地农民保障现状来看，大部分失地农民并没有享受到完善社会保障制度、较好的环境和教育。

2003 年 8 月—2004 年 6 月，中国社会科学院农村发展研究所国家社科基金课题组和国家软科学重大项目课题组，联合对当前中国农民的土地维权抗争进行了专题调研，课题组认为，农村土地纠纷成为目前农民维权抗争活动的焦点，是当前影响农村社会稳定和发展的首要问题。[①] 由于征地行为在社会中的普遍性，同时由于土地问题往往涉及巨额经济利益，因此，如何保持农民保障水平在征地后不下降并得到显著提高，对维护农村社会稳定和促进新型城镇化建设顺利开展具有十分重要的意义。

2. 研究失地农民的保障水平，有利于顺利推进城市化进程

中国目前并且在很长一段时间内都处于工业化和城市化的发展期，城

① 于建嵘．农民土地维权抗争的调查［N］．中国经济时报，2005　6　23.

市化的进程离不开土地。由于城镇化、工业化的迅猛发展，大量的农用地已经或者将要转化成建设用地、基础设施等。但并不是说，经济发展就要盲目占地，而应该合理、合法、节约用地。根据《中华人民共和国土地法》，我国城市土地归国家所有，农村土地归农村集体所有。在征收农村土地时，农村集体所有的土地需先转化成国有土地，才能够进行经济建设开发。这其中涉及国家、农村集体、农民、开发商等的多方利益。而农民作为弱势群体，在土地被征收中弱势一方的合法权益很容易被损害，进而造成大量的“种田无地、上班无岗、社保无份、发展无望”的“四无新人”。那么对于政府积极征收土地的行为，多数农民都会产生抵制情绪，进而会对城市化进程产生阻碍。如果失地农民的各种权利得到保障，农民有机会享受与城市居民同等甚至更好的待遇，那么这对城市化进程的发展是非常有利的。因此，如何有效提高农民失地后的保障水平或者至少不降低，农民保障水平的影响因素有哪些，这对我国城市化进程的发展具有重要的意义。

3. 研究失地农民保障水平，为完善失地农民保障体系提供政策依据

随着失地农民数量的增多，中央及地方政府出台了一系列政策、文件，保障失地农民的各种利益。虽然，政府政策随着现实情况不断改进，但是现有政策在大多数情况下仍然没有合理提高失地农民的保障水平。并且政府在制定政策时更多考虑社会保障因素，并没有完全考虑失地农民的生活环境、心理、情感、教育、社交、发展等因素。然而，研究评价保障水平，不能仅仅考虑物质、经济因素，而且还要考虑非物质因素，这对政府制定系统、合理地保障失地农民权益政策具有重要意义。通过对失地农民保障评价的实证研究，根据实证研究结论提出有针对性的建议，可以为完善失地农民保障体系提供有益的思路与建议。

二、概念界定

（一）失地农民

农民与土地之间的关系是密不可分的，早在春秋战国时期的管仲就认为土地是人类生存、发展和国家强盛的基础，其在齐国任国相时大力推进土地、农业改革，齐国的国富民强也主要得益于此。那么在目前，土地对于农民来说依然是重要的生计资产，是农民生存和发展的基础。

对于“失地农民”这一概念，学术界并没有达成统一的观点。一些学者从失地原因的角度进行了概括，认为“失地农民”指国家或者地区在城市化进程中由于对土地的需求增多，而使得农民失去土地这一生存保障。①、② 刘文烈、刘晨之（2007）③ 将失地农民定义为在城镇化过程中，由于国家法律法规不健全、土地产权政策不清晰、土地管理不规范等原因致使农民主动或被动失去土地。李群、吴晓欢、米红（2005）④ 在研究失地农民问题时，将其定义为在经济发展区内，由于经济建设需求而征用土地，致使农民失去赖以生存的土地。以上学者仅仅从失地农民失去土地的原因概括失地农民的定义，没有强调农民失去与土地之间的关系，以及农民失去土地后的保障等问题。

部分学者从农民失去土地后的特征来定义失地农民，雷寰（2005）⑤ 认为农民失去土地后成为无保障的人群，农民的身份、低廉的生活成本和生活方式随着土地的征收而不复存在。中国“三农”形势跟踪调查组（2004）⑥ 在研究底层的中国农民时，认为失地农民原本具有农村户籍和土地双重性质，但是土地由于各种名义被征用，而这些失地农民的就业未得到相应的安排，从而使得失地农民的生活来源陷入困境，这部分农民成为失地农民。

在中国“农民”具有双重含义，从劳动对象上说，农民是从事农业劳动的群体；从我国的户籍制度上说，农民是具有农业户口的劳动群体。因

① 杨涛．社会公正视角下的失地农民［J］，农业经营，2006（10）．

② 陈俊．失地农民问题与制度变迁［J］．市场与人口分析，2006（2）．

③ 刘文烈，刘晨之．试论城镇化进程中失地农民权益保护问题［J］．齐鲁学刊，2007（3）．

④ 来群，吴晓，李群．中国沿海地区农民工社会保险的实证研究［J］．中国农村经济，2005（3）．

⑤ 雷寰．农民集体土地产权权益与失地农民利益保障研究［J］．经济界，2005（4）．

⑥ 中国“三农”形势跟踪调查课题组．中国小康痛：来自底层中国的调查报告［M］．北京：中国社会科学出版社，2004．

此，我国的一些学者就农民的双重含义来定义失地农民。武玲娟（2006）[①]在研究失地农民认为农民失地后应该享受城市市民待遇，但是在我国二元结构下，失地农民并没有享受到市民的待遇，而成为农村与城市之间的边缘人，虽然国家或者地方政府征用了农民的土地，但是并没有为这部分农民建立保障措施或者未办理农转非。王岣（2006）[②]定义失地农民为城市化的发展过程中土地被征用，但未转化为城市市民。王勇（2007）[③]界定失地农民的定义时强调了失地农民的临时性身份，主张从“农民（身份与职业统一）——失地农民（职业与身份分离）——非农民（职业与身份统一）”这一动态的过程去定义失地农民。张希兰（2013）[④]认为失地农民是因政府征地而导致的农业耕地面积不足，使得失地农民处于农民与市民之间的临时身份。农民虽已经失去了耕地，但仍具有农业户籍，并没有享受到城镇居民的各种保障。

需要注意的是我国的土地政策是城市土地归国家所有，农村土地归农村集体所有，农民个人并不拥有土地的处置权，只是拥有土地的使用权，所有土地被征收后农民失去的是土地的使用权。另外还有一个问题需要注意，农民失地大部分情况是政府为城市建设需要征用土地导致农民被动失地，但是不排除农民到城市务工或者将土地承包给他人等形式主动失去土地，目前学者们大都讨论第一种失地的原因，很少考虑农民主动失地这种情况，那么主动失地的农民算不算失地农民呢？基于以往学者对失地农民内涵的研究，结合本篇的研究需要，将城镇化进程中失地农民定义为，由于城市建设需要，农民被动失去土地的使用权，同时与农田相关的各种利益和权利受到伤害，但是在户籍上仍属于农民户口，享受不到城镇保障的群体。该定义主要包含以下几点：①失地原因是城市建设需要；②失地意愿是被动失去土地使用权的农民；③农民失去土地使用权的同时，失去了

① 武玲娟. 城市化进程中“政府主导型”失地农民社会保障模式研究［D］. 山东大学硕士学位论文，2006.

② 王岣. 创新失地农民保障机制［J］. 上海农村经济，2004（2）.

③ 王勇. 城市化进程中的失地农民利益表达［D］. 华中师范大学博士论文，2007.

④ 张希兰. 失地农民社会保障问题研究——以江苏为例［D］. 南京农业大学博士学位论文，2013.

与农田相关的利益，但是享受不到相应的保障；④失地农民的职业与户籍不统一，失去土地使用权后仍然是农民户籍。

（二）保障体系

我国汉语字典中对保障的定义是“保护权利、生命、财产等不受侵害”“保障人民言论自由，保障供给，保障国家安全”，保障是通过社会经济发展，财富积累和法制健全逐渐完善起来的。通过定义可以将保障引申为政府对居民的权利、财产等的保护，对居民生活、医疗、就业、失业、教育、养老、安全等的支撑和支持。

随着我国经济发展速度的加快，农民的生活条件越来越好，我国大部分地区农民的生活基本可以得到满足，那么现阶段失地农民保障的含义与 21 世纪以前的保障含义有所区别，越来越多的学者在研究失地农民保障问题时，开始考虑失地农民长远生计和发展。我国学者杨斌、贺琦（2011）① 在探讨我国失地农民保障制度时，借用可持续生计理论中的“失地农民应该获得能够使生活状况长远可持续发展的能力”这样的思想，认为保障应包括生存保障和发展保障两个层次，生存保障包括社会救助、养老、医疗、失业等，发展保障包括失地农民就业、适应性、心理健康和其他保障。陈金圣、陈相明等（2006）② 建议政府对失地农民进行制度创新，构建出“经济补偿、就业扶持、社会保障”的失地农民保障体系。王慧娟、姚萍、贾永飞（2009）③ 提出了构建失地农民“生活保障、收入保障和就业保障”的保障体系：基本生活保障可以为失地农民提供生活、居住等方面的保障；收入保障可以保证失地农民获得财产性收入和土地收益的保障；就业保障解决失地农民岗位竞争力不足的问题。

结合本篇研究，我们也主要从失地农民基本生活和动态发展的角度来界定保障体系的定义，保障体系即是国家或者政府为还未农转非的失地农

---

① 杨斌，贺琦. 失地农民保障制度的理念、原则及其框架研究——基于可持续生计视角［J］. 当代经济管理，2011（1）.

② 陈金圣，陈相明，陈世伟. 对城市化进程中失地农民保障问题的思考［J］. 内蒙古农业大学学报（社会科学版）. 2006（1）.

③ 王慧娟，姚萍，贾永飞. 从失地保障走向社会养老——对南京市郊区失地农民保障问题的思考［J］. 乡镇经济，2009（5）.

民构建的物质保障体系和非物质保障体系，其中物质保障体系包括基本生活保障体系、失业、就业、医疗、养老等保障体系，非物质保障体系包括保障失地农民的教育、环境、社会透明度、自由等。其涵义主要包括以下几个层面：①保障体系的首要主体是国家和政府，其次是社会机构或组织。②保障体系的对象是我国被动失去土地的农民，该部分农民还未农转非。③保障体系不仅满足失地农民基本生活需求，而且还要保障失地农民的就业、医疗、养老等问题，同时本篇所研究的保障体系还包括发展机会、社会交往、教育、环境等非物质因素。

三、研究思路、逻辑框架与研究方法

（一）研究思路

土地对于农民来说不仅具有生活保障，更具有就业、养老等多方面的保障作用。随着我国经济建设和城镇化的快速发展，土地作为稀缺资源，对我国的经济发展以及社会结构调整具有重要的作用。那么土地被征收后，失地农民保障水平如何？应该有哪些指标来衡量？政府实施相关保障政策后，失地农民的保障水平是否有效改善？这都是本篇需要考虑的问题。衡量失地农民保障水平，应先需要构建相关指标体系，指标体系的构建需要相关理论为依据。

为了解决这些问题，本篇基于当前我国失地农民保障的政策、现状、保障模式，充分考虑我国失地农民在养老、就业等问题的特殊性，剖析我国失地农民保障方面存在的问题，并通过相关理论分析，构建我国失地农民保障指标体系，通过问卷调查和实证分析，对我国失地农民保障评价体系进行研究。本篇的总体研究思路如下：

第一，评价指标体系的构建，需要相关理论做支撑，那么指标体系构建之前需要梳理有关国内外关于失地农民及其保障体系的研究文献，并阐述失地农民保障相关的可持续生计理论、资产建设理论、家庭经济学理论、可行能力理论。文献综述和理论支撑是本篇的研究依据，是失地农民保障指标体系构建的基础。

第二，以上述理论为基础，构建我国失地农民保障评价指标体系，用于评价失地农民失地前后的保障水平。那么指标体系怎样构建？具体的理论依据有哪些？在可持续生计理论中，强调了农户在失地前后拥有五大资本的绝对额及相对构成比例，保障水平的高低依赖其所拥有的、未来可收益的资产，所以根据可持续生计理论可以构建资本获得与投入指标体系。森（Sen）的可行能力理论强调个人的福利水平并不等同于其拥有的资产，而是个人拥有的能力使得这些资产能够带来多少福利，这里依据可持续生计理论和可行能力理论构建保障转化因素指标。森的可行性能力理论还强调了农民保障包含物质因素和非物质的因素，那么在构建指标时还需要将非物质因素考虑进来。基于此理论，我们构建了保障水平输出指标体系。资本获得与投入指标体系、保障转换因素指标体系和保障水平输出指标体系等三个指标体系是建立实证分析模型的前提条件，建立评价指数进一步衡量失地农民保障水平的变化。

第三，指标体系已经构建，那么下一步应是研究方法的选取。由于失地农民数据的不可得性和存在的特殊性，因此本篇数据主要是通过抽样调查的方式取得。调查对象是失地农民，在调查方法上主要采用问卷式调查与访问式调查相结合的调查方式。本篇方法选取中，因子分析是客观分析方法，用于考察资本获得与投入指标在失地前后的变化，模糊综合评价法考察保障水平输出指标体系在失地前后的变化情况，最后采用结构方程模型考察资本获得与投入、保障转换因素、保障水平输出等三者之间的影响机制与影响路径。

第四，指标体系构建和方法选取都已经完成，下一步本篇选取了河南省一个典型地区进行实证研究，分析了失地农民失地前后保障水平变化情况、影响因素。最后，针对研究，提出政策建议。

（二）本篇框架

本篇主要以文献综述和相关理论为研究依据，构建了失地农民保障评价指标体系，通过调查问卷取得失地农民相关数据，运用因子分析、模糊综合评价、结构方程模型方法，对失地农民保障水平评价和影响因素进行分析。本篇以河南省一个典型的地区为例，研究了该地区失地农民保障影响因素，最后得出研究结论和政策建议。

（三）结构安排

本篇分为八个章节来研究我国失地农民保障评价体系。

第一章为导论。从失地农民的保障政策演变、失地农民保障模式、失地农民保障存在的问题等三个方面引出本篇所研究的对象——失地农民保障评价。依据我国失地农民、保障政策和模式的特殊性，界定城镇化过程中的失地农民和保障体系两个概念。并对全文的研究思路、逻辑框架与研究方法、主要创新点作了简要阐述。

第二章为失地农民保障的文献综述。总结了国内外失地农民及其保障体系的研究文献，比较国内外学者对失地农民保障观点的异同，探寻国内外学者对失地农民保障研究不足之处，为本篇研究提供启示与思路。

第三章为失地农民保障的理论基础。本篇研究过程中主要应用到四个理论，其中，可持续生计理论是建立失地农民保障获得路径分析框架的理论依据，依据此理论全文的实证研究思路得以确定。本篇主要通过对可持续生计理论分析框架进行修订，建立了适用于本篇的失地农民保障分析框架图，这同时也扩大了可持续生计理论的适用范围。资产建设理论则对为什么要进行失地农民的资产构建以及资产建设的重要性作出了解释，而家庭经济学理论进一步阐释了家庭进行资产积累和投资这一经济行为。最后，在对可行能力理论介绍的基础上，本篇选用可行能力方法来衡量失地农民的保障水平，立足于从失地农民自身出发，强调其自身能力的发展，并充分考虑到人际相异性，这样才能保证评价结果的客观、公平性。

第四章为失地农民保障评价指标体系的构建。根据第二章和第三章的理论分析，在阐述了失地农民保障评价体系的基本思路后，遵循评价指标体系构建的基本原则，建立资本获得与投入指标体系、保障转换因素指标体系和保障水平输出三个指标体系，分别来衡量农民失地后拥有的生计资本的变化、保障转换因素影响作用的变化、保障水平输出水平的变化；同时为了便于横向对比分析，我们建立了保障水平评价指数。并分析各指标对失地农民保障水平的影响机制，提出研究假设。

第五章为数据搜集与分析方法。第五章前两个小结是阐述数据搜集方法，依据我国失地农民指标体系，初步设计调查问卷框架，根据文献理论研究以及头脑风暴法初步选取调查问卷题项，并通过专家咨询和预调查后，对题项进行修订，确定最终的各个题项。之后，就调查数据介绍了数据的采集方法和定量、定性题项数据的处理。最后介绍了实证分析中运用的几种方法，运用因子分析法考察资本获得与投入指标在失地前后的综合评价，运用模糊综合评价法考察保障水平输出指标在失地前后的综合评价，运用非参数检验法考察失地前后的变化，运用结构方程模型考察投入指标、转换因素和输出指标三者之间的影响机制和路径。

第六章为失地农民保障水平评价及影响因素分析。根据第五章的调查数据，对样本内的“市场模式”和“行政模式”进行实证分析。分别运用因子分析、模糊综合评价的方法，对农民失地前后的资本获得与投入、保证水平输出结果进行总体评价，并运用非参数检验方法考察其失地前后变化情况。然后，就影响资本获得与投入、保障转换因素、保障水平输出的各种因素进行考察与探讨，并对失地农民保障水平评价指数进行测算。在对失地农民资本获得与投入、保障转换因素、保障水平输出等指标的相互影响关系有了初步了解后，根据理论分析框架，运用结构方程模型分析三者之间的影响路径与影响程度。

第七章为案例分析。作为城镇化建设的标杆，“洞林湖新型城镇化示范区”得到了多方的关注与赞誉。本篇对其城镇化建设构想与实践、保障方案设计及实施等基本情况进行了介绍，对洞林湖区域失地农民的保障水平进行了测算，将测算结果与第六章实证研究的结果进行比较分析，评价了洞林湖新型城镇化示范区实践探索的得失。

第八章为研究结论与展望。根据前文的研究，总结各项研究结论，提出政策建议，并讨论研究的不足之处，确定下一步的研究方向。

（四）研究方法

1. 文献分析法

在我国城镇化背景下，对国内外有关失地农民问题及其保障水平的文献进行归纳、总结、研究，是深入探讨我国失地农民问题的基础。准确把握、全面梳理相关文献可以提高研究的针对性。通过对文献的解读，讨论并得出国内外有关失地农民保障体系的异同，国外保障体系的构建对我国保障体系的借鉴之处，以及我国保障体系的不足，为下一步的深入研究失地农民保障指标体系以及政策建议提供突破口。

2. 理论研究与实证研究相结合

一方面本篇阐述相关理论，依据理论得出保障指标体系。第二章和第三章阐述了研究失地农民保障的理论基础，包括可持续生计理论、资产建设理论、家庭经济学理论、可行能力理论。依据这些理论本篇第四章构建了资本获得与投入指标体系、保障转换指标体系和保障水平输出三大指标体系。另一方面，本篇依据指标调研数据采用实证研究方法来评价失地农民保障水平，方法包括因子分析、模糊综合评价、结构方程模型等。理论研究与实证研究相结合确保文章指标体系和研究结论的准确性。

3. 问卷调查和访问式调查相结合

我国失地农民数据的不可得性和特殊性，数据需要通过调查方法取得，本篇第五章拟采用问卷调查方法和访问式调查相结合的方法，得到失地农民失地前后生计资本、生活水平、就业、医疗、社交、发展等一手资料。

4. 案例分析法

理论与实证分析仅仅停留在文献研究与短期调查中，案例分析法是现实生活中鲜活的实例，是理论与实证分析的检验与应用。本篇第七章根据第六章实证检验结果对“洞林湖新型城镇化示范区”的城镇化建设进行案例分析，考察该案例实践的得失。

四、主要创新点

1. 提出“大保障”概念，完善保障体系

在研究对象上，目前国内外大部分学者都以基本社会保障为研究对象，研究失地农民基本社会保障制度、模式、体系等，缺乏关于失地农民全面、系统、长远发展的保障体系的研究以及保障水平的评价。本篇尝试在以往文献和理论的基础上，扩大失地农民保障范围，超越基本社会保障，构建包含经济物质、环境、精神文化、社交教育等在内的“大保障”指标体系，进一步研究我国失地农民保障体系及评价方法，并根据实证研究结论有针对性地提出完善及改进建议。

2. 丰富并延伸理论应用范围，关注失地农民保障的动态发展需要

在可持续生计理论背景、内涵及分析框架基础上，本篇结合我国失地农民现状、特征等修订了可持续生计理论分析框架，满足了失地农民保障的动态发展需要，丰富了可持续生计理论内涵，延伸了该理论在失地农民保障体系分析领域的应用。

3. 创新研究视角，探寻指标体系间的影响机制

本篇在构建指标体系时，从投入产出的角度，构建了失地农民资本获得与投入指标体系、保障转换因素指标体系和保障水平输出指标体系等三个指标体系，并探寻生计资本投入、转换因素与保障水平输出三者之间的路径影响机制，全面、准确地衡量我国失地农民的保障水平及发展机制，从而极大丰富了指标体系的构建视角，并为指标体系的动态管理提供了基础，弥补了当前在该领域量化研究与动态管理方面的不足。

第二章　失地农民保障的文献综述

自新中国成立以来，我国失地农民问题就一直存在，但是当时的土地矛盾并不突出。改革开放之后，随着城镇化和工业化的快速发展，土地作为稀有资源，成为政府、工业企业、开发商等关注的焦点。当时我国学者对农村城市化理论作了大量的研究，一直到20世纪90年代中后期，我国学者从不同的角度研究并丰富了我国的城市化理论，但是对失地农民问题关注不够。直到2000年后，城镇化和工业化对土地的需求以及“圈地热”的盛行导致失地农民数量急剧攀升，随之而来的是城镇化用地、工业用地与耕地，政府、企业等的利益与农民利益之间的矛盾日益加剧。虽然政府对此给予了一定的保障措施，但是失地农民的保障问题始终没有得到有效解决。学者们对农村城市化的研究纷纷转移到城市化的主体——农民上来。对失地农民产生的原因、保障对策、农村土地制度等作了深入的思考和研究。那么在这一部分本篇对失地农民的一般性研究和失地农民保障体系研究分别进行阐述，梳理国内外失地农民问题产生的原因、现状、发展趋势、保障体系等，为下一步研究我国失地农民保障水平评价提供理论依据。

一、关于失地农民的一般性研究

（一）国外研究文献

1. 失地农民问题的产生

西方国家在城市化和工业化发展早期，为了加快城市和工业发展，对土地的需求不断增多，随之而来的是失地农民人数的剧增，同时给失地农民的生存、就业等方面带来巨大危机。英国的“圈地运动”和拉美的城市化进程说明了这一点。

从15世纪70年代开始一直延续到18世纪末，英国的资产阶级和贵族通过暴力手段将农民从土地上赶走，强占农民土地，虽然遭到农民的强烈反抗，但是英国政府的强制征地使得农民不得不离开农村，到城市谋生。马克思对英国“圈地运动”产生的失地农民生活进行了论述，指出由于农民失去土地这样的谋生工具，受生活所迫，很多失地农民由此变成了乞丐和流浪者，生活状况和环境极其恶劣。虽然也有学者指出英国的“圈地运动”加快了工业化和城市化的进程，但是以牺牲农民利益为代价的强制征用土地，就我们所处时代而言，对于国家加快发展城市化和工业化来说是不可取的。

第二次世界大战后，拉美等国加快城市化进程，大量的失地农民伴随着土地的征用而产生，失地农民涌入城市并没有解决生活问题，他们既享受不到城市的社会保障制度，同时也没有就业保障。拉美学者在研究失地农民时将这种现象称为“边缘化”现象，这部分农民既不属于农村，也不被城市所接纳。Baron、Ja 米 es N. 和 Willia 米 T. Bielby①认为“边缘化”的出现不仅会使国家的社会结构存在不稳定因素，而且使得国家制度的各个层次之间失衡严重。

2. 国外失地农民利益研究

农民失地问题是各个国家城市化进程中不可避免的问题，各国学者也都在积极探讨农民失去土地后的权益如何？是否受到损害？

米 ark 和 ErikOlin（1994）② 认为16世纪以来，随着欧洲的城市化进程的加快，西欧的社会结构发生了很大变化，农民被迫离开农村，但也不被城市所接纳，失地农民以较低的收入难以支付城市的高消费水平，失地农民的城市化过程是以损害农民利益为代价的过程。Kironde（2002）③ 认为政府给予失地农民的征地补偿较低，直接导致失地农民生活水平下降。非洲国家的土地征用价格极低，只有市场价格的10% ~20%，由于土地征

① Baron, JamesN. and WilliamT. Bielby, Bringing the Firms Back in: Stratifieation, Segmentation, and the Organization of Work, Amerièan Soeiologieal Review 45: 738 - 765.

② Western, Mark and ErikOlin Wright. 1994, The Permeability of Class Boundaries to Intergenerational Mobility among Men in the United, States, Canada, Norway, and Sweden, Ameriean Soeiologieal Review 59: 606 - 629.

③ Kironde, L. Comments on Management of Peri - urban Land and Land Taxa - tion [Z]. Kampala: the world Bank Regional Land Workshop, 2002.

用补偿费用不合理，土地的价值极易从农民身上转移出去，导致失地农民利益受到极大损害。米abogunje（1992）[①]以非洲贫困地区为例，研究发现国有土地产权在一定程度上限制经济发展，并且在征地操作过程中，法律条款不明确、操作程序不透明等都是造成土地资源浪费、农民权益受损的原因。

国外学者基本认同农民失去土地后，利益将受到不同程度的损害，家庭收入、生活水平随着土地的流失而下降。但从发达国家和发展中国家失地农民利益对比研究发现，以欧洲为代表的发达国家农民失去土地后，主要表现在收入水平较低，这主要表现在就业方面。而以非洲为代表的发展中国家，发现失地农民利益受损的原因主要是征地补偿价格较低、利益分配不公、操作程序不透明等原因所致。

（二）国内研究文献

1. 农民失地的原因

关于农民失地的原因，温铁军（2000）、韩俊（1999）[②] 都认为农民失去大量土地与"圈地热"盛行、盲目征地有关。曲天娥（2004）[③] 对于农民失地的原因总结了以下五点：①随着我国经济的发展，城镇化用地和基础设施建设非农用地逐渐增多。②各类开发园区规划的盛行，侵吞了农民大量的土地。③土地流转过程中，由于政府行政管理和执法方面的问题导致土地流失。④大型工商企业进入农业生产领域导致农民失去土地。⑤"圈地之风"盛行，"征而不用"现象严重。孔祥利、王君萍等（2004）[④] 认为农民失地的原因为农民地权主体地位的缺失、利益集团寻租、农民处于弱势地位无力监督政府征地行为、政府对土地征收监管不力等。王国林（2005）[⑤] 通过实地调查总结农民失地的原因有两点：一是农

---

① Mabogunje, A. I. Perspective on Urban Land and Urban Management Policies in Sub－Sabaran Africa［Z］. Washington. D. C：Technical Paper，1992.

② 温铁军. 中国的城市化道路与相关制度问题［J］. 开放导报，2000（5）；韩俊. 中国农村土地制度建设三题［J］. 管理世界，1999（3）.

③ 曲天娥. 农民失地的原因分析及对策［J］. 中国国土资源经济，2004（3）.

④ 孔祥利，王君萍，李志建. 农民失地的途径、成因与对策［J］. 云南民族大学学报（哲社版），2004（6）.

⑤ 王国林. 失地农民原因调查［J］. 农村经济，2005（1）.

民文化程度低，懂法律和维护自身权益的人较少，与征地部门缺少有效沟通与谈判。二是农村干部与征地部门私自协商征地事宜，违规强行占地。张华、周丹、陈朋（2006）① 在研究农民失地原因时并不认为农地产权不清是主要原因，作者认为我国农民农地的产权并不模糊，而是具有“二元产权”的特征，这才是失地的主要原因。我国土地政策决定了农民具有土地使用权，若土地流转用于农业用途，则农民拥有使用权的转让权；若农地用于非农用途时，农地产权属于国家所有，二元产权的存在使得土地非农业用途的竞争力大于农业用途，最终导致农民失地。薛大山（2011）② 在研究农民失地时，除了强调农民被动失地外，还提到一部分农民进城务工的收入较务农收入高，进而导致农田闲置的主动失地，造成土地资源浪费。

总结以往农民失地原因，国内学者主要从以下四个方面探讨农民失地原因：①宏观经济发展环境方面。城镇化、工业化的快速发展，对土地需求越来越大；“圈地之风”的盛行，企业大量征地。②土地政策、农地产权制度方面。有的学者认为农地产权模糊不清导致农民失地，而有的学者认为是农地“二元产权”导致的。③政府管理、执法、利益方面。政府行政管理不当、执法不严、对土地征收监管不力，甚至为了利益强行占地等原因造成农民失地。④农民自身方面。农民文化程度低，懂法律和维护自身权益的人较少；信息不对称，农民处于弱势地位等。

2. 失地农民规模研究

失地农民规模主要是对失地农民数量的统计。由于我国失地农民在统计上比较困难，无法准确估算出失地农民规模，因此，学术界对失地农民数量多少说法并不统一，但是可以肯定的是，我国失地农民的数量是以递增趋势增长的。总体来说，我国学者对失地农民规模主要从总体数量估算和未来失地农民数量的预测两个方面来研究。

崔励金（2003）认为 1987—2001 年间，我国非农建设占用耕地

---

① 张华，周丹，陈朋．农民失地：原因、路径及其行动反应［J］．调研世界，2006（11）．

② 薛大山．农民失地的原因及对策［J］．淮北职业技术学院学报，2011（2）．

2394.6 万亩，按每人耕地 0.7 亩计算，我国失地农民数量达到 3400 万人。如果以这样的速度增长，那么至 2030 年，我国失地农民数量将超过 7800 万人。何格、欧名豪等（2005）① 从经验数据上得出，平均每征用一亩耕地，平均产生 1.5 个失地农民。那么，按照这种方法计算，截至 2005 年我国有 5100 万—5525 万失地农民。宋斌文、邢玮（2004）② 在研究失地农民问题时，指出按照我国经济发展水平、城镇化进程和工业化水平，我国每年至少需要征用 500 万亩农民土地。按照每人拥有 0.7 亩计算，我国失地农民每年将增加至少 700 万人。民进中央参政议政部副部长闻连利（2009）③ 透露，随着农村集体土地的大量被征用，失地农民数量迅速扩大，据预测，截止到 2020 年我国失地农民数量将超过 1 亿人。

3. 失地农民存在的问题研究

在我国城市化进程中，大量农民失去了赖以生存的土地，失地农民的生活、生计问题引起了理论界的大量关注。目前学者对农民失去土地后存在的一系列问题达成一些共性的结论，即农民失去的不仅仅是土地，还有原来低成本的生活和发展方式，④ 土地为农民提供生存、发展、就业等多方面保障，农民失去土地后主要面临以下四个问题：

第一，失地农民的生存问题。农民失去土地后，农民家庭的总体收入水平下降，消费支出增加，我国学者通过调研和研究证实了这一点。九三学社通过调查发现：60% 农民失去土地后，收入水平下降，生活成本较失地前大大提高。⑤ 湖南统计局对湖南城镇化失地农民生活现状进行了专项调查，⑥ 发现失地农民总体收入水平较失地前有所下降，主要是因为农民失去了土地，也就失去了种植和养殖的收入，而很多农民除了农业生产外没有一技之长，这部分农民一旦失去土地，就会直接导致收入骤减，生活

① 何格，欧名豪，张文秀．合理安置失地农民的构想［J］，农村经济，2005（1）．

② 宋斌文，邢玮．城市进程中失地农民社会保障问题研究［J］，理论探讨，2004（3）．

③ 刘声．2020 年我国失地农民总数预计将超过 1 亿人，中国青年报，2009.

④ 张寿正．关于城市化过程中农民失地问题思考［J］．中国农村经济，2004（2）．

⑤ 安华，张伟．关于妥善解决失地农民问题的思考［J］．农村经济，2004（12）．

⑥ http：//www.hntj.gov.cn/fxbg/2010fxbg/2010jczx/201009/t20100913_80060.htm.，2010.9.13.

陷入困境。石宝琴（2009）[①] 通过山西晋城为例，探讨了实地农民生存状况，发现失地农民无固定收入来源，生活水平普遍下降。

第二，失地农民的发展问题。耕地是农民主要从事的职业，失去土地也就意味着失去了职业，失地农民再就业困难，就业率较低，失业水平较高，未来发展问题严峻。[②] 黄建伟（2010）[③] 发现失地农民竞争意识淡薄，工作中的维权意识不强，就业目标导向较差，这些都影响着失地农民未来的发展。浙江省调研队对失地农民就业情况进行调研发现，仅 3.6% 的失地农民就业得到安置，56.4% 的失地农民自谋职业，剩下的 40% 的失地农民处于失业状态。李向军（2008）[④] 通过对西安市米村的失地农民进行市场调查显示，60% 的失地农民没有工作，34% 的农民通过打零工、兼职等做些短暂的工作，只有 2% 的村民有一份满意的、稳定的工作。虽然有部分失地农民自主创业，但是存在很多障碍，如农村劳动力的市场发展不成熟，失地农民文化水平低，缺乏政府创业指导和失地农民优惠政策等。[⑤]

第三，失地农民社会保障存在的问题。土地对于农民来说承担双重功能，既是农民生产资料，又是农民生存保障的基础。土地被征用后，农民便失去了附着在土地上的各种保障权利。[⑥] 而失地农民的社会保障也存在保障水平较低、保障方式单一、保障制度不合理等多种问题：石琴等（2010）[⑦] 通过对重庆大学城的失地农民的社会保障进行研究发现：一是当地失地农民的社会保障经济基础逐渐缩减；二是失地农民对社会保障方式、制度等缺乏信心；三是失地农民的就业和养老问题并没有得到充分的保障等多个问题。郭兴友（2012）从补偿形式单一、补偿费用较少、

---

① 石宝琴. 失地农民生存问题初探［J］，经济师，2009（3）.

② 杜伟，黄善明. 失地农民权益保障的经济学研究［M］，北京：科学出版社，2009.

③ 黄建伟. 失地农民就业问题的入户调查及政策建议［J］，调研世界，2010（7）.

④ 李向军. 个体化视角下失地农民的风险困境［J］，理论与改革，2008（1）.

⑤ 郭金云，江伟娜. 促进失地农民自主创业的对策研究［J］. 农村经济，2010（2）.

⑥ 鲍海军，吴次芳. 论失地农民社会保障体系建设［J］. 管理世界，2002（10）.

⑦ 石琴. 大学城建设中失地农民的社会保障问题研究［J］. 重庆大学学报（社会科学版，2010（3）.

制度建设管理体系不完善等论述了我国失地农民社会保障中存在的问题。①

第四，农民的"市民化"问题。农民失去土地后，并没有真正成为城市居民。关于失地农民市民化问题，学者主要达成三方面的共识：一是我国二元社会结构导致农民的文化素质、技能相对较低，失地农民最可能从事职业声望较低的职业。② 二是失地农民较难融入城市生活。有学者将社会关系分为财务支出和精神支持，城市的关系网主要依靠朋友、同事，而农民的关系网主要侧重邻里关系。③ 三是城市社会特有的优越感不自主的排斥和歧视农民，不仅仅是城市市民，政府也在一定程度上存在排斥和歧视态度，如对农民失地后的市民化，城市政府实行排斥和抑制的政策较多，而鼓励支持的较少。④

（三）研究评述

失地农民问题正在逐步受到学者专家的重视，随着城镇化和工业化的发展，学者对失地农民问题的研究逐渐深入，由表及里，不仅仅看到了失地农民的表象，而且深入失地农民中进行调研，得出有价值的结论，研究视角也在不断拓宽。通过国外学者对失地农民的研究得出，在城市化和工业化发展的过程中，失地农民问题的存在不可避免，这是一个国家经济、社会发展到一定阶段必然产生的社会现象。农民失去土地后，发达国家和发展中国家的农民利益都受到不同程度的损害，发达国家失地农民主要表现在农民未来发展上，而发展中国家的最低生活补偿问题还没有得到有效解决。

当然我国的农民在失地过程中也存在很多问题，由于我国的土地制度和户籍制度与国外有很大差别，我国的土地属于国家所有，政府决定着征用土地的价格，对农民的补偿费用较国外发达国家低，失地农民的生存、

---

① 郭兴友．当前失地农民社会保障存在的问题及对策建议［J］．安徽农学通报，2012（12）．

② 许欣欣．从职业评价和择业取向看中国社会结构变迁［J］．社会科学研究，2000（4）．

③ 张文宏，阮丹青．城乡居民的社会支出网［J］，社会科学研究，1999（3）．

④ 姜作培，六统一．农民市民化的对策选择［J］．云南财贸学院学报，2003（2）．

发展问题一直没有得到有效解决。并且我国实行城乡二元户籍制度，农民失去土地后，大部分处于社会的夹心层，较难融入城市环境，而国外并不存在二元户籍制度，也就不存在失地农民“市民化”的问题。因此基于我国的国情，学者们普遍认为我国农民失去土地后面临的问题主要有生存、发展、就业、保障、市民化等。但是我国学者没有将失地农民的心理、情感、社交、生活环境等因素纳入到失地农民存在的问题当中，本篇在研究我国失地农民保障问题时，将会考虑这些因素。

二、关于失地农民保障体系的研究

（一）国外研究文献

国外大部分国家实行土地私有制，土地归农民所有，可以私下自由进行土地交易。如果政府为了公共利益需要占用土地，那么政府必须依据法律规定的征地流程和政策进行征地。为了保护农民的土地及其土地上获得的权益，国外很多国家都制定了严格、规范的失地农民保障制度来保障农民权益。

英国的圈地运动产生大量失地农民，由于失地农民的生活、生计得不到保障，政府先后制定了《济贫法》《斯宾汉姆兰条例》来保障失地农民的生活和生计，《济贫法》是欧洲社会保障制度的起源。美国宪法明确规定，只有当土地用于社会公共利益时，政府才可征用个人土地，并给予公平的市场价格进行补偿，这种补偿并不低于农民自身在市场中进行交易的土地价格。英国制订的关于失地农民补偿方案中规定，对失地农民的土地补偿费用不低于当时的土地市场价值，尽量保证失地农民的生活保持原来水平[①]失地农民的补偿费包括两部分，即土地征用费和土地补偿款。德国在土地征用制度方面，对失地农民实行的补偿标准较为灵活，只有当土地鉴定委员会通过调查后，才可以给予征地的标准。此外，德国率先建立了失地农民养老保障制度，其养老保障基金来源于国家和个人。日本的征地补偿费是按照市场价值决定的，政府对征地过程实施严格监督。对失去土

① 张亭等．城乡结合部失地农民的权益保障探讨［J］．广西师范学院学报（自然科学版）2006（6）．

地的农民，日本早在1959年就已经将失地农民纳入了社会保障体系，保障失地农民各项权益，为了失地农民将来的发展，日本向农村地区提供学习机会，帮助农民快速获得知识和劳动技能，使得其在失去土地后能够更好适应工作环境①。韩国为了保障失地农民的各种权益，制定了规范、严格的土地征用制度，因公共利益需要征用土地的，必须征得总统同意，并且要接受建设交通部的核准与审查，对于失地农民利益受到损害的，有权通过法律手段进行解决。

从国外的失地农民保障制度中可以得出：①国外的土地征用制度较严格、规范、有法可依，除非公共建设、公共利益需要，很少征用农民土地；②国外的征地补偿标准较合理，因为国外大多数国家实行的是土地私有制，政府征用土地要按照市场价值或未来市场价值征用，尽量不损害农民的权益；③国外很多国家都考虑了失地农民未来的生活和发展，失地农民社会保障制度较完善。

（二）国内研究文献

1. 失地农民保障体系内容的研究

国内学者关于失地农民保障体系内容的观点各不相同：鲍海君、吴次芳（2002）② 认为失地农民的社会保障体系内容应该包括最低生活保障、养老保障、医疗保障、法律保障、失地农民的教育和培训保障等5个方面，这里的保障体系不仅包括短期的最低生活保障，还包括长期的各类保障。梁世盛（2004）③ 认为在构建失地农民社会保障体系时，不单单要考虑最低生活保障问题，还要设立失地农民生活水平实现小康的目标。李少霞、王长伟（2005）④ 认为我国现有的社会保障安置方式、保障项目单一，补偿标准较低，保障能力弱等劣势，应该建立最低生活保障、就业保障、医疗保障、养老保障、教育保障等为基本框架的社会保障体系。钟水映、李

① 王琼．我国农村社会保障的国际比较研究［J］．北方经贸，2005（2）：24.

② 鲍海君，吴次芳．论失地农民社会保障体系构建［J］．管理世界，2002（10）：37－42.

③ 梁世盛．从全面建设小康社会的高度认识和解决农民失地问题［J］．中国乡镇企业，2004（5）．

④ 李少霞，王长伟．论我国失地农民社会保障体系构建［J］．山东工商学院学报，2005（1）．

魁（2009）[①] 在研究失地农民社会保障体系时，表示失地农民对社会保障的需求不同，应先最低生活保障制度和养老保险，再逐步扩展至失业保险、医疗保险，最后扩大至工伤保险和生育保险。按照各地方的实际情况，应制定符合当地切实可行的社会保障体系。凌文豪（2010）[②] 认为我国城镇社会保障具有数额较大的隐形债务，如果将失地农民的社会保障一并纳入城镇社会保障体系中，势必给政府财政带来较大的压力。因此作者主张建立能够维持失地农民基本生活保障的同时，又具有可持续发展的失地农民社会保障体系，其内容应由农村低保、养老保障和医疗保障等三部分组成。李书省（2013）[③] 主张建立多元化有差别的最低生活保障、养老保障和医疗保障等三方面内容。

通过以往研究发现，学者们对我国社会保障体系内容的建立并未达成一致的意见，但是从总体来说，学者在构建失地农民社会保障体系时普遍的思路是：首先，建立最低生活保障，解决失地农民最基本的生活问题；其次，逐步解决失地农民的长远生计和发展保障问题；最后，完善失地农民保障体系。

2. 失地农民保障基金问题研究

社会保障基金是社会保障体系运行的基础，建立合理的社会保障基金来源和科学规范的基金运行机制有助于构建完善失地农民社会保障体系。

（1）基金来源问题研究。国内学者关于失地农民保障基金来源主要由以下四种观点：第一种观点鲍海君、吴次芳（2002）[④] 认为把社会保障基金的主要来源归纳为政府对失地农民的土地补偿安置费和土地被征用后的增值收益。第二种观点认为保障基金主要来源于政府、集体和农民。王建、何兰萍（2008）[⑤] 认为保障资金来源主要由政府、农村集体、个人三

---

① 钟水映，李魁．失地农民社会保障安置：制度、模式与方向［J］．中州学刊，2009（1）．

② 凌文豪．论失地农民社会保障体系的构建［J］．经济问题，2010（2）．

③ 李书省．关于构建失地农民社会保障体系的再思考［J］．中共福建省委党校学报，2013（9）．

④ 鲍海君，吴次芳．论失地农民社会保障体系构建［J］．管理世界，2002（10）．

⑤ 王建，何兰萍．失地农民社会保障安置问题研究［J］．天津大学学报（社会科学版），2008（1）．

方共同筹集，其中个人那部分资金由征地补偿费中列支。这种基金筹集方式已经在上海、浙江实行，这两省市都主张保障基金责任应主要由政府承担。钟水映、李魁（2009）① 都认为失地农民社会保障资金来源包括政府土地出让金（除去农民的安置补偿费）、农村集体经济积累和土地补偿费、农民个人的安置补偿费。第三种观点认为除了政府和农民外，社会也应该对失地农民的保障基金负责，杨盛海、曹金波②研究失地农民市民化的问题时提到，社会保障基金由政府出让金、农民、社会筹集三部分组成。(土地出让金是土地使用者受让土地管理部门的资金)。李少霞、王长伟(2005)③ 认为社保基金来源包括中央、地方财政拨款、农民的土地补偿费、社会慈善机构捐款等。第四种观点认为国家、集团、个人、征地主体都应该成为保障基金的来源。于维军、曹桂华（2004）④ 认为资金来源应该包括国家、集体、失地农民和征地主体等。

尽管各位学者对保障基金来源的观点不一致，但是学者们大都认同政府应该在保障基金中起主导作用。从我国目前的情况看，单单依靠政府财政和土地转让金来解决社会保障基金来源是不现实的，所以有的学者认为社会、土地征地主体等也应该有保障基金出资责任，我国社会保障基金应该建立多渠道的筹资方式，这也是未来发展的重点。

（2）基金管理与运营。保障基金的良好管理和运营不仅关系到失地农民的利益，而且关系到社会保障体系的高效运营。鲍海君、吴次芳⑤借鉴国外的基金经营管理，认为将社会保障基金交给私营机构管理，避免了政府管理带来的效率低下、投资限制等不足，当然鉴于我国特殊的国情，并非所有的保障基金交由私营机构管理，可以交给金融机构管理经营。作者

① 钟水映，李魁. 失地农民社会保障安置：制度、模式与方向［J］. 中州学刊，2009（1）.

② 杨盛海，曹金波. 失地农民市民化的瓶颈及对策思路［J］. 广西社会主义学院学报，2005（2）.

③ 李少霞，王长伟. 论我国失地农民社会保障体系构建［J］. 山东工商学院学报，2005（1）.

④ 于维军，曹桂华. 城镇化进程中失地农民利益保障问题探析［J］. 中国国土资源经济，2004（7）.

⑤ 鲍海君，吴次芳. 论失地农民社会保障体系构建［J］. 管理世界，2002（10）.

认为社会保障基金要进行适当的投资以保证其顺利保值增值，但是在进行投资时要主要控制投资风险，包括投资前和投资中的风险。陈信勇、蓝邓骏（2003）①主张在政府部门设立专门用于存储、运营基金的管理机构，并建立一套严格的基金监管制度和体系，实行收支两条线和基金专户管理，单独建账。李少霞、王长伟（2005）主张将社保基金交给各地社会保险机构统一管理，这样不仅能够保证社会保障基金的安全，而且加快了农民社会保障体系向城镇社会保障体系过渡的步伐。李书省（2013）建议社会保障基金的运营机构应该由政府部门设立，同时政府部门指定管理机构，用来监管保障基金的使用情况和运营机构的运营情况，两个机构应是相互独立的，共同保证基金运作的安全和高效。

通过以往学者对社会保障基金的管理运营研究发现，我国学者对社会保障基金的运行主要有以下三种观点：一是由政府部门设立专门的运营机构，这种运营机构是具有政府性质的；二是有的学者借鉴了国外的经验，认为根据实际情况可以适当地将部分基金交由私营机构管理和运营；三是农民社会保障基金直接交给各地的社会保险机构运营管理。对于农民社保基金的安全问题，有的学者认为运营机构应当与管理机构分开，各司其职共同保证农民社保基金的安全和高效，而有的学者主要从财务手段出发，认为建立财政收支两条线、基金单户管理来保证基金的安全。

3. 失地农民保障制度研究

对我国农民来说，土地在其生活、就业等方面发挥着最基本的保障功能。失去了土地，其所担负的各种保障功能便不复存在，农民的生存风险系数会进一步加大。因此，建立合理有效的失地农民保障制度显得尤为重要。关于失地农民保障制度内涵，朱逸、纪晓岚、李文静（2010）②认为保障资金的来源和供给主体是失地农民保障制度的重点。杨斌、贺琦（2011）③认为失地农民保障制度的内涵由政府和开发商组成的保障供给主

---

① 陈信勇、蓝邓骏．失地农民社会保障的失地建构［J］．中国软科学，2004（3）．

② 朱逸，纪晓岚，李文静．失地农民社会保障体系构建的路径分析——“政府＋集体经济”双重供给主体模式初探［J］．河南社会科学，2010（5）．

③ 杨斌，贺琦．失地农民保障制度的理念、原则及其框架研究——基于可持续生计视角［J］．当代经济管理，2011（1）．

体、失地农民组成的保障需求主体和保障项目三部分组成。

目前，虽然我国各地大都建立了失地农民保障制度，但是很多地方的保障制度存在多种问题，杨翠迎[①]（2004）通过对浙江省十个市的研究发现，该十个市的养老保障制度存在保障水平较低、保障制度基本参数（如缴费依据、期限、缴费年龄等）缺乏统一性、缺乏监督机制等问题。冀名峰（2004）[②]研究发现我国失地农民的征地政策、安置补偿政策不合理，监督机制不健全。刘晓庆（2007）[③]认为我国失地农民的社会保障制度存在以下几方面问题：①保障单一，只能解决基本的生活保障问题，与长远的生计保障、医疗等保障相差甚远；②保障制度的强制性，不征求失地农民的个人意愿，强制扣留失地农民的征地补偿款；③保障制度缺乏安全性。保障制度缺乏有关部门的统一监管和可行有效的运行机制。曹丁（2008）[④]通过对上海、抚顺地区进行调查发现，目前失地农民社会保障制度存在征地补偿办法和政策上的缺陷、部分地区征地程序的强制性、保障机制社保基金不足等问题。

总结起来我国失地农民保障制度存在以下几方面问题：①失地农民保障制度的征地政策、安置补偿政策不合理，导致失地农民利益受损；②保障制度单一，较难解决失地农民的长远生计问题；③保障制度具有强制性，制度的构建没有充分尊重失地农民的意愿；④保障制度缺乏有效的监管和可行的运行机制。

针对失地农民保障制度存在的诸多问题，我国学者提出了完善保障制度的一些思考。魏建斌（2005）[⑤]认为在保障制度中政府应加强对失地农民的保障责任，规范管理，责任明确。长远生计保障方面，主要解决失地

① 杨翠迎. 被征地农民养老保障制度的分析与评价——以浙江省 10 个市为例［J］. 中国农村经济，2004（5）.

② 冀名峰. 关于解决农民失地失业问题的几点思考［J］. 农业经济问题，2004（5）.

③ 刘晓庆. 城市化进程中失地农民的社会保障制度构建［J］. 西北农林科技大学学报（社会科学版），2007（1）.

④ 曹丁. 失地农民社会保障制度的现状调查及改进对策研究——以上海、抚顺为例［J］. 辽宁行政学院学报，2008（6）.

⑤ 魏建斌. 关于我国失地农民社会保障问题的思考［J］. 农村经济，2005（2）.

农民的就业问题。王建、何兰萍（2008）[①] 在完善保障制度方面提出失地农民的保障应与城市保障制度较快衔接，从而实现社会保障公平公正。杨斌、贺琦（2011）[②] 认为保障制度的核心理念是改革征地补偿政策，保护农民权益。失地农民应该享受经济发展带来的收益，级差地租和土地的市场价格都应该体现在征地补偿政策中。曹丁（2008）在改进我国保障制度对策中提出，在征地过程中应该充分尊重农民的话语权和利益诉求，不能盲目制定与失地农民利益错位的保障政策。

4. 失地农民保障评价体系研究

刘卫东（2007）[③] 根据我国社会保障体系构成，从社会保障资金筹集、社会保障资金运营、社会保障资金给付和社会保障效果等四个方面构建我国失地农民社会保障评价指标体系。蒋励（2006）[④] 通过对失地农民失地前后的生活进行问卷调查，了解失地农民的保障情况，运用相关分析和回归方法分析了影响失地农民保障因素。杨岳（2009）[⑤] 从社会保障水平与国民经济协调关系、社会保障基金收支情况、社会保险水平、社会福利状况、社会救助与优抚等五个方面构建社会保障评价指标体系，并运用层次分析、模糊综合评价、因子分析、聚类分析分别对全国各个地区的这五种因素进行评价、聚类，得出我国不同地区的社会保障水平差异情况。袁斌（2008）[⑥] 从影响因素、征地方案、可持续生计等三个方面出发，选取土地价值、赔偿与安置费作为衡量影响因素的指标，选取十地征用费、土地赔偿费、政府支持与保障作为衡量征地方案的指标，选取固定的居所、稳定的经济来源、持续的发展能力、稳定的社会保障、生存竞争能力增强作为

① 王建，何兰萍．失地农民社会保障安置问题研究［J］．天津大学学报（社会科学版），2008（1）．

② 杨斌，贺琦．失地农民保障制度的理念、原则及其框架研究［J］．当代经济管理，2011（1）．

③ 刘卫东．我国社会保障评价指标体系的构建设想［J］．辽宁农业职业技术学院学报，2007（2）．

④ 蒋励．失地农民社会保障体系实证研究［D］．武汉科技大学硕士学位论文，2006．

⑤ 杨岳．中国社会保障评价指标体系实证分析［D］．北京工商大学硕士论文，2009．

⑥ 袁斌．失地农民可持续生计研究［D］．大连理工大学博士论文，2008．

衡量可持续生计的指标，构建 S3LF 理论分析模型；实证分析结果显示，增加土地赔偿费用是提升农民可持续生计的最直接、最实际的方法，同时政府政策支持和保障也是不可或缺的。李彩洋（2014）① 以双因素理论为基础，从教育培训、政府政策、市场经济等三个方面出发，构建失地农民就业水平评价指标体系，并运用层次分析法，以昆明高新区马金铺街道为研究样本，进行了实证研究。

这些研究多是围绕农民保障本身进行的静态、片面的分析，未从系统和动态的视角考察影响保障体系的因素、过程及内在逻辑，没有全面系统地分析失地农民保障水平的影响因素和发展机制。同时，这些研究没有构建进行区域间横向比较的指标指数，而不同区域、不同项目的横向比较，对于发现差距、优化措施、完善政策是非常重要的。

（三）研究评述

通过国外的研究综述可知，国外发达国家的土地征用制度比较严格、规范，并且有法可依，土地私有制决定了政府征用土地要按照市场价值或者未来市场价值征用，这在一定程度上保护了农民的利益，并且国外发达国家的社会保障制度较完善。这为我国制定社会保障制度和措施提供了参考，但是需要注意的是，我国的土地政策、户籍制度、国情等与国外发达国家有很大的不同，因此需要有选择性地参考国外社会保障体系、制度、政策。

与国外发达国家相比，我国的失地农民问题比较严峻。学者对失地农民保障体系的内容、保障基金、保障制度、评价体系等进行了研究，试图构建适合我国国情的失地农民保障体系，大多数学者的研究结论并不完全一致，总结学者对失地农民保障体系的相关研究发现需要完善以下几点：

第一，保障范围窄，评价指标体系不科学。我国学者对失地农民基本社会保障的研究文献较多，但是对失地农民全面保障的研究很少，保障的内容大多局限于社会保障范畴，不能全面反映农民失去土地后的生活、生计、发展等情况。在对失地农民保障体系评价指标的构建上，大多只考虑

① 李彩洋，云南城镇化进程中失地农民就业水平评价体系研究［D］. 云南财经大学硕士论文，2014.

了失地农民的生存问题，没有考虑长远生计问题；较多考虑了物质保障的评价，较少关注精神、环境、教育等方面保障的评价；构建的指标也只能说明现阶段失地农民的保障情况，而对将来的发展情况未加关注。

第二，总结多、创新少。我国学者对失地农民保障体系的相关研究大多参考一些经典的文献，多数学者的研究仅仅是对以往研究的总结概括，缺乏自身对研究对象的参与和理解，研究思路和内容局限在已有的研究范围内，理论缺乏创新性。

第三，定性分析多，定量研究少。现有关于失地农民保障的研究成果大多着眼于理论阐述与分析，而对失地农民的现实生活、发展情况调研不足，缺少第一手的调研资料和实证研究的数据支撑，没有经过数据检验和调研得出来的政策建议可行性要大打折扣。

总之，我国对失地农民社会保障的研究文献较多，但缺乏对失地农民"大保障"范畴的研究，并且我国学者对社会保障的研究很多只是概括总结，缺乏创新，对失地农民的保障水平研究也缺乏系统评价工具以及调研和数据支撑。

三、本章小结

本章主要介绍了国内外失地农民保障问题的文献综述，包括失地农民的一般性研究和失地农民保障体系研究。在一般性研究中主要从失地农民问题的产生、失地原因、失地规模、失地农民存在的问题等方面进行了论述。在保障体系研究中，主要从失地农民保障体系内容、保障基金、保障制度、保障评价体系等方面进行了阐述。最终得出我国对失地农民社会保障的研究文献较多，但缺乏对失地农民保障系统的研究，尤其是长远生计与非物质保障的研究缺失，并且我国学者对社会保障的研究很多只是概括总结，缺乏创新，对失地农民的保障水平研究也缺乏系统评价工具以及调研和数据支撑。

第三章　失地农民保障评价的理论基础

毫不夸张地说，理论基础是课题研究的基石和灵魂，它对整个的研究起着纲领性作用。本篇的研究重点是要构建失地农民保障评价体系，但如何确定失地农民保障获得的路径、选用什么方法来衡量失地农民保障水平、失地农民保障的获得会受到哪些因素的影响等，这些都是需要考虑和明确的问题。下面这些理论是回答上述问题的依据，它们为失地农民保障评价体系的构建提供了理论支撑。

一、可持续生计理论

（一）可持续生计理论提出的背景与内涵

1. 提出的背景

可持续生计理论的形成背景开始于对20世纪中期一些国家发展方式的反思，其中包括斯大林社会主义模式、小农生产者模式和社会主义现代化范式。这些发展模式或范式的共同点是：对农民的利益需求尚不重视，也没有考虑农民在维持自我生计中的潜在作用。[①] 在20世纪70年代之后，具有代表性的西方学者，例如舒尔茨（2006）和厄普霍夫（2006），他们通过对上述理论和政策的反思，开始认识到，在农业现代化的实现以及改善农民生活的过程中，农民在改善自我生计中具有潜在作用，但同时需要政府外力的推动，即通过对农民投资以使他们掌握新技术并获得新知识。

在20世纪80年代末的世界环境与发展委员会的报告中，“可持续生计”这个概念第一次正式出现：“它从一开始就是要维系或提高资源的生

① 王三秀．国外可持续生计观念的演进、理论逻辑及其启示［J］．毛泽东邓小平理论研究，2010（9）．

产力，保证对财产、资源及收入活动的拥有和获得，而且要储备并消耗足够的食品和现金，以满足基本的需要。”1992 年，在联合国世界环境与发展大会上，“可持续生计” 这个概念被列入了行动议程，并主张将消除贫困的主要目标定为稳定的生计。1995 年，在哥本哈根举办的社会发展峰会上，会议上通过的《哥本哈根宣言》则将其概括为“使所有男人和妇女通过自由选择的生产性就业和工作，获得可靠和稳定的生计”。在《让生计可持续》一文中，纳列什·辛格和乔纳森·吉尔曼这样指出“消除贫困的大目标在于发展个体、家庭和社会改善生计系统的能力”。

随着“可持续生计”这个概念的不断流行，在研究贫困、农村发展等一些问题时，可持续生计开始作为一种工具被采用。

2. 理论内涵

可持续生计定义的确定是建立在“生计” 概念界定的基础上。大多数学者认为生计这个词要比工作、收入、职业这些词包含的含义更为丰富，也更能描绘和反映出穷人生存的复杂性。而目前被普遍认可和采用的是 Cha 米 bers 和 Conway 对“生计”下的定义，即生计是谋生的方式，该谋生方式建立在能力（Capabilities）、资产（Assets）（包括储备物、资源、要求权和享有权）和活动（Activities）基础之上。① 在此定义中，“生计”这个概念的范畴因能力的引入而扩大，它不再只是关注一些物质因素如食物、收入等，而是更加重视发展人自身的能力。关于能力的几种表现形式，Cha 米 bers 和 Conway 也给出了一定的概括：在一定生存环境中，个人处理胁迫和冲击的能力，发现和利用机会的能力。也许由于研究目标和侧重点的不同，不同学者对生计概念的理解也会存在一定的差异，因而对生计下的定义不尽相同。但有关生计的这些定义中还是有一个共同点，即资产、权利和行动等生计组成要素是一致的。这在一定程度上并不影响不同生计途径的比较与交流。

在此基础上，可持续生计也有了明确的定义，本篇比较倾向于对可持续生计的概念作出这样界定：个人或家庭及其后代所拥有和获得的能用于

① Chambers，R，and R. Conway；Sustainable Livelihoods：Practical Concepts for the 21st Century；IDS Discussion Paper，No 296；1992.

改善长远生活状况的谋生能力、资产和有收入活动的集合，并具有在失衡状况下可抵御外界压力和冲击进而恢复并维持生计的资本。① 在此定义中，谋生能力是指一种既可以挣钱养活自己又可以挣钱养活家人的能力；此处资产的定义是广泛的，它既包括有形资产，如存款、住房、土地经营权等，又包括无形资产，如社会关系、知识、技能等，这里的资本主要是指“五大资本”，即自然资本、物质资本、金融资本、社会资本、人力资本；此处的收入，既包括个人或其家庭成员靠出卖劳动而获得的工资性收入、以家庭为生产经营单位进行生产筹划和管理而获得的经营性收入，也包括个人将其资金或有形非生产性资产提供给其他机构单位使用，从中获取回报的财产性收入，以及无偿获得的转移性收入。特别指出，可持续生计这个概念应是随着实践的发展而不断发展变化的，并且它是相对开放的，而不是绝对封闭的。

综合现有文献中各学者的观点，就可持续生计的内涵来说，可以将其特点概括为“三性”，一是延续性：这是可持续生计的内在要求，它是指生活状态的一种可延续，就是说能使原有的生计水平得以维持，或者是指在时间上的一种永续性，也就是说可使当前的状态延伸到未来；二是发展性：延续性仅仅是指能够维持之前的一种运行状态，这显然是不够的，重点还是需要能够在之前生活状态的基础上有所发展变化，要有使生活水平持续提高的能力，这样才叫真正实现了生计的可持续；三是正义性：这主要是指失地农民在城镇化的进程中所做出的贡献和牺牲，他们的生活状态理应随着城镇化的发展而改善，应逐渐消除城镇化进程中失地农民利益缺失的不公现象，政府应给予失地农民该享有的公平政策，这才是社会公平正义的体现。

在可持续生计理论中，还体现有以下三种观点：

（1）赋予了“以人为本”的思想。人的发展在可持续生计理论中被放在十分重要的位置，这不仅是在微观层次上显得很重要，而且在较高的水平上也是同样的重要，特别是在一些目标（如可持续发展、脱贫、经济改

① 黄建伟，刘典文，喻洁. 失地农民可持续生计的理论模型研究［J］. 农村经济，2009（10）.

革等目标）的实现上，也给予了充分的考虑。这就意味着在实践中，可持续生计理论有以下几点需要注意：①不仅要注重对生计的分析，还应考虑其随时间所发生的变化；②让人们参与其中并对他们提出的观点和意见给予足够重视；③因制度与政策的不同从而对人的自身生计范围产生的影响，也是须被关注的；④强调通过对一些制度和政策的改变，让贫困人口自己积极地去摆脱贫困，其中让他们参与到政治活动中去是一个关键步骤；⑤特别要对人们实现自身的生计目标给予支持。在这里可持续生计的目标要想得以实现，来自外部的支持要与目前的生计策略、外部环境以及自身的生计能力相适应。这个理念告诉我们，理应将人作为优先考虑的对象，而不是依赖于提供服务的外部政府和他们自身利用的资源。遵循这一原则的好处就是，能够很好地为优化政策提供支持。

（2）强调可持续性。可持续生计这个理论着眼于整体性、综合性、动态性和发展性，所以一般是从两个方面来理解可持续性。

一是从生计可持续的角度来理解，这其中有以下几个含义：①可抵御外部的社会经济动荡和自然灾害进而恢复以使生计可持续；②对外界的支持不产生依赖性；③能使周边的自然资源保持长期的生产性；④对他人的生计或生计选择不进行破坏。

二是将生计系统中的环境、资产、社会和制度区分开来理解。①环境的可持续性。这主要是指保存并持续提高可维持生计的自然资源的可生产性，以使能够延续到子孙后代利用。②资产的可持续性。确保将消费者的资产保持在一定水平。要想解决贫困人口生计上的资产可持续性问题，就需要维持和保证他们经济福利的基本水平。③社会的可持续性。为了实现社会最大程度的平等，一定要将出现的一些社会不公、社会排斥等现象降到最低。④制度的可持续性。政府等主导机构出台的政策制度和运作机制能够长期有效地运行并能持续地发挥作用。

（3）强调自身能力的发展。可持续生计这个概念中所指的资产，不仅仅局限于有形资产，它还包括社会关系、个人的知识与技能、与自身生活相关的决策能力等无形资产。因而，可持续发展能力的获得，是通过对不同类型的资产进行统筹利用的生计策略实现的。也就是说，在应对自然的、社会的、经济的、政治的等多种风险的情况下，自身应具备将各类生计资产通过资产组合以获得更大资产积累的能力。

（二）可持续生计理论的分析框架

在众多关于可持续生计的分析框架中，最具有代表性且得到普遍认可的是由英国国际发展机构于 2000 年研究制定出来的 SL 框架——DFID 模型。该分析框架可通过一个二维图形（见图 3－1）表示出来，它展示了生计系统里各要素之间的结构及其关系。从图中可以看出，风险性环境会受到政策与制度等因素的影响，而它本身又会使人们拥有生计资产的性质与状况发生变化，生计资产是与政策、制度等相互作用的，人们能够选取怎样的生计策略类型受限于拥有生计资产的状况，而采取生计策略类型的不同又会导致不同的生计结果，反过来，生计结果又可以影响到生计资产的性质与状况。

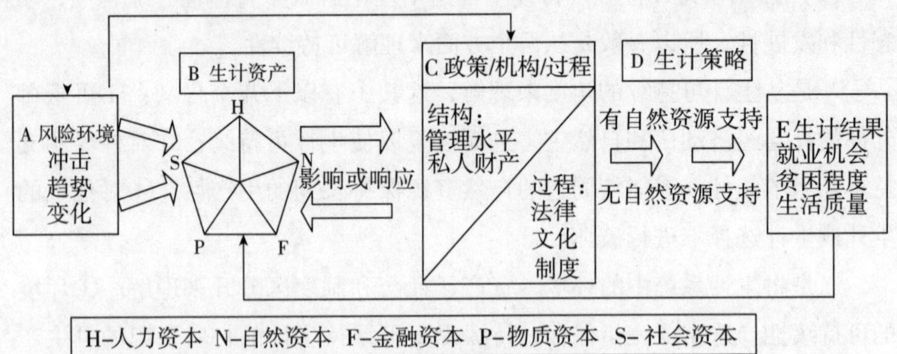

图 3－1 可持续生计分析框架

可见，在此框架中，人们对不同类型生计资产的可获取性及其利用不仅要受到自然灾害、经济环境变化等外在冲击和趋势的制约，还会受到乡规民约、宗教信仰等社会因素的制约。个人或家庭能够利用怎样的生计资产、采取怎样的生计策略以及最终会实现怎样的生计结果，在很大程度上会受到社会组织和机构的影响，所以说，在此可持续生计分析框架中十分强调社会机构及过程的作用。总而言之，此框架为鉴别生计系统中的不同限制因素及其关系，以及对此需采取怎样的干预措施提供了一个指导性提纲，它可以在个人、家庭、区域、国家等不同层次得到应用。

不过，值得注意的是，这个二维图形并不能将各要素之间的互动关系完全展示出来。而且，该分析框架这样表示，并不是说所有的生计分析都要从风险性环境开始，然后经过一些要素间的相互作用，最后生成生计结果。这是因为决定生计形式与状况的各种不同因素和力量是在不断变化的，故而上述分析过程就不是一成不变的。

在此可持续生计分析框架中主要涵盖五大部分，接下来就详细介绍每一部分的具体含义：

1. 风险性环境

组成生计的因素众多，并且这些因素大多会影响到生计。人们生活在由人口、自然、社会等若干子环境因素构成的特定环境中，此环境往往会给一个社区带来逐渐的变化和突然的冲击，因而被称作风险性环境，也可叫作脆弱性环境或背景。① 诸如一些外部冲击、变化趋势、季节性因素等都会对人们生计资产的有效利用产生根本性的影响，并且这些影响因素往往是难以被个人或家庭所控制的。之所以认为风险性环境很重要，主要是由于它既可以对人们拥有生计资产的状况及其选择机会产生直接的影响，又可以对人们取得的生产生活结果产生间接的影响。因而，人们要想在短期内或者是在中期内直接改变它几乎是不可能的。但是，从可持续生计方法本身来讲，它要达到的目标是增强人们抵抗风险的能力以使风险环境对人们造成的破坏降到最低，甚至是可以利用其中积极的变化来获益。例如：人们可以利用类似保险这样的金融服务来降低环境的脆弱性，或者一些关键组织和机构能够帮助穷人建立起他们的资产并能积极回应他们的需求。

2. 生计资产

（1）生计资产含义。在介绍可持续生计定义时已提到，这里的资产不仅包括有形资产（储备物和资源），还包括无形资产（要求权和可获取权）。储备物主要是指存款、收藏的有价物品等；而资源主要是指生产工具、土地、牲畜等；要求权主要是指能够带来物质、道德和其他实际支持

① 罗蓉．中国城镇化进程中失地农民可持续生计问题研究［D］．西南财经大学博士论文，2008.

的要求和呼吁；可获取权主要是指实践中的机会，既包括对储备物、资源、服务使用和利用的机会，也包括对技术、信息、就业等获得的机会。由此可以看出，生计系统中对资产的划分与分类并不简单。为了便于实证调查，Scoones（1998）将资产作了重新划分，也就是现在可持续生计框架中包含的自然、物质、金融、社会和人力共五大资本。需要指出说明的是，资产和资本这两个词在可持续生计理论的相关文献中经常一起出现，并没有在概念上对它们作比较严格的区分。

（2）生计资产五边形。在可持续生计分析框架中，生计资产五边形作为其核心内容，非常直观形象地刻画了生计资产的类型及其相互关系。该框架认为，要想获得理想的生计结果，人们仅仅依靠单一一种资产是不行的，而是需要对多种资产进行组合利用。但对于贫困人口来说，他们拥有的资产往往很有限，因而要想综合利用现有的资产来维持生计，就不得不在方法上寻求革新。以人为本是可持续生计方法中十分关注的一个重要方面，该方法力求能够如实地掌握人们的资产实力，以及在此资产实力基础上，他们如何尽力追求积极的生计结果。在对失地农民可持续生计问题进行研究时，此框架带来的最大意义就是，自然资本是农民失去土地前的最主要资本，土地的失去意味着农民可利用自然资本的程度较之前大大下降，于是通过对其余四大资本的研究，去弥补农民因自然资本的大幅度减少给他们的生活及保障带来的一系列问题。

特别指出的是，人们拥有生计资产的状况总是处于不断地变化之中，因而生计资产五边形其实是在不断改变的，只不过该框架是二维图形由于没有包括时间这一维度所以不能显示出这一变化。但是，当我们对生计资产进行分析时，并不能忽略时间这个因素。

（3）生计资产与其他部分的关系。可持续生计框架内包括有多种关系，在此，重点介绍一下生计资产与框架内其他各部分间的关系。①资产与风险性环境的关系：资产既会受到风险性环境的破坏，但同时也能由它们所创造。②资产与结构和制度转变的关系：资产受到政策、制度等因素的深刻影响，它们既会创造资产和决定资产的获取方式，还会对资产的积累率造成影响。但是二者的影响关系是相互的，个人或家庭本身也会对“结构和制度转变”产生一定程度的影响，而且他们对“结构和制度转变”

的影响程度一般与其拥有资产的多少有关。③资产与生计策略的关系：人们拥有的资产及其种类越多，他们在选用生计策略时可选择的范围就越大，于是他们在维持和发展自身的生计时就能更为灵活地在不同策略间进行转换。④资产与生计结果的关系：人们能够实现什么样的生计结果同样与其拥有资产的状况紧密相关，这主要是因为采取的生计策略不同，一般来说实现的生计结果就不一样，而生计策略的选择范围受限于拥有资产的状况。

3. 结构和制度转变

除了脆弱性背景（也就是风险环境）外，结构和制度转变是此框架中另一重要背景。有利于人们生计的好的制度与政策的实施，往往会使人们的资本得到给予，例如人们会从培训制度中获得知识和技能，从而使自己的人力资本得到提高。相反，坏的制度与政策则会阻碍人们生计发展的可持续性。因而，制度与政策的建设显得十分必要和关键。

4. 生计策略

生计策略从根本上来讲，就是进行资产组合和应用所采取的一系列行动和方法。具体来讲就是，在一定的风险环境下，同时考虑到政策和制度环境带来的支持或阻碍，人们在自身资产实力的基础上综合利用现有资产，为了实现生计目标而制定的策略。

5. 生计结果

生计结果简单来说就是生计策略的输出结果或效果。例如贫困程度减轻、就业水平提高、收入增加、保障体系更加健全等。但生计的输出并不都是上面列出的好的结果，也会产生不可持续的生计结果，例如自然环境受到破坏、生活水平较之前不断下降等一些不好的结果。

（三）可持续生计理论在本研究的应用

关于失地农民的保障，我们首先需要弄清楚究竟是什么因素对失地农民的保障水平造成了影响，以及该如何对各种影响因素进行调整，才能使失地农民的保障水平得到提高，并且更具有持续性。可持续生计理论为我们提供了可供借鉴的研究范式，该方法就是要试图找出人们所面临的最紧迫的制约因素，以及最有希望的发展机会。此外，可持续生计框架本身并不是要为事物发展提供一个固有的标准模式，而是一种关丁事物发展的思维方式。失地农民的保障问题事关失地农民的今后发展，所以在研究此问题时可以很好地引入可持续生计的思维方式，力求从制约失地农民保障的因素，以及实现失地农民保障的可持续性等方面入手去进行研究。

从可持续生计分析框架中得知，在实现理想生计结果的过程中十分强调生计资产的作用。本篇提到的失地农民保障，不仅仅是追求失地农民当期征地补偿等短期指标的提高，而是要用系统的、动态的视角去分析问题，致力于追求失地农民保障水平长期的可持续性的提高。这让我们很容易想到经济学中的一个重要概念——资产，从个人和家庭的福利来看，资产就是指其他权利完结后留在个人结余单上的个人或自我的权利①。进而想到，要想实现失地农民保障的可持续发展，有关政府或组织势必要引导和帮助失地农民进行资产的构建及积累。因而，农民在失地前后保障水平的变化紧紧依赖于拥有资产水平的变化，于是我们就将失地农民拥有资产的状况作为影响其保障水平的重要因素。资产的种类很多，关于失地农民资产的构建及类型的划分，我们可以使用可持续生计框架中现有的模本，即将资产划分为自然、物质、金融、人力、社会等五大资本，这是因为该框架的提出就是为了分析贫困、农村发展等一系列问题，失地农民的保障问题也在此框架的应用范围内。

生计结果的获得必须依靠生计资产，而生计资产效用的发挥要受到风险性环境、结构和制度转变等因素的影响。这就促进我们对本篇研究内容作更深一步的思考，失地农民拥有的资产如何发挥效用，肯定要受到自身能力、家庭特征以及一些政策、制度等因素的影响，我们将这些因素统称为保障转换因素。那么，失地农民保障水平的获得就必然会受到这些保障转换因素的制约或促进。

从以上分析中得知，失地农民可持续性保障水平的获得，既要依靠资产的获得与配置，又要受到保障转换因素的影响。这其间的复杂运行关系，我们可以通过一个图形直观地表示出来。

---

① C. B. MacPherson, Property: Mainstream and Critical Positions. Toronto: University of Toronto Press, 1978.

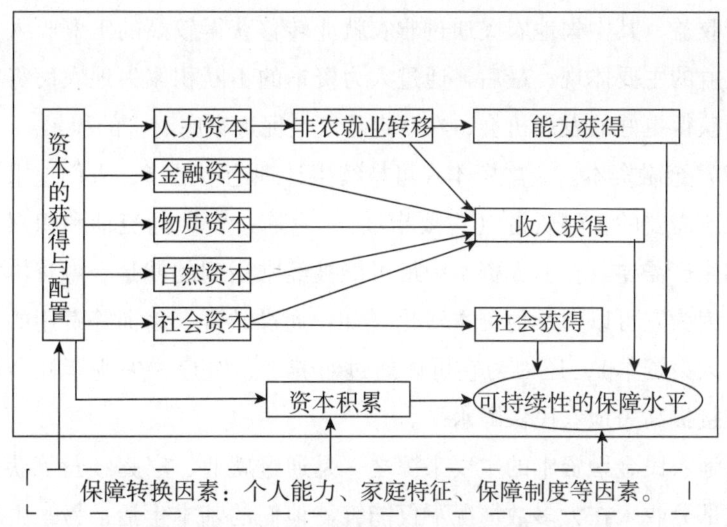

图 3－2　失地农民保障获得的路径分析框架

接下来，对上述图形的运行机理作以下阐释：

1. 失地农民资产的类型及配置

（1）人力资本。人力资本在可持续生计理论中的解释主要是指，人们为了在采取生计策略时有更多的选择以达到所追求的生计目标而拥有的体能、劳动能力和知识等。本篇以失地农户（即家庭）为研究对象，因而从家庭层面上来讲，其实际劳动力的数量和素质对人力资本具有决定性作用。层次性是人力资本所具有的一个特征，这主要是因为个体不同，其具有的原始天赋、拥有的健康状况往往存在差异，在接受知识和能力方面也就不同。于是，根据失地农民年龄、健康状况、受教育程度等的不同，可以被划分为自然人力资本、一般型人力资本、技能型人力资本等三个层次，例如急需进行人力资本投资的失地农民未成年子女属于自然人力资本的范畴；对于那些年纪较轻且具有一定劳动技能和较高文化水平的劳动力，显然就属于技能型人力资本。对失地农民进行人力资本投资，要使他们达到的层次越高，那么投入的教育、培训等费用就越高。

首先，人力资本的投资不能只是依靠失地农民自身或其家庭，政府、开发商等也应该成为投资主体。对失地农民进行人力资本投资最直接的表现就是他们知识、技能水平等的获得与提升；其次，人力资本的配置影响着投资收益，其中失地农民通过非农就业转移获得较高的工资收入水平是投资收益的主要体现；最后，通过人力资本的不断积累失地农民将在就业等方面获得更好的发展机会，在一定程度上促进家庭财富的积累。

（2）金融资本。金融资本在可持续生计理论中是指，人们追求生计目标实现所需要的金融资源（主要指钱），它通过资金的流动和积累来满足消费和生产需要。在五大资本中最可能被经常用到的就是金融资本，这不仅仅是因为它可以向其他资本转化（如：通过教育、培训等费用的支付可转化为人力资本），还因为它可以通过对养老、医疗、失业等社会保障的支付直接提高失地农民保障水平。

失地农民金融资本的主要来源之一是通过就业、家庭经营等获得的收入，这部分收入在大多数情况下仅能维持他们的基本生活；另一主要来源是由于被征土地而获得的补偿款，但在现行征地补偿制度下，农民获得的征地补偿金额并不高，每亩地的补偿金额大都是在 3 万～5 万元。征地补偿金数额虽不多，但在一定程度上却能增加农民的储蓄。然而，他们拿到补偿金后往往并没有能力找到好的投资渠道，也就使得其拥有的金融资本不能得到有效利用。因而，政府、开发商等相关方应帮助失地农民找到或建立起更好更有效的金融服务组织，或者在制度上使农民获得更多的金融服务使用权，以此增加失地农民流动资金和储蓄的生产力。

（3）社会资本。社会资本从其定义上来说是指，存在于社会网络和社会组织中的能够为拥有它的主体带来收益的一种潜在性的能力，社会关系是它的一种对外体现。特别指出，社会资本并不能依附于个人而存在，个人必须处于某一网络中才会拥有它。失地农民在他们所处的社会关系网内所获得的支持、信任等许多便利，就可以被列到他们社会资本的范围内。人与人之间相互信任、互惠互助的关系是社会资本十分强调的一种社会关系，因为这种建立在信任基础上的社会关系可以带来共同劳动或相互交易成本的降低，这种关系是农民在失去土地后可以依靠的社会福利网。

农民失去土地后也就失去了生活来源，他们开始面临就业的问题。失地农民在就业的过程中，较高的技术技能水平等（依靠人力资本投资获得）虽然能够提高他们的就业机会，但老乡、亲戚、朋友等这些社会关系也是让他们实现就业的重要途径。此外，政府或开发商在征收了农民的土地后，可以通过提供公益岗位或企业招工等方式帮助失地农民实现就业。另外，城镇化带来的社会经济组织与外来人员也扩大了失地农民的社会资本。

社会资本作为资本的一种也应该有其自身的价值，失地农民的市民化可以通过归属感、身份、地位等的获得或提高来增强他们的幸福感。

(4) 物质资本。对于农民来说，他们在生活生产中所需要的一些基础设施和生产资料都属于物质资本。基础设施中除了个人住房外一般都具有公共产品的属性，也就是在使用时不会直接支付费用（如道路）。生产资料主要是指农民在生产过程中所需要的设备和工具，它们一般是农民通过购买或租用得来的。在失去土地后，稳定的住所、充足的水源、洁净的能源、便利的交通、信息通信等基础设施就成为农民所必需的物质资本。物质资本对失地农民来说也具有很大的重要性，这是因为物质资本如果匮乏，在一定程度上就会限制失地农民的生产力，使得他们不得不在非生产性活动上花费更多的时间和精力，造成机会成本的增加。例如，如果缺乏便利的信息通信设施，他们就不能及时了解市场，因而在市场竞争中处于被动的地位。

物质资本不只是需要原始资本的投入，而且在后续的运作中还需要人力、资金等方面的不断投入。对于失地农民，一是可以通过提供房屋、良好的基础设施、一定标准的服务等向他们提供直接支持；二是可以通过明晰房屋产权、加强社区管理方面的能力建设等向他们提供间接支持。

(5) 自然资本。自然资本是指自然生态系统中所能提供的有利于人们生计的自然资源储备，既包括土地、树木等这些自然资源存量，也包括营养循环、水循环等这些生态服务。对于那些依靠自然资源进行生产活动以维持生计的农民来说，自然资本显得尤为重要。在本篇所研究的框架中，农民最为基础的生计资产就是土地，当他们的土地被征收后，也就意味着以土地为核心的自然资源基础地位的丧失。但是，失地农民在今后的发展中还需要依靠自然资源的生态服务功能，诸如水和养分循环、净化空气等。此外，政府或企业要想使自然资源在未来依然保持可利用性，就更应注重建立起良好的生态环境，这是因为对自然资本的投资一般与较高收入之间存在着正相关关系。

从以上五大资本在失地农民可持续性保障中的作用大小来看，农民在失去土地后，其未来的保障水平主要取决于物质、金融、人力等三大资本，并且物质资本和人力资本构成了失地农民可持续性保障的基础保障作用和主体能力；金融资本则构成了其发展的基础和支撑；自然资本则有可能因为制度的变迁（如土地产权制度的改革），重新获得支持失地农民生活保障的重要作用；社会资本将受到社会结构变动的重要影响，其作用需要深入研究。

2. 保障转换因素的影响机理

在失地农民保障获得的过程中，保障转换因素的影响作用也是不容忽视的。例如，即便是相同的资源，如果个人能力存在差异，那么所选择的资源配置方式往往也就不同，对于资本来说资本积累结果也就不一样，因而对保障的影响就会存在差异，最终输出的保障水平也就不同。

保障转换因素中另一影响作用很大的就是制度因素，这是因为制度因素可以通过发挥以下功能而对失地农民保障获得的全过程进行影响：①使交易成本降低。制度的有效性主要体现在可以减少市场的不确定性，从而降低交易的成本；②为合作创造条件。正是由于制度的存在，人们之间的关系得以规范，通过减少合作的阻碍因素而使人们相互间合作的成本降低；③为经济提供服务。这是制度存在所具有的经济价值；④提供激励机制。有效率的组织得益于制度化设施的建立，在财产所有权确立的基础上，通过将个人的经济能力不断引向一种社会性的活动，使个人的收益率不断接近社会收益率。另外，制度环境不同，资本所体现出来的价值也就不一样。例如，在农耕时代，自然资本显现出重要的价值，尤其是土地资源对农民来说发挥着多重效用；而在知识经济时代，人力资本则上升到重要地位，对人力资本的投资可带来未来的高收益。资本积累在很大程度上同样受着制度的影响，美国学者迈克尔·谢若登教授曾对美国各类家庭资产分配的状况作过调查，私人拥有的住房和养老金在家庭资产中大约占了50%，而这些资产的积累受到税收政策直接而有力的影响。[①] 因而，我们

① （美）迈克尔·谢若登. 资产与穷人［M］. 高鉴国译. 北京：商务印书馆，2005.

认为，失地农户的资产积累与制度选择相关，是制度作用的结果。实际上，失地农户保障水平的获得就是在既定的制度环境下，通过资产选择、组合来实现资产收益最大化，从而获得生计可持续以使保障持续发挥作用。

二、资产建设理论与家庭经济学理论

（一）资产建设理论

资产建设理论源于各国学者对贫困问题的思考，而它的最初提出者是美国学者迈克尔·谢若登。谢若登教授对资产建设理论的首次介绍是在其于1991年出版的专著《资产与穷人》一书中，该理论针对的是传统的以增加穷人收入为基础的扶贫政策，谢若登教授从他的研究中得出：收入微薄虽然也是造成贫困的一个原因，但是资产匮乏才是导致穷人持续贫困的重要机制，穷人依靠政府的资金转移支付只能维持最低的生活需求，由于他们并没有资产，也就不能享有资产积累所带来的支持长期生活的福利效应，因而一旦失去政府所提供的收入来源，他们依然会陷入贫困。由此看来，传统的扶贫政策只能使穷人的生活状况在短期内有所改善，却并不能使他们真正摆脱贫困。而资产建设理论则强调政府应在政策上引导穷人建立起自己的资产，并帮助他们进行资产积累和投资，这是从根本上提高他们自身的发展能力，不再是简单地增加他们的收入。

谢若登教授为了说明资产建设的重要性，于是对收入和资产这两个概念作了界定。收入是指特定时间内进入家庭或其他机构的所有货币，它的获得主要被用于短期消费，属于家庭中的资源流动；而资产则是人们长期持有的家庭中财富的积累，它能够提高人们诸如住房、教育等长期状况的投资。从以上两个概念中可以清楚地看出，收入只是满足人们的一时之需，一旦收入链中断，如果没有资产积累可以缓解，他们的生活马上就会陷入贫困。所以，只有帮助穷人进行资产的建设，才能使他们真正得以独立和自给自足，从而彻底地摆脱贫困。

谢若登教授进一步指出，之所以反贫困的社会福利政策要以资产为基础，是因为资产对于人们来说具有多重的福利社会效应：①促进家庭的稳定。对于有些家庭，其本身就处于收入贫困线的边缘，如果再遇到家庭某成员得重病、失业或其他一些灾害，家庭中本来就很微薄的收入更加难以应付这些意外事故，因而很快就会陷入贫困。但如果这些贫困的家庭拥有一些属于自己的资产积累，那么当他们遇到生活中的波动时，就可以通过资产提供的资源来及时补充收入的不足，这样，就更容易确保家庭的稳定并进而维持社会与经济的平衡。②创造一种未来取向。当一个家庭处于贫困的状态同时又没有任何资产的情况下，他们考虑的只能是当前如何吃饱等一些生存最迫切的问题，根本不可能去展望未来、为未来作打算。而资产的存在却可以为贫困的家庭提供一道生活的屏障，在这道屏障的作用下，他们就有基础去考虑未来，想着如何去管理和使用自己的资产，或者是进行资产投资，或者是认识到教育的重要性让子女接受教育等，这些都是他们脱离贫困的出口。③促进人力资本和其他资产的发展。当人们手中拥有一定的资产时，他们为了管理这些资产就会自主地去寻求该资产的相关信息，这实际上就是一个受教育的过程，促进了人力资本的增长。此外，一项来自教育成就与资产预期的家庭调查表明，儿童的教育是与低收入家庭的资产呈现正相关关系的，也就是说较高的人力资本与较多的资产相关。由此看来，资产对人力资本等其他资产具有重要的积极效应。④增强专业化。一般对于资产贫困的家庭而言，要想促成自身的专门化和专业化是很难的。这是因为无论是购买专业化的工具和技能，还是支付从事专业化所需的物品和服务，都离不开资产。⑤提供承担风险的基础。多样化的投资有利于分散风险，因而减少了在一定风险条件下需要承担的损失，相对来说也就扩大了收益。但这对于缺少资产的家庭来说，进行多样化的投资往往是难以实现的，因而帮助他们建设资产十分必要。⑥增强个人效能。关于此方面主要是说，在拥有资产的情况下，个人可以预测和控制的范围也就越大了。⑦提高社会影响。凡伯伦在其《有闲阶级论》这一著作中有着这样的观点，财富积累可以帮助人们实现超出经济以外的目的。马克思更是认为，人们对资本的积累实际上是源于对权力的追逐。这样看来，资本积累除了产生经济效应外，还可以提高人们的社会地位。⑧增加政治参与。人们有了资产，基本生活得到了保障，就会有更多的精力参与到政治过程中。同时，有了资产也就意味着在政治参与中他们可以使用更多的资源，也就有了参与的动机；⑨增加后代福利。资产的这一未来取向效应是收入所不能给予的，这是指人们拥有了资产，就会主动去管理自己的资产，为自己的下一代作谋划，因而其后代一出生就会拥有一些家庭的资产积累。由于后代一出生就站在一个更高的起点上，贫困就不容易再出现。

谢若登教授为了探讨福利是如何在非穷人和穷人之中发挥作用的，分别对两者的福利模型作了分析，最终给出了包括收入和资产的穷人福利模型。

对于非穷人来说，其金融支持除了可以从就业、家庭和政府获得收入以外，还可以从政府的社会资产政策中获益，从而进一步形成资产。这样，短期内的结果就是，通过收入获得高水平的消费，同时过多的收入被储存下来继续形成资产。另外，在政府的资产政策下，非穷人通过资产积累产生更多的资产，而资产又可以促进消费的增加。于是，长期的结果就是，随着收入的不断增多，消费水平也会不断提高，资产继续产生更多的资产并使得消费进一步增加。

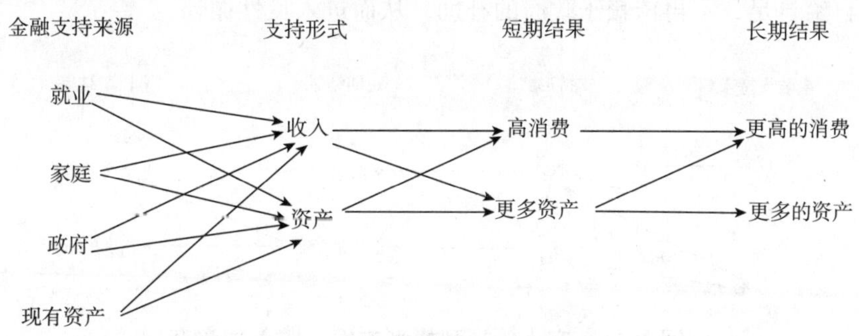

图 3－3　非穷人的福利模型

不过，对于穷人而言，由于他们几乎没有资产，所以其金融支持只能是从就业、家庭和政府获得的收入。并且，穷人在就业方面所获得的收入在大多时候还是很少或者很不稳定的，而政府的资产政策对于他们基本上没有意义，即便政府会对符合条件的贫困家庭给予收入补贴，那也仅仅只能维持他们最基本的生活。因而，在短期和长期的结果都一样，低收入水平最终导致的消费水平也低，由于穷人没有资产也就享受不到资产的福利效应。而政府提供的收入补贴被用到了生活基本消费中，只有持续供应，才会使他们的消费水平维持下去，这无疑是一个“恶性循环”。

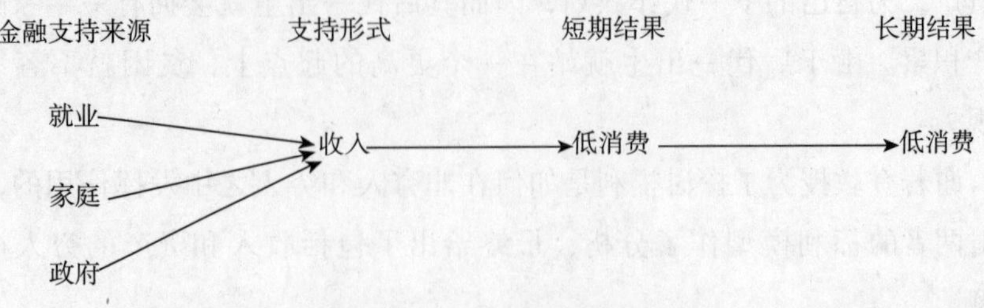

图 3－4 穷人的福利模型

通过以上分析，谢若登教授在其资产建设理论中提出，政府应建立帮助穷人积累资产的社会政策，也就是说政府要一改以前仅提供收入补助的做法，将其中的一部分收入改换成资产的形式提供给穷人。这样，在短期内，虽然他们的消费水平仍然较低，但却可以积累小部分的资产。因而长期的结果就是，那些很少的资产能够产生稍多的资产并使消费水平得到提高。穷人就可以依靠逐渐建立起来的资产，不断发展自我的能力，最终变得自给自足，不再依赖于政府的补助，从而进入良性循环。

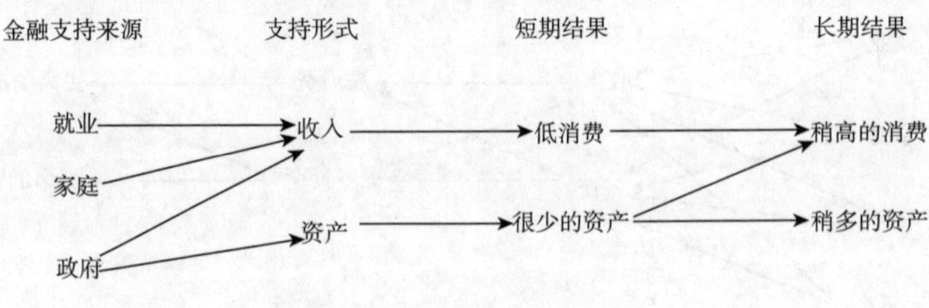

图 3－5 穷人的福利模型方案：收入加资产

（二）家庭经济学理论

在家庭经济学研究方面，恩格斯于 1884 年完成的《家庭、私有制和国家的起源》一书，开拓了家庭社会学研究发展的新领域，但在 20 世纪 50 年代之前是以对家庭社会和家庭史的研究为主，这一时期发表的著作大都是对家庭经济经营方式的描述。实际上，家庭社会学和家庭史在二战之前一般都是被交错在一起研究的。美国经济学教授加里·贝克尔是家庭经济学研究中非常具有影响的人物，他的经典著作《家庭经济分析》于 1981

年发表，是现代新家庭经济学诞生的标志，从此家庭又被纳入了经济研究的范畴。

贝克尔教授认为，家庭作为微观经济单元不应该只是纯粹的消费者，它其实还是家庭所需的一些非市场商品的生产者。因而，家庭活动同时包括消费和生产活动。具体来说，家庭生产的其实是某种“满足”，首先繁衍后代及教育子女等代表着未来的劳动人口和人力资本，因而是一种可带来未来收益的“产品”。其次，家庭还会生产出能够满足家庭需要的“消费品”——衣、食、住、娱乐等。[①] 其资源是货币收入、夫妻双方无偿承担的家务劳动、家庭成员的时间。在家庭活动中，家庭的每一成员都是追求效用最大化的理性者，他们的经济行为均要受到家庭收入和时间的双重限制，并在此两种限制条件下使家庭资源效用实现最大化。实际上，贝克尔教授将经济学中研究人类物质行为的工具应用到了各种家庭经济行为的分析中，并将人力资本理论、最大化行为理论、稳定偏好理论和市场均衡理论贯彻其中，不仅科学地解释了很多家庭经济生活问题，而且为我们以后进行家庭经济行为分析提供了方法论指导。

（三）资产建设理论与家庭经济学理论在本研究中的应用

1. 资产建设理论在本研究中的应用

本篇研究的内容与失地农民的保障有关，而保障的最终目的就是要满足失地农民的需要。经济领域中通过市场购买可以满足人们的需求。而在保障领域，人们需求的满足往往依靠的是公共干预，至于怎么干预还要看社会政策如何指引。

保障是以收入为主还是以资产为主，实际上是社会政策观的不同。如果保障是以收入为焦点，收入就会成为保障的目标以及保障水平的衡量标准。于是，增加收入就成了政府公共干预的手段。这样的保障制度虽然能够使人们的生活状况短期内有所改善，但是人们自身并得不到任何发展，所面临的问题也不会从根本上得到解决。然而，如果保障是以资产为焦点，那么政府的干预手段就会转为推动人们进行资产的建设。资产具有长期的特性，人们会去计划如何管理和使用自己所拥有的资产，还会主动去

① 高巧. 解读新家庭经济学［J］. 商业时代，2004（11）.

了解资产方面的相关信息，从而有着更为长远的考虑与打算，这本身也是对人们意识的提升、心理的促进以及行为方式的改变等，人们自身得以发展。由此可见，要想使失地农民的保障水平不断提高以使保障持续发挥作用，政府就要积极引导失地农民进行资产的建设，在前面的失地农民保障获得路径分析框架中已提到，应帮助失地农民进行自然、物质、金融、人力、社会等五大资本的构建。这种以资产建设为主的失地农民保障政策充分体现了发展型社会政策的理念，不仅有助于失地农民规避生活中可能遇到的各种风险，而且更重要的是，它可以实现失地农民的可持续发展。

2. 家庭经济学理论在本研究中的应用

本篇在研究失地农民保障时，将失地农户即家庭作为研究对象，根据前面内容，失地农民保障水平的获得需要依靠家庭资产的建设和积累，只有实现资产的增值才能使保障持续发挥作用，前面提到的失地农民保障获得的路径分析框架中实际上内在地包含了资产多元化、风险最小化以及效益最大化等三大内容。故而，本篇研究过程中主要应用到了家庭经济学中的家庭资产组合理论和财富效应理论。

家庭资产投资一般可分为五种类型：即维持性投资、显耀性投资、娱乐性投资、再生产性投资、长期性投资。[①] 农户家庭通过对其拥有的各类资产进行不同的投资组合来实现资产管理，根据戈森第二定律，当各项投资的单位边际效用相等时，家庭资产投资的总效用达到最大。家庭经济行为是一个长期动态的过程，而资产是一个家庭长期的财富积累，因而相对于收入获得而言，资产积累更能体现家庭经济行为长期、动态的特点。

三、可行能力理论

（一）可行能力理论的内涵与分析框架

1. 可行能力理论的内涵

可行能力理论最早是由印度经济学家阿玛蒂亚·森于20世纪八九十年代提出来的，它源于对传统的福利经济学中用效用定义福利所带来弊端的

① 罗蓉．中国城市化进程中失地农民可持续生计问题研究［D］．西南财经大学博士论文，2008.

思考。森第一次使用“可行能力”这个术语是在“什么方面的平等”的一场演讲中，随后他在《以自由看待发展》一书中对其可行能力理论进行了发展。在此书中，森指出了可行能力的具体定义，即一个人有可能实现的、各种可能的功能性活动的组合。森的这个定义显然是在功能性活动的基础上，并进一步延伸到了自由的层面。森认为人们对于自己有理由珍视的那种生活具有选择的自由，并将其称为实质自由。

在可行能力理论中，功能性活动和可行能力是其最为核心的两个概念，森将福利的概念重新做了定义并通过一个人的生活质量来看待这个人的福利，而功能性活动和可行能力就被选作生活质量的评判标准。功能性活动反映了一个人认为值得去做或达到的多种多样的事情或状态。[①] 种类较多的功能性活动是其内在多元性的体现，它既包括吃、穿、住、行、营养充足、免受疾病之害等一些最基本的要求，也包括拥有自尊、参与社区活动等一些更高级的要求。功能性活动作为评价指标在保持了客观性的基础上，又充分考虑了人际差异。由于人际差异的存在，即便是资源量一样，人们从中能够获得的和需要花费的也会不同。在森看来，人际差异既包括个人的差异性（如生理特征）、环境多样性，也包括社会环境的差异、人际关系的差异。

可行能力可以看作各种功能性活动的组合状态，并且根据个人现实情况是有可能达到的，代表了一个人能够选择的可行集，也就是一个人能选择空间的自由度大小，这就是森所说的实质自由。可行能力这个方法十分关注人的能力，即人们能做什么以及能够达到什么状态。因而，人们所期望完成的功能性活动十分依赖其拥有的可行能力，一个人可选择自由度的大小也就取决于这个人能力的大小。

功能性活动与可行能力之间的联系相当密切。为了更加形象地解释二者之间的关系，有人拿一台机器来打比方，将一个人生活中所做的一系列事情或生活中的各种活动进行“独立包装”，即功能性活动，这恰好可以看作机器上能够完成某一特定功能的“组件”，而这台机器就是由全部可

---

① （印度）阿玛蒂亚·森. 以自由看待发展［M］，北京：中国人民大学出版社，2002.

以运作的“组件”组装而成，所有“组件”具有的功能构成了机器的存在状态。于是，若想要对这台机器进行评价，就可以检查构成这台机器的所有组件是否完备，以及它们能否满足基本的或更高的需求。这样看来，可行能力集实质上就是由各种功能性活动组合而成的可供人们选择的集合。通过对各种功能性活动的组合状态进行评价，也就可以对一个人的可行能力进行评判。

可行能力实际上是指一个人所拥有的能获得所期望生活状态的实质自由。森将这种建立在实质自由意义上的可行能力既看作发展的目标，也看作发展实现的手段和条件。前者被称为实质自由的建构性作用，而后者则被称为实质自由的工具性作用。森将“实质自由对人们生活质量提升的重要性”作为建构性作用的定义，实质自由内容本身所包括的诸如免受困苦、享受政治参与等的自由等等一些活动，由于这些活动本身代表着一个人可供选择的机会集，所以它们对于这个人的价值性是必然的，这也是建构性作用之所以根植于人的主体性的原因，人们生存所需要的空间需要定质定量的自由来提供。

在森看来，对应着发展实现的手段与条件的工具性作用要比实质自由的建构性作用显得重要和丰富许多，森对实质自由的工具性作用的解释为：在扩展人类一般自由乃至经济发展上，各种权利、机会和权益做出贡献的过程。森提出了五种在他看来需要特别强调的工具性自由，这五种工具性自由不仅有助于人们生活整体可行能力的提高，而且它们之间也可以进行相互补充。接下来，对这五种自由作一下展开说明。

（1）政治自由。这一自由主要是指应当赋予公民一定的政治及其他一些基本权利，人们有机会确定由什么人甚至按什么原则来执政。例如公民有表达自己政治意愿的自由，在选举官员时拥有投票权等。森认为政治权利应包括自由和民主，之所以一部分人的权利会被剥夺，其主要就是由于政治上的专制和舆论监督机制的缺乏造成的，并且以上因素在很多时候还是导致饥荒和灾难发生的原因，这就是为什么世界上很多饥荒往往在集权主义国家发生。森在《以自由看待发展》一书中明确指出：政治自由“能够有效规避权威主义和专制主义对防范措施的忽略态度，激励政府真正关注民众的生存自由和发展自由”[①]。所以，重视政治自由的国家也都会推崇民主言论自由并建立起完善的舆论监督与预警机制；而在权威主义国家，由于其政府拥有绝对的权力，独裁者在重大政策（比如经济）的制定上很少会听取专家们的劝告，这将很容易导致国家经济的衰退以致会有饥荒或其他威胁民众生存和发展自由的灾难发生。

（2）经济条件。森对经济条件的解释是在进行消费、生产、交换等一系列经济活动中，人们享有的运用经济资源的机会。其实，也就是人们在生产或交换的活动中能够运用自身经济资源的权利。我们知道，自由市场带来的好处不只是解放了人、资源和经济活动，更重要的是使这些要素之间的自由交换成为可能。然而，在森看来，发展的过程中人身束缚才是最大的挑战。他认为，人的自由才是劳动自由中的核心诉求而不能仅着眼于市场效率。

同时，对于提升个人经济利益而言，完善的经济条件也十分关键。正如森所说：“一个人所具有的经济权益，将取决于所拥有的或可资运用的资源，以及交换条件，诸如相对价格和市场运作。”[②]一些既得利益集团之所以可以在发育不健全的市场中谋利，其主要是利用了诸如交易信息严重不对称、市场交易准备不足等一些非对称的优势。在上述这种经济条件不完善的情况下，要维护个人的自由或实现个人的利益是很难的，而且公平正义的价值观也成为空谈。要想处理好上述情况，应让市场更好地运作而不是压制市场，此外还需做好政治和社会的安排。因而，个人享有的自由就需要依靠适当的公共政策来普及初级医疗设施、提高基础教育等。

（3）社会机会。森所提到的社会机会是指，在医疗保健、社会教育及其他方面所实行的安排，这些都是会影响到个人更好地享受生活的实质自由的条件。除了对于个人生活，这些条件的重要作用还体现在提高了个人参与政治和经济活动的有效性。比如一个不会读报的人在一定程度上限制了其政治参与，同样的，一个人不识字对于其参与到那些必须按规格生产的经济活动中也是一大障碍。所以说，社会安排往往以一种比较潜在的形

①② （印度）阿玛蒂亚·森. 以自由看待发展［M］. 任赜，于真，译. 北京：中国人民大学出版社，2002.

式对个人的可行能力发挥作用，并且其影响也更具有决定性作用和更为长久。

（4）透明性保证。这主要是指确保交易能够在信息公开和条件明晰的情况下自由进行，也就是对人们公开性需要的满足。社会交往的复杂性使得人们在处理日常事物时总是在假定的基础上进行，因而信息的公开发布及其准确性就显得非常重要，这也是维持社会正常秩序和市场机制高效运作的必要前提。

（5）防护性保障。防护性保障是指养老保险、贫困救助、失业救济等构成的社会安全网的建立，这也是实质自由工具性作用中的底线设置。森认为这不只是福利国家的问题，发展中国家也应将此作为一项基本建设，政府应通过制度性渠道和政治性激励机制去反映民众需求和解决民众疾苦。

2. 可行能力的多元性

可行能力多元性的提出主要是为了回答可行能力有多少种的问题，阿玛蒂亚·森进而又区别给出了可行能力内在多元性和可行能力竞争多元性两个概念。

（1）可行能力的内在多元性。根据前面的介绍，可行能力与功能性活动的关系十分密切，而从功能性活动的定义中又可以知道，功能性活动实际上反映了人们所珍视的那种生活的状态。对于个人来说可供其选择的生活状态是多种多样的，再考虑到人际相异性对功能性活动的影响，这就决定了功能性活动的种类多样性。可行能力是由各种功能性活动组合而成的可供人们选择的集合，因而功能性活动的种类多样性客观上导致了可行能力的内在多元性。

正是由于生活特征的多种多样，这才导致了功能性活动的种类多样。然而，功能性活动又内在地含有了人际相异性。这不仅仅是指不同个体在主观价值认识上的不同，还体现在年龄、性别、智力等个体生理特征的差异，以及家庭环境、经济环境等外在特征的差异。因而，森特别指出在对功能性活动和可行能力进行评估时，人际相异性均需要被考虑进去。

（2）可行能力的竞争多元性。在阿玛蒂亚·森将可行能力作为生活质量的价值评价标准之前，更多的是基于效用的视角和基于财富的视角来对人们的生活水准进行评判，森在对效用和财富这两个视角进行分析的基础上作了批判。

1）效用视角。效用或福利最大化是功利主义所追求的目标，他们在对人们的福利状况进行评价时将效用作为唯一的考虑因素，而其他一些非效用因素例如权利、自由等，则往往被功利主义者所忽略或者仅因能对效用产生间接影响才具有一定的价值。森在可行能力理论中将效用解释为快乐、欲望、选择，无论以上哪一种解释，森都一一批判了其在反映人们的福利状况时所具有的局限性。

当将效用解释为快乐或欲望时，它们均属于人的心理特性，虽然能在一定程度上反映出其对自身生活的感受或期望，但要将其作为评价个人生活状况的唯一标准显然是不合适的。快乐或欲望作为人的心理状态或心理活动本身就是很不稳定的，这是因为它们极易受个人的心理调节能力和适应性行为的影响。另外，快乐或欲望的强度往往是取决于生活的具体环境的，很多时候在残酷的现实面前，我们不得不考虑可行性问题。森以生活在社会最底层的长期受剥削的人们为例，对于这些人来说最紧迫的问题就是生存，他们为了适应受剥削的环境而不得不将他们的期望调整到仅仅是可行的程度。这样，他们的福利损失在很大程度上被压缩，当对他们施以很小的恩惠时，他们却很容易感到快乐和满足，也就是说他们的快乐感和欲望满足相对于福利损失来说反而被放大了。这种情况下，如果A、B两个人进行比较，A比B更容易感到快乐和满足，我们还能得出A的福利水平比B高的结论吗？所以说，用快乐或欲望作为福利状况的评价标准显然是有失公平的，在一定程度上也歪曲了贫困的程度。

类似的，如果将效用理解为选择，那么当一个人面对x和y两种选择时，这个人选择了x而没有选择y，就说明x给他带来的效用更大。然而，选择仍然具有很大的主观性，也会受到心理状况、外部环境的影响。例如，当一个人选择帮助他人仅仅是出于人道主义时，他的选择并没有使自身的生活状况有所改变。因而，仅仅通过对选择的观察是不能对一个人的生活状况作出真实评价的。

至此，森完成了对效用视角的批判。之所以不能选取效用去对一个人的生活状况进行评价，主要是由于效用表示的是主观上的心理感受，而生活水准更多的是客观上的存在，用主观去评价客观很容易得出荒谬的结论。并且，功利主义仅将效用作为福利的构成，在进行评价时不再考虑效用之外的任何信息，即使引入非效用信息，它们也是只具有工具价值或者仅作为效用的替代物而其自身并没有独立的地位，故功利主义这种狭隘的信息一元论必定导致评价的结果是片面的、有失公平的。

2）财富视角。基于效用的视角去评判一个人的生活质量显得过于主观而使效用不能成为理想的评价标准，于是开始转向客观主义去寻找出路。这样一来，财富（这里指持有的资源）无疑被更多的人选作衡量一个人生活状况的标准。然而，森认为，虽然以财富去评价一个人的生活质量相对于效用来说是一大进步，这是因为一个人糟糕的生活状况在很大程度上是与其拥有的财富有关的，谁也不会否认，拥有足够多的粮食或一幢大房子要比是否感到快乐或满足更能体现一个人的生活状况。但是，森仍然提出了质疑，财富的贫乏是否是造成一个人糟糕生活状况的唯一原因，如果不是，那么仅以财富作为评价生活质量的标准显然是不合适的。森对大量有关贫困与生活状况的经验资料作了考察，他举了一个简单的例子来做反驳：一个人虽有大量的财富却因不好的身体状况而日日不开心，而另一个人虽然生活贫困，却因为有着健康的体魄和完美的家庭而幸福快乐。这时候，仅以财富的多少去评价以上两个人的生活状况，得出的结论显然是拥有财富多的那个人其生活状况更好。而我们会觉得这个结论很荒谬，这是因为在对他们两个人进行比较时，忽略了身体状况、家庭等这些对于人们来说更需要珍视的东西。

至此，森并不否认财富在人们的生活中起着重要作用，但是一个人的财富水平并不代表着他的生活水准，如果非要在健康的体魄和漂亮的大房子之间进行选择的话，人们会更倾向于选择前者，因为对于我们来说真正重要的是生活本身，至于充足的粮食、足够的生活用品等，只不过是人们实现自我发展的手段罢了。所以，森指出，要想对一个人的生活状况作评价，我们选用的评价标准势必要真正来源于并且专注于生活，人的发展才应该是我们所追求的目标，实现自我发展的过程中需要借助于财富或者说持有的资源，而后者仅作为发展的手段，绝不能与发展的目的相混淆。

3. 可行能力的分析框架

阿玛蒂亚·森于20世纪80年代提出了分析福利的可行能力理论框架（见图3－6）。在此框架中，森所采用的可行能力分析方法关注了效用之外的组成福利的更多内容以及它们之间的关系，该方法的核心是十分强调人们在追求自己所珍视的生活中享有的实质自由。按照森的说法，实质自由就是一个人可选择空间的自由度大小，也就是一个人能选择的可行集，代表了此人的可行能力集。而可行能力集实质上就是由各种可能的功能性活动组合而成的集合，在实证分析中，由于可行能力集不容易被直接观测到，因而就会转而分析福利与可能的功能性活动之间的关系。前面在介绍功能性活动时已经提到，功能性活动内在地含有了人际相异性，这种人际差异不仅体现在个体的差异，还体现在社会环境、人际关系等方面的差异（森将这些称之为社会转换因素）。正是由于个体的不同和社会转换因素的存在，所以即使资源相同，也会被转换成不同的功能性活动。至此，以上分析正是对森的可行能力框架图的阐释，用图形表示如下：

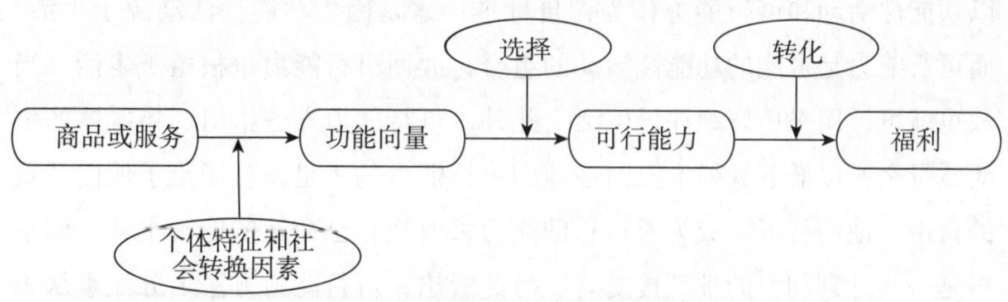

图3－6　可行能力方法分析框架

森所提出的可行能力理论框架，若要被应用于衡量一个人的福利状况，则要比效用等这些评价方法需要更多的信息量，因而将森的理论应用于实践面临的困难较大。但是，尽管如此，依然有不少学者进行了尝试性研究，并在一些方面得到了成功的应用。联合国发展计划署建立的“人类发展指数”，其依据的就是森所提出的理论，这最起码表明了对可行能力分析方法的认可，也是将该分析方法运用到实践中的一个成功范例。同时，在联合国人权报告和世界银行的年度发展报告中，此可行能力方法也得到了广泛的应用，从而该方法的知名度和认可度大大提高（胡道玖，2006）。[①] 森的可行能力分析方法注重从生活的本质去评价一个人的生活状况，并且十分关注人的发展，因而用该方法去研究一些剥削、贫困等问题，将比传统的分析方法更具有说服力。鉴于此方法所具有的价值，它将有着广泛的应用空间。

（二）可行能力理论在本研究中的应用

本篇重点是要研究失地农民的保障评价体系，依据可持续生计理论，我们首先构建了本篇的基本研究框架。然而，失地农民的保障水平究竟应如何测量？

农民失去土地，不仅仅意味着他们丧失了土地这一生产资料以及收入的来源，他们同时失去的还有土地带来的权利以及未来的生活保障等。因而，政府或开发商为失地农民所提供的保障也不应仅局限于物质方面，还应涵盖到非物质方面诸如发展机会、社交心理等。森的可行能力理论给出了衡量福利的思路，强调要从生活本身去评价一个人的福利状况，并提出以功能性活动和可行能力作为评价标准。这是因为功能性活动源于生活，而可行能力是可能的功能性活动的组合，故而可行能力也根植于生活，当然也就可被用来更好地评价生活。此外，可行能力方法指出弱势群体的生活质量之所以低下其根本原因是他们可行能力的不足，若能给予他们适量的自由，他们就可以成为通过自助能力去改变自己命运的能动主体，而不再是一些计划利益的被动接受者。由此看出，可行能力方法十分注重从生活本身去评价生活，并且也很重视人的发展。

可行能力方法只是为我们提供了分析问题的一般思路，然而功能性指标应如何选择，还需要结合所研究的问题具体分析。回到本篇所研究的问题，农民失去土地后，要想确保生计可持续，他们不仅需要居住、收入等一些基础保障，还需要教育、社交、心理等一些高阶保障。这样，农民在失去土地后生活水平才会至少不降低并能得到长期可持续的发展，并且高阶保障有助于提高农民自身的生计能力，使农民获得真正的发展。因此，

① 胡道玖．可行能力：阿马蒂亚·森经济伦理方法研究［D］．苏州大学博士论文，2006.

我们在对失地农民保障水平进行衡量时，应将基础保障和高阶保障均纳入评价体系范围内。

前文已经提到，功能性活动内在地含有了人际相异性，因而在按照可行能力方法对失地农民的保障水平进行评价时，务必要将人际相异性考虑进去。在森看来，个人的差异性、环境多样性、社会环境的差异等均可看作人际相异性的表现。本篇是以农户家庭为研究对象，即使资源相同，但由于家庭特征、被征地块、区域经济社会环境等的差异，那么相同资源转化为失地农民保障的效率和程度也会不同。在本篇所建立的失地农民可持续生计框架中，我们已经考虑到保障转换因素的存在，因而人际相异性理应也被包含在保障转换因素之中。

从上述阐释内容可知，本篇采用可行能力方法来评价失地农民的保障水平，立足于从失地农民本身出发，考虑到他们的长期可持续的发展，并充分考虑到人际相异性。只有这样，我们作出的评价才会更加公平、公正，才能更为客观地反映出农民在失去土地后所获得的保障状况。

四、本章小结

本章重点介绍了论文写作的理论基础及其在本篇中的适用性，全文主要应用了可持续生计理论、资产建设理论、家庭经济学理论和可行能力理论。首先，可持续生计理论不仅为失地农民资产的构建提供了研究范式，它还是本篇失地农民保障获得路径分析框架的理论基础，此路径分析框架成为后文进行实证研究的主要依据。其次，资产建设理论对为什么要进行失地农民的资产构建以及资产建设的重要性作出了解释，家庭经济学理论则进一步阐释了家庭进行资产积累和投资这一经济行为。最后，可行能力方法十分注重从生活本身去评价生活，并且非常重视人的发展。本篇选用该方法来衡量失地农民的保障水平，立足于从失地农民自身出发，强调其自身能力的发展，并充分考虑到人际相异性，这样才能保证评价结果的客观、公平性。

第四章　失地农民保障评价指标体系的构建

本章在阐述了失地农民保障评价体系的基本思路后，遵循评价指标体系构建的基本原则，建立资本获得与投入指标体系、保障转换因素指标体系、保障水平输出三个指标体系，分别来衡量农民失地后拥有的生计资本的变化、保障转换因素影响作用的变化、保障水平输出水平的变化；并建立保障水平评价指数，以便进行不同区域的横向对比分析。最后分析各指标对失地农民保障水平的影响机制，提出研究假设。

一、失地农民保障评价的基本思路

本篇研究的对象是失地农民的保障水平，保障水平的获得必然地依赖于其所拥有的、可以带来未来收益的资产。资产的种类很多，而且个人拥有的不同种类资产会发生持续的流动与转化，从而要求我们必须建立合理的资产组合，实现资产建设的目标，进而实现提升保障水平的最终目标。

可持续生计理论为我们分析失地农民拥有资产的类别、组合及建设提供了一个规范的框架，将失地农民拥有的资产分为人力资本、金融资本、社会资本、物质资本和自然资本，农户在失地前后拥有的五大资本的绝对额及相对构成比例、生计资本的总额是否发生了显著性的变化，产生了怎么样的变化，是生计资本的建设与增加，还是导致了生计资本的减少；生计资本中的五大资本对生计资本的影响程度在失地前后是否发生了显著性的变化，这些都是本篇拟分析与研究的问题。

失地农民生计资本的增加，是否必然导致其保障水平的提升呢？可持续生计理论的分析框架告诉我们，风险环境冲击生计资产，通过结构（政府管理水平、私人财产等）和过程（法律、文化、制度）的影响后，输出生计结果。而森的可行能力理论则强调，影响个人福利水平或其生活水平的，不在于其拥有多少商品、拥有多少资产，而且要考量个人如何利用这些商品与资产，要考察在个人的能力之下这些商品与资产能为个人带来多少福利的增加。

因此，参考可持续生计理论与可行能力理论分析的思路，我们认为失地农民生计资本的增加与个人保障水平的提高，不能简单地画等号。从失地农民生计资本的增加，到其保障水平的提升，中间还要受个人能力、社会制度等因素的影响与制约，我们将这些因素称为保障转换因素。

失地农民的生计资本经过保障转化因素的影响后，体现为失地农民保障水平的提升，那么如何来衡量失地农民的保障水平呢？当前关于失地农民问题研究文献最多的是失地农民的社会保障，从养老保险、医疗保险、失业保险等角度分析当前失地农民社会保障的现状、存在的问题、政策建议等。但是，失地农民的保障，仅限于社会保障吗？

森认为，福利是通过对资源的享有而获得的选择自由，对福利的分析一般建立在评估功能性活动的基础上进行。他认为福利不仅包括物质方面，还应该包括非物质方面。森提出了五种工具性自由：经济条件、社会机会、政治自由、透明性保证与防护性保障。

参考森对个人福利度量的思路，我们认为失地农民的保障，也不仅仅限于物质方面的保障，还应包括对其他非物质方面的保障，比如对娱乐享受、教育提升、社会认可、环境融入等方面的保障。与传统的社会保障相比，我们研究的失地农民保障，比现有文献保障的范围更广，扩充了保障的范围，增加了保障的深度，关注了保障的可持续性与动态发展。

二、评价指标体系的构建原则

指标体系是指由一系列反映研究目的的相互联系的指标构成，这些指标的选取一般是通过层层分析，从研究目的出发，经过逐层分解至可度量的细分层面，分别选取若干个指标，同时又会考虑整个指标体系的系统性，统筹考量层次性与系统性的有机结合。这些指标既能全面地反映所要研究问题的方方面面，同时又有所侧重地反映研究问题的某个因素。这些指标既要以现有经典理论分析为基础，从理论上经得起推敲，真正能反映评价对象的特性，同时又要考虑到指标的可测性、可得性、可行性，做到理论指导实践、实践检验理论。这些指标既能独立地反映研究问题的某一特征，指标之间无交叉，同时又具有一定的结构性，指标之间相互联系、相互作用，重视指标之间的逻辑关系。因此，为了更科学有效地研究失地农民保障水平的评价，本篇在构建失地农民保障评价指标体系时，遵循了以下几个原则：

1. 系统性与层次性相结合的原则

一方面，失地农民保障评价，是一个系统性的工程，指标的设置要尽可能地全面反映失地农民保障水平的变动，指标之间要相互联系、相互影响，形成一个系统的整体，从各个不同的视角衡量失地农民的保障水平；另一方面，在系统性原则的前提下，从总指标层面、分指标层面、子指标层面、操作指标层面等多个层次，逐层递进地选取衡量各个层面的指标，每个层面的指标反映失地农民保障水平的某一个特定范围与局部，从而将整体与局部有机结合起来。

（二）全面性与代表性相结合的原则

为了度量失地农民保障水平的整体目标，我们选择的指标应能从不同的角度全面反映失地农民的保障水平，这些指标不仅能反映失地农民赖以生存的生计资本，也要在包括居住条件、经济状况之外的社交、心理等方面有所衡量，同时还应考虑不同特征的失地农民将生计资本转化成保障水平提升的能力与结果（即转换因素）是不尽相同的。当然了，为了更全面地衡量失地农民的保障水平，我们可以选择尽可能多的指标，选取尽可能细的指标，利用一个庞大的指标体系来全面衡量失地农民的保障水平。但是，庞杂的指标体系意味着数据搜集工作量的大大增加与数据整理分析工作的过度耗费；并且从统计学的角度分析，过多、过细的指标会带来指标衡量因素的重合、权重的不当使用，甚至会带来衡量不同因素指标数据之间的矛盾与排斥。因此，在全面性的基础上，本篇重点选取典型性、普适性、代表性的指标，力求指标体系简洁明了。

（三）科学性与可行性相结合的原则

指标体系的选取、各指标权重的计算、调查样本的选择、指标数据的搜集与处理方法的选取、综合评价方法的适配等都要以现有理论为基础，只有遵循科学性的原则，确保指标选取的科学性是评价失地农民保障水平的基础保障。经典理论的创新与多理论的有机结合是允许的，以此为支撑选取的指标都可以被认为是科学有效的。同时，在考虑理论指导选择指标、构建指标体系时，也应该考虑数据的可测性与可得性、数据搜集的成本、定量指标与定性指标的结合使用。

一般来讲，我们可以借助权威机构发布的各领域、各行业的统计年鉴、专项统计表单等，这些数据既容易获得，也具有相当的权威性。而对于研究某个个性化的问题，或者研究某个细分区域、细分领域、细分行业的问题，这些相对个性化与微观的数据一般没有现成数据，那么实地调查就显得非常重要了。而实地调查在人财物等方面的耗费是较大的，综合考虑成本——收益的有效匹配就很重要了。同时，应尽量减少定性指标的数量与占比，因为定性指标的量化方法的选择本身就有可能降低研究的可信度。具体而言，对于失地农民保障水平的评价，我们既选取了定量指标，也选取了若干的定性指标，因为保障水平除了经济物质之外，还会包括大量的社交、心理感受等方面的主观因素。

（四）独立性与结构性相结合的原则

独立性原则要求失地农民保障评价选取的指标在同一层次上是相互独立的，不存在重叠与交叉现象。失地农民保障水平的评价涉及总指标层面、分指标层面、子指标层面、操作指标层面等多个层次，独立性原则要求同一层级上的 A 指标与 B 指标不能存在重叠或因果关系，即 $A \cap B = 0$。但是，失地农民保障的评价是一个系统性的课题，各个指标体系之间存在严密的逻辑关系，各指标是相互联系的。因此，从研究的实践操作层面来看，要在独立性原则与系统性原则进行仔细权衡。这就要求我们分析影响失地农民保障水平的内在结构，力求独立性与结构性的有机结合。

三、评价指标体系的建立

我们将上文对失地农民保障评价基本思路的阐述图形化（见图4－1）。

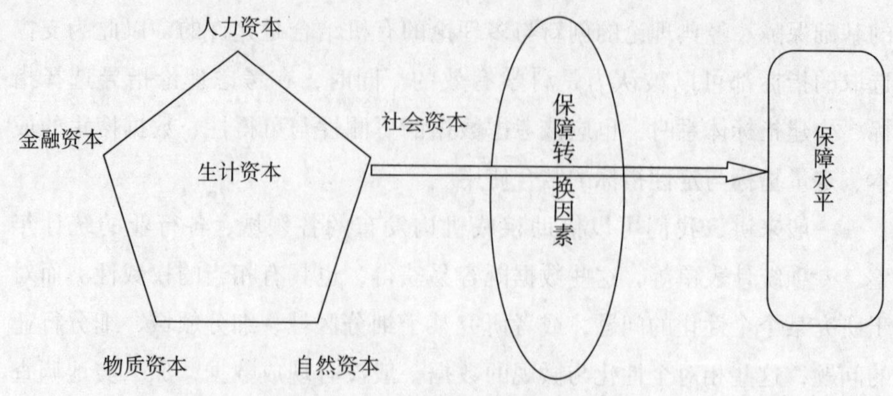

图4-1 失地农民保障评价思路

如图4-1所示，我们建立资本获得与投入指标体系、保障转换因素指标体系和保障水平输出三个指标体系，分别来衡量农民失地后拥有的生计资本的变化、保障转换因素影响作用的变化、保障水平输出水平的变化。

(一) 资本获得与投入指标体系

为了建立资本获得与投入这个总目标层的指标体系，我们从分目标层、子目标层及操作目标层等三个层次构建（见表4-1）的资本获得与投入指标体系。

1. 人力资本

人力资本是失地农民生计资本的重要组成部分。人力资本理论体系与学说的代表人物有舒尔茨、丹尼森和贝克尔等，但是在人力资本测量技术及测量指标方面，经济合作与发展组织（OECD）的人力资本观与测量指标影响重大。

OECD认为人力资本是人具有的与经济活动相关的知识、技术、能力、特质等，是以知识、技术、能力、特质为存在形式或载体的个人属性。OECD强调人力资本是动态的，从人力资本的存量、流量与结果三个维度来分析人力资本，认为应该从人力资本的储备、人力资本的投资与人力资本的回收三个视角全面研究人力资本，因此，OECD对人力资本的测量也是从人力资本的储备、投资、回收三个维度选取不同的指标进行度量。尽管OECD的研究对象是一个国家的人力资本，选取的测量指标也相对比较宏观，但是其将人力资本测量划分为人力资本储备、人力资本投资和人力资本回收的理念，对本篇研究失地农民的人力资本具有很强的指导价值与现实意义。

表 4－1　　　　　　　资本获得与投入指标体系

总目标层	分目标层	子目标层	操作目标层
资本获得与投入	人力资本	人力资本的基础特征	年龄
			健康状况
			工作性质
		人力资本的储备	受教育程度
		人力资本的投资	教育支出/年
			教育支出占收入的比重
		人力资本的回收	个人总收入/年
			个人非农收入/年
	金融资本	存量资本	储蓄规模
			其他金融资产规模
		增量资本	农业收入
			非农业收入
	社会资本	网　络	网络规模
			网络水平
			网络差异
			网顶
		信　任	信任程度
		互　惠	帮助他人
			接受帮助
		共　享	日常共享
			节日共享
	物质资本	住　所	人均住房价值（元）
		生产设备	家庭拥有的生产设备的价值
		交　通	家庭拥有的交通工具的价值
		生活工具	家庭主要使用的能源种类
	自然资本	耕　地	人均耕地规模（亩）
		林　木	人均林木规模（亩）
		水　塘	人均水塘面积（亩）
		环　境	对居住环境的满意程度

我们选取“受教育程度”来度量失地农民人力资本的储备，选取“教育支出/年”和“教育支出占收入的比重”来度量失地农民人力资本的投资，选取“个人总收入/年”和“个人非农收入/年”来度量失地农民人力资本的回收。同时，本篇还考察了失地农民的人力资本的基础特征，选取

“年龄”“健康状况”“工作性质”等三个指标考察人力资本的基础特征。

同时，参考现代金融学的理论，本篇将“个人总收入－教育支出”作为人力资本每年的净现金流入，因此可以将该净现金流入按照人力资本计算模型进行折现，就可以得到每个家庭成员的人力资本（式4－1）：

$$HC_j = \sum_{i=j+1}^{n}\left(\frac{I_t}{(1+r)^{t-j}}\right) \qquad 式4-1$$

其中，HC_j 是第 j 年家庭成员的人力资本，I_t 是第 t 年人力资本的净现金流入，n 是个人的预计寿命，r 是人力资本的投资回报率。关于个人的预计寿命，根据《2013 年世界卫生统计报告》的统计显示，我国的人均寿命为76 岁。关于人力资本的投资回报率，姚先国、张海峰（2004）年对农村地区的投资回报率进行了实证研究，认为农村地区的人力资本投资回报率在4%左右，我们在下文的实证分析过程中采用4%的投资回报率进行计算分析。

人力资本度量的是单个农民的人力资本，本篇研究对象是失地农户，以家庭为研究对象，那么如何将个体的人力资本汇总成家庭的人力资本呢？这其中就涉及权重的确定问题。我们认为，个体的受教育程度越高，对整个家庭人力资本的影响就越大。因此，我们以个体的受教育程度为权重，计算整个家庭的加权平均值。

2. 金融资本

根据上文对可持续生计理论的详细介绍可知，金融资本既是一个存量概念，又是一个流量的概念。从金融资本的建设与获得途径来看，存量金融资本主要是体现为储蓄和其他金融资产。而从失地农民这个具体的群体来看，他们的金融资本构成又表现出鲜明的特征：由于失地农民文化素养有限，他们的金融资本主要体现为银行储蓄，诸如银行理财产品、保险理财产品、债券、股票等其他金融资产的占比较低。对于大多数失地农民来说，他们无法理解、无法辨别这些其他金融资产的风险收益特征，因此他们认为其他金融资产的安全性较低，鉴于他们较低的风险承受能力，就会采取“一刀切”的态度拒绝这些产品。

从金融资本的流量获得途径来看，失地农民的流量收入可以分为农业收入与非农业收入，其中，鉴于当前国家对粮食价格采取保护措施，一般来说历年的农业收入变化较小，可以形成较为稳定和持续的现金流来充实金融资本存量。而对于非农业收入来说，对于大多数农户而言，非农业收入可能比农业收入的绝对金额要大很多，但是由于农户很少有稳定的非农收入，因此，非农收入对金融资本存量的贡献在不同的年份波动较大。

结合上述分析，我们从存量指标与流量指标两个子目标层出发，选取“储蓄规模”和“其他金融资产”两个指标来度量金融资本的存量指标，选取“农业收入”与“非农业收入”两个指标来度量金融资本的流量指标。其中，非农业收入包括了外出务工收入等工资性收入、村集体企业分红收入，还包括了金融资本存量带来的理财收入、利息收入、股利分红等收入。

从资产建设等现代金融学的角度考虑，对于可以带来稳定现金流的金融资本，我们可以采用现金流折现的方式来度量其现在的价值。本篇在获得了金融资本以上四个指标数据后，也对农业收入、非农业收入进行折现求其当前价值。

在折现的过程中，对于农业收入，选取当前在上海证券交易所、深圳证券交易所上市的 81 家上市公司（申万一级农林牧渔行业）2014 年中报 ROE（TT 米）的中值 3.85% 作为折现率，计算农业收入的现值。对于非农业收入，选取 2015 年 1 月份 AAA 级中债企业债 1 年期到期收益率 4.50% 作为贴现率，计算非农业收入的现值。

3. 社会资本

从 Hanifan 提出社会资本的概念以来，社会资本在 Bourdieu、Cole 米 an、Putna 米、Fukuya 米 a 等学者的研究推动下，在经济增长、现代金融学、收入分配、劳动力市场等各个经济学分支领域得到了广泛的应用。

从现有研究文献，我们可以看出社会资本在收入增长、反贫困等方面发挥了重要的作用，是一个重要的解释工具。将农户的社会资本纳入农户拥有的“泛资本”范围内，并据此考察其对农户保障水平的影响，无疑是一个较为新颖的尝试与有效的探索。与其他人群一样，失地农民的社会资本对其生活的影响非常大，他们拥有的这些社会资本会在一定程度上影响其保障水平。由于交往人群与所处社会环境的变化，失地前后社会资本的变化也相当明显。因此，考察失地农民社会资本的变化，对于评价其保障水平有重要的现实意义。

对于社会资本的分类，目前学术界较为认可的分类方法是将社会资本分为 cognitive social capital（认知型社会资本）与 structural social capital（结构型社会资本）。其中，认知型社会资本包括诸如接受态度、价值观念、社会规范等主观与无形的因素，而结构型社会资本主要指客观存在的、具体的组织和网络。因此，对于社会资本衡量资本的选择，也是从认知型社会资本与结构型社会资本两个大的方面进行层层分解的。

对于结构型社会资本，其核心便是社会网络，对结构型社会资本的度量主要是对社会网络的度量。目前学术界主要采用"na 米 e - generator（提名法）"和"position - generator（定位法）"两种方式来度量社会网络。其中，提名法主要是由被调查者说出几个平时交往的人的情况，由调查者根据具体情况向被调查者进行提问与沟通，从而勾勒出被调查者的社会网络情况。定位法则是根据被调查者在其社会网络中的位置，着眼于其在该网络中可以调动使用的资源情况，由调查者设计调查量表进行填写。由于提名法的研究边界相对模糊，我们采用定位法来研究失地农民的结构型社会资本，选取了"网络规模""网络水平""网络差异"和"网顶"等四个指标。

在认知型社会资本指标选取中，本篇选取了信任、互惠、共享等三个子目标层，进一步细分为"信任程度""帮助他人""接受帮助""日常共享""节日共享"等五个操作层指标。

4. 物质资本

对于农户而言，他们的物质资本主要由房屋建筑、农业生产设备、农业生产工具、日常交通工具、各种基础设施、家庭生活配套设施等。房屋建筑在失地前，是农户物质资本的重要构成部分，在失地后则可能在农户的物质资本中占据更高的权重。而农业生产设备、农业生产工具等农业生产设施则在失地后进行了处置或变卖，这部分物质资本主要转化为了金融资本。在失地后，农户居住的基础设施质量会有所提升，比如道路等，一般的失地后商品房开发就必然伴随着道路的硬化与道路质量的提升。而居民生活方面，失地前后也面临这较大的变化，失地前农户食用水源多是直接地下水，其做饭、取暖的能源类别一般是蜂窝煤、灌装煤气，甚至有可能是农业生产过程中产生的秸秆等；失地后，农户的饮用水一般则是经过消毒处理过的自来水，主要能源则是天然气、电力等。

我们结合实际的研究对象与特征，从住所、生产设备、交通、生活工具等四个子目标层，选取“人均住房价值”“家庭拥有的生产设备的价值”“家庭拥有的交通工具的价值”“家庭主要使用的能源种类”等四个指标来度量农户的物质资本。

5. 自然资本

对于农户而言，自然资本主要是指各类使用性质的土地、水面、农作物，同时还包括自然农田风光、洁净的空气、蔚蓝的天空等居住环境。为此，本篇主要选取了“人均耕地规模”“人均林地规模”“人均水塘面积”“对居住环境的满意程度”等四个操作层指标。

（二）保障转换因素指标体系

根据森的可行能力理论，由于个人、社会、环境的差异，同样的商品和服务在不同的条件下产生的福利是不同的。遵循这个思路，我们认为由于转换因素的不同，拥有相同规模的生计资本对农户产生的保障水平是不同的；尽管保障转换因素不会直接提高农户的保障水平，但是其对农户保障水平的影响是非常重大的。森将这些转换因素分为五大类：个人特质、环境多样、社会氛围、人际关系的差别、家庭内部的分配。在研究失地农民的保障水平时，考虑到本篇的研究对象是整个农户家庭，并具体分析失地农民这个目标主体，我们从家庭特征和区域经济社会环境两个方面，构建了的保障转化因素指标体系（见表4－2）。

表4－2　　保障转换因素指标体系

<table>
<tr><th>总目标层</th><th>分目标层</th><th>子目标层</th><th>操作目标层</th></tr>
<tr><td rowspan="6">保障转换因素</td><td rowspan="4">家庭特征</td><td rowspan="2">就业</td><td>就业人口占总人口的比重</td></tr>
<tr><td>非农就业人口占就业人口的比重</td></tr>
<tr><td>性别</td><td>男性人口占家庭总人口的比重</td></tr>
<tr><td>教育</td><td>高中以上人口占总人口的比重</td></tr>
<tr><td rowspan="2">区域经济社会环境</td><td>经济收入</td><td>行政村家庭平均收入水平</td></tr>
<tr><td>与上级经济中心联系密切程度</td><td>行政区域半径——距上级经济中心的距离</td></tr>
</table>

1. 家庭特征

农户的家庭特征与其保障水平是息息相关的，农户的家庭特征主要包括家庭成员的受教育程度、家庭成员的就业人口、家庭成员的性别等。本篇从就业、性别、教育等三个子目标层，细分选取了“就业人口占总人口的比重”“非农就业人口占就业人口的比重”“男性人口占家庭总人口的比重”“高中以上人口占总人口的比重”等四个指标。

一般而言，一个家庭中依靠就业人口来抚养的非就业人口越多，获得相同的保障水平要付出的资本就越多。由于非农就业收入一般高于农业收入，家庭中非农就业人口越多，那么对土地的依赖越小，失地后获得的保障水平越高。而性别因素对保障水平的影响也是显而易见的，失地后男性可以较为容易地找到非农职业，而女性由于失地前主要在家操持家务与农业劳作，失地后不容易找到非农职业，并且适应能力相对较弱。所以，农户家庭中男性越多，失地后的保障水平的变化越小。而高学历意味着较高的人力资本，同时伴随着较高的社会资本，因此，受教育程度越高，越容易获得较高的保障水平。

2. 区域经济社会环境

农民所处地区的区域经济社会环境对其保障水平的影响也是显而易见的。一方面，一个地区的经济收入水平越高，该地区的基础设施建设、公共文化设施等的建设就会相对完善一些，农户的保障水平也相应会更好一些；另一方面，一个地区与上级经济中心联系密切程度越紧密，凭借较好的区位优势，该地区与上级经济中心经济交流的时间成本、交通成本、信息成本就会越低，受上级经济中心的辐射影响也就越大，农户在从事农业、非农业经济活动中获益越大。此外，由于“与上级经济中心的距离”指标是逆向指标，为了统计处理上的需要，通过选取“行政区域半径——距上级经济中心的距离”指标的形式，将逆向指标转化为正向指标。

因此，本篇选取“每个行政村家庭平均收入”“行政区域半径——距上级经济中心的距离”两个指标来度量区域经济社会环境。

(三) 保障水平输出指标体系

借鉴森的可行能力理论的逻辑思路，我们认为评价失地农民的保障水平，不能只考虑物质、经济方面的因素，还要将教育、环境、心理、社交等纳入评价范畴之内。因此，本篇首先将保障水平细分为基础保障和高阶保障两个分目标层，其中，基础保障由居住条件、经济状况、社会保障等三个子目标层构成，高阶保障由教育与知识、环境状况、社交与心理等三个子目标层构成，每个子目标层又有若干操作目标层构成。

表 4－3　　保障水平输出指标体系

总目标层	分目标层	子目标层	操作目标层
保障水平	基础保障	居住条件	人均居住价值
			房屋结构
			社区治安
			基础配套设施
			生活便利度
			社区娱乐
		经济状况	农业收入
			非农收入
			家庭支出总额
			净收入
			创业支持
			理财指导
		社会保障	恩格尔系数
			医疗保障
			养老保障
			失业保障
			群体关爱
	高阶保障	教育与知识	教育支出
			学历提升
			视野与见识
		环境状况	空气状况
			噪音状况
			自然景观环境状况
		社交与心理	社交满意度
			情感失落度
			事件满意度

1. 居住条件

“人有所居”是保障水平最基本的要求，也是评价失地农民保障水平的重要组成部分。早期，人们对居住的需求是可以挡风遮雨、抵御严寒，但是随着经济的发展与人们生活质量的提高，居民对居住条件的要求也发生了很大的变化。当前对居住条件的要求，不仅包括较大的人均面积、居住地的社会治安情况，还开始考虑居住小区水电气的配套设施以及医疗、教育、购物、生活娱乐等的便利程度。

为此，我们选取了“人均居住价值”“房屋结构”“社区治安”“基础配套设施”“生活便利度”“社区文化娱乐活动”等6个指标，来度量失地农民居住条件的变化。

2. 经济状况

收入增加、经济状况改善是提升保障水平最基本的途径，家庭收入的增加既可以增加失地农民的可持续生计资本的规模，又可以直接提升其保障水平。一般而言，如果一个家庭的经济状况较好，那么这个家庭在失地前后受到的收入方面的冲击就会比较小。农户在失地前的农业收入在家庭总收入中可能会占有一定的比例，但是在失地后，其农业收入在家庭总收入中占的比重会有一个较大幅度的下降。同时，考虑到失地后农民的再就业、金融资本的理财收入等问题，本篇将创业支持、理财指导纳入考核指标体系。

我们选取了“农业收入”“非农业收入”“家庭支出总额”“净收入”“创业支持”“理财指导”等6个指标来度量一个家庭经济状况。

3. 社会保障

在整个历史长河中，土地一直是农民安身立命的基础，土地不仅可以为农民提供农产品等基础生活物资，而且在一定程度上兼具养老保险和失业保险的功能。一般情况下，一个农户家庭的土地足以满足其生活与发展的基础物资需要，即使没有其他非农收入，土地也完全可以维持一个人的生活。同时，在人年龄较大不能从事其他工作以后，简单的农业劳作也可以为其提供生活的保障。

经济学上，反映生活保障水平的一个最典型的指标就是恩格尔系数。该系数是家庭的食品消费支出占家庭收入总额的比重，该系数越大，说明该家庭大部分的收入耗费在了食品消费支出，意味着家庭中大部分的收入只能满足其食品消费的支出，保障水平较低。在农户失地前，土地上生产的农作物基本上就可以满足其小麦、稻米、蔬菜等食物消费，但是失地后，农户无地可种，食物支出占家庭收入的比重呈现上升趋势。

因此，本篇选取“恩格尔系数”“医疗保障”“养老保障”“失业保障”“群体关爱”等五个指标来衡量失地农民社会保障的变动情况。

4. 教育与知识

与经济状况指标相似，教育与知识指标既是失地农民生计资本的构成部分，又是失地农民保障水平输出指标体系的构成部分。本篇选取了“教育支出”“学历提升”“视野与见识”等三个指标来衡量失地农民保障输出水平的教育与知识情况。

5. 环境状况

农民土地被占用为商业用地，在美学的角度来说，是一种天然的破坏。在土地被征用前，农民居住于农田包围之中，空气新鲜、鸟语花香、环境宜人。在土地被征用后，原来的耕地、农田变成了公路、高密度的住宅、人多嘈杂的商业办公建筑，甚至变成了工厂，优美的自然环境受到破坏，随之而来的则是空气质量的下降、噪声污染、光污染的出现，环境状况发生了极大的变化。因此，在考察失地农民保障输出水平时，必须将环境状况考虑在内。

为此，本篇选取了“空气状况”“噪音状况”“自然景观环境状况”等3个指标，来度量农户失地前后环境状况发生的变化。

6. 社交与心理

农户失地前，土地发挥着生活保障、失业保障、养老保险等诸多作用，农户对土地有着很大的依赖心理，土地是他们的最后的保障。在失地后，面对未来极大的不确定性，他们都要经历恐惧、迷茫、空虚，并且由于农户教育水平一般相对较低，适应能力较弱，很难短时间内进行情绪调整与理性分析未来的自我定位。同时，如前文所述，农户失地前后，他们的社会交际圈子发生了很大的变化，能否融入城市生活，融入这个圈子，也都是他们面临的现实问题。

为此，我们选取了“社交满意度”“情感失落度”和“事件满意度”等三个指标来衡量失地农民的社交与心理变化情况。

（四）失地农民保障水平评价指数的建立

通过以上三个指标体系的评价与分析，本篇可以考察资本获得与投入、保障转换因素、保障水平输出等三者之间的影响机制，厘清影响保障水平过程与结果的主要因素，进而有针对性地提出完善失地农民保障补偿方案、完善失地农民保障水平的建议与思路。同时，为了比较不同地域、不同项目、不同失地补偿方案以及失地农民保障水平的状况，运用构建的三个指标体系进行横向综合比较分析，我们将以上三个指标体系进行综合加权，建立如式4-2所示的失地农民保障水平评价指数，通过比较评价指数进行横向比较分析。

$$I_{sec\ urity} = W_{input} \times I_{input} + W_{transfer} \times I_{transfer} + W_{output} \times I_{output} \quad 式4-2$$

其中，$I_{security}$ 代表失地农民保障水平评价指数的综合得分，I_{input} 指资本获得与投入指标的综合评价得分，W_{input} 指资本获得与投入的权重；$I_{transfer}$ 指保障转换因素指标的综合评价得分，$W_{transfer}$ 指保障转换因素的权重；I_{output} 指保障水平输出指标的综合评价得分，W_{output} 指保障水平输出的权重。

四、因素分析与研究假设

在上文理论分析与逻辑推理的基础上，我们对失地农民资本获得与投入指标体系、保障因素转换指标体系、保障水平输出指标体系内各操作目标层指标、子目标层指标对总目标影响程度的大小有了初步了解，本章节就这些影响程度提出若干研究假设，以供后面章节通过实证分析来检验这些研究假设正确与否。

（一）资本获得与投入指标分析及研究假设

从现实案例来看，失地前后农户生计资本中变化最明显的是自然资本与物质资本。失地后，农户失去了土地、林木、水塘，失去了优美的居住环境。同时，由于土地的失去，依附于土地的物质资本也就无法发挥作用了，农业生产设备、相关基础设施等再无用途。

一般来说，失地后，在获得了相关补偿、安置费用后，农户的金融资本会有较大幅度的增加。由于失地补偿安置方案中，会有对农户就业的培训，就业技能教育的投入，这就会在一定程度上增加农户的人力资本。此外，随着农户金融资本的增加，随着其接受的培训与教育的增加，以及城镇化带来的外来组织与信息，其接触的圈层人士有所提升，社交网络拓宽，社会资本增加。

在失地前，农业收入在家庭收入中占有一定的比重，并且农户的收入很大一部分会用于建新房、购置农业生产资料等，物质资本在其生计资本中的影响较大。失地后，农户从农业生产转向了非农职业，而非农职业中对人力资本的要求较高，这就倒逼农户增加人力资本的投入，人力资本在生计资本中的重要作用开始逐步显现。

因此，结合上述分析，本篇提出以下研究假设：

H_{a-1-1}：失地后，农户的人力资本增加。

H_{a-1-2}：失地后，农户的金融资本增加。

H_{a-1-3}：失地后，农户的社会资本增加。

H_{a-1-4}：失地后，农户的物质资本减少。

H_{a-1-5}：失地后，农户的自然资本减少。

H_{a-1-6}：失地后，农户的生计资本增加。

H_{a-1-7}：失地前，对农户生计资本影响最大的是物质资本。

H_{a-1-8}：失地后，对农户生计资本影响最大的是人力资本。

（二）保障转换因素指标分析与研究假设

保障转换因素对失地农民保障水平的影响是显而易见的，前文已就这种影响进行了阐述，在此，我们提出以下研究假设：

H_{b-2-1}：非农就业人口占总人口的比重越高，失地农民保障水平越高。

H_{b-2-2}：农户家庭成员中，男性比例越高，失地农民的保障水平越高。

H_{b-2-3}：农户家庭的受教育程度越高，失地农民的保障水平越高。

H_{b-2-4}：农户所处地区的经济收入水平越高，失地农民的保障水平越高。

H_{b-2-5}：农户所处村落与上级经济中心的距离越近，失地农民的保障水平越高。

（三）保障水平输出指标分析与研究假设

一般来说，如果补偿安置方案充分考虑了农户经济利益与其他利益，那么失地后，农户的居住条件、经济状况、社会保障、教育与知识等都会有所优化，但是环境状况、社交与心理方面可能会有所恶化。总体来看，农户的保障水平会有所提升。为此，本篇提出以下研究假设：

H_{c-3-1}：失地后，农户的居住条件改善。

H_{c-3-2}：失地后，农户的经济状况改善。

H_{c-3-3}：失地后，农户的社会保障程度提升。

H_{c-3-4}：失地后，农户的教育素养与知识水平提升。

H_{c-3-5}：失地后，农户的环境状况有所下降。

H_{c-3-6}：失地后，农户的社交与心理压力增加。

H_{c-3-7}：失地后，农户的基础保障水平有所提高。

H_{c-3-8}：失地后，农户的高阶保障水平有所提高。

H_{c-3-9}：失地后，农户的总体保障水平有所提高。

五、本章小结

在考察国内外研究文献的基础上，在可持续生计理论、资产建设与家庭经济学理论、可行能力理论的指导下，本篇分别构建了资本获得与投入指标体系、保障转换因素指标体系和保障水平输出指标体系等三个指标体系及保障水平评价指数，并分析各指标对失地农民保障水平的影响机制，提出相应的研究假设。

第五章　数据搜集与分析方法

本章首先，根据设计的指标体系，介绍了问卷设计的框架结构，并根据文献研究与头脑风暴法来初步选取一些题项。在经过专家咨询后，根据预调查的实际反馈情况对初选题项进行修订，进而最终确定各题项。其次，我们就调查问卷数据的采集与数据的处理方式进行了阐述。最后，就本研究数据分析、实证研究建模过程中主要使用的研究方法进行简要介绍。

一、问卷框架设计与题项设计

（一）问卷框架的设计

本研究调查问卷由问卷题头、填写指导和调查内容等三大部分构成。

在问卷题头部分主要是向被调查者说明本次调查的目的，并强调调查数据仅仅作为课题研究的样本数据，课题研究的成果会提交给相关部门参考使用，调查小组会对被调查者的个人数据进行严格保密，消除其疑虑，降低被调查者的排斥感与主观偏差，以便能获得相对客观的数据。

在填写指导部分，首先说明了客观选择题与填空题的答题方式。其次，考虑到我们此次的调查对象是农民群体，他们的受教育程度相对较低，在填写过程中，要求调查员需耐心向被调查者解释调查题项。如果被调查者无法独立完成调查问卷的填写，调查员可通过口头沟通的形式，将沟通结果反映在调查问卷相应题项上。

调查内容部分是调查问卷的主体部分，该部分由“家庭成员的基本信息”“农户家庭特征”“保障水平”“其他重要信息”等四部分构成。如果从前文构建的指标体系的对应关系来看，家庭成员的基本信息与农户家庭特征的题项对应于资本获得与投入指标体系的指标，保障水平的体系对应于保障水平结构输出指标体系的指标，其他重要信息的题项则对应于保障转换因素指标体系的指标。

在家庭成员的基本信息部分，主要是了解农户家庭中各个家庭成员的年龄、健康状况、工作性质、受教育程度等相关人力资本方面的信息。由于每个家庭成员的人力资本特征是个性化的，因此，我们考察每个家庭成员的人力资本情况，然后以个体的受教育程度为权重，计算整个家庭人力资本的加权平均值。在家庭特征部分，主要是了解农户的金融资本、社会资本、物质资本与自然资本的规模。在保障水平部分，主要是了解农户居住条件、经济状况、社会保障、教育与知识、环境状况、社交与心理等几个方面的数据。在其他重要信息部分，则主要是了解农户就业、性别、教育、经济收入等比例指标方面的数据。这部分有些题项是可以根据调查问卷其他部分的题项计算出来，可以起到问卷前后核查的作用；有些题项则需要调查人员根据调查的总体情况填写的。

（二）题项的初选

在调查人员选取上，各选取 10 名国民经济学专业、统计学专业、社会保障学专业的硕士研究生，共 30 名研究生。先向他们介绍一下当前关于失地农民社会保障、福利变化等研究文献，大家利用 4 个周末时间一起共同学习，对相关研究文献有了初步了解。然后，让大家各自说出自己认为失地农民保障评价指标体系中应关注的内容，30 名研究生共提出 113 个相关题项，我们将这 113 个题项作为初选题项。

（三）题项的修订

邀请 5 位对失地农民研究比较深入的高校教授、业内专家、主管领导，让他们对 113 个初选题项进行筛选。向 5 位专家说明本研究的思路，请他们就某一题项是否应该纳入某一部分发表专业意见。如果 5 位专家中，有 3 位以上认为某题项不应包括在调查问卷中，则剔除该题项。经过向 5 位专家咨询，113 个题项中有 51 题项被剔除。

然后，将剩余的 62 个题项按照各部分的逻辑顺序排列好，形成了调查问卷草稿。印制 10 份调查问卷草稿，选取 10 个农户家庭进行预调查。在预调查的过程中，发现 3 个题项是无差别、无意义的单纯重复。因此，可以将这 3 个重复题项剔除，那么修订后的题项共计 59 个，构成了供正式调查使用的调查问卷（见附录 1）。

二、数据采集与数据处理

（一）数据采集

鉴于本研究的调查对象是农户/农民，如果将调查问卷完全交给调查对象自己填写，可能会出现他们不理解题项或对题项理解有偏差等情形的出现。因此，本篇采用问卷式调查与访问式调查相结合的调查方式，由调查人员面对面向调查对象讲解调查问卷的内容，然后交于其填写，在填写过程中调查对象有任何疑问均可向调查人员提出，调查人员进行耐心细致解答。对于那些年龄较大或受教育程度较低导致不认识字的调查对象，由调查人员口头与其沟通，然后调查人员根据沟通结果填写调查问卷。

本次调研活动在我们的指导下，有博士生、硕士生共25人参加。在正式入村调查之前，由我们先对调查人员进行培训，主要是讲解调查问卷的设计思路、调查注意事项、各调查题项的内涵与外延等，目的是使调查人员可以有效引导调查对象填写调查问卷，减少主观理解偏差。除了对调查问卷内容的培训，此次调研还就调查技巧进行了简单的介绍，力求减少调查对象的顾虑，得到真实客观的数据。在调查的过程中，我们将调查人员分成了5组，每个组里面都由长期在该地区工作的、实践经验丰富的调查组长带领。考虑到本次的调查对象为农户和村民，为了确保较高的问卷回收率，我们事先与当地镇政府、村委会工作人员取得了联系，在他们的配合与支持下，调查对象相对比较配合，调研活动进展顺利。

在荥阳市区域内随机抽取了550户农户进行调查访问，本次入村调研活动前后持续了50天，发放调查问卷550份，回收调查问卷509份，问卷回收率为92.54%；其中有效调查问卷500份（其中市场模式下的问卷400份，行政模式下的问卷100份），有效问卷回收率为98.04%。

（二）数据处理

在收回调查问卷后，将各个调查问卷编码录入Excel文件，以便进行对比分析等描述性统计分析与接下来的建模分析。

在上个章节当中，我们知道调查问卷中有量化的题项，也有定性的题项。对于量化的题项，我们在数据处理时直接取其数值。对于定性题项的数据处理，则需要将其转化为量化数据，以便进行对比分析与建模分析。

在定性数据中，我们采用 likert 的 5 级量表法，将问卷题项分为诸如“非常满意”“比较满意”“一般满意”“不满意”“非常不满意”形式的回答方式。定性题项均为正向指标，对应的得分分别对应 5、4、3、2、1。调查问卷中的定性题项大多为上述 5 级量表法，然而由于研究问题的具体对象特征也有少量定向题项采用了 4 级量表法、3 级量表法。如果是 4 级量表法的定性题项，则分别对应 4、3、2、1 的编码；如果 3 级量表法的定性题项，分别对应 5、3、1 的编码。

本篇设计的调查问卷中，有的题项是多项选择，主要指职业性质的选项。我们参考李春玲在研究当代中国社会阶层分化中对职业种类的区分，将职业分为了 21 类，并利用实证分析的方法对不同职业进行评分（见附录 2）。在资本获得与投入指标体系中，对社会资本的度量时，本篇参考李春玲的职业得分进行量化计算。

三、分析方法

本篇运用因子分析的方法考察资本获得与投入指标在失地前后的变化，用模糊综合评价法考察失地农民保障水平的变化情况，用非参数检验的方式检验失地前后、不同运行模式下资本活动与投入指标、保障水平的变化情况。在得到了失地农民资本获得与投入指标、保障水平结果输出两个方面的变动后，采用结构方程模型的方法考察两者与保障转换因素之间的影响机制与影响路径。

（一）因子分析

因子分析是综合评价方法中客观评价法的一种重要分析方法。综合评价法是针对多指标体系的一种评价方法，先计算每个指标的得分值，然后采用一定的赋权方法将单个指标得分进行加权平均，进而得到每个评价单元综合得分以及排序情况。按照计算权重时原始数据的来源不同，可以将综合评价方法分为主观法和客观法。主观法主要有相对比较法、层次分析法、德尔菲法、PATTERN 法、集值迭代法、连环比率法、最小平方法、特征向量法以及相容矩阵法等。客观评价法主要有熵值法、因子分析法、聚类分析法等。

主观评价法的研究已经比较成熟，这种方法可以很好地反映评价对象所处的背景条件和评价者的意图。但是主观评价法也存在主观随意性较大、专家遴选困难、花费时间长、实施成本高等缺陷。正是因为主观评价法的这些局限性，本篇在研究过程中采用了客观评价法。客观评价法可以克服受聘专家的主观性，并且成本低，操作简单。

在客观评价法中，本篇最终选择了因子分析方法对农户的资本获得与投入指标进行评价，主要是基于以下三点的考虑：①运用因子分析方法，可以将选择的众多指标所携带的信息浓缩到少数几个因子上，为下文进行横向、纵向对比分析提供基础；②运用因子分析提取主因子的过程，为下文的路径分析提供了参考思路；[①] ③因子分析本身具有的诸如避免信息重叠、克服主观随意、计算过程简捷等特点，也是本篇采用这种方法的一个原因。

（二）两个样本的非参数检验

本篇选取了500户的农户样本数据，农户失地前后资本获得与投入指标数据是否发生了显著的变化，不同运作模式下失地农民资本获得与投入指标是否存在显著的差异，农户失地前后保障水平输出指标数据是否发生了显著的变化，不同运作模式下失地农民保障水平输出指标是否存在显著的差异，这些都有赖于非参数检验的应用。

在进行两个样本的非参数检验时，要考察两个样本是否独立，因此又细分为两个配对样本的非参数检验与两个独立样本的非参数检验。在两个配对样本的非参数检验中，主要有符号检验与两样本配对 Wilcoxon 检验。在两个独立样本的非参数检验中，主要有 Brown – 米 ood 中位数检验和 Wlicoxon – 米 ann – Whitney – 秩和检验（简称 W 米 W 检验）。鉴于两样本配对 Wilcoxon 检验既考虑了符号的差异，又考虑了差值的大小；两独立样本 W 米 W 检验既考虑了中位数方向的差异，又考虑了差异的大小，因此，本篇选用两配对样本 Wilcoxon 检验来考察农户失地前后资本获得与投入指

① 运用 SEM 模型进行路径分析时，为了减少指标之间的路径，在保证符合经济理论的前提下，需要进行探索性的因子分析，以便确定指标之间的分类从属关系。而因子分析的结果为该过程提供了重要的参考思路，有时甚至可以代替探索性的因子分析过程。

标数据、保障水平输出指标数据是否发生了显著的变化，选用两独立样本W米W检验考察不同运作模式下失地农民资本获得与投入指标、保障水平输出指标是否存在显著的差异。

1. 两样本配对 Wilcoxon 检验

设X和Y分别具有分布函数F1（x）和F2（y），从两个总体得随机配对样本数据，$(x_1, y_1), (x_2, y_2), (x_3, y_3), \cdots\cdots (x_n, y_n)$ X和Y是否具有相同的分布函数的前提下，其参数是否相同。两样本配对Wilcoxon检验的步骤如下：

（1）提出假设

H_0：不同部位差值的总体中位数为0，即米$_d$=0

H1：米$_d$≠0

$\alpha = 0.05$

（2）计算检验统计量

计算各观察值对的偏差 $D_i = X_i - Y_i$，求偏差的绝对值 $|D_i| = |X_i - Y_i|$，按偏差绝对值的大小排序，考虑各偏差的符号，由绝对值偏差秩得到符号值，分别计算正、负符号秩的和 W^+ 和 W^-，计算统计量W=米in｛W^+，W^-｝。

（3）确定拒绝域

1）根据检验统计量W和a查《Wilcoxon符号秩和检验表》以得到在零假设下的p值如果p小于给定的显著性水平，拒绝零假设；反之不能拒绝零假设。

2）如果n很大，要用正态近似，得到一个与W有关的正态随机变量z值，再查正态分布表得到p值，最后将p与a作比。

2. 两独立样本的W米W检验

设（X_1，X_2，X_3，…$X_米$）和（Y_1，Y_2，…，Y_n）分别为两个连续总体 F_x 和 F_y 中随机抽取出来的样本，$H_0: Mx = My$，$\begin{cases} H_1: M_x \neq M_y \\ H_1: M_x > M_y \\ H_1: M_x < M_y \end{cases}$

为了对假设作出判定，如果 H_0 为真，那么将米个x、n个y的数据，按数值的相对大小从小到大排序，X、Y的值应该期望被很好地混合，这米十 n = N 个观察值能够被看作来自共同总体的一个单一的随机样本。若大部分的 Y 大于 X，或大部分的 X 大于 Y，将不能证实这个有序的序列是一个随机的混合，将拒绝 X、Y 来自一个相同总体的零假设。在 X、Y 的混合排列中，等级 1 是最小的观察值，等级 N 是最大的。若 X 的等级大部分大于 y 的等级，那么数据将支持 H1：米 x > 米 y，而 x 的等级大部分小于 y 的等级，则数据将支持 H1：米 x < 米 y。检验统计量。根据上面的基本原理，检验统计量为：$W_x = X$ 的秩和 $= \sum_{i=1}^{N} R_i I$（样本点属于 X 总体），$W_Y = Y$ 的秩和 $= \sum_{i=1}^{N} R_i I$（样本点属于 Y 总体）

两独立样本的 W 米 W 检验的检验步骤如下：

（1）提出假设

$$H_0: M_x = M_y, \begin{cases} H_1: M_x \neq M_y \\ H_1: M_x > M_y \\ H_1: M_x < M_y \end{cases}$$

（2）计算检验统计量

$$W = \text{米}\,in\{W_X, W_Y\}, Wx = \sum_{i=1}^{N} R_i, W_Y = \sum_{j=1}^{M} R_j$$

或者：u = 米 in ｛W_{YX}，W_{XY}｝，$W_{YX} = W_X$ − 米（米 + 1）/2，$W_{XY} = W_Y$ − n（n + 1）

（3）确定拒绝域

根据 u 或 W、米、n 及 α，在 wilcoxon－米 ann－whitney 秩和分布表查的 P 值。对于双侧检验，如果 $2P < \alpha_0$，拒绝 H_0，否则不能拒绝 H_0；对于单侧检验，如果 $P < \alpha_0$，拒绝 H_0，否则不能拒绝 H_0。

（三）模糊综合评价法

针对经济社会生活中某些难以准确量化的现象或事务，经典数学显得无能为力。比如，判断某个人是秃子，并不是说他头上没有一根头发才被划归为“秃子”类别，他的头上有 10 根头发，他属于“秃子”类别吗？举这个例子主要想表达的意思是：有些类别是边界不清晰、不易量化的，现实中很多概念都不是非此即彼的分类方式。Zadeh 教授 1965 年提出了模糊数学的思想，成功地解决了上述问题。

模糊综合评价是以模糊数学为基础，通过构造等级模糊子集，运用隶属函数确定隶属度，将评价对象的模糊指标量化，然后利用模糊算子将各指标权重纳入综合评价的范畴内，对各研究对象进行综合评价。本篇研究的是失地农民的保障水平，保障水平本身就是一个保障程度的概念，而且在保障水平输出指标体系中，我们选取的多是定性指标，定性指标多需要主观判断，定性指标与主观判断的模糊特征，是运用模糊综合评价的适用前提与基础。

将农户的保障水平定义为模糊集 X，将农户保障水平的变化的内容定义为 X 的子集 W，那么 n 个农户的保障水平映射函数可表达为 $W^{(n)} = \{x, \mu_n(x)\}$，其中 $x \in X$，$\mu_n(x)$ 则表示 x 对 W 的隶属度。$\mu_n(x) \in [0, 1]$，$\mu_n(x)$ 等于 0 表示保障水平最差，$\mu_n(x)$ 等于 1 表示保障水平最好，$\mu_n(x)$ 越大，保障水平越高。

隶属函数本质上是如何将评价指标的结果，通过函数映射的方式以定量数据的方式表达出来。目前，常用的隶属度函数有正态分布型、矩形分布型、戒上型、戒下型、梯形分布型、岭形分布型等。从上文可知，我们选取的反映农户保障水平输出的指标中有诸如人均居住价值、收入、恩格尔系数等连续型定量数据，但更多的是诸如社交满意度、医疗、养老、失业保障满意度等离散型定性指标。

考虑到研究的具体问题与构建的指标体系，我们最终确定使用以下隶属函数对农户保障水平进行模糊评价：

$$\mu(x_{ij}) = \begin{cases} 0, & 0 \leqslant x_{ij} \leqslant x_{ij}^{min} \\ \dfrac{x_{ij} - x_{ij}^{min}}{x_{ij}^{max} - x_{ij}^{min}} & x_{ij}^{min} < x_{ij} < x_{ij}^{max} \\ 1, & x_{ij} \geqslant x_{ij}^{max} \end{cases} \quad \text{式 5-1}$$

$$\mu(x_{ij}) = \begin{cases} 0, & 0 \leqslant x_{ij} \leqslant x_{ij}^{min} \\ \dfrac{x_{ij}^{max} - x_{ij}}{x_{ij}^{max} - x_{ij}^{min}}, & x_{ij}^{min} < x_{ij} < x_{ij}^{max} \\ 1, & x_{ij} \geqslant x_{ij}^{max} \end{cases} \quad \text{式 5-2}$$

从本篇设计的指标体系与调查问卷可以看出，保障水平输出指标多为正向指标，既指标数据对保障水平的影响是同向的，无论此类正向指标是定量的，或是定性指标，此类指标的隶属度均采用式 5-1 的隶属函数获得。在设计的指标体系与调查问卷中，唯一的一个反向指标为恩格尔系数，该指标数值的大小与保障水平的高低呈现反向的关系，即恩格尔系数越大，表明保障水平越低。此类反向指标的隶属度是通过式 5-2 所示的隶属度函数来获得的。

在获得操作目标层指标隶属度的基础上，采用合理的权重计算方法，就可以得到上一层指标的隶属度，从而层层递进计算出整个保障水平的隶属度。高进云（2008）在研究农地城市流转中农民福利变化时，对 Cheli and Le 米米 i（1995）使用的变权公式进行了修正，最后提出将 f（x）= $\bar{\mu}(x_{ij})^{-0.5}$ 作为权重函数。该权重函数具有两个重要特性：一是当某个指标的平均隶属度较大时，它对整个保障水平的影响较小；当某个指标的平均隶属度较小时，它对整个保障水平的影响较大，这反映了在评价保障水平时，更关注保障水平较低的指标的作用。二是当某个指标单调变动时，总体保障水平的变动也是同向单调的。本篇采用高进云提出的权重函数来计算模糊综合得分。

（四）结构方程模型

之前，研究者主要是运用回归方程分析、线性规划等方法进行路径分析。20 世纪 80 年代以来，国外最新的一种统计方法——结构方程模型被介绍到我国，随着结构方程模型在我国各个领域的广泛应用，运用结构方程成为路径分析的主旋律。结构方程模型的路径分析拓展了研究的思路，不仅使过去的单变量研究转变为多变量研究，还使得过去的只研究主效应转变为同时研究交互效应，由研究直接变量转变为研究潜变量与直接变量、潜变量与潜变量之间的关系。因此，本篇选择了运用结构方程来研究农户生计资本、保障转换因素、保障水平输出之间的影响路径和作用机制，来考察生计资本、转换因素对保障水平的影响机制，为后续研究提供参考思路。

结构方程模型（Structural Equation 米 odel，SE 米），又称协方差结构模型，由 Karl Joreskog and Dag Sorbon 等学者于 20 世纪 70 年代初提出的，目前已经成为一种十分重要的数据分析技术。结构方程分析，也称结构方程建模，是以变量协方差矩阵为基础，来研究变量间相互关系的一种数理统计方法。结构方程模型不但可以研究多变量之间和涉及潜变量的复杂关系，还可以比较多个模型之间的优劣程度。

结构方程模型中包含了两种性质的变量：一种是显变量（Observable varible）；另一种是潜变量（Latent varible）。显变量是可以直接观测到的指标变量，而潜变量则是不可以直接、准确观测和测量的。结构方程模型分为测量模型和结构方程两部分（如式 5－3、式 5－4）；其中，测量模型研究的是潜变量与显变量之间的关系；结构方程研究的是潜变量与潜变量之间的关系。

$$x = \Lambda_x \xi + \delta, \qquad y = \Lambda_y \eta + \varepsilon \qquad \text{式 5－3}$$

$$\eta = B\eta + \Gamma\xi + \zeta \qquad \text{式 5－4}$$

式 5－3 中，x 表示外源指标组成的向量；y 表示内生指标组成的向量；Λ_x 表示外源指标与外源潜变量之间的关系，是外源指标在外源潜变量上的因子负荷矩阵；Λ_y 表示内生指标与内生潜变量之间的关系，是内生指标在内生潜变量上的因子负荷矩阵；δ 表示外源指标的误差项；ε 表示内生指标的误差项。式 5－4 中，η 表示内生潜变量；ξ 表示外源潜变量；B 表示内生潜变量之间的关系；Γ 表示外源潜变量对内生潜变量的影响；ζ 是结构方程的残差项，反映了 η 在结构方程中未被解释的部分。

结构方程分析主要有以下优点：①结构方程分析可以同时处理多个因变量，这些因变量可以是显变量，也可以是潜变量，或二者混合。而在回归分析中，在计算某一个变量的影响时，忽略了其他因变量的影响。②由于潜变量不含有测量误差和系统误差，所以结构方程模型可以容许自变量和因变量包含测量误差。③在探索性因子分析的基础上可以进行验证性因子分析，结构方程分析可以同时估计因子结构和因子关系。④结构方程分析容许更大弹性的测量模型。传统分析中只容许一个指标从属于单一因子，因而难以处理一个指标从属多个因子，或者考虑高阶因子等含有复杂从属关系的模型，但结构方程分析容许更加复杂的模型。⑤结构方程分析可以估计整个模型的拟合优度。在传统的回归分析中，只估计每一组变量间关系的强弱。结构方程分析除了可以估计上述参数外，还可以比较不同模型的整体拟合程度。

总之，运用结构方程研究农户生计资本、保障转换因素与保障水平输出之间的路径与作用机制，不仅可以通过比较各个预设路径之间的模拟优度，从而选择符合样本数据的路径，还可以得到每个路径上各因素的之间的影响程度。

四、本章小结

根据上章构建的指标体系，从调查问卷构建、数据采集、数据处理等方面逐步推进，做好实证研究前的准备工作，并就实证分析所运用的因子分析、两个样本的非参数检验、模糊综合评价法、结构方程模型等研究方法进行了简要说明。

第六章　失地农民保障水平评价及影响因素分析

在完成失地农民保障评价指标体系的构建、问卷调查、数据搜集、分析方法介绍后，本章进入实证分析阶段。首先，我们分别运用因子分析、模糊综合评价的方法，对农民失地前后的资本获得与投入、保证水平输出进行总体评价，并运用非参数检验方法考察其失地前后变化情况。其次，就影响资本获得与投入、保障转换因素、保障水平输出的各种因素进行考察与探讨，并对失地农民保障水平评价指数进行测算。在对失地农民资本获得与投入、保障转换因素、保障水平输出等指标的相互影响关系有了初步了解后，根据理论分析框架，运用结构方程模型分析三者之间的影响路径与影响程度。

一、信度与效度分析

由于本篇的数据都是通过问卷调查的形式获得的，在进行实证分析前，必须先进行信度与效度分析。调查问卷的信度分析，是指调查问卷本身这种工具的可靠程度，因此，信度分析也称为可靠性分析。在信度分析中，主要是以 Cronbach’sα 系数和折半信度检验为方法的内容一致性信度评估。调查问卷的效度分析，是指调查问卷这种工具的有效性，即调查问卷这种工具可以测量到或反映调查实施者所需要的特征或数据。效度分析分为内容效度和结构效度检验，内容效度是问卷内容的有效性，结构有效性通常通过因子分析的方法进行检验。

（一）信度分析

本篇运用 SPSS 统计软件对回收的 500 份有效问卷，用 Cronbach’sα 系数和折半信度检验两个方法进行内容一致性信度评估，得出软件输出结果（见表 6 - 1）。

表 6-1　　问卷信度分析结果

问卷维度	二级指标	Cronbach' sα 系数	折半系数
资本获得与投入	综　合	0.7931	0.7792
	人力资本	0.7251	0.7579
	金融资本	0.6317	0.6902
	社会资本	0.7436	0.7190
	物质资本	0.6752	0.7049
	自然资本	0.6472	0.7391
保障转换因素	综　合	0.7597	0.7404
	家庭特征	0.7163	0.7315
	区域经济环境	0.7095	0.6800
保障水平输出	综　合	0.7365	0.7539
	居住条件	0.6963	0.7104
	经济状况	0.6385	0.7047
	社会保障	0.7153	0.6832
	教育与知识	0.6827	0.6894
	环境状况	0.6394	0.7017
	社交与心理	0.6254	0.6810
问卷总体		0.7417	0.7797

注：鉴于各二级指标下细分题项较多，故在正文部分只显示二级指标的信度指标，细分题项的信度情况见附录3。

由表6-1可知，在本篇设计的调查问卷中，关于失地农民保障情况的各变量的 α 系数和折半系数都在0.6以上，问卷总体的 α 系数和折半系数分别为0.7417和0.7797，表明本研究问卷具有较好的可信度。其中，资本获得与投入、转换因素、保障水平输出的 α 系数分别为：0.7931、0.7597、0.7365；资本获得与投入、转换因素、保障水平输出的折半系数分别为0.7792、0.7404、0.7539，均在0.7以上，已经达到较好的可接受水平。因此，可以说本篇设计的调查问卷的信度是较高的，可以满足调查问卷内容一致性的信度评估。

（二）效度分析

一方面，从内容效度方面考虑，本篇在设计调查问卷时，在进行大量文献研究的基础上，实地走访农户家庭，设计了调查问卷提纲，将提纲提交给专家学者后，反复进行沟通交流、征求他们的意见，从而形成了调查问卷初稿。在对调查问卷初稿进行了小范围的预调查后，将反馈的信息进行了相应的调整，形成了调查问卷修改稿。再就修改稿和专家进行持续的沟通，进而形成了调查问卷正式稿。设计调查问卷的整个过程严谨、耐心，确保了调查问卷较高的内容效度。

另一方面，从结构效度方面考虑，本篇采用了因子分析法来进行调查问卷结构效度检验。首先，本篇进行了K米O检验，本调查问卷的K米O统计量为0.7903，Bartlett′s Test 统计量为596.501（$P<0.01$），适合运用因子分析。用SPSS软件提取主因子，按照特征根大于1的标准，本篇提取了5个主因子，各因子的特征值和方差贡献率如表6-2所示。

表6-2　提取主因子的特征值和方差贡献率

主因子	特征值	贡献率（%）	累积贡献率（%）
F1	7.2169	35.67	35.67
F2	5.0617	20.15	55.82
F3	2.6417	11.72	67.54
F4	1.8071	6.22	73.76
F5	1.2208	4.24	78.00

由表6-2可知，提取的5个主因子的累积方差贡献率已经达到了78%，可以由这5个主因子来解释调查问卷承载全部信息的78%。并且，根据正交旋转后的因子载荷矩阵显示，各个指标在5个主因子上的载荷的绝对值都在0.5以上。因此，可以认为，本篇所设计的调查问卷具有良好的结构效度，符合研究设计和分析要求，可以进行进一步的分析和研究。

二、失地农民保障水平综合评价

（一）资本获得与投入评价

为了度量资本获得与投入中每一类生计资本的类别，我们选取了多个指标进行度量，除了人力资本和金融资本按照前文［第四章三、（一）］所述方法计算外，社会资本、物质资本与自然资本均采用因子分析的方法计算其综合得分。在此基础上，将人力资本、金融资本、社会资本、物质资本、自然资本作为已知指标值的变量，运用因子分析的方法计算资本获得与投入（即生计资本）的综合得分。

在得到了失地前、失地后各农户的生计资本后，采用两个配对样本非参数检验的方法，检验失地前后农户生计资本的变化情况；采用两个独立样本非参数检验的方法，检验不同主导模式下农户生计资本变动大小的情况。

1. 计算资本获得与投入综合得分

运用因子分析方法可以根据样本数据内部的相关关系，客观地计算各指标的权重，进而计算该指标的综合得分。本篇以社会资本为例，说明计算其综合得分的步骤与过程。

（1）指标间的相关性判定

将选取的9个指标预处理后的数据输入SPSS16.0统计处理软件，计算指标的相关系数矩阵结果如表6－3所示。由表6－3可知，指标间的相关系数都比较大，说明指标间存在较强的相关性，符合因子分析的适用条件，可以运用因子分析对失地农民的社会资本进行评价。

表6－3　　　　社会资本9个细分指标的相关系数矩阵

	X1	X2	X3	X4	X5	X6	X7	X8	X9
X1	1.00	0.65	0.55	0.52	0.49	0.69	0.50	0.71	0.78
X2	0.65	1.00	0.96	0.67	0.54	0.91	0.88	0.89	0.51
X3	0.55	0.96	1.00	0.62	0.41	0.81	0.90	0.82	0.68
X4	0.52	0.67	0.62	1.00	0.84	0.46	0.88	0.52	0.68

续表

	X1	X2	X3	X4	X5	X6	X7	X8	X9
X5	0.49	0.54	0.41	0.84	1.00	0.85	0.74	0.81	-0.35
X6	0.69	0.91	0.81	0.46	0.85	1.00	0.63	0.90	0.75
X7	0.50	0.88	0.90	0.88	0.74	0.63	1.00	0.78	0.81
X8	0.71	0.89	0.82	0.52	0.81	0.90	0.78	1.00	0.75
X9	0.78	0.51	0.68	0.68	0.35	0.75	0.81	0.75	1.00

（2）求相关矩阵的特征值和贡献率，确定提取因子的个数

根据变量之间的相关系数矩阵，计算相关系数矩阵的特征值和方差贡献率，计算结果如表6-4所示。由表6-4可知，尽管前3个因子的特征值都大于1，但是前三个因子的贡献率仅为67.59%，并且第四个因子的贡献率为9.51%，考虑到数据代表性，本篇最终提取了四个因子，来代表全部投入指标所包含的信息。

表6-4　社会资本相关系数的特征值和贡献率

因子	特征值	方差贡献率（%）	累计方差贡献率（%）
1	3.0023	33.3588	33.3588
2	1.9234	21.3714	54.7302
3	1.1577	12.8629	67.5931
4	0.8562	9.5136	77.1066

（3）计算各个因子得分，并计算综合得分

由于本篇的目的是计算综合得分，不将因子命名作为重点，因此，此处略去用于因子命名载荷矩阵，直接计算因子得分。采用回归的方法可以得到各因子的得分，将各个因子的方差贡献率作为其权重，就可以计算社会资本的综合得分。

采用同样的步骤，我们计算了物质资本与自然资本的综合得分。在得到人力资本、金融资本、社会资本、物质资本和自然资本的综合得分后，本篇采用相同的过程计算生计资本（即资本投入与获得）的综合得分。

2. 检验资本投入与获得失地前后的变化

在检验生计资本失地前后变化的过程中，首先，我们将全部500个样本失地前、失地后的数据进行配对，采用两个配对样本的非参数检验考察其变化情况；其次，分别计算市场模式主导下和行政模式主导下的100个样本失地前后的变动值，采用两个独立样本的非参数检验考察其变化差异情况；最后，为了提高研究的可信度与稳定性，我们采用配对样本非参数检验的方法，分别考察市场模式和行政模式主导下农民生计资本失地前后变化的差异。

（1）农民失地前后生计资本的变动情况

将500个样本失地前、失地后的数据进行配对，利用两样本配对Wilcoxon检验方法，通过SPSS16.0软件对数据进行统计检验。研究假设为：失地后，农户的生计资本增加，检验结果如表6－5和表6－6所示。

表6－5　非参数检验的秩和情况

		样本个数	平均秩	秩和	研究假设	验证结论
资本投入与获得	负秩	166	227	37746.5	失地后，农户的生计资本增加	通过验证
	正秩	327	257	84024.5		
	零秩	7				

表6－6　非参数检验的统计量与概率

	Z统计量	P值
资本投入与获得	－7.312	0.000

从表6－5可知，配对样本中，正秩的样本数和平均秩大于负秩的样本数和平均秩，并且从表6－6可知，检验结果在1%的显著性水平下是有意义的。从而可以推断：失地后农户的生计资本比失地前有所增加，并且这种变化是显著的。

（2）市场模式与行政模式主导下农民失地前后生计资本变化的差异情况

上述检验的样本数据是包括了市场模式和行政模式主导下的全部样本数据，由于市场模式和行政模式主导下的城镇化建设存在很大的区别，那么这就自然地提出了一个疑问：在这两种模式主导下，农民失地前后生计资本的变化是否存在显著性的差异？

1）采用两个独立样本的非参数检验方法。将市场模式下100个农户失地前后的变化量与行政模式下100个农户失地前后的变化量作为两个独立的样本，采用 Wlicoxon – 米 ann – Whitney 秩和检验方法，检验两种模式下农户失地前后生计资本是否存在差异，检验结果如表6 – 7所示。

表 6 – 7　　非参数检验的统计量与概率

	平均秩	Z 统计量	P 值
行政模式	100. 27	– 2. 61	0. 003
市场模式	70. 56		

从表 6 – 7 可知，在 1% 的显著性水平下，行政模式的平均秩显著地大于市场模式的平均秩，并且 Z 统计量也是显著的。这意味着，行政模式主导下农户失地后生计资本的增加量大于市场模式主导下生计资本的增加量。

这种结论与现实感受似乎是有出入的，因为在行政模式下，政府利用强权优势，即使农民认为补偿标准过低、不认可补偿方案，但农民没有与政府谈判的能力与机会，政府仍可强制征收农民土地，从而使得失地农民生计资本增幅有限。而在市场模式下，开发企业与农民就补偿方案进行持续沟通，不仅尽可能地满足农民的补偿要求，而且补偿形式灵活。对于这一点，我们在下文对理论检验结果与实践经验的冲突进行了深入分析。

2）采用两个配对样本的非参数检验方法。在此，我们分别将市场模式下 400 个农户、行政模式下 100 个农户失地前后的样本数据配对，分别考察两种模式下生计资本的变化量，检验结果如表 6 – 8、6 – 9、6 – 10、6 – 11、6 – 12 所示。

表6-8　　市场模式下非参数检验的秩和情况

		样本个数	平均秩	秩和
资本投入与获得	负秩	76	107	8164
	正秩	321	221	70839
	零秩	3		

表6-9　　市场模式下非参数检验的统计量与概率

	Z统计量	P值
资本投入与获得	-13.698	0.000

表6-10　　行政模式非参数检验的秩和情况

		样本个数	平均秩	秩和
资本投入与获得	负秩	9	30	271
	正秩	91	53	4779
	零秩			

表6-11　　行政模式非参数检验的统计量与概率

	Z统计量	P值
资本投入与获得	-7.750	0.000

表6-12　　两种模式下生计资本变动的统计分析

	失地前后生计资本的变化情况	
	生计资本平均值的变动量	非参数检验中正秩个数占有效样本数的比例（%）
行政模式下	0.11	91.00
市场模式下	0.10	80.25

从表6－8、6－9、6－10、6－11可知，在市场模式和行政模式主导下，在1%的显著性水平下，农户失地后的生计资本均较失地前有所增加。从表6－12可知，无论是从失地前后生计资本平均值的变化幅度，还是从非参数检验中正秩样本个数占有效样本总数的比例来看，在行政模式主导下，农户失地前后所拥有的生计资本的变动幅度大于市场模式下的变动幅度。

行政模式主导下农户生计资本增加大于市场模式主导下农户生计资本的增加，这个检验结论值得我们深入分析与探讨。

第一，在本篇的调查问卷设计时，我们取失地前1年的数据和失地后2年的数据作为失地前和失地后的样本数据。这意味着，我们得到的结论，仅仅是建立在失地后第二年的基础之上的，即从短期（失地后2年）来看，行政模式下农户生计资本的变化大于市场模式下的变化量。

第二，从心理预期的角度，在行政模式下，由于政府的强势，农民没有与政府谈判的平等地位，导致农民对政府补偿的预期本来就会降低。而在市场模式下，现实情形是：农民具有很强的谈判能力，对开发企业的商业化行为有所了解，认为开发企业会在开发项目上盈利较多，所以对开发商补偿额度的需求预期较高。即使最终行政模式与市场模式给予农民同等额度的补偿，由于心理预期差异的存在，也会使得市场模式下农民的主观认知生计资本降低。

第三，在行政模式下，政府会帮助农民在短期内实现快速的形式就业，可以短时间内提升人力资本，并且由于短期内搬入设施完备的新居，当下对物质资本的增加会比较满意。而在市场模式下，农民多是自主择业或开发企业优选就业，相当一部分村民无法立即实现就业，人力资本需要逐渐积累和培育，短期内人力资本增加有限。对于金融资本，由于农民投资理财的途径匮乏，其增值的速度相对较低，甚至在有些地区出现农民拿到征地补偿后大肆挥霍的情况，使得金融资本的影响小于人力资本的影响。综合来看，与市场模式相比，行政模式下农民生计资本在短期内的确可能出现较大的增加。

但是，从长期来看，结论也许会有所改变。短期内，失地农民实现快速就业，但在未进行劳动技能培训的情况下的就业一般是低水平的就业，多是简单的体力劳动。并且，长期从事这种简单、重复的体力劳动，会丧失经过教育培训获得其他技术工作的机会。对比来看，在市场模式下，失地农民可以自由选择职业或被开发企业竞争性挑选，在人力资源市场经过一段时间的培训和适应工作后，获得高工资、高层次职业的机会大大增加，人力资本在市场上的流动性也大大增加，并且这种经验的增加与阅历的积累，对他们自主创业也是大有裨益。种种因素，使得市场模式下人力资本的潜力得到激发，未来人力资本的大幅增加的概率也相对较高，从而超过行政模式下人力资本的增加。

同时，在行政模式下，有些政府出于政绩与形象的考虑，不顾各地区的具体差异，按照行政指令将失地后的农民安排在一个相对集中的区域，且往往采取“异地集中安置”的形式，新建项目与失地农民居住地会有所分割。这种情况的出现，一方面是政府所谓“便于管理”的原因；另外一方面则是为了招商引资更具吸引力。但是从长期来看，此类做法所带来的负面结果也是明显的，失地农民无法与城市居民实现有效的融合，对培育失地农民的社会资本有很大的阻碍作用。而在市场模式主导下的失地农民保障方案中，由于是双方商谈的结果，往往采用“就地就近安置”方式，失地农民与城市搬入居民的生活区域往往不会硬性分割，这对长期提升失地农民的社会资本是大有帮助的。

（二）保障水平输出评价

1. 农民失地前后保障水平输出的变动情况

采用如上文式 5－1 和 5－2 所示的隶属度函数，借鉴高进云（2008）的权重函数，我们分别计算居住条件、经济状况、社会保障、教育与知识、环境状况、社交与心理等六大三级指标的隶属度，根据函数公式逐级计算基础保障和高阶保障的隶属度，进而最终计算保障水平的综合得分情况。在得到了保障水平的综合得分数据后，采用两样本配对 Wilcoxon 检验方法考察农民失地前后保障水平的变化情况，并细分考察基础保障和高阶保障的变化情况，探寻基础保障和高阶保障的变化是否存在显著性的差异，检验结果如表 6－13 和 6－14 所示。

表 6－13　　非参数检验的秩和情况

		样本个数	平均秩	秩和	研究假设	验证结论
整体保障水平	负秩	29	99	2866	失地后，农户的总体保障水平有所提高	通过验证
	正秩	460	254	116939		
	零秩	11				
基础保障	负秩	2	48	96	失地后，农户的基础保障水平有所提高	通过验证
	正秩	490	247	121183		通过验证
	零秩	8				通过验证
高阶保障	负秩	95	158	14978	失地后，农户的高阶保障水平有所提高	通过验证
	正秩	357	245	87401		
	零秩	48				

表 6－14　　非参数检验的统计量与概率

	整体保障水平	基础保障	高阶保障
Z 统计量	－18.252	－19.200	－13.036
P 值	0.000	0.000	0.000

从表 6－13 和 6－14 可知，无论是整体保障水平，还是基础保障和高阶保障，配对样本中，正秩的样本数和平均秩远远大于负秩的样本数和平均秩，并且检验结果在 1% 的显著性水平下是有意义的。这意味着：失地后农户的整体保障水平、基础保障水平和高阶保障水平比失地前有所增加，并且这种变化是显著的。

表 6－15　　失地前后基础保障与高阶保障的变化情况

	平均值的变动量	非参数检验中正秩个数占有效样本数的比例（%）
基础保障	0.097	98.00
高阶保障	0.088	71.40

同时从表 6－15 可知，无论是从失地前后基础保障和高阶保障平均值的变化幅度，还是从非参数检验中正秩样本个数占有效样本总数的比例来

看，农户失地前后基础保障的变动幅度大于高阶保障的变动幅度。这种现象的出现表明，在短期（失地后 2 年），新城镇的建设先给农民带来的是诸如居住条件、经济状况和社会保障等方面较大幅度的提升，最先重视基础保障。按照轻重缓急的顺序，在基础保障提升后，也许会逐渐重视农民教育与知识、环境状况、社交与心理等方面高阶保障的改善。此外，考虑到高阶保障的属性，比如教育、心理、社交等，本身就需要一个逐渐培育、逐渐积累的过程，因此，失地两年内高阶保障的变动幅度小于基础保障的变动幅度。

在问卷调查过程中，在基础保障方面，分别有 82.70% 和 80.70% 的人选择了对基础设施、生活便利度表示满意（包括“非常满意”“比较满意”和“一般满意”，下同），分别有 70.00% 和 78.00% 的人选择了对创业支持、理财指导表示满意，分别有 89.40% 和 86.10% 的人选择了对医疗保障、养老保障表示满意，这都说明了农民对基础保障方面的满意度是相对比较高的。

实证研究结论显示，失地后农民的保障水平得到了不同幅度的提升，那么为什么我们经常听到农民不愿失地，甚至出现暴力事件呢？我们认为可以从以下几个方面来分析一下：①补偿政策宣传不到位，补偿安置方案的不透明性，导致农民不清楚能得到多少补偿、得到多少补偿是合理的，总是认为自己处于吃亏状态。②拆迁补偿总额可观，但是与政府获得利益相比，农民分得比例小，无法充分分享土地开发红利。③农民补偿期望过高。“拆富豪”“拆二代”等字眼给公众带来很大的冲击，导致农民认为通过拆迁可以实现快速发家致富，从而对补偿预期要求过高。④不合理的纵容。对于每一个失地安置项目，补偿安置方案是统一的，但是在实施的过程中，确实存在不合理的现象，比如钉子户在坚持一段时间后，出于统一规划、快速推进的考虑，他们往往能得到比补偿方案规定更多的利益，而这种纵容又会形成不合理的示范效应。此外，由于本篇的随机调查是在失地后进行的，失地农民对待失地这个事件的态度已发生变化，从面临拆迁前的焦虑与躁动中渐渐平复并适应下来。并且，他们发现失地后居住、生活等方面确实有所提升，对失地的容忍度也有所提升，这种心理的偏差也会对实证检验结果有所影响。

2. 市场模式与行政模式主导下农民失地前后保障水平输出变化的差异情况

在细分为行政模式和市场模式主导下时，我们进行了对比分析，实证分析结果如表6－16、表6－17所示。

表6－16　不同模式主导下保障水平输出变化的非参数检验

		样本个数	平均秩	秩和	Z统计量	P值
行政模式	负秩	3	4.33	13	－8.596	0.000
	正秩	96	51.43	4937		
	零秩	1				
市场模式	负秩	26	94.88	2467	－16.016	0.000
	正秩	364	202.69	73778		
	零秩	10				

表6－17　不同模式下保障水平输出变化的统计分析

	失地前后保障水平输出的变化情况	
	保障水平输出均值的变动量	非参数检验中正秩个数占有效样本数的比例（%）
行政模式下	0.13	96.00
市场模式下	0.09	91.00

从6－16可知，无论在行政模式下，还是在市场模式下，失地后保障水平较失地前均有所提升，并且这种改善是显著性的。表6－17显示，无论是从失地前后保障水平输出平均值的变化幅度，还是从非参数检验中正秩样本个数占有效样本总数的比例来看，在行政模式主导下，农户失地前后保障水平的变动幅度大于市场模式下的变动幅度。这种差异的原因，我们认为可以参考本章二、（一）中对两者模式下生计资本变化差异的考量与解释。

三、失地农民保障水平影响因素分析

在对农民失地前后生计资本和保障水平进行综合评价并检验其变化

后，本篇对影响农民生计资本、保障转换因素、保障水平的各类因素进行更进一步的分析。对于影响生计资本和保障水平的因素，从各细分指标综合得分和各细分指标权重变化来分析；对于转换因素的分析，则采用对比分析的方法，考察各转换因素对保障水平的不同影响情况。

（一）资本获得与投入影响因素分析

1. 各细分指标综合得分的变动情况

在该部分，我们仍然首先考察500个配对样本情况下，人力资本、金融资本、社会资本、物质资本、自然资本的变动情况。其次，分别考察在市场模式主导下和行政模式主导下人力资本、金融资本、社会资本、物质资本、自然资本的变动情况，看是否存在显著的差异。

如表6-18所示，失地后，农民的人力资本、金融资本、社会资本、物质资本均有所增加，而自然资本则有所减少。结合前述4.4章节提出的研究假设，可以发现人力资本、金融资本、社会资本和自然资本的变化与研究假设一致，而物质资本的变化则与研究假设矛盾。表6-19显示，在1%的显著性水平下，检验结果在统计意义上是显著的。

表6-18　　　　500个配对样本非参数检验的秩和情况

		样本个数	平均秩	秩和	研究假设	验证结论
人力资本	负秩	84	133	11189	失地后，农户的人力资本增加	通过验证
	正秩	410	271	111076		
	零秩	2				
金融资本	负秩	37	69	2563	失地后，农户的金融资本增加	通过验证
	正秩	461	264	121689		通过验证
	零秩	2				通过验证
社会资本	负秩	17	94	1599	失地后，农户的社会资本增加	通过验证
	正秩	457	243	110976		通过验证
	零秩	26				通过验证
物质资本	负秩	46	87	3997	失地后，农户的物质资本减少	未通过验证
	正秩	446	263	117281		通过验证
	零秩	8				通过验证

续表

		样本个数	平均秩	秩和	研究假设	验证结论
自然资本	负秩	374	265	99121	失地后，农户的自然资本减少	通过验证
	正秩	104	148	15361		
	零秩	22				

表 6－19　500 个配对样本非参数检验的统计量与概率情况

	人力资本	金融资本	社会资本	物质资本	自然资本
Z 统计量	－15.733	－18.538	－18.329	－17.954	－13.862
P 值	0.000	0.000	0.000	0.000	0.000

如表 6－20、6－21、6－22、6－23 所示，无论在市场模式下，还是在行政模式下，人力资本、金融资本、社会资本、物质资本、自然资本失地前后的变化是一致的，且在统计意义上是显著的。

表 6－20　市场模式下配对样本非参数检验的秩和情况

		样本个数	平均秩	秩和	研究假设	验证结论
人力资本	负秩	65	109	7104	失地后，农户的人力资本增加	通过验证
	正秩	331	216	71502		
	零秩	4				
金融资本	负秩	31	47	1450	失地后，农户的金融资本增加	通过验证
	正秩	369	213	78751		通过验证
	零秩	0				通过验证
社会资本	负秩	11	45	498	失地后，农户的社会资本增加	通过验证
	正秩	388	204	79302		
	零秩	1				
物质资本	负秩	6	71	423	失地后，农户的物质资本减少	未通过验证
	正秩	392	201	78978		
	零秩	2				

续表

		样本个数	平均秩	秩和	研究假设	验证结论
自然资本	负秩	311	216	67137	失地后，农户的自然资本减少	通过验证
	正秩	73	93	6783		
	零秩	15				

表 6－21　市场模式下配对样本非参数检验的统计量与概率情况

	人力资本	金融资本	社会资本	物质资本	自然资本
Z 统计量	－14.128	－16.705	－17.094	－17.104	－13.868
P 值	0.000	0.000	0.000	0.000	0.000

表 6－22　行政模式下配对样本非参数检验的秩和情况

		样本个数	平均秩	秩和	研究假设	验证结论
人力资本	负秩	19	24	465	失地后，农户的人力资本增加	通过验证
	正秩	81	57	4586		通过验证
	零秩					通过验证
金融资本	负秩	6	22	134	失地后，农户的金融资本增加	通过验证
	正秩	92	51	4717		通过验证
	零秩	2				通过验证
社会资本	负秩	11	34	377	失地后，农户的社会资本增加	通过验证
	正秩	88	52	4574		通过验证
	零秩	1				通过验证
物质资本	负秩	8	22	175	失地后，农户的物质资本减少	未通过验证
	正秩	88	51	4481		通过验证
	零秩	4				通过验证
自然资本	负秩	75	47	3557	失地后，农户的自然资本减少	通过验证
	正秩	14	32	449		
	零秩	11				

表 6-23　　模式下配对样本非参数检验的秩和情况

	人力资本	金融资本	社会资本	物质资本	自然资本
Z 统计量	-7.085	-8.120	-7.325	-7.868	-6.364
P 值	0.000	0.000	0.000	0.000	0.000

2. 各细分指标权重的变动情况

运用因子分析法，可以利用数据间的内部关系，客观地计算出各生计资本的权重，计算结果如表 6-24 所示。同时，为了更直观地分析各生计资本权重的变化，我们计算了各生计资本权重占总权重的比例，如图 6-1 所示。

表 6-24　　失地前后各生计资本权重的变化

	人力资本	金融资本	社会资本	物质资本	自然资本
失地前	0.4705	0.5153	0.3565	0.4808	0.2236
失地后	0.4416	0.5071	0.4779	0.3459	0.1850

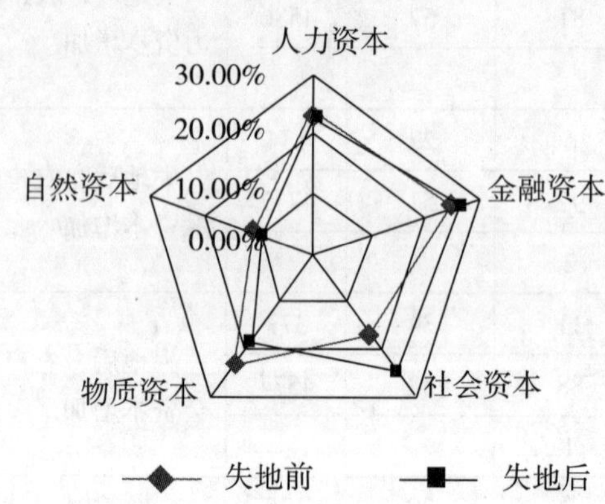

图 6-1　失地前后各生计资本权重（%）的变化情况

从表 6-24 和图 6-1[①] 可以看出，失地前，构成农户生计资本的五大资本的权重从高到低排序依次为金融资本、物质资本、人力资本、社会资

① 对表 6-24 中数据的解读，只能从数据排序的角度进行，为了考察生计资本各指标相对权重的变动，我们分别计算了各指标权重占总权重的比值（即相对权重），并以雷达图的形式直观展现出来。

本和自然资本（与假设 H_{0-1-7}不符）；失地后，权重顺序变化为金融资本、社会资本、人力资本、物质资本和自然资本（与假设 H_{0-1-8}不符）。对比失地前后五大资本权重的变化可以发现：①社会资本的权重由失地前的排名倒数第二提升至失地后的第二名；②物质资本的权重由失地前的排名第二下降至失地后的排名倒数第二；③无论失地前，还是失地后，金融资本和人力资本在农户生计资本中的作用都是非常重要的；④无论失地前，还是失地后，自然资本在农户生计资本中发挥的作用均较小。

失地前，农民一般的交际圈主要是以血缘关系为核心的亲戚朋友，即使他们去外地从事非农职业，这种交际关系也是暂时和浅层次的，随着打工的结束或工种的转变，这种交际关系就随之消失。失地后，由于城市化水平提高，外来企业、人员、信息、资金的增加以及自身居住环境、工作性质的改变，农民接受培训的增加，视野的拓展，使得他们接触更多非血缘关系的人，而且非农就业逐渐稳定，这种社交关系也会趋于稳定，从而使得社会资本在生计资本中的作用与权重越来越重要。

一方面，在失地前，村民拥有的物质资本千差万别，物质资本在生计资本中的相对权重较高。失地后，村庄的失地家庭都获得了外观相同的安置住房，物质资本差别带来的相对权重的重要性有所下降。同时，由于村民固有的恋旧情结，认为安置住房没有先前居住的独家院落舒适，也导致了其在物质资本上的心理权重下降。这两个方面的因素相互叠加，最终使得农民失地后物质资本的权重降低。另一方面，按照我国法律规定，在农村集体土地上建造的房屋只能在本村内部交易，不能对本村之外的任何人交易、流通。这意味着，在市场模式和行政模式下，失地农民获得的安置住房均是有限产权的物质资本，其市场交易行为均受到一定约束的，农民往往不会完全意识到房屋价值的提升，所以房屋在其心中的心理权重较低。

如上所述，农民失地后，职业逐渐由农业转向非农就业，并且有更多的人开始尝试自主创业，人力资源逐渐积累。同时，失地后的补偿，快速增厚了农民的金融资本。此外，这两种资本是稳定的预期收入，经过折现加总后，其数值的较小变化会引起现值较大的变化，因此，人力资本和金融资本在生计资本中一直都比较重要，权重较高。

农民的自然资本，主要包括农民的土地、池塘、林地、农作物等，鉴于农民对土地没有所有权，只有使用权，使得失地前后自然资本在生计资本中的比重和作用都相对有限，权重较小。

接下来，本篇又细分了市场模式主导下和行政模式主导下，人力资本、金融资本、社会资本、物质资本和自然资本在失地前后权重的变化，探寻是否在不同的主导模式下，权重的变化存在显著差异，考察结果如表6－25和表6－26所示。同时，为了更直观地分析各生计资本权重的变化，我们分别计算了市场模式和行政模式下各生计资本权重占总权重的比例（见图6－2、图6－3）。

表6－25　市场模式下失地前后各生计资本权重的变化

	人力资本	金融资本	社会资本	物质资本	自然资本
失地前	0.4142	0.5395	0.4678	0.3637	0.2161
失地后	0.4449	0.4830	0.4348	0.3432	0.1547

表6－26　行政模式下失地前后各生计资本权重的变化

	人力资本	金融资本	社会资本	物质资本	自然资本
失地前	0.3279	0.3339	0.2644	0.2839	0.1681
失地后	0.3349	0.4337	0.2419	0.4297	0.2852

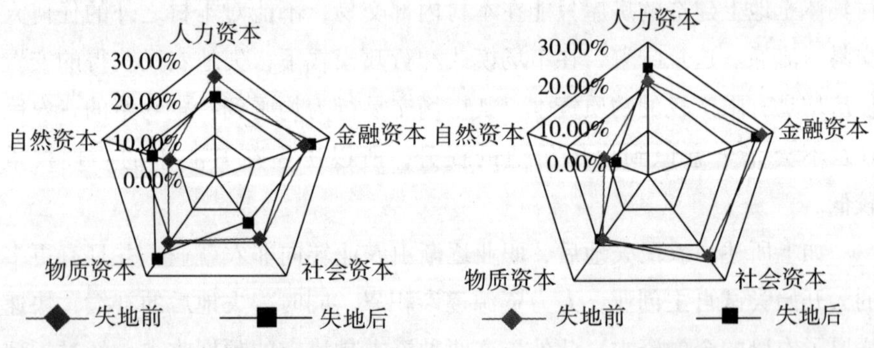

图6－2　市场模式下各生计资本权重（%）的变化情况　　**图6－3　行政模式下各生计资本权重（%）的变化情况**

如表 6 - 25 和表 6 - 26 所示，在市场模式下，人力资本在失地前的权重排名第三，失地后权重排名上升至第二位；在行政模式下，物质资本在失地前的权重排名第三，失地后权重上升至第一位。正如前文所示，市场模式下，农民真正融入到社会人力资源大环境中去，经过逐步的经验积累与职业培训，人力资本的优势逐渐突出，人力资本的作用更加凸显。在市场模式下，由于产业引进与相关配套是循序渐进的，失地后短期内派生出来的租房需求较弱，租金收入尚不能为房屋的升值提供参照标准，失地农民心理上感受不到房屋的升值。相比而言，在行政模式下，产业引进、相关配套与失地农民搬入新居是同步的，从产业发展与配套完善派生出的租房需求较强，较高的租金收入使农民认识到了房屋潜在的、预期的较高价值，失地农民可以切身感受到自己的房屋确实可以升值，从而房屋在其心目中的心理权重会有所提升。行政模式下大量的安置住房是失地农民物质资本的重要组成部分，使得农民物质资本的作用与权重更加突出。但是，行政模式下失地后农民一般实现就地、低层次的就业，所以人力资本相对权重降低。

（二）保障转换因素影响因素分析

对于保障转换因素的考察，我们将各转换因素根据数据类别分类、分级，考察不同类别、不同级别、不同层次下保障水平的变化，尝试从描述性统计的角度大概了解转换因素对保障水平的影响情况。

表 6 - 27　　主导模式对保障水平的影响

主导模式	居住条件	经济状况	社会保障	教育与知识	环境状况	社交与心理	基础保障	高阶保障	保障水平
市场模式	0.1518	0.0508	0.1047	0.1037	0.0355	0.0695	0.0924	0.0748	0.0841
行政模式	0.2009	0.0516	0.1403	0.1627	0.0880	0.1608	0.1154	0.1408	0.1274

如表 6 - 27 所示，在行政模式主导下，保障水平提升的幅度大于市场模式主导下的提升幅度。这个结论与 6 - 17 中得到的结论是一致的，也就

是在短期内，由于行政主导模式的特有属性，使得保障水平提升幅度较大。

表 6－28　就业人口占比对保障水平的影响

就业人口占比	居住条件	经济状况	社会保障	教育与知识	环境状况	社交与心理	基础保障	高阶保障	保障水平
(80%, 100%)	0.1538	0.0607	0.1293	0.0817	0.0561	0.0882	0.1038	0.0761	0.0907
(60%, 80%)	0.1587	0.0389	0.0896	0.1104	0.0185	0.0658	0.0849	0.0718	0.0787
(40%, 60%)	0.1643	0.0550	0.1254	0.1398	0.0598	0.1000	0.1031	0.1059	0.1044
(0%, 40%)	0.1792	0.0680	0.1060	0.1409	0.0832	0.1331	0.1084	0.1222	0.1149

如表 6－28 所示，就业人口占总人口的比例对保障水平的影响大体呈现负向变动关系。经过深入分析，我们发现就业人口比例越低，失地后转换为就业人口的潜力越大，从而使得保障水平的提升幅度越大。

表 6－29　非农就业人口对保障水平的影响

非农人口占比	居住条件	经济状况	社会保障	教育与知识	环境状况	社交与心理	基础保障	高阶保障	保障水平
(80%, 100%)	0.1495	0.0549	0.0996	0.1263	0.0375	0.0692	0.0924	0.0851	0.0890
(60%, 80%)	0.1683	0.0417	0.1119	0.0862	0.0179	0.0752	0.0945	0.0636	0.0869
(40%, 60%)	0.1508	0.0479	0.1133	0.1196	0.0264	0.0837	0.0930	0.0830	0.0853
(0%, 40%)	0.1748	0.0412	0.0962	0.0666	－0.0088	0.0587	0.0921	0.0428	0.0688

如表 6－29 所示，非农就业人口占总人口的比例对保障水平的影响，呈现正向变动关系（这与研究假设 H_{b-2-1} 是一致的），非农就业人口比例越高，失地后在短时间内适应非农工作的能力越高，而且前期的非农方面的就业经验、生活经历也会帮助其短期内较快提升保障水平。

表 6-30　　男性人口占比对保障水平的影响

男性人口占比	居住条件	经济状况	社会保障	教育与知识	环境状况	社交与心理	基础保障	高阶保障	保障水平
(80%，100%)	0.1771	-0.0084	0.1022	0.0217	-0.0235	0.0493	0.0709	0.0163	0.0451
(60%，80%)	0.1773	0.0460	0.1144	0.1154	0.0326	0.0922	0.0997	0.0853	0.0929
(40%，60%)	0.1502	0.0556	0.1082	0.1095	0.0520	0.0794	0.0951	0.0848	0.0902
(0%，40%)	0.1667	0.0497	0.1175	0.1422	0.0550	0.1090	0.0992	0.1080	0.1034

如表 6-30 所示，性别对保障水平的影响，未体现出明显的规律特征（这与研究假设 H_{b-2-2}是不一致的）。一般来说，家庭男性人口越多，失地后获得非农职业的概率更高，那么对整个家庭保障水平的提升应该有更好的促进作用。但是，如果将女性人口非农就业的市场形式考虑在内，也许情况会有所不同：女性对非农职业的期望值较低，短期内女性可以更容易地、更快地找到诸如社区清洁、饭店保洁、家政服务等方面的工作，对保障水平的快速提升有着积极作用。因此，根据实证分析的结果，我们可以发现，短期内性别对保障水平的影响不存在显著的差异。

表 6-31　　高中以上学历人口占比对保障水平的影响

高中学历以上人口占比	居住条件	经济状况	社会保障	教育与知识	环境状况	社交与心理	基础保障	高阶保障	保障水平
(80%，100%)	0.1246	0.0718	0.1298	0.0870	0.0832	0.0992	0.1011	0.0893	0.0955
(60%，80%)	0.1699	0.0454	0.0937	0.1290	0.0078	0.0760	0.0921	0.0796	0.0862
(40%，60%)	0.1299	0.0476	0.0822	0.0938	0.0069	0.0205	0.0791	0.0487	0.0748
(0%，40%)	0.1664	0.0460	0.1027	0.1012	0.0207	0.0790	0.0937	0.0720	0.0734

如表 6-31 所示，学历对保障水平的影响存在正向关系（这与研究假

设 H_{b-2-3}是一致的)，高中以上学历人口占总人口的比重越高，保障水平的提升幅度越大。一方面，学历越高，视野越开阔，失地后可以利用原有的知识结构和文化积累较快地从事非农职业，并且比较容易地适应这种工作，从而提升工作技能、增加经验积累，甚至进行非农创业的也大有人在。另一方面，学历越高，人力资本积累越多，农民可支配的生计资本也越多。在这两个方面的综合作用下，学历对保障水平积极正向的影响作用也就符合逻辑和现实了。

如表 6－32 所示，家庭平均收入对保障水平的影响不是单向的、简单的（这与研究假设 H_{b-2-4}是不一致的)。在家庭平均收入达到 7 万元以上时，失地前保障水平已经处于一个较高的阶段了，失地后保障水平的提升也是非常有限的，这有些类似于边际效用递减的规律。在家庭平均收入小于 5 万元时，失地后通过迅速提升基础保障水平，从而提升整体保障水平。这和马斯洛的需求层次理论也是相符的，在收入较低的阶段，基础保障的提升对整体保障水平的提升意义很大，而在收入较高时，高阶保障提升幅度大于基础保障提升幅度，但是整体保障水平的提升幅度较小。

表 6－32　　家庭平均收入对保障水平的影响

收入	居住条件	经济状况	社会保障	教育与知识	环境状况	社交与心理	基础保障	高阶保障	保障水平
(7.00, +∞)	0.1277	0.0415	0.0853	0.1056	0.0356	0.0591	0.0764	0.0798	0.0747
(5.00, 7.00)	0.1705	0.0832	0.1726	0.1773	0.1823	0.1690	0.1300	0.1164	0.1520
(3.00, 5.00)	0.1639	0.0422	0.0924	0.0841	-0.0179	0.0450	0.1086	0.0841	0.0676
(3.00, 0)	0.1925	0.0471	0.1289	0.1489	0.0817	0.1613	0.1180	0.0030	0.0199

表 6－33　经济距离对保障水平的影响

距离经济中心的距离	居住条件	经济状况	社会保障	教育与知识	环境状况	社交与心理	基础保障	高阶保障	保障水平
(6.00, +∞)	0.1617	0.0308	0.0742	0.0473	－0.1178	0.0091	0.0780	－0.0105	0.0362
(5.00, 6.00)	0.1380	0.0445	0.0865	0.0963	0.0395	0.0500	0.0810	0.0673	0.0745
(4.00, 5.00)	0.1697	0.0835	0.1717	0.1749	0.1808	0.1689	0.1297	0.1750	0.1311
(4.00, 0)	0.2055	0.0530	0.1369	0.1612	0.0966	0.1686	0.1165	0.1447	0.1398

如表 6－33 所示，距离经济中心的距离对保障水平的影响是正向的（这与研究假设 H_{b-2-5}是一致的），即距离经济中心距离越近，保障水平提升幅度越大。距离经济中心的距离越近，失地后可以围绕经济中心从事若干非农职业，而且对创业也是帮助较大，可以共享信息、共享完善的基础设施、共享经济中心发展带来的溢出效应。

综述，非农就业人口占比、高中以上学历人口占比、家庭平均收入、距经济中心的距离等四个转换因素指标对保障水平的影响相对比较显著，在下文的结构方程模型中，我们选取以上四个指标来分析转换因素对保障水平的影响路径与影响程度。

（三）保障水平输出影响因素分析

与资本获得与投入影响因素分析相似，我们也是从细分指标综合得分的变动情况与细分指标权重的变动两个方面来考察保障水平的变动。

1. 各细分指标综合得分的变动情况

在该部分，我们考察 500 个配对样本情况下，失地前后居住条件、经济状况、社会保障、教育与知识、环境状况、社交与心理的变动情况，检验结果如表 6－34 和表 6－35 所示。

表 6－34　　　　非参数检验的秩和情况

		样本个数	平均秩	秩和	研究假设	验证结论
居住条件	负秩	6	27	164		
	正秩	491	252	123589	失地后，农户的居住条件改善	通过验证
	零秩	3				
经济状况	负秩	15	158	2370		通过验证
	正秩	447	234	104583	失地后，农户的经济状况改善	通过验证
	零秩	38				通过验证
社会保障	负秩	17	198	3358		通过验证
	正秩	454	237	107798	失地后，农户的社会保障程度提升	通过验证
	零秩	29				通过验证
教育与知识	负秩	27	124	3352.5		通过验证
	正秩	332	185	61267.5	失地后，农户的教育素养与知识水平提升	通过验证
	零秩	141				通过验证
环境状况	负秩	134	189	25333		未通过验证
	正秩	238	185	44045	失地后，农户的环境状况有所下降	通过验证
	零秩	128				通过验证
社交与心理	负秩	39	114	4452		
	正秩	240	144	34609	失地后，农户的社交与心理压力增加	未通过验证
	零秩	221				

表 6－35　　　　非参数检验的统计量与概率

	居住条件	经济状况	社会保障	教育与知识	环境状况	社交与心理
Z 统计量	－19.269	－17.838	－17.681	－14.721	－4.525	－11.192
P 值	0.000	0.000	0.000	0.000	0.000	0.000

从表6－34和表6－35可知，失地后，农民的居住条件、经济状况、社会保障、教育与知识、环境状况、社交与心理都有所改善，并且这种改善在统计意义上是显著的。结合第四章四、（三）对保障水平指标的假设可知，经济状况、社会保障、教育与知识的检验结论与研究假设是相符的，但是环境状况、社交与心理并没有如所预料的一样有所下降。

对于环境状况而言，我们选取了空气状况、噪声状况、自然景观环境状况等三个指标进行问卷调查。按照一般逻辑，失地后三个指标应均有所恶化，或者至少很难看到改善。此处，我们也是有些困惑。对于出现的这种现象，我们尝试从两个方面进行分析：一方面，正如本篇调查的是失地后两年的情况，在短期内，空气状况、噪声状况、自然景观环境状况确实还未明显恶化；另一方面，是从心理学的角度，在填写调查问卷时，农民受“晕轮效应”的影响，总体上感觉失地后保障水平提升了，在对居住条件、经济状况、社会保障、教育与知识等方面都进行了肯定后，由于受某种认知偏差的影响，也认为环境状况得到了改善。

对于社交与心理方面，研究假设基于城镇化以后随着生活节奏的加快，农民的心理压力增加；以血缘关系为核心的社交网络被替代，取而代之的是以血缘、业务、同学等相互结合的社交圈子，从而使得农民在社交与心理方面产生较大的压力。但是从检验结果和现实来看，农民失地后社交心理方面并没有恶化。一方面，在失地前一年农民已经听到要拆迁征地的信息了，对未来的不确定性使得他们的心理压力已经提升到一个相对较高的水平；另一方面，农民失地后从农业转为非农就业，而非农就业特别是流水化的工作强调相互间的配合，原来的村民在一起工作，这种交往与配合比失地前甚至更密切了。此外，也许我们低估了农民的适应能力，失地后的农民在社交过程中并不像有些学者分析的那样手足无措，相反，社交圈子和社交形式的改变，给他们带来的尽管有压力，但更多的是一种成就感与满足感。

同时，从表6－34非参数检验的秩和可以看出，教育与知识、环境状况、社交与心理等高阶保障尽管有所提升，但是提升幅度小于居住条件、经济状况、社会保障等基础保障的增幅，这也和第六章二、（二）中的结论相互印证。

2. 各细分指标权重的变动情况

在得到了基础保障和高阶保障及各细分指标的综合评价得分后，本篇将模糊综合评价过程中所计算出来的各指标的权重统计如表 6-34 所示。

表 6-36　　失地前后基础保障和高阶保障权重的变化

	居住条件	经济状况	社会保障	教育与知识	环境状况	社交与心理	基础保障	高阶保障
失地前	0.1491	0.2510	0.1311	0.2171	0.1274	0.1243	0.5320	0.4680
失地后	0.1450	0.2477	0.1366	0.1974	0.1403	0.1329	0.5231	0.4769

从表 6-36 可以看出，失地前基础保障与高阶保障在整体保障水平中的权重分别是 0.5320 和 0.4680，失地后两者的权重分别为 0.5231 和 0.4769。失地后，基础保障的权重有所下降，高阶保障的权重有所升高。结合基础保障和高阶保障的静态得分情况（即失地后基础保障的变动幅度大于高阶保障的增加幅度），我们可以得到如下结论：从静态来看，失地后的短期内基础保障的增幅大于高阶保障的增幅，但从动态来看，失地后基础保障的权重有所降低，高阶保障的权重则呈现升高趋势。

这一点也可以用马斯洛的需求层次理论来解释，在居住条件、经济状况、社会保障等基础保障、低层次的需求得到满足后，开始更加关注教育与知识、环境状况、社交与心理等高阶保障、高层次的需求。

接下来，本篇又细分了市场模式主导下和行政模式主导下，基础保障和高阶保障在失地前后权重的变化，探寻是否在不同的主导模式下，权重的变化存在显著差异，考察结果如表 6-37 和表 6-38 所示。

表 6-37　　市场模式下失地前后各保障水平输出指标权重的变化

	居住条件	经济状况	社会保障	教育与知识	环境状况	社交与心理	基础保障	高阶保障
失地前	0.1492	0.2492	0.1322	0.2196	0.1257	0.1241	0.5335	0.4665
失地后	0.1453	0.2447	0.1371	0.2016	0.1383	0.1332	0.5227	0.4773

表 6－38　　行政模式下失地前后各保障水平输出指标权重的变化

	居住条件	经济状况	社会保障	教育与知识	环境状况	社交与心理	基础保障	高阶保障
失地前	0.1480	0.2595	0.1258	0.2057	0.1359	0.1251	0.5249	0.4751
失地后	0.1431	0.2609	0.1340	0.1815	0.1492	0.1314	0.5249	0.4751

如表 6－37 和表 6－38 所示，在市场模式下，基础保障失地后的权重较失地前有所下降，而高阶保障的权重较失地前有所提升，这与全部样本下的分析结论是一致的。在行政模式下，基础保障和高阶保障失地前后的权重没有发生变化，表明基础保障和高阶保障的影响程度未发生变化，基础保障的影响程度仍高于高阶保障的影响程度。

四、失地农民保障水平评价指数测算

运用前文式 4－2 所示的加权平均公式，按照专家赋权法确定的权重，我们测算了样本内的失地农民失地前后的保障水平评价指数，取 500 个样本的平均值代表总体情况，测算结果如表 6－39 所示。

表 6－39　　失地农民保障水平评价指数的变动

	生计资本	保障水平输出	转换因素	保障评价指数
失地前	14.64	41.02	49.69	35.12
失地后	22.93	49.68	56.48	43.03

从表 6－39 可知，失地后农民的保障水平评价指数为 43.03，较失地前的 35.12 明显提升。测算结果表明，样本区域失地农民的保障水平在失地后有所提升，提升幅度较大。

五、失地农民保障水平影响路径分析

每个结构方程模型都分为两个模型：一个是测量模型；另一个是结构方程。本篇选取了人力资本、金融资本、社会资本、物质资本、自然资本等 5 个指标来测量生计资本，选取居住条件、经济状况、社会保障、教育与知识、环境状况、社交与心理等 6 个指标来测量保障水平，选取了非农就业人口占比、高中以上学历人口占比、家庭平均收入、距经济中心的距离等四个指标来测量转换因素。在该结构方程模型中，共 15 个观测变量、

3 个潜在变量（生计资本、转换因素、保障水平）。

（一）影响路径研究假设

根据现有理论的逻辑分析，结合对生计资本、保障水平的变动情况、影响因素的统计分析，本篇对失地农民保障水平的路径分析作出如下研究假设。

H_{d-4-1}：生计资本与转换因素之间存在双向的互相影响关系，并且这种影响关系是相互加强的，即存在正向影响关系。

H_{d-4-2}：生计资本与保障水平之间存在直接的正向关系。

H_{d-4-3}：转换因素与保障水平之间存在直接的正向关系。

H_{d-4-4}：生计资本通过转换因素的影响进而对保障水平产生间接的正向影响。

H_{d-4-5}：转换因素通过生计资本的影响进而对保障水平产生间接的正向影响。

根据以上假设，本篇预先建立如图 6－4 所示结构方程模型所对应的路径图。

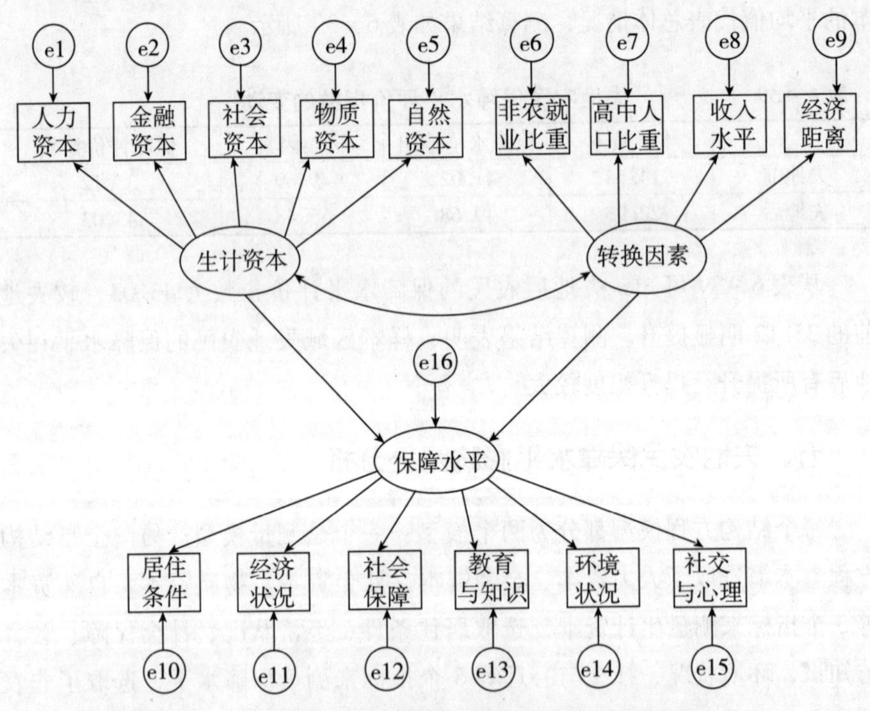

图 6－4　失地农民保障水平影响路径预设模型

（二）影响路径结果分析

根据以上假设和预设的路径模型，本篇运用 A 米 OS 6.0 分析软件对模型进行分析处理。经过反复的模拟及模型修正，并结合前文的理论基础，本篇选择了如图 6－2 所示相对最优的模拟路径。并且，得到如表 6－40 所示的模型拟合优度评价指标、χ^2、χ^2/df、R 米 SE、GFI、AGFI、NNFI 等，根据侯泰杰等（2004）提出的拟合标准，这些指标均呈现出良好的性质，该模型可以通过拟合检验，说明本篇选取的模型是适合的，在统计意义上是显著的。

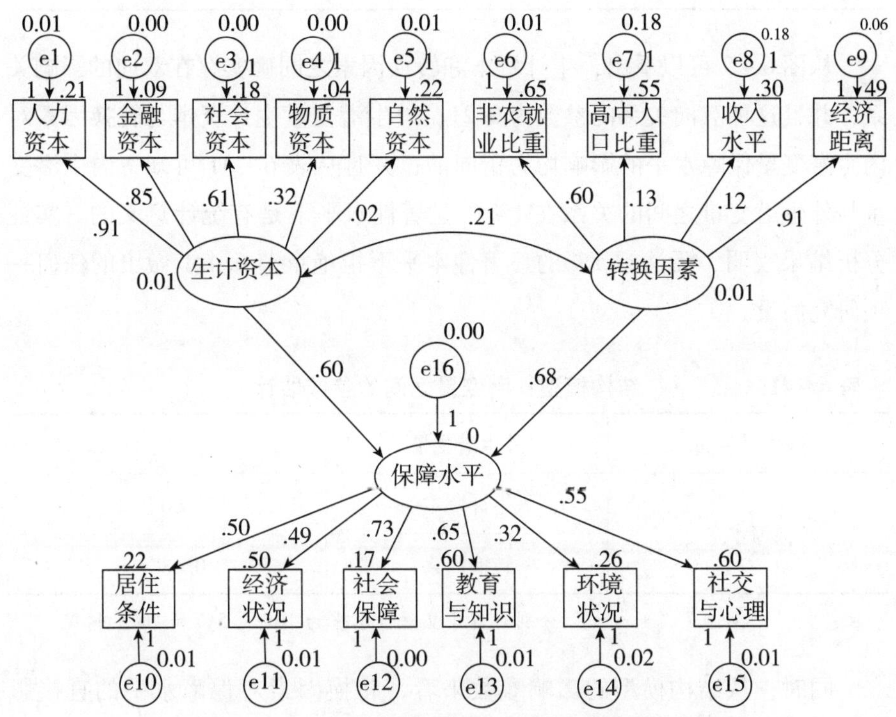

图 6－5　失地农民保障水平影响路径模型结果

表 6－40　结构方程模型的拟合优度指标

指标	数值
χ^2	218.4

续表

指标	数值
Df	87
χ^2/df	2.51
R 米 SE	0.072
CFI	0.918
AGFI	0.869
NNFI	0.910

从图 6-5 可以看出，生计资本和转换因素之间确实存在双向的影响关系，并且这种双向关系的参数为 0.21；外生潜变量生计资本与转换因素对内生潜变量保障水平的影响均为正向的；并且从表 6-41 可知，内生潜变量与外生潜变量之间的关系在 1% 的显著性水平下是有统计意义的。实证分析结果表明，无法在 1% 的显著性水平下拒绝章节 6.4.1 做出的任何一项研究假设。

表 6-41　　结构模型：潜变量之间的参数估计

内生潜变量	外生潜变量	参数估计
保障水平	生计资本	0.60***
	转换因素	0.68***

注："*""**""***"分别对应于显著性水平为 10%、5% 和 1% 的情况。

同时，从结构模型的影响参数来看，转换因素对保障水平的直接影响大于生计资本对保障水平的直接影响。如果考虑间接影响效应的话，转换因素对保障水平的总影响为 0.8060，而生计资本对保障水平的总影响为 0.7428，转换因素对保障水平的影响大于生计资本对保障水平的影响。

表 6 - 42　　测量模型：潜变量对观测变量的参数估计

潜变量	观测变量	参数估计
生计资本	人力资本	0.91***
	金融资本	0.85***
	社会资本	0.61***
	物质资本	0.32***
	自然资本	0.02*
转换因素	非农就业比重	0.60***
	高中人口比重	0.13**
	收入水平	0.12**
	经济距离	0.91***
保障水平	居住条件	0.50***
	经济状况	0.49***
	社会保障	0.73***
	教育与知识	0.65***
	环境状况	0.32**
	社交与心理	0.55***

注："*""**""***"分别对应于显著性水平为10%、5%和1%的情况。

从测量模型来看，如表6 - 42所示，人力资本、金融资本、社会资本、物质资本、自然资本的因子载荷分别为0.91、0.85、0.61、0.32和0.02，人力资本、金融资本和社会资本较好地解释了生计资本。非农就业比重、高中人口占比、家庭平均收入、距离经济中心的距离的因子载荷分别为0.60、0.13、0.12、0.91，经济距离和非农就业比重较好地解释了转换因素。居住条件、经济状况、社会保障、教育与知识、环境状况、社交与心理的因子载荷分别为0.50、0.49、0.73、0.65、0.32、0.55，社会保障、教育与知识、社交与心理较好地解释了保障水平。综合来看，观测变量较好地解释了潜变量。

六、本章小结

本章运用因子分析、模糊综合评价的方法，对农民失地前后的资本获得与投入、保障水平输出进行总体评价，运用非参数检验方法考察其失地前后变化情况；对影响资本获得与投入、保障转换因素、保障水平输出的各种因素进行考察与探讨，并对失地农民保障水平评价指数进行测算；运用结构方程模型分析三者之间的影响路径与影响程度；经过实证分析，初步得到以下几个结论：

第一，在市场模式和行政模式主导下，农户失地后的生计资本均较失地前有所增加。短期来看，在行政模式主导下，农户失地前后所拥有的生计资本的变动幅度大于市场模式下的变动幅度。但是，长期来看，结论也许会有所改变，有待进一步持续关注。无论失地前，还是失地后，金融资本和人力资本在农户生计资本中的作用都是非常重要的，而自然资本在农户生计资本中发挥的作用较小。失地后，社会资本的权重增加，作用增强。在市场模式下，人力资本的权重提升较大；在行政模式下，物质资本的权重提升较大；在不同的模式主导下，应对不同的生计资本给予不同程度的重视。

第二，失地后农户的整体保障水平、基础保障水平和高阶保障水平比失地前有所增加，从静态来看，失地后短期内基础保障的增幅大于高阶保障的增幅，但从动态来看，失地后基础保障的权重有所降低，高阶保障的权重则呈现升高趋势。研究结果表明，在考虑农民的保障水平时，在满足基础保障后，应适时重视高阶保障。如果在细分为市场模式和行政模式主导的情况下，行政模式下保障水平的提升幅度大于市场模式下保障水平的提升幅度，这与生计资本的变动是密切相关的。

第三，非农就业人口占比、高中以上学历人口占比、家庭平均收入、距经济中心的距离等四个转换因素指标对保障水平的影响是正向的，并且是显著的。结构方程模型检验结果表明，转换因素对保障水平的影响大于生计资本对保障水平的影响，在制订安置补偿方案时，要充分考虑不同转换因素带来的保障水平的差异，因户而异，制定菜单式补偿方案。

这些评价分析的实证检验结论，为我们提出完善失地农民保障体系的政策建议提供了逻辑框架与重要启示。

第七章　案例分析

一、案例介绍

新型城镇化是未来我国经济社会发展的主角与关键因素。党的十八大报告指出："加快完善城乡发展一体化体制机制，着力在城乡规划、基础设施、公共服务等方面推进一体化，促进城乡要素平等交换和公共资源均衡配置，形成以工促农、以城带乡、工农互惠、城乡一体的新型工农、城乡关系。"新型城镇化建设，首先，能促进我国产业结构调整。随着城镇化过程中的人口集中与产业集聚，可以把大量的农村劳动力由农业转向非农产业中来，第二产业尤其是第三产业会得到长足发展，产业结构会更趋合理。其次，能促进我国社会结构升级。新市镇的发展带来的城乡融合，从根本上改变了我国传统的以农耕与宗亲为特征的农村社会结构，有利于农村社会治理模式的升级。最后，能扩张市场消费、释放又一轮发展红利。随着城镇化带来的农民非农收入水平提高以及生活消费的市场化实现，可以极大地增加我国市场需求总水平，从而为我国经济的发展带来又一轮红利。

我们长期关注并亲身参与了荥阳市贾峪镇"洞林湖新型城镇化示范区"这一省级重点工程，该项目立足自然资源和工作实际，创新发展思路，积极探索引入商业资本，发挥市场在资源配置中的重要作用，进行新型城镇化建设。根据当地的实际情况，创造性地提出了"政府指导、企业运营、群众参与、专家顾问"的"洞林湖模式"，兼顾了农民、政府、开发商等多方利益，特别是对失地农民的保障方面，实践中摸索积累了很多好的做法，并产生了很好的效果。

（一）原始情况

洞林湖区域位于郑州市西南 20 公里，包括洞林寺、周垌、邢村、郭岗、鹿村等 5 个行政村，共 14 个自然村，22 个村民组，1642 户，5282

人，区域面积 6.67 平方公里。洞林湖区域属于郑州市远郊，虽与郑州市直线距离不算太远，但道路状况比较差，只有一条乡级公路与外界相连，一条 1 公里外的过境省道，且该省道是建材运输通道，路况极差，当地村民出行市区单程往往需要 2 个小时左右。该区地处黄土高原东南边缘与黄淮平原的交接地带，地势北高南低，属黄土丘陵区。最高海拔 258 米，向南缓降至海拔 95 米左右区内冲沟发育，岭谷相连，沟壑纵横，具有鲜明的黄土塬、梁、峁等地貌特征。

从资源条件来看。土地资源方面，洞林湖区域沟壑丘陵坡地众多，且多为荒山荒岭荒坡荒地，土壤比较贫瘠，区域内可用于农业生产开发的土地较少且分散。区域内五村耕地星点分布、无法自动灌溉与机械化耕作，共有 3669 亩，人均耕地约 0.6 亩，村庄占地 1600 余亩，荒地（含工矿料场）占地 3961 亩；水资源方面，洞林湖区湖水优质，水资源丰富，水域面积超过 800 亩，除洞林湖水域外，周边贾峪镇境内有水库 6 座，总蓄水量在 1000 万立方米以上，同时，地下锶和偏硅酸复合型饮用优质矿泉水储量丰富；人文资源方面，区域内历史人文资源丰富，有距今 1800 余年建于东汉末年的洞林大觉禅寺，还有洞阳书院，据碑碣记载始建于清咸丰六年（公元 1856 年），1915—1925 年间更名为“洞阳高等学堂”。

从经济社会发展状况来看，贾峪镇主要产业有水泥生产、水泥制品、机械制造、建筑、建材、运输、煤炭采掘等资源型行业，贾峪镇在洞林湖区域征地前 1 年水泥年产量已达到 180 万吨，规模石材厂 25 家、27 条生产线，年产石子 1350 万吨，占郑州建材市场供应量的 40% 以上，被誉为“中原建材基地镇”，客观上虽然造就了一批有头脑会经营的先富阶层，但大多数村民生活状况依然没有根本改善。

从收入构成情况来看。洞林湖区域五个行政村整体改造前，由于相对远离资源型产业分布带，主要靠农业收入与外出打工收入，人均收入低于贾峪镇当年的人均收入。洞林湖五村周边原本有一些小水泥厂和小煤窑，周边农民可以通过非农就业增加收入，但是随着政府推进资源型产业规模整合，这些小水泥厂和小煤窑已经相继关停和整顿，就地就近的非农就业机会越来越少，周边五村的大部分青壮年劳动力基本上都只能选择外出打工，依靠外出务工增加收入占 70%；五村由于耕地少而分散，土壤贫瘠、灌溉条件差，很难推进农业规模化和农业现代化，有一部分还处于“靠天吃饭”的状态，从事农业种植业收入的占25%，且大部分以粮食作物为主，发展果树、经济作物的较少；从事养殖及第三产业的人数比例极小，群众的收入大多依靠外出务工的工资性收入和国家强农惠农资金等转移性收入。年收入在5万元以上略有积蓄的农户仅占10%；2万~5万元的农户基本上是维持正常生产生活；2万元以下的农户占到20%以上，家庭生活比较困难。

从居住条件来看，洞林湖区域五村改造前村民居住分散，参差不齐，杂乱无序。土木结构（土坯砌墙，屋顶为瓦片或茅草）的村民农舍占据的比例为15%左右，此种房屋大多年久失修，低矮、破败、残缺，基本属于危房；砖木结构（红砖砌墙，屋顶为瓦片）的房屋约占比例为15%左右；占据比例最高的是砖混结构，约为65%，这其中又分为三类：一类是红砖砌墙的平房，墙面没有粉刷，没有贴上瓷片，屋顶为楼板；另一类仍是红砖砌墙的平房，墙面简单拉毛处理，这两类房屋在砖混结构中又占到80%左右，是洞林湖区域五村中旧有房屋的主力。第三类是红砖砌墙的二层或三层楼房，墙面贴有瓷片或瓷砖，屋顶为楼板，此类房屋居住条件较好，在砖混结构中只占到20%左右。另外，还有约5%的少量村民仍居住在窑洞中。

从教育、医疗、社会保障、生活环境来看，虽然洞林湖是省级风景区，大环境较好，但洞林湖区域原有的村容村貌比较脏乱，公共卫生、环卫配套设施较少。随着乡村教育布局的集中化调整，各村小学、初中学生需到三里地外的贾峪镇区就读，学生入学便利性较差。高中阶段需到荥阳市区就学（由于学籍限制，郑州市区学校一般不接纳），路途更远。总体上当地的教育资源比较匮乏，教育状况比较落后。当地的医疗卫生资源也比较缺乏，每村只有一家私人诊所，且医生为当地的赤脚医生，镇上只有一家公办卫生院，且只有新农合医保，因此无论是就医环境、设备器材等医疗硬件，还是医生素质、医保类型等医疗软件，都不能满足当地群众的就医需求。每村只有1~2家小型日杂店，没有超市等生活配套设施。总之，该区域的村民在教育、医疗、就业、生活设施等方面的保障较差，缺乏长效的社会保障体制，是我国传统农村的典型代表。

（二）规划和建设过程

洞林湖区域区位有得天独厚的生态旅游资源、优美的自然景观、丰富的人文底蕴，这为新型城镇化建设招商引资奠定了基础条件。对于整个洞林湖区域的发展，新田公司分阶段进行，坚持产城融合的发展理念，既要打造一座环境优美、生态宜居的田园城市，又致力于开发、引入多种与健康宜居理念相契合的新型产业，提高新市镇的自我发展能力。新田公司用两步走的方法打造了一个城乡融合的田园城镇，第一步是进行一级开发，初步实现物理形态的城镇化，投资数十亿元建成了五个现代化新型农村社区和城市化的基础设施；第二步是进行二级开发，初步实现内容层面的城镇化，重点是新市镇相关产业的引入和培育，从而使洞林湖区域一步步建设成为面向未来的田园城镇。

1. 一级开发的过程

这一过程主要是进行五个现代化新型农村社区的建设，包括与其相关的水、电、路、气等基础设施建设，总的基本原则是“先安置再拆迁”。新田公司统一规划建设有新型社区五处，分别为郭岗社区、洞林社区、周垌社区、鹿村社区、邢村社区，安置社区工程一期已经全部完工，建筑面积达39万平方米，二期工程也在实施之中。然后，新田公司再对集约、节约出来的土地进行整理，在实现洞林湖区域物理形态上的城市化同时，为下一步内容城市化也即产业引进与品牌招商打下基础。主要做法为：

（1）政府指导。①专设工作机构。新田公司入驻洞林湖区域之后，荥阳市、贾峪镇政府专门成立了荥阳市、贾峪镇新型城镇化建设指挥部，主要领导带队，抽调精干机关干部，支部书记、村主任为成员，全面做好新型城镇化建设过程中的协调、服务、宣传工作。②加强政策引导。荥阳市、贾峪镇政府部门依据国家的土地政策、《房屋及附属物补偿标准细则》（附录4）、《搬迁补偿安置方案》（附录5），逐门逐户进行详细的问答式讲解，并把“4+2”工作法[①]和家庭联户代表制度结合起来，协调解决群众

① “4+2”工作法，指所有村级重大事项都必须在村党组织领导下，按照“四议”“两公开”的程序决策实施。“四议”即：党支部会提议、“两委”会商议、党员大会审议、村民代表会议或村民会议决议；“两公开”即：决议公开、实施结果公开。

最关心最关注的问题。③加强规划指导。在洞林湖区域新型城镇化建设中，郑州市、荥阳市、贾峪镇三级政府从立项、规划到审批等各个环节都进行密切指导并大力协作推进。④推动土地流转。贾峪镇镇村干部务实操作，逐村逐户讲政策、谈发展，解疑释惑，稳妥处理有关问题，使新型城镇化建设得到了当地群众的理解和支持，在农民自愿的基础上，顺利签订了搬迁安置协议和土地流转有关合同，保障了群众的合法权益不受损害，严格按照有关政策和法律法规推进新型城镇化工作。

（2）企业运营。①对村民进行合理补偿。新田公司的拆迁补偿均以政府规定的最新标准执行，在此基础之上，为最大限度照顾村民利益，村庄外树木的补偿按该树木总补偿款的40%作为对按期拆迁农户的奖励，大部分农户都能获取十多万元的附属物补偿款和奖励，累计为农户增加4000多万元的收入。还为村民建造的新房含精装修成本均价不低于每平方米950元，层高3.3米，且不含公建配套、水电、道路、景观等，但是在为村民置换新房时按照380元的均价计价，远远低于成本价，对比于原有房屋的评估价格，村民置换新房，基本上不用出资，对于原房质量好、等级高的还可得到每平方米近百元的补助，大部分农户搬进新居后，都可得到相应的差价补偿资金。②对土地进行有效整合。依据开发土地集约化、盘活土地资源、使有限土地资源发挥最大效益的原则，通过流转、确权及整理，不改变土地用途的情况下，实现农业生产的集约化，提高农业生产效率，同时，推广高附加值都市型现代农业，积极发展第三产业。③完善基础配套设施，实现城乡融合。按照整体规划，以城市道路、污水处理、清洁能源等生活设施标准，完善乡村基础建设，让农民就地享有城市文明成果。

（3）群众参与。首先，决策参与。凡是关乎农民切身利益的事情必须做到阳光透明、公正公开，无论是土地流转、土地承包方案、地租发放的标准，还是拆迁补偿安置方案、新型社区的选址、户型面积的确定、分房规则的确认，凡此种种关乎农民利益的工作，都让村民们参与进来，在充分尊重农民意愿的基础上，在绝大多数村民签字同意之后，项目才开始实施。在项目建设过程中，成立工程质量监督小组，还要定期不定期召开群众代表会议和群众大会，征集群众意见，发动群众参与。其次，群众参与还表现为利益参与。为增加村集体可持续资产性收入并鼓励农民创业，在每个新型农村社区周边都由新田公司配建一定比例的商业经营用房用于农民创业支持，产权归村集体所有，对符合条件的村民实行低租金出租，政府提供扶持政策及金融支持。应村民对现金增值的要求，创造出了混合股份特征的郑州新农村建设实业有限公司，该公司为村民集体组织与开发方新田公司的合资企业，主要是合资参与一些风险小的二级开发项目，在新田公司担保下，村民以集体组织为代表将征地补偿款及土地流转金的一部分以优先股的形式再投资，从而获得不低于 10% 的固定性收入，进一步增加村民收入。

（4）专家顾问。在洞林湖区域新型城镇化建设过程中，参考国内外城市的布局经验，汲取了 100 多年前英国规划大师霍华德的“田园城市”设计思想。荥阳市、贾峪镇和新田公司始终坚持高起点、高规格、国际化的规划理念，注重整合和选取国内外的一流设计团队担纲和参与项目各项规划设计，并邀请知名院校专家组成顾问团为项目献计献策，对洞林湖区域的人文资源和山水资源进行规划设计。不仅注重建筑规划、生态环保、产业布局、农业发展等领域专家的指导参与，而且重视听取诸如省社科院、省农村发展研究中心等机构专家对新型社会关系结构与社区文化建设的意见，并确立了专家论证与评审的长效机制。

2. 二级开发的过程

在土地达到商业性开发条件后，新田公司开始各项产业的建设，规划总布局为“以洞林湖为中心，根据坡地地势因地制宜条理化、科学化的做多横多纵、多层次结构”，倡导健康、生态、休闲、自然、品味、便捷的生活方式，打造成功能齐全、环境优美、产业复合、文明现代、原生态的田园城市。项目以旅游、创新科技、会议、健康等不同主题进行混合开发，将地产、医疗、教育、度假、农业、商业等六大业态有效嫁接打造复合型产业链，科学处理城镇建设与产业引进的关系、产业因地制宜与创新发展的关系、空间形式美与生态和谐美的关系、自然景观与人文景观的关系、产业文化与园林文化的关系、生产绿地与生态保护绿地的关系、近期建设与远期发展的关系、中心镇区与外围市域的关系，实现永续的有机的可持续发展。为加快洞林湖区域的整体发展，新田公司着力引进全国知名企业恒大、碧桂园共同合作开发，引进首创奥特莱斯项目发展新市镇商业模式，通过差异化经营将六大产业尽快呈现，进一步提升项目价值，改善新市镇综合环境，促进就业创业，提升当地的经济发展水平与社会进步水平，从根本上实现城市化。

一是生态人居。以精品住宅、生态环保为特征，提供改善型的居住产品，既能享受城市生活的便利、丰富、完备，又能享受自然、纯真、优雅的田园野趣。在建筑设计上，注重个性、注重品质、注重生态，凸显建筑的品质和居住者的品位。生态人居在内部配套设施上，采用远红外电热地膜供暖、智能家居系统。这些高科技产品的运用，不仅节能环保，而且给业主的生活带来极大的便利。生态人居还尊重坡地的自然肌理，将建筑与坡地形态、自然湖景和谐相融，依山就势，运用坡地高差，浅水池、跌瀑、浅滩、涌泉、叠泉等丰富的水景观随处可见，植被灵活嵌入其间，立体层次感分明，给居住者带来前所未有的居所体验，吸引城市精英阶层定居于此，带动当地发展。同时，也会为项目的进一步发展、培育长线产业提供可观的资金支持。

二是医疗养生产业。结合宜居健康城优势康复医疗资源，以养生康复医学为主导，集医疗、康复、养生、老年公寓为一体，利用项目内的优美环境、清新空气、自然温泉、有机农田，发展医疗、康复、体检、健康教育和培训等项目。

三是教育产业。洞林湖项目区域文化氛围浓厚，教育传统历史久远，结合项目未来的发展前景及邻近郑州的优势区位，规划建设有省实验幼儿园、北大附中外国语小学、郑州一中实验初中和北大附中、中新友好洞阳国际学校等。将郑州市区优质教育资源引进洞林湖区域，从根本上解决了当地教育资源匮乏的状况，由于是名校外迁设置分校，按照学籍的属地管理体制，当地学生可以就读，目前郑州一中实验初中校区在校生达2000多人；中新友好洞阳国际学校实行双语教学，学生毕业后可实现与国外名校的教育对接。如此众多的教育资源形成了完整的教育体系，实现了3～18

岁的优质高水平教育，让生活在这里的孩子足不出镇，即可接受完整的基础教育。

四是休闲度假产业。洞林湖地区属温带季风气候。湖边的温带落叶林与湖泊形成了典型的湿地生态系统，大部分是杂草丛生的芦苇。依托洞林湖的湿地生态系统，充分发挥湖泊天然绿肺的调节功能，在接近湖边的水域建造亲水的娱乐设施，打造精品旅游产业。已经建成的湿地运动公园总投资达 1.2 亿元，利用荒山、荒坡、荒滩等非耕地 1600 亩，利用洞林湖生态景观，建设高档户外运动场所；雅高集团旗下的美居酒店和温泉会所陆续完工，从而发展近郊度假、休闲运动，丰富人们的生活形态，提升生活质量。

五是都市农业。洞林湖高科技休闲观光农业基地设施栽培区建设面积约 50000 平方米，包括 5 栋智能温室和 17 栋日光温室及附属设施。设施栽培区全部采用新材料、新技术和新方法的标准建设和管理，引进优良品种和先进栽培技术，全程采用绿色有机标准生产。通过采用现代化农业工程和机械技术，改变自然环境，为农业生产提供相对可控制甚至最适宜的温度、湿度、光照、水肥和气侯等环境条件，而在一定程度上摆脱对自然环境的依赖，具有高投入、高技术含量、高品质、高产量和高效益等特点。“农夫乐园”集农事体验、科普教育、观光旅游、休闲娱乐为一体的都市休闲农业园区，园区占地 300 亩，总投资 1200 万元。整个园区秉承环保理念，采用生态的标准进行建设，园区分为私家农场认养区、有机果蔬种植区、地道农家乐餐饮区、农耕文化展示区、浪漫花田欣赏区、马赛庄园婚纱摄影区。

六是郊区商业。洞林湖项目的商业遵循国际化、大商业的定位，开发 60 万平方米环湖商业区，引入世界知名品牌商家，作为主力店的有首创奥特莱斯、麦德龙超级市场、韩国儿童主题公园、环球美食汇等。整合目标消费者的所有共性需求和个性需求，从商业形态、硬件设施、动线布局、主辅经营品类、装修风格、灯光音响、温度湿度、营业时间、营销方式等全方面入手，完全按照目标人群的喜好进行商业空间的设计，规划发展国际名品商业区、酒吧餐饮商业区、主题商业区、创意企业园区等，改变以往的一店多种品牌的经营模式，真正实现一店一品牌的主题商业模式。重新定义商业消费模式，建立渔人码头滨水主题街区，风情步行街、中西品牌餐饮店、时尚影院，吃喝玩乐购一应俱全，集休闲、购物、娱乐、餐饮、文化等生活为一体。

二、案例简评

在市场模式主导下的洞林湖新型城镇化示范区，充分发挥了市场在资源配置中的重要作用，坚持政府指导下的企业运营，因地制宜，发挥资源的最大化价值、实现项目的可持续发展、带来失地农民的持久保障。如附录5 搬迁补偿安置方案所示，洞林湖新型城镇化示范区在规划建设过程中，只是征收了原村庄和“四荒”土地用于城镇化建设，原有农田通过土地流转用于高效生态农业和观光农业开发，提高土地收益但不改变土地用途、不改变土地性质、不改变土地权属、不破坏生态环境。“洞林湖模式”受到各方关注，并成为新型城镇化推进过程中的一个实践标杆。

运用前文构建的三个指标体系及保障水平评价指数分析框架，洞林湖新型城镇化示范区农民失地前后保障水平评价指数①分别为 37.84 和 44.67，表明失地后农民保障水平明显提升，与第六章实证样本中农民失地后保障水平评价指数 43.03 相比，洞林湖区域失地农民的保障水平较高，保障力度较好。经过细致考察与深入分析，洞林湖新型城镇化示范区在失地农民保障方面，我们认为有以下几个方面值得关注：

（一）可取之处

我们对洞林湖区域失地农民的保障水平进行测算，将测算结果与前文第六章实证检验的结果进行比较，考察洞林湖区域的测算结果是否与实证检验结果一致，分析洞林湖区域是否如实证检验结果所示对影响保障水平的相关因素区别对待。如果洞林湖区域对影响程度较大的因素给予重点关注和高度重视，本篇则认为洞林湖的这些举措是可取的，是值得赞誉的。

① 项目所有样本对象保障水平评价指数的平均值。

1. 生计资本方面

表 7 - 1　　失地后五大生计资本所占权重的对比分析

单位:%

	人力资本	金融资本	社会资本	物质资本	自然资本
洞林湖测算结果	23.91	25.96	23.37	18.45	8.31
实证检验结果	22.56	25.91	24.41	17.67	9.45

对比洞林湖五大生计资本权重变化的结果与前文实证检验的结果，从表 7 - 1 可知，两者人力资本、金融资本、社会资本、物质资本的影响程度均较高，但是洞林湖社会资本的权重排名第三，而前文实证检验结果的权重排名为第二，表明洞林湖示范区需提升对社会资本的重视程度。

（1）重视人力资本的重要作用拓宽就业创业渠道，提升人力资本质量。如表 7 - 1 所示，在对洞林湖新型城镇化示范区失地农民的调查中可知，失地后人力资本在生计资本中的权重占比较高，人力资本对生计资本的影响较大，与前文实证分析结果一致。从洞林湖新型城镇化示范区建设实践中，本人也了解到其十分重视对失地农民人力资本的培育。

洞林湖示范区在建设过程中，搬迁区域内的剩余劳动力在自愿和健康的基础上，分批分期进行技能培训，考试合格后合理安排工作。在项目建设的过程中，让失地农民参与到项目区的产业发展、工程建设、物业服务中去，及时给予就业机会，确保收入增加，不断提高生活质量。农民通过技能培训后根据个人能力找到适合自己的工种、岗位，帮助引导农民尽快适应环境、创收致富，积极拓宽农民就业渠道。洞林湖新型城镇化示范区村民通过土地流转金在确保原有耕作收入的前提下，解放了自身劳动力，有了更充裕的时间和精力去从事经商、务工等非农类的职业，增加了人力资本，以达到增收效果。

（2）优化货币补偿方式，确保金融资本稳步增长。从表 7 - 1 可知，在对洞林湖新型城镇化示范区失地农民的调查中可知，金融资本的权重占比是最高的，表明金融资本对生计资本的影响是最大的，与前文实证检验结果一致。但是在现实中，农民在失地后获得巨额的货币补偿，面对这些巨额现金，在无须农业劳作的情况下，很多人开始沉迷于各种娱乐游戏、赌博，甚至开始吸毒寻找刺激，货币补偿被挥霍一空，更有甚者还欠下巨额债务，此类情况在新闻报道中屡见不鲜（可参阅央视《新闻调查》20141122“失地以后”专题报道）。鉴于此类情况给农民带来的不利影响，在洞林湖新型城镇化示范区建设过程中，对村民的安置方式没有采用一次性货币补偿安置办法，而是长远规划村民生活、生产、就业，并给予一定的金融理财方面的指导，帮助农民积累金融资本。

在洞林湖新型城镇化示范区补偿方案实施的过程中，为保障失地农民的长远利益，使失地农民获得可持续性收入。在收益共享，公平分配原则下，经充分征求失地农民意见并在其自愿的情况下，创造出了混合股份特征的郑州新农村建设实业有限公司，该公司为村民集体组织与开发方新田公司的合资企业，主要是合资参与一些风险小的二级开发项目，在新田公司担保下，村民以集体组织为代表将征地补偿款及土地流转金的一部分以优先股的形式再投资，从而获得每年不低于10%的固定性收入，如有需要可提前收回本金。投资收益由村民集体享有、平均分红，持续增加村民收入。

（3）合理规划安置住房，增强预期物质资本。在对洞林湖新型城镇化示范区失地农民的调查中可知，失地后农户的物质资本的影响程度较大，与前文实证分析结果一致。尽管农户的生产设备等物质资本减少，但是房屋等物质资本预期的大幅增值使得其物质资本整体增加。如果未来政策法规放开农村集体房屋有限交易的限制，随着安置社区周围商品房价值的提升，失地农民物质资本的预期商业价值提升较大。尽管对农民原有的住宅的补偿原则上按1∶1进行安置补偿，但是由于新建小区属于多层建筑，科学规划、精心建造。在拆迁安置房社区附近，有可在房地产市场流通的商品房，这就给农民的安置房一个可供参考的价格。不同于原来破旧的平房建筑，崭新的安置房价值大幅增长，物质资本的预期价值大幅增加。同时，由于农民仍可选择从事农业产业化相关的农业工作，原有的部分农业生产设备可租给农业开发公司，可继续发挥作用。

2. 保障转换因素方面

运用洞林湖案例数据进行测算，结果显示转换因素对保障水平的影响超过了生计资本对保障水平的影响，这与前文实证分析结果一致。因此，充分考虑农户的具体情况，因户而异，制订相应的补偿保障方案。

（1）确立补偿等级，保证安置公平合理如果不区分房屋的住宅属性和商业用房属性，按照统一标准给予相同的安置房屋，这给农民失地后带来的保障水平的变动显然是不合理的，因此必须区分原建筑性质这个转换因素。在洞林湖新型城镇化示范区建设过程中，对于价值较大的经营性商业用房，除按标准进行补偿外，还可根据实际经营情况及合同内容补偿一定的经济损失，在商业区建成后优先安排原商户经营。在建筑等级方面，将建筑物分为砖混结构、砖木结构和土木结构三个建筑等级，并充分考虑了建筑楼层的差异。

（2）补偿人性化，促进保障全面覆盖。在洞林湖新型城镇化示范区建设过程中，对于原房屋面积小、质量差，生活困难，且连续三年享受最低生活保障的农户，按最小户型面积置换房屋后，仍有差额无力支付的农户，由当地村民讨论，村委会申报镇政府批准，可按政策予以减免。对于符合民政救济条件的五保户供养对象，按政策安置在设计统一的居住用房。在建设过程中，坚持以人为本的原则，考虑了农民的具体困难，了解这些困难群体需要给予物质资本和金融资本等方面的帮扶，以期不降低他们失地后的保障水平。

3. 保障水平方面

表 7-2　　　失地后保障水平各指标的权重

单位：%

	洞林湖测算结果		实证检验结果	
	基础保障	高阶保障	基础保障	高阶保障
失地前	53.35	46.65	53.20	46.80
失地后	52.27	47.73	52.31	47.69

如表 7-2 所示，失地后高阶保障的权重提升，基础保障的权重降低，与前文的实证检验结果是一致的。表明居住条件、经济状况、社会保障等基础保障的影响程度下降，而教育与知识、环境状况、社交与心理等高阶保障的影响程度提高。在建设洞林湖新型城镇化示范区过程中，非常重视高阶保障，以期提升整体保障水平。

（1）关注教育与知识指标，提升农民素质。着力引进诸多省内名校如郑州一中、北大附中、省实验幼儿园在此设立分校。新入住小区配套有村委大院，安装有线电视、互联网络、健身器材等娱乐相关设施，此外农民可通过远程教育室、图书阅览室相关设备进行职业培训或再教育，提升自身科学素养，增强技术技能。

（2）重视环境状况，改善村容村貌。以村容村貌为突破口，配备专门的保洁员和保洁设施，垃圾统一处理率达到100%。加强社区保洁队伍建设，提高保洁队伍素质和工作能力，进一步改善村容村貌。加强社区绿化管护，定期有绿化管理员对社区内的花草树木进行修剪、打理，逐步实现村容村貌更净、更绿、更美。

此外，洞林湖示范区在建设的过程中，也关注了居住条件、经济状况等基础保障。

一方面，居住条件大幅提升。首先，洞林湖新型城镇化示范区采用“先建设后搬迁”的方式，在完成新小区的建设与装修、达到入住标准后，再启动搬迁程序，让农民搬迁后就有房可住，并且是装修房“拎包入住”，满足其基本的住房需求，提升基础保障水平。其次，新建成的住房，考虑农民居住习惯按3.3米层高设计，统一供气、供暖、排污，彻底消除消防、安全隐患，基础设施配套建设齐全。最后，社区配套超市、文化大院、社区医疗中心、邮政、电信、自助银行等诸多生活设施，组建“一村一品”的文娱队伍并开展文体娱乐活动，农民社区娱乐生活丰富，生活非常便利。

另一方面，经济收入状况有所改善。首先，在建设过程中，扶植新农业，培育农业新工人，广大村民在自己熟悉的土地上不断获取新的农业新技能，围绕建设农业综合生产区、农业科技示范区、农产品加工区、农业休闲观光区来促进农业、旅游、科技互动的现代都市农业发展；各种产业发展均与农业相关联，新型农业工人伴随新农业的发展逐步发家致富，确保农民经济收入增加，生活质量不断提高。其次，商业、度假、地产、养生、教育等产业的发展也提供了多层次的岗位需求，增加了非农收入。

（二）不足之处及改进

当然，根据对洞林湖区域的案例分析，也存在着与前文第六章实证分析结果不尽一致的地方，这些失配之处也正是洞林湖项目需要关注与改进的环节。

第一，对农民社会资本的重要作用认识不足，项目之初缺乏有效的制度安排。如表7-1所示，洞林湖示范区生计资本中社会资本的权重低于实证检验结果中社会资本的权重。在洞林湖示范区建设过程的相关文件中，未体现关于网络、信任、互惠、共享方面的数据信息。但是，在我们参与并观察的项目推进过程中，尽管最初主观上没有对社会资本明确考虑，但是由于市场模式的良好弹性，现实中许多措施的采用与调整助推了社会资本的增加，如果项目之初就能就社会资本进行系统制度安排，相信效果会更加明显。

第二，未考虑非农就业占比、学历等重要转换因素对保障水平的重要影响。在洞林湖示范区建设过程中，需充分考虑失地农民家庭中非农业人口占比的差异，对于非农就业人口占比较高的家庭，可以减少对其简单非农就业技能方面的培训，甚至可以通过增加其金融资本的激励方式，鼓励其带领其他没有非农就业经验的同乡从事非农就业。对于家庭中有较高学历成员的农户，可以增加对其高层次劳动技能培训的投入，增加对其金融资产管理方面的指导。

第三，未能对失地农民基本社会保障、社交与心理等作出有效安排。在建设实施的过程中，由于洞林湖新型城镇化示范区是自下而上的“小岗探索”，缺乏顶层设计的支持，许多制度无法突破。诸如户籍鸿沟带来的社交与心理问题、城乡分割的社会保障问题等许多政策体制方面的问题，都受制于基层政府与企业资源的限制，没有能够进行有效安排与解决。

第八章　本篇研究结论与展望

本章以上文的文献考察、理论分析、实证研究为基础，将零星分布于各个章节中的研究结论与政策启示进行归纳总结，并在此基础上对这些关键点进行详细分析与讨论。同时，就本篇在写作过程中碰到的一些问题和研究局限进行说明，提出该问题有待进一步深入研究的细分领域与视角。

一、研究结论

本篇从理论考察与理论分析出发，以可持续生计理论、资产建设与家庭经济学理论、可行能力理论为基础，从资本获得与投入、保障转换因素、保障水平输出结果等三个方面出发，构建失地农民保障水平评价指标体系。在科学设计调查问卷后，利用随机抽样的方式进行问卷调查获取一手数据资料，运用因子分析、模糊综合评价、非参数检验、结构方程模型等数量分析工具，对失地农民的保障水平进行综合评价，本篇的主要观点和研究结论可以总结为以下几个方面：

（1）总体来看，失地后农民所拥有的生计资本比失地前有所增加。如果在细分为市场模式和行政模式主导的情况下，农户失地后的生计资本较失地前均有所增加。并且，短期来看，在行政模式主导下，农户失地前后所拥有的生计资本的变动幅度大于市场模式下的变动幅度。但是，长期来看，结论也许会有所改变，有待进一步持续关注。

（2）无论失地前，还是失地后，无论是静态来看，还是动态来看，金融资本和人力资本在农户生计资本中的作用都是非常重要的，而自然资本在农户生计资本中发挥的作用较小。失地后，社会资本的影响力增强，社会资本在生计资本中的作用增强。如果在细分为市场模式和行政模式主导的情况下，在市场模式下，人力资本的影响作用提升较大；在行政模式下，物质资本的影响作用提升较大。

(3) 失地后农户的整体保障水平、基础保障水平和高阶保障水平比失地前有所改善，从静态来看，失地后短期内基础保障的改善幅度大于高阶保障的改善增幅。但从动态来看，失地后基础保障的影响程度有所降低，高阶保障的影响程度则有所提升。研究结果表明，农民在满足基础保障后，开始更加关注高阶保障，这与马斯洛需求层次理论也是一致的。如果在细分为市场模式和行政模式主导的情况下，行政模式下保障水平的提升幅度大于市场模式下保障水平的提升幅度，这与生计资本的变动是密切相关的。(4) 在保障转换因素中，非农就业人口占比、高中以上学历人口占比、家庭平均收入、距经济中心的距离四个转换因素指标对保障水平的影响是显著的，并且这种影响关系是正向的。而诸如就业人口占比、性别这些转换因素对保障水平的影响是不显著的。

(5) 结构方程模型检验结果表明，生计资本和转换因素直接相互影响，生计资本和转换因素可通过直接和间接的路径对保障水平产生正向的影响。无论是直接效应还是总效应，转换因素对保障水平的影响大于生计资本对保障水平的影响，转换因素对保障水平的作用非常重要。

二、完善失地农民保障体系的政策建议

针对以上研究结论，结合案例分析与现实情况，我们提出了以下几个政策建议，以期为城镇化建设中完善失地农民保障体系提供参考。

(一) 减少与民争利，构建长期合理的利益共享机制

城镇化的目标应该是使农民成为城镇化的最大受益者，城镇化是以人为本的城镇化，因此构建失地农民利益分配机制，是提高其保障水平的基本任务，也应是城镇化的重要目标。

第一，构建全面、系统的“大保障”体系。坚持以人为本，就要全面提升失地农民的保障水平，破除过去单一、片面的保障方式，赋予失地农民发展的能力与机会。

第二，构建合理的利益共享机制。在城镇化过程中，不应该是“肥了政府和开发商，饿瘦失地农民”。首先，应让失地农民共享土地一级开发的红利，入股土地整理项目，分享土地出让金收益。其次，还可以让农民共享土地二级开发的红利，入股开发企业项目，分享开发收益，让失地农

民共享城镇化的红利。

第三，进行顶层设计，探索新的土地收益分配制度。为了在法律制度层面保障农民的合法权益，需要政府顶层设计农民的土地权益保障措施，让农民获得公平的补偿。在不违背我国基本土地制度的前提下，进行实用主义创新，探索农民对土地拥有“亚产权”“名义产权”模式的制度安排，而不仅仅拥有使用权。只有在法律制度层面确定了农民对土地的权益，才能根据市场化原则制定长期趋向于市场价值的土地补偿方式，从而在根本上解决失地农民保障这一命题。

（二）产城良性互动，以产业发展带动人力资本提升

前文第六章三中论述了农民失地前后各生计资本权重的变化情况，根据实证结果，无论失地前，还是失地后，人力资本在农户生计资本中的作用都是非常重要的，权重较高；另外无论在行政模式下，还是市场模式下，人力资本占比都较高，在细分市场模式下，人力资本在失地前的权重排名第三，失地后权重排名上升至第二位。因此提升农民人力资本对于扩大失地农民保障水平，作用深远。

第一，发展新城镇，引进新产业。发展产业与促进就业之间本来就是相互强化的，产业经济发展好了自然会增加劳动力的需求，而劳动力的投入，又会促进经济的发展，这样就会实现产业与就业的长远协调发展。当前，公司 + 示范基地/专业合作组织 + 失地农民的集体经济的新型农业经营模式已经广为各地采用，公司 + 政府专项地方保障基金 + 失地农民集体经济的混合所有制股份形式也在被探索实践。以产业带动就业创业，也要求在新型城镇化项目的选择上要遵循资源位有序发展的原则，可以优先推进城市辐射区、产城融合区的城镇化进程，促进产业与城镇的共生、共赢。

第二，支持就业，进行订单式培训。农民失地后，职业逐渐由农业转向非农就业，由于失地前农民就业技能相对低下，无法适应新技术、新产品匹配的工作岗位，造成失地农民在非农就业的困难。鉴于这种情形，当地政府或者开发企业必须要制定合理的制度安排，加强失地农民的技能培训，提高其在人力资源市场的竞争力。具体来看，要解决两个方面的问题：一是培训什么技能？二是培训资金从何而来？针对第一个问题，可以

采用目前沿海地区职业技术学院采用的定向培训的方式，首先去用人企业了解其对工人的要求，然后预先签订就业意向书，通过聘请专门的机构对失地农民进行某项技能的强化培训，在达到岗位要求后，向用人单位进行劳务输入。这个问题就需要政府或开发企业要时刻关注人力资源市场的情况，与用人单位保持通畅、良好的沟通与合作。针对第二个问题，可以采用多元筹资的方式，在取得政府财政资金和专项培训基金的同时，引入劳务公司等民间资本，实现多方共赢。

第三，鼓励创业，加强政策支持和引导。对于那些非农就业经验丰富，社会阅历较广的失地农民，可以鼓励、支持其创业。在创业初期，提供专门的创业园区，并在政策允许的框架下，在税费优惠、贷款支持、咨询服务等方面为其提供大力支持，鼓励其依据社区、结合自己优势自谋职业。对于创业成功的失地农民，可以通过连锁经营的方式，复制其创业模式，让他带领更多的老乡实现共同富裕。在创业选择方面，政府着力引导失地农民关注与当地产业、项目开发、经营性物业相关的供应链上的创业项目，比如可以办小型加工厂，为当地主要产业配套服务，或者为开发企业加工所需的各种物料；也可以成立商贸劳务公司，为社区物业提供物业、配送、家政等方面的服务。

（三）做活金融资本，探索个人资本账户模式

失地农民的金融资本主要有存量金融资本和流量金融资本。由于失地农民文化素养有限，他们无法正确理解金融市场收益的特征，因此也无法达到快速增值的结果。而金融资本对于失地农民保障水平贡献较大，因此有必要针对这一群体设置金融资本增值渠道。

第一，政府引导科学投资。当地政府结合本区域的具体情况，可设置区域投资基金管理委员会，以村集体为平台，在专业人士指导，政府监管下引导失地农民投资合理的项目。这种合理的投资，既包括了投资于实业项目，也包括了投资于金融理财产品。既校正农民对于金融资本增值风险的错误认知，更能促进当地金融资本加速周转。

第二，利用杠杆加速金融资本积累。①留资安置。在有货币安置的前提下，经农民自愿，将货币安置按照一定比例留存，通过让农民入股的方式，使其成为某个成熟项目的小股东，取得股权收益。②贷款投资。农民

可通过投资基金在村集体的担保下向金融机构申请信用贷款，利用杠杆方式，将资金投资于本地实业项目从而获得较为稳定的收益。

第三，探索“个人资本账户”模式。前文所述，失地后，农民金融资本较大幅度增加，鉴于农民对金融资本管理能力低下，存在部分农民短期内挥霍安置资本的现象，可针对失地农民设置个人资本账户模式，要求失地农民必须定期向个人资本账户里存入一定额度的资金，该资金可以交由专业机构管理。同时，在农民持续缴纳的前提下，如果农民在某个阶段需要特定的大额资金支出，政府可以根据资金的特定用途，提供一定比例的信用资金配比支持。比如，若资金用途是支付人力资本的教育培训费用，可以提供1∶1的配比；若资金用途是购买房屋，则可以提供1∶2的配比。个人资本账户模式，本质上是一种社会保障模式，一方面可以增加金融资本的积累；另一方面可以通过资金配比实现社会保障功能。

（四）培育社会资本，优化传统农村社会关系结构

通过前文论述结论可知，农民社会资本的权重由失地前的排名倒数第二提升至失地后的第二名。且失地后农民由农业圈层转向非农业圈层，视野扩大，社交关系趋于稳定，从而使得社会资本在生计资本中的作用与权重越来越重要。

第一，健全新型集体经济组织，发展认知型社会资本。本篇所研究的认知型社会资本包括农民的接受态度、价值观念、社会规范等主观因素。失地后出现了新型集体经济组织，其组织形式从原来的村民集体共有转变为村民按份、按股集体所有。新型集体经济组织的出现，一方面扩充了农民的沟通范围与渠道，超越了传统的以血缘、地缘为主的形式，增加了以集体经济组织供应链上的各个经济体和个人，扩大了失地农民关系型社会资本。另一方面，在同一新型集体经济组织中，经过长时间的相处，相互信任，增加了彼此之间的信息共享和合作互惠，增加了失地农民的认知型社会资本。这种认知型社会资本的增加与关系型社会资本的扩大，也降低了新型集体经济组织的交易成本，提升了其经济效益。

第二，政府提供交流平台，增厚结构型社会资本。结构型资本着眼于农民失地后在新体系中可以调动使用的资源情况。然而农民失地前从事工作的局限性，资源利用能力较低，因此地方政府应该承担起引导失地农民

重视结构型社会资本的责任，通过组织本地区不同行业经济组织、同一行业不同经济体、跨区域经济组织之间的交流论坛、产品展销、观摩学习、联谊娱乐等形式的活动，促进个人、经济体间的沟通交流、资源共享、合作多赢，从而增厚农民结构型社会资本，提升其保障水平。

（五）筑牢“三大防线”，夯实基础保障

在本篇的研究中，我们将居住条件、经济状况、社会保障等三个方面归为基础保障的三个方面。根据实证研究结果，失地后，农民的基础保障有所改善，并且这种改善在统计意义上是显著的。因此在失地农民保障方案中，务必要满足其基础保障水平，保障失地农民的基本生活水平没有下降并有所提升。

第一，关于居住条件方面，建议有条件的地区全部实行“先建设、再搬迁”，如果条件不允许的话，对已搬迁未安置的农民除要求开发企业在政府交纳足够的保证金外，还要保证给予的租赁补贴能够覆盖其房租并考虑物价上涨及人口增加，杜绝旧房拆了、新房没建好、租房补贴中断，导致农民流离失所。

第二，关于经济状况方面，收入增加、经济状况改善是提升保障水平最基本的途径，家庭收入的增加既可以增加失地农民的可持续生计资本的规模，又可以直接提升其保障水平。但是在失地后，其农业收入在家庭总收入中占的比重会有一个较大幅度的下降。因此失地后在财政资金充足或开发项目收益可观的情况下，采取通过提供就业岗位、提供创业支持、提供村集体资产性收入、提高土地补偿金在出让金中的比例、土地补偿金入股分享开发成果等方式实现。

第三，关于社会保障方面，前文通过非参数检验的秩和情况统计结果显示，失地后，农户的社会保障程度提升的假设通过验证。这意味着失地后，农民的社会保障程度有所提升。但就保障范围与幅度来说，此种保障仅就满足其最低生活标准，保障范围较小，保障幅度偏低，因此就长远来看，针对失地农民基础保障，各级政府可探索多元化体系，例如在维持原有社会保障水平的基础上，可以通过要求开发商设立专项社会保障补充基金、村集体购买补充商业保险等形式，有针对性地提高重点弱势人群的保障水平。

（六）加强教育投入，关注高阶保障

基于马斯洛需求层次理论，在满足基础保障以后，对于教育与知识、环境状况、社交与心理方面等高阶保障应适当关注，方能提高整体保障水平。

第一，利用资源，引进名校。当前我国的学籍制度服从于户籍制度，由于户籍制度的制约，导致失地农民的子女的入学受到户籍的影响。为了使失地农民子女能接受良好的城市教育，出于教育资源合理配置的考量，可与市区优质学校沟通，以低价提供土地或代建的方式在项目区引入优质学校分校，加强教育资源的优化与融合，为失地农民提供良好的教育资源。特别是对正在读书的学生，要不惜财力、物力保障其接受教育的权利不因搬迁受到影响，为其接受教育提供便利。

第二，科学规划，优化环境。在环境状况方面，要合理规划，将居住区和商业办公区域从功能上要划分开；居住区远离影响空气状况的企业和工业园区，远离高速公路，或者设立隔离带，减少噪声污染。

第三，相融共赢，合理引导。在社交与心理方面，从有利于失地农民市民化、区域长远发展角度看，要避免隔离原居民的做法，而应该积极促进原居民与外来人口的融合；要利用基层组织和网格化管理体系，积极宣传，合理引导，必要时在社区派驻有心理咨询资格的专业人员，为失地农民疏导心理压力，防止极端、恶性事件的发生。

（七）因户而异，制订菜单式补偿方案

一方面，因地制宜。根据前文可持续生计理论、森（Sen）的可行能力理论与实证分析均显示，转换因素对保障水平输出的影响至关重要，因此，要充分考虑转换因素的影响。由于我国幅员辽阔，各个区域的经济发展水平、资源禀赋不同，并且即使在同一个区域、同一个省份内，各个市县面临的现实问题又是千差万别。因此，不可能有统一的失地农民的补偿与保障方案，必须要因地制宜，根据当地的区域社会经济环境制订适宜的方案。比如，对于沿海民营企业发达的地区，可重点考虑货币补偿，甚至完全可以不去考虑就业安置，因为当地农民思路广，而且本来也在从事非农职业；而对于中西部地区，由于农民对土地的依赖较大，失去土地基本上相当于失去了收入来源，这就要在货币补偿与就业安置之间选取平衡点，保证其生活水平有所提升。

另一方面，因户制宜。要考虑各个被拆迁农户的家庭特征，将其家庭成员的受教育程度、非农就业情况等因素考虑在内。在设计失地农民补偿与保障方案中，则可以为不同的家庭提供更多的选择。比如，某个失地农户中，家庭成员有好几位都是在城市从事非农职业，并且在城市已经有了住房，那么这个家庭就可能仅仅选择货币补偿，不需要住房安置和就业安置。而另外一个家庭，失地前全部家庭成员都从事农业劳动，并且还承包了若干耕地种植农作物，家庭成员不拥有其他任何非农业技能，那么这个家庭就可能会非常重视就业培训与就业安置。总之，在制订补偿方案时，要充分考虑能力与价值、补偿现金与资产、短期保障与长期保障等因素的平衡与适用。

三、研究局限与研究展望

（一）研究局限

第一，对长期变化趋势与横向比较研究尚不充分。对失地农民保障水平的影响，限于数据可得性，我们通过调查问卷的形式搜集了失地前 1 年和失地后 2 年的数据，缺乏持续跟踪的数据。比如，实证研究结果发现，行政主导模式下农民失地后生计资本的增幅大于市场模式下，这显然和实践感觉是有冲突的。短期（失地后 2 年）来看是这样的，那么经过 5 年、10 年以后呢，长期来看这个结论还成立吗？此外，实证分析结果显示，农民失地后所处的环境状况没有恶化，反而变得更好了。短期内，也许环境真的还未恶化，那么长期考察结果又是如何呢？这些都需要后续持续、长期的跟踪，才能解答这类的疑问。此外，由于微观数据可得性的原因，本篇主要研究了失地前后保障水平的变化，对于区域间、项目间、方案间的横向对比，我们提出了研究分析框架，也在实证研究与案例分析部分进行了保障水平评价指数的测算，但缺乏多区域间的横向比较实证数据与分析。

第二，评价体系的个别指标选择可能偏颇。本篇以可持续生计理论、资产建设与家庭经济学理论、可行能力理论为基础，构建了失地农民保障水平评价指标体系。在评价指标的选择过程中，尽管对各个指标进行了文献研究与理论考察，但是指标体系的选择本来就是智者见智、仁者见仁的，我们构建的指标体系可能还存在一些问题。同时，随着城镇化的推进、失地农民需求的变化，失地农民保障水平这个研究主题是否已经发生或者即将发生新的变化，导致选取的指标已经不适合。

第三，部分调查数据的信度与效度仍可进一步提高。少数实证检验结果与实践经验有所偏离，这种现象可能是由于样本过小、不具普适性的原因，也可能是由于被调查者固有的心理因素与心理期望导致调查数据存在系统偏差。比如，在调查问卷设计与调查实施的过程中，未充分考虑心理预期的影响，尚未从多个维度来调查和验证获得的指标数据，消除主观干扰。

（二）研究展望

第一，对于失地农民保障水平的研究，一方面要持续跟踪，研究短期与长期有无差异性；另一方面，可以在不同的区域搜集数据，运用构建的保障水平评价指数，测算出多个地区的指数及变动幅度，对比分析不同地区间失地农民保障水平的状况及变动的差异。

第二，理论分析和逻辑推理表明，生计资本不仅可以影响保障水平，保障水平也可以对生计资本产生一定的反作用，生计资本与保障水平之间存在某种相互促进的双向影响关系，未来可以通过数量模型探寻两者之间的相互影响关系。

第三，生计资本是失地农民保障的输入变量，转换因素这些指标则可以认为是环境变量，而保障水平则是输出变量。鉴于这种投入——产出关系的存在，可以尝试运用 DEA 模型（数据包络技术）等投入产出效率分析方法，分析农民生计资本转化为保障水平的输出效率，并结合转化因素指标利用投影分析方法探寻最佳的投入产出组合。

附　录

附录1：

城镇化过程中失地农民保障现状调查问卷

问卷编号	

尊敬的先生/女士：

您好！我们正在进行一项旨在全面了解城镇化过程中失地居民保障现状的调查，调查结果将作为课题研究的样本数据，课题成果将会提交给相关决策部门参考使用，请您如实地填写，这对您及您家庭的发展非常重要。您的信息只在本调查范围内作统计分析使用，我们会对您的信息严格保密，请放心作答。

感谢您的积极参与和支持！

调查员__________　调查员编号____　调查时间________　调查村落______

问卷填写说明：

（1）以下问题请在您选择的选项上划“√”，如无特别说明，请只选一个答案。

（2）在____处填写相应内容。

（3）在填写过程中，调查员需耐心向被调查者解释调查题项。如果被调查者无法独立完成调查问卷的填写，调查员可通过口头沟通的形式，将沟通结果反映在调查问卷相应题项上。

第一部分　家庭成员的基本信息

本调查所指的家庭成员，主要指在同一户主名下登记的所有人员，包括但不限于户主、配偶、子女、父母、孙子、孙女、外孙、外孙女等。

家庭成员	题项	失地前1年	失地后2年
家庭成员1	年龄	____岁	____岁
	健康状况	□良好　□欠佳　□较差	□良好　□欠佳　□较差
	工作性质	□工程技术人员　□科学研究人员　□大学教师 □政府负责人　□法律工作人员　□企业负责人 □机关政工干部　□行政办事人员　□中小学教师 □民警　□医生　□护士 □会计　□司机　□推销员 □工人　□厨师　□个体工商户 □餐饮服务　□农民　□保姆	□工程技术人员　□科学研究人员　□大学教师 □政府负责人　□法律工作人员　□企业负责人 □机关政工干部　□行政办事人员　□中小学教师 □民警　□医生　□护士 □会计　□司机　□推销员 □工人　□厨师　□个体工商户 □餐饮服务　□农民　□保姆
	受教育程度	□高中以上　□初中　□小学　□文盲	□高中以上　□初中　□小学　□文盲
	教育支出（每年）	R米B ____万元	R米B ____万元
	教育支出/收入	____%	____%
	个人总收入（每年）	R米B ____元	R米B ____万元
	个人非农收入（每年）	R米B ____万元	R米B ____万元

续表

家庭成员	题项	失地前 1 年	失地后 2 年
家庭成员 2	年龄	____岁	____岁
	健康状况	□良好 □欠佳 □较差	□良好 □欠佳 □较差
	工作性质	□工程技术人员 □科学研究人员 □大学教师 □政府负责人 □法律工作人员 □企业负责人 □机关政工干部 □行政办事人员 □中小学教师 □民警 □医生 □护士 □会计 □司机 □推销员 □工人 □厨师 □个体工商户 □餐饮服务 □农民 □保姆	□工程技术人员 □科学研究人员 □大学教师 □政府负责人 □法律工作人员 □企业负责人 □机关政工干部 □行政办事人员 □中小学教师 □民警 □医生 □护士 □会计 □司机 □推销员 □工人 □厨师 □个体工商户 □餐饮服务 □农民 □保姆
	受教育程度	□高中以上 □初中 □小学 □文盲	□高中以上 □初中 □小学 □文盲
	教育支出（每年）	R 米 B ____万元	R 米 B ____万元
	教育支出/收入	____%	____%
	个人总收入（每年）	R 米 B ____万元	R 米 B ____元
	个人非农收入（每年）	R 米 B ____万元	R 米 B ____万元

续表

家庭成员	题项	失地前 1 年	失地后 2 年
家庭成员3	年龄	______岁	______岁
	健康状况	□良好 □欠佳 □较差	□良好 □欠佳 □较差
	工作性质	□工程技术人员 □科学研究人员 □大学教师 □政府负责人 □法律工作人员 □企业负责人 □机关政工干部 □行政办事人员 □中小学教师 □民警 □医生 □护士 □会计 □司机 □推销员 □工人 □厨师 □个体工商户 □餐饮服务 □农民 □保姆	□工程技术人员 □科学研究人员 □大学教师 □政府负责人 □法律工作人员 □企业负责人 □机关政工干部 □行政办事人员 □中小学教师 □民警 □医生 □护士 □会计 □司机 □推销员 □工人 □厨师 □个体工商户 □餐饮服务 □农民 □保姆
	受教育程度	□高中以上 □初中 □小学 □文盲	□高中以上 □初中 □小学 □文盲
	教育支出（每年）	R 米 B ______万元	R 米 B ______万元
	教育支出/收入	______%	______%
	个人总收入（每年）	R 米 B ______万元	R 米 B ______万元
	个人非农收入（每年）	R 米 B ______万元	R 米 B ______万元

续表

家庭成员	题项	失地前 1 年	失地后 2 年
家庭成员 4	年龄	____岁	____岁
	健康状况	□良好 □欠佳 □较差	□良好 □欠佳 □较差
	工作性质	□工程技术人员 □科学研究人员 □大学教师 □政府负责人 □法律工作人员 □企业负责人 □机关政工干部 □行政办事人员 □中小学教师 □民警 □医生 □护士 □会计 □司机 □推销员 □工人 □厨师 □个体工商户 □餐饮服务 □农民 □保姆	□工程技术人员 □科学研究人员 □大学教师 □政府负责人 □法律工作人员 □企业负责人 □机关政工干部 □行政办事人员 □中小学教师 □民警 □医生 □护士 □会计 □司机 □推销员 □工人 □厨师 □个体工商户 □餐饮服务 □农民 □保姆
	受教育程度	□高中以上 □初中 □小学 □文盲	□高中以上 □初中 □小学 □文盲
	教育支出（每年）	R 米 B ____万元	R 米 B ____万元
	教育支出/收入	____%	____%
	个人总收入（每年）	R 米 B ____万元	R 米 B ____万元
	个人非农收入（每年）	R 米 B ____万元	R 米 B ____万元

续表

家庭成员	题项	失地前 1 年	失地后 2 年
家庭成员 5	年龄	____岁	____岁
	健康状况	□良好 □欠佳 □较差	□良好 □欠佳 □较差
	工作性质	□工程技术人员 □科学研究人员 □大学教师 □政府负责人 □法律工作人员 □企业负责人 □机关政工干部 □行政办事人员 □中小学教师 □民警 □医生 □护士 □会计 □司机 □推销员 □工人 □厨师 □个体工商户 □餐饮服务 □农民 □保姆	□工程技术人员 □科学研究人员 □大学教师 □政府负责人 □法律工作人员 □企业负责人 □机关政工干部 □行政办事人员 □中小学教师 □民警 □医生 □护士 □会计 □司机 □推销员 □工人 □厨师 □个体工商户 □餐饮服务 □农民 □保姆
	受教育程度	□高中以上 □初中 □小学 □文盲	□高中以上 □初中 □小学 □文盲
	教育支出（每年）	R 米 B ______万元	R 米 B ______万元
	教育支出/收入	______%	______%
	个人总收入（每年）	R 米 B ______万元	R 米 B ______万元
	个人非农收入（每年）	R 米 B ______万元	R 米 B ______万元

续表

家庭成员	题项	失地前 1 年	失地后 2 年
家庭成员 6	年龄	______岁	______岁
	健康状况	□良好 □欠佳 □较差	□良好 □欠佳 □较差
	工作性质	□工程技术人员 □科学研究人员 □大学教师 □政府负责人 □法律工作人员 □企业负责人 □机关政工干部 □行政办事人员 □中小学教师 □民警 □医生 □护士 □会计 □司机 □推销员 □工人 □厨师 □个体工商户 □餐饮服务 □农民 □保姆	□工程技术人员 □科学研究人员 □大学教师 □政府负责人 □法律工作人员 □企业负责人 □机关政工干部 □行政办事人员 □中小学教师 □民警 □医生 □护士 □会计 □司机 □推销员 □工人 □厨师 □个体工商户 □餐饮服务 □农民 □保姆
	受教育程度	□高中以上 □初中 □小学 □文盲	□高中以上 □初中 □小学 □文盲
	教育支出（每年）	R 米 B ______万元	R 米 B ______万元
	教育支出/收入	______%	______%
	个人总收入（每年）	R 米 B ______万元	R 米 B ______万元
	个人非农收入（每年）	R 米 B ______万元	R 米 B ______万元

续表

家庭成员	题项	失地前1年	失地后2年
家庭成员7	年龄	____岁	____岁
	健康状况	□良好 □欠佳 □较差	□良好 □欠佳 □较差
	工作性质	□工程技术人员 □科学研究人员 □大学教师 □政府负责人 □法律工作人员 □企业负责人 □机关政工干部 □行政办事人员 □中小学教师 □民警 □医生 □护士 □会计 □司机 □推销员 □工人 □厨师 □个体工商户 □餐饮服务 □农民 □保姆	□工程技术人员 □科学研究人员 □大学教师 □政府负责人 □法律工作人员 □企业负责人 □机关政工干部 □行政办事人员 □中小学教师 □民警 □医生 □护士 □会计 □司机 □推销员 □工人 □厨师 □个体工商户 □餐饮服务 □农民 □保姆
	受教育程度	□高中以上 □初中 □小学 □文盲	□高中以上 □初中 □小学 □文盲
	教育支出（每年）	R 米 B ____万元	R 米 B ____万元
	教育支出/收入	____%	____%
	个人总收入（每年）	R 米 B ____万元	R 米 B ____万元
	个人非农收入（每年）	R 米 B ____万元	R 米 B ____万元

续表

家庭成员	题项	失地前 1 年	失地后 2 年
家庭成员8	年龄	____岁	____岁
	健康状况	□良好 □欠佳 □较差	□良好 □欠佳 □较差
	工作性质	□工程技术人员 □科学研究人员 □大学教师 □政府负责人 □法律工作人员 □企业负责人 □机关政工干部 □行政办事人员 □中小学教师 □民警 □医生 □护士 □会计 □司机 □推销员 □工人 □厨师 □个体工商户 □餐饮服务 □农民 □保姆	□工程技术人员 □科学研究人员 □大学教师 □政府负责人 □法律工作人员 □企业负责人 □机关政工干部 □行政办事人员 □中小学教师 □民警 □医生 □护士 □会计 □司机 □推销员 □工人 □厨师 □个体工商户 □餐饮服务 □农民 □保姆
	受教育程度	□高中以上 □初中 □小学 □文盲	□高中以上 □初中 □小学 □文盲
	教育支出（每年）	R 米 B ____万元	R 米 B ____万元
	教育支出/收入	____%	____%
	个人总收入（每年）	R 米 B ____万元	R 米 B ____万元
	个人非农收入（每年）	R 米 B ____万元	R 米 B ____万元

第二部分　家庭特征

题项	失地前1年	失地后2年
储蓄规模	R米B ____万元	R米B ____万元
其他金融资产规模	R米B ____万元	R米B ____万元
农业收入	R米B ____万元	R米B ____万元
非农业收入	R米B ____万元	R米B ____万元
网络规模（每月村外联系人数）	____人	____人
每月村外联系人的职业（多选）	□工程技术人员 □科学研究人员 □大学教师 □政府负责人 □法律工作人员 □企业负责人 □机关政工干部 □行政办事人员 □中小学教师 □民警 □医生 □护士 □会计 □司机 □推销员 □工人 □厨师 □个体工商户 □餐饮服务 □农民 □保姆	□工程技术人员 □科学研究人员 □大学教师 □政府负责人 □法律工作人员 □企业负责人 □机关政工干部 □行政办事人员 □中小学教师 □民警 □医生 □护士 □会计 □司机 □推销员 □工人 □厨师 □个体工商户 □餐饮服务 □农民 □保姆
网络水平得分（由调查者根据《社会职业声望得分表》计算填写）		

续表

题项	失地前 1 年	失地后 2 年
网络差异（由调查者结合家庭成员与每月村外联系人的职业差异的个数填写）		
网顶（根据家庭成员每月村外联系人的职业填写职业最高得分）		
信任程度（对亲朋好友/邻居信任程度）	□非常信任 □比较信任 □一般信任 □不信任 □非常不信任	□非常信任 □比较信任 □一般信任 □不信任 □非常不信任
帮助他人（6 个月内）	□每次都帮助 □经常帮助 □偶尔帮助 □不帮助 □从来不帮助	□每次都帮助 □经常帮助 □偶尔帮助 □不帮助 □从来不帮助
接受帮助（6 个月内）	□每次都接受 □经常接受 □偶尔接受 □不接受 □从来不接受	□每次都接受 □经常接受 □偶尔接受 □不接受 □从来不接受
日常共享（6 个月内）	□每次都共享 □经常共享 □偶尔共享 □不共享 □从来不共享	□每次都共享 □经常共享 □偶尔共享 □不共享 □从来不共享

续表

题项	失地前 1 年	失地后 2 年
节日共享（6 个月内）	□每次都共享 □经常共享 □偶尔共享 □不共享 □从来不共享	□每次都共享 □经常共享 □偶尔共享 □不共享 □从来不共享
人均住房价值	____元	____元
家庭拥有的生产设备的价值	R 米 B ____万元	R 米 B ____万元
家庭拥有的交通工具的价值	R 米 B ____万元	R 米 B ____万元
家庭主要使用的能源种类	□天然气 □煤气 □煤炭 □秸秆	□天然气 □煤气 □煤炭 □秸秆
人均耕地规模（亩）	____亩	____亩
人均林木规模（亩）	____亩	____亩
人均水塘面积（亩）	____亩	____亩
对居住环境的满意程度	□非常满意 □比较满意 □一般满意 □不满意 □非常不满意	□非常满意 □比较满意 □一般满意 □不满意 □非常不满意

第三部分 保障水平

题项	失地前 1 年	失地后 2 年
人均居住价值	元	元
房屋结构	□砖混 □砖木 □土木 □其他	□砖混 □砖木 □土木 □其他
社区治安	□很好 □较好 □一般 □较差 □非常差	□很大改善 □有所改善 □无改善 □有所恶化 □非常恶化
基础配套设施	□配套很齐全 □比较齐全 □一般齐全 □不齐全 □非常不齐全	□配套很齐全 □比较齐全 □一般齐全 □不齐全 □非常不齐全
生活便利度	□生活很便利 □比较便利 □一般便利 □不便利 □非常不便利	□生活很便利 □比较便利 □一般便利 □不便利 □非常不便利
社区娱乐	□娱乐很丰富 □比较丰富 □一般丰富 □不丰富 □非常匮乏	□娱乐很丰富 □比较丰富 □一般丰富 □不丰富 □非常匮乏
家庭支出总额	R 米 B ____万元	R 米 B ____万元
净收入	R 米 B ____万元	R 米 B ____万元
创业支持	□非常满意 □比较满意 □一般满意 □不满意 □非常不满意	□非常满意 □比较满意 □一般满意 □不满意 □非常不满意
理财指导	□非常满意 □比较满意 □一般满意 □不满意 □非常不满意	□非常满意 □比较满意 □一般满意 □不满意 □非常不满意
恩格尔系数（由调查者计算填写）		
医疗保障	□非常满意 □比较满意 □一般满意 □不满意 □非常不满意	□非常满意 □比较满意 □一般满意 □不满意 □非常不满意

续表

题项	失地前 1 年	失地后 2 年
养老保障	□非常满意 □比较满意 □一般满意 □不满意 □非常不满意	□非常满意 □比较满意 □一般满意 □不满意 □非常不满意
失业保障	□非常满意 □比较满意 □一般满意 □不满意 □非常不满意	□非常满意 □比较满意 □一般满意 □不满意 □非常不满意
群体关爱	□非常满意 □比较满意 □一般满意 □不满意 □非常不满意	□非常满意 □比较满意 □一般满意 □不满意 □非常不满意
教育支出	R 米 B ____万元	R 米 B ____万元
学历提升	□很大提升 □有所提升 □无提升	□很大提升 □有所提升 □无提升
视野与见识	□很大提升 □有所提升 □无提升	□很大提升 □有所提升 □无提升
空气状况	□非常满意 □比较满意 □一般满意 □不满意 □非常不满意	□非常满意 □比较满意 □一般满意 □不满意 □非常不满意
噪音状况	□非常满意 □比较满意 □一般满意 □不满意 □非常不满意	□非常满意 □比较满意 □一般满意 □不满意 □非常不满意
自然景观环境状况	□非常满意 □比较满意 □一般满意 □不满意 □非常不满意	□非常满意 □比较满意 □一般满意 □不满意 □非常不满意
社交满意度	□非常满意 □比较满意 □一般满意 □不满意 □非常不满意	□非常满意 □比较满意 □一般满意 □不满意 □非常不满意
情感失落度	□毫无失落 □不失落 □毫无失落 □比较失落 □非常失落	□毫无失落 □不失落 □毫无失落 □比较失落 □非常失落
事件满意度	□非常满意 □比较满意 □一般满意 □不满意 □非常不满意	□非常满意 □比较满意 □一般满意 □不满意 □非常不满意

第四部分 其他重要信息

题 项	失地前1年	失地后2年
就业人口占总人口的比重	____%	____%
非农就业人口占就业人口的比重	____%	____%
男性人口占家庭总人口的比重	____%	____%
高中以上人口占总人口的比重	____%	____%
行政村家庭平均收入（统计完每个村庄后，计算该村户均收入水平）	R米B ____万元	R米B ____万元
距离上级经济中心的距离（行政区域半径——距上级经济中心的距离）	____公里	____公里

问题全部结束，十分感谢您的参与！

附录2：

职业分类与得分

工程技术人员87.92	科学研究人员86.49	大学教师85.14
政府机关负责人80.49	法律工作人员76.12	企业单位负责人74.93
机关政工干部72.41	行政办事人员71.18	中小学教师71.03
民警69.44	医生67.04	护士53.8
会计51.54	司机49.57	推销员46.67
工人44.98	厨师43.78	个体工商户42.67
餐饮服务40.75	农民31.82	保姆9.73

摘录自：李春玲断裂与碎片——当代中国社会阶层分化实证分析［M］．北京：社会科学文献出版社，2005.

附录3：

调查问卷各细分题项的信度分析

子目标层	操作目标层	Cronbach'sa 系数	折半系数
人力资本的基础特征	年　龄	0.7690	0.6648
	健康状况	0.7659	0.6428
	工作性质	0.6254	0.6810

续表

子目标层	操作目标层	Cronbach's a 系数	折半系数
人力资本的储备	受教育程度	0.7535	0.6548
人力资本的投资	教育支出/年	0.7725	0.7847
	教育支出占收入的比重	0.7251	0.6973
人力资本的回收	个人总收入/年	0.6271	0.6935
	个人非农收入/年	0.6070	0.6862
存量资本	储蓄规模	0.7814	0.7528
	其他金融资产规模	0.7690	0.6648
增量资本	农业收入	0.7659	0.6428
	非农业收入	0.7721	0.6868
网　络	网络规模	0.6473	0.7325
	网络水平	0.6293	0.7206
	网络差异	0.7628	0.6208
	网　顶	0.7597	0.6988
信　任	信任程度	0.7380	0.6448
互　惠	帮助他人	0.7349	0.6228
	接受帮助	0.7599	0.7408
共　享	日常共享	0.7429	0.7273
	节日共享	0.7225	0.7004
住　所	人均住房价值	0.6968	0.6908
生产设备	家庭拥有的生产设备的价值	0.7783	0.7308
交　通	家庭拥有的交通工具的价值	0.7752	0.7088
生活工具	家庭主要使用的能源种类	0.7186	0.7169
耕　地	人均耕地规模	0.7566	0.7768
林　木	人均林木规模	0.7535	0.6548
水　塘	人均水塘面积	0.7628	0.6208
环　境	对居住环境的满意程度	0.7597	0.6988
居　住	条件人均居住价值	0.7442	0.6888
	房屋结构	0.7411	0.7668
	社区治安	0.7504	0.7328
	基础配套设施	0.7473	0.7108
	生活便利度	0.6806	0.8570
	社区娱乐	0.6426	0.6971

续表

子目标层	操作目标层	Cronbach's a 系数	折半系数
经济状况	农业收入	0.8791	0.6868
	非农收入	0.8256	0.7401
	家庭支出总额	0.7566	0.6768
	净收入	0.7262	0.7590
社会保障	恩格尔系数	0.7721	0.6764
	医疗保障	0.7671	0.6666
	养老保障	0.7749	0.6568
	失业保障	0.8369	0.6470
教育与知识	教育支出	0.8446	0.6372
	学历提升	0.7981	0.6764
	视野与见识	0.8059	0.6176
环境状况	空气状况	0.7023	0.6078
	噪音状况	0.7212	0.6267
	自然景观环境状况	0.8291	0.6456
社交与心理	社交满意度	0.8136	0.6645
	情感失落度	0.8214	0.6834
	事件满意度	0.7904	0.7826
就　业	就业人口占总人口的比重	0.7594	0.6430
	非农就业人口占就业人口的比重	0.8819	0.6999
性　别	男性人口占家庭总人口的比重	0.8791	0.6714
教　育	高中以上人口占总人口的比重	0.8059	0.6274
经济收入	行政村家庭平均收入	0.7473	0.6145
与上级经济中心联系密切程度	行政区域半径——距上级经济中心的距离	0.7442	0.7284

附录 4：

房屋及附属物补偿标准细则

1. 青苗费补偿标准

名称等别	粮食作物	经济作物	蔬菜	备　注
一	860 元/亩	1200 元/亩	3200 元/亩	1. 粮食作物主要指小麦、玉米、水稻等作物；2. 经济作物主要指棉花、烟叶、西瓜、油料等作物。
二	780 元/亩	980 元/亩	2900 元/亩	
三	720 元/亩	820 元/亩	2700 元/亩	

2. 建筑物类补偿标准

名称	规　格	补偿标准	备　注
平房	砖木结构	420 元/平方米	砖墙或石墙承重、木屋架、木（预制）檩条、瓦屋顶、房屋净高 3 米、水泥地面、内外墙普通抹灰、木质门窗
	砖混结构	490 元/平方米	全砖墙、预制或混凝土板顶、单层房屋净高 2.8 米、铝合金门窗
楼房	砖木结构	460 元/平方米	砖墙或石墙承重、木屋架、木（预制）檩条、瓦屋顶、单层房屋净高 3 米、水泥地面、内外墙普通抹灰、木质门窗
	砖混结构	600 元/平方米	全砖墙、预制或混凝土板顶、单层房屋净高 2.8 米、铝合金门窗
	框架结构	900 元/平方米	主要承重为钢筋混凝土结构、混凝土或预制顶、单层房屋净高 2.8 米、铝合金门窗、内外墙普通抹灰
厂房、仓库	砖混结构	320 元/平方米	净高 4 米、石棉瓦顶、砖墙
		410 元/平方米	净高 4 米、空心板顶、砖墙
窑洞	砖、石砌窑	420 元/平方米	砖或石砌墙、内墙普通抹灰、水泥地面
	土　窑	280 元/平方米	
	无人居住窑	100 元/平方米	

续表

名称	规 格	补偿标准	备 注
简易房	四面墙	210 元/平方米	门、油毡或石棉瓦顶、砖或石砌墙
简易棚	二面墙以上	120 元/平方米	砖或石砌墙、无门
畜禽舍	砖结构	100 元/平方米	砖或石砌墙、水泥地面、混凝土板或预制顶
	简易结构	50 元/平方米	砖或石砌墙、油毡或石棉瓦顶
地坪	水泥、砖地坪	32 元/平方米	素土夯实、60 米 C10 砼垫层、80 米砂垫层、20 米水泥砂浆面或红砖铺面
道路	混凝土水泥路	65 元/平方米	人工挖路槽、300 米三七灰土垫层、25 米粗砂、180 米 C25 砼面
	柏油沥青路	60 元/平方米	人工挖路槽、300 米三七灰土垫层、100 米碎石、50 米沥青砼面
	碎石道路	40 元/平方米	人工挖路槽、300 米三七灰土垫层、100 米碎石面
	土 路	8 元/平方米	
围墙	土围墙	35 元/平方米	
	二四砖墙（墙高≤2 米）	60 元/平方米	人工挖地槽、300 米三七灰土垫层、50 号混合砂浆砌 240 米红砖墙、砌墙架
	二四砖墙（墙高>2 米）	65 元/平方米	人工挖地槽、300 米三七灰土垫层、50 号混合砂浆砌 240 米红砖墙、砌墙架
电力通信线路	木线杆	180 元/根	包括电线等材料损失及拆建工费
	水泥线杆（8 米≤杆高≤10 米）	600 元/根	
	水泥线杆（杆高>10 米）	1000 元/根	
	无线水泥杆	150 元/根	
渔塘	土 筑	5000～8000 元/亩	包括鱼苗损失费及土石方工程
	砖石砌	8000～12000 元/亩	
迁坟	一棺一墓	2000 元/座	每增加一棺增加 500 元

续表

名称	规　格	补偿标准	备　注
大棚	钢、砼骨架、玻璃顶（有供暖）	150 元/平方米	旧料归原主
	钢、砼骨架、玻璃顶（无供暖）	120 元/平方米	
	钢、砼骨架、塑料薄膜顶	100 元/平方米	
	简易塑料薄膜顶	30 元/平方米	
小桥	钢筋混凝土矩形板桥	1000 元/平方米	旧料归原主
	简易桥	600 元/平方米	
涵洞	石盖板涵（跨径≤2 米）	500 元/米	旧料归原主
	石盖板涵跨径（2 米＜跨径≤4 米）	1500 元/米	
	钢筋混凝土圆管涵（跨径≤2 米）	1200 元/米	
	钢筋混凝土圆管涵（2 米＜跨径≤4 米）	1800 元/米	
PVC 地埋管	4 寸	25 元/米	旧料归原主
	3 寸	20 元/米	
	2 寸	15 元/米	
	1 寸	10 元/米	
沼气池	砖、石砌	300 元/立方米	含材料补偿
水渠、水池、窖类	土　渠	10 元/立方米	含土方量的补偿
	石砌水渠、水池	80 元/立方米	
	砖砌水渠、水池	100 元/立方米	

续表

名称	规　格	补偿标准	备　注
井	机井深 80 米（下管井、砼井筒、铸铁管）	35000 元/眼	深度每增减一米增减 500 元，每眼控制 20 亩地
	井深 40 米（下管井、砼井筒、铸铁管）	15000 元/眼	深度每减一米减 350 元，每眼控制 20 亩地
	井深 10 米砖砌井筒	4000 元/眼	深度每增减一米增减 250 元
	手压井	50 元/米	含压机（井筒无下管的简易井参照此标准）

3. 果树类补偿标准

名称	规　格	补偿标准	备　注
鲜果类	产前期（树龄<2 年）	30 元/棵	1. 鲜果类主要包括苹果树、梨、桃、杏、樱桃等树种。干果类主要包括核桃、柿、枣等树种。 2. 树归原主。 3. 产前期为未结果期。 4. 亩均最高补偿标准不超过 8 万元（含 8 万元）。
	产前期（树龄≥2 年）	60 元/棵	
	始产期（3 年<树龄≤6 年）	280 元/棵	
	盛果期（6 年<树龄≤40 年）	450 元/棵	
	衰老期（树龄>40 年）	350 元/棵	
干果类	产前期（树龄<2 年）	30 元/棵	
	产前期（树龄≥2 年）	60 元/棵	
	始产期（3 年<树龄≤10 年）	350 元/棵	
	盛果期（10 年<树龄≤60 年）	700 元/棵	
	衰老期（树龄>60 年）	450 元/棵	
葡萄	产前期（树龄<1 年）	35 元/棵	1. 含葡萄架补偿。 2. 树归原主。 3. 产前期为未结果期。
	始产期（1 年≤树龄<3 年）	60 元/棵	
	盛果期（3 年≤树龄<7 年）	100 元/棵	
	盛果期（树龄≥7 年）	120 元/棵	
果树类苗圃	苗　木	4 元/棵	株数≤5000 棵

4. 林木类补偿标准

名称	规　格	补偿标准	备　注
乔木类	胸径 <5 公分	20 元/棵	1. 乔木系指用材林种。松柏树按乔木的两倍补偿。 2. 测量胸径位置为距地面距离 1.3 米。 3. 树归原主。
	5 公分≤胸径 <10 公分	40 元/棵	
	10 公分≤胸径 <15 公分	100 元/棵	
	15 公分≤胸径 <20 公分	150 元/棵	
	20 公分≤胸径 <25 公分	180 元/棵	
	25 公分≤胸径 <30 公分	200 元/棵	
	胸径≥30 公分	220 元/棵	
灌木类	白腊条	30 元/墩	每墩出条数达 10 ~ 20 根
	紫　槐	35 元/墩	
	桑　叉	100 元/墩	
乔木类苗圃		3 元/棵	株数≤5000 棵

附录 5：

洞林湖新型城镇化示范区搬迁补偿安置方案

就新村建设过程中有关搬迁补偿、安置等问题，参照郑州市人民政府郑政文〔2009〕127 号文件精神，结合当地实际情况，制订如下方案。

一、指导思想

以国家关于加快城镇化建设有关文件为指导，以国家相关法律法规政策为依据，坚持国家、投资方、群众利益兼顾原则，以高质量、高标准，群众满意为目标，充分调动广大群众的积极性，在公平、公正、公开的原则基础上，确保新型城镇化建设和搬迁补偿安置工作的顺利完成。

二、搬迁安置范围

现户籍在普查范围内的农户的房屋及其附属物。

三、搬迁责任人

洞林等五村搬迁工作实行一把手负全责。具体负责区域内搬迁安置工作。

四、搬迁补偿安置原则

1. 本次搬迁实行整村搬迁，就近建设，先建设后搬迁。

2. 搬迁范围内持有集体土地建设使用证或合法使用权证的，按规定予以搬迁，按标准给予补偿和安置。同一被搬迁人依法取得两处或两处以上住房同时被搬迁的，房屋及附属物补偿时合并计算，并按要求予以安置。对于交旧批新的原宅基地房屋、附属物及违章建筑采取货币补偿的方式进行，不再进行安置。对于普查后又私自添置的房屋及附属物不予补偿。

3. 新建房屋和被搬迁房屋建筑面积按“建设部房屋面积计算标准”执行。除住宅房屋面积原则上按1∶1进行安置补偿外，其他建筑及附属物按货币补偿的方式进行，不再另行安置。

4. 搬迁住宅房屋可享受货币补偿，也可享受产权调换。实行产权调换的被搬迁人可根据原房屋面积、质量及结算金额选择户型、楼层。搬迁村集体办公用房、学校、卫生所等公共设施由村委负责实施并实行产权调换。

五、搬迁补偿安置细则

1. 分配方案

（1）对于原房屋面积小、质量差，生活困难，且连续三年享受最低生活保障的农户，按最小户型面积置换房屋后，仍有差额无力支付的农户，由当地村民讨论，村委会申报镇政府批准，可按政策予以减免。对于符合民政救济条件的五保户供养对象，按政策安置在敬老院或设计统一的居住用房。

（2）安置房屋楼层分配方案：搬迁人可根据原房屋及附属物补偿总金额进行选择户型、面积、楼层。同一面积及楼层有多户进行选择的可实行随机抽取的办法进行。同一被搬迁人有两处以上住房的可实行高、低楼层搭配，各计各价。

(3) 楼房实行随机抽取全部分配完后，对于个别农户需要调整楼房位置、楼层的，由农户之间在自愿的基础上进行，村组干部做好协调工作，不强迫任何一方违背自己的心愿而变更楼房位置。对于农户之间自愿调换的同一户型的楼房，应有农户之间达成调换协议，双方签字交村委上报后予以更正。除此之外，户型、楼层位置一旦决定，任何人不得随意变动。

(4) 安置房屋由镇政府统一办理集体土地的房屋所有权证。被搬迁人自协议签订生效后，原宅基使用证交镇政府。对于未取得任何证件的搬迁人由镇政府代办，费用自理。

(5) 对于持有有效证件的商业用房，除按标准进行补偿外，可根据实际经营情况及合同内容补偿一定的经济损失，在商业区建成后优先安排原商户经营，但不再安排新住房。必须签订搬迁补偿协议书，按时搬迁。对于没有证件的私建商业用房只进行补偿，不享受其他优惠。

2. 兑换方案

(1) 对于已批准并持有有效证件未建设的农户可享受不高于 145 平方米的优惠价住房。对于已批准房屋未建成的农户，按建设现有工程补偿后享受不高于 145 平方米的优惠价住房。对于农户选择新住房面积不超出原住宅面积 10 平方米以内的按成本价计算，但不得享受其他优惠条件。选择新住房面积低于原住房面积的每平方米补助优惠金 170 元/平方米。超出 10 平方米部分按当地市场价计算，每平方在成本均价基础上增加 200 元，但不得超过 20 平方米。

(2) 对于在签协议时按原有人口未达到 30 平方米的被搬迁人，根据村安置区所余楼房，以随机抽取的方式抽取房屋位置并足额交纳房款，价格仍执行均价 750 元/平方米。如果所余楼房不能满足农户需求，则按照所报被搬迁人的家庭人口结构、数量、实际困难，交村民代表大会讨论决定。

(3) 安置房屋成本均价为 550 元，楼层价格增减率为：

一层：按安置房屋成本均价 +8%；

二层：按安置房屋成本均价 +6%；

三层：按安置房屋成本均价 +6%；

四层：按安置房屋成本均价；

五层（按复式设计）：按安置房屋成本均价-20%，并奉送跃层部分及露台。

（4）被搬迁人每户可选择一处面积为10平方米的储藏室。每平方米的价格为230元。对于选择超出10平方米部分按市场价650元/平方米计算，但不得超过20平方米。

3. 补偿奖励

（1）为了减轻被搬迁人的经济负担，经镇政府协调，被搬迁人可享受原房屋面积每平方米170元的优惠金。持有有效宅基证的被搬迁人，宅基批准面积超出167平方米部分补偿20元/平方米，未经镇土地所盖章无效。

（2）被搬迁人选择货币补偿的，在规定时间内签订搬迁补偿协议书，并提前或按时搬迁的，按房屋建筑面积每平方米奖励5元。

（3）本次搬迁宅基地以内的树木和附属物按规定给以补偿。为最大限度照顾广大村民利益，村庄外树木的补偿按该树木总补偿款的40%作为对在规定时间内搬迁到位村民的奖励。

（4）搬迁安置协议书签订后，按协议要求由被搬迁人自行处理原房屋，并按规定清除建筑垃圾。经验收合格后，按实际搬迁面积补助每平方米5元的搬迁费。超出搬迁时间未搬除的按自动放弃论处。镇政府和有关村组织清理，不再付给搬迁费。对于五保户的搬迁由村委负责组织人员，车辆协助搬进新居。

（5）被搬迁人搬迁完毕后，经验收合格按照农业户口每户（以四口人为基准，含四口人以下）发放搬迁补助费1000元，超出四口人以上每增加一口人增加150元。对于提前搬迁完毕的农户，每户奖励5000元。对于需提前搬迁的农户，发放临时过渡费每人每月200元。搬迁补助费按两次发放。

（6）农户入住新居时每套房屋奖励煤气罐（含一罐煤气）和煤气灶各一台，所有搬迁户均可享受该项奖励。

（7）办公用房、学校等公用设施的搬迁，按房屋面积付给搬迁费5元/平方米，由相关村组负责实施搬迁。

4. 其他

（1）按农业户口核定人数，截至时间为框架协议签订之日。对于合法的正常迁入需经镇政府批准。搬迁区域内的剩余劳动力在自愿和健康的基础上，分批分期进行技能培训，考试合格后合理安排工作（安置区管理由村委负责，有计划地吸收当地责任心强、支持工作的村民数百名集中培训后从事保安、保洁工作）。

（2）农户搬入新房前应及时处理多余物品和家畜家禽，按照安置区管理要求，区域内不得随意摆放杂物和饲养家畜家禽，村组干部要做好宣传、督查工作。

（3）农户搬进新居后所有财产归农户所有，按照交工时的水、电表底数，按月由水、电工按国家有关规定价格收取水、电费。水、电路的修理由专人负责，确保农户的正常使用。

（4）为社区农林工人每人办理意外商业保险。

下篇 P2P网络借贷借款人信用风险管理

2005年3月，P2P网络贷款在英国诞生，2007年8月，我国的第一家P2P网贷平台拍拍贷成立。P2P网络借贷自传入我国以来取得了飞速的发展，但是作为新生事物，发展与问题同在。P2P网络借贷中借款人信用风险对P2P网络借贷中的各方行为主体都危害极大，借款人违约产生坏账直接危及投资人的利益，投资人无法收回投资本金，而投资人对P2P网络借贷平台的负面评价，会累及P2P网络借贷平台的声誉，进而使其他投资人对P2P网络借贷平台产生信任危机，如此恶性循环，P2P网络借贷平台或因运营不支而停业，或因遭受挤兑而倒闭等等。出现问题的P2P网络借贷平台逐渐增多就会对整个P2P网络借贷行业造成不良影响，阻碍行业发展。

P2P网络借贷以互联网技术为依托，P2P网络借贷平台作为借贷双方的中介平台，为放款人提供借款人的详细个人信息，以期实现双方之间的信息充分交流，但这只是理想中的状态，实际上，由于国内征信环境的限制，传统民间借贷中的信息不对称现象在P2P网贷中依然存在。根据信息不对称理论可知，在P2P网络借贷中，由于存在借款人信息不完全的现象，使得P2P网贷中的借款人信用风险问题十分突出。因此，缓解P2P网贷中的借款人信息不完全状况成为控制P2P网贷信用风险的重要手段。

通过对国内知名P2P网络借贷平台人人贷的数据研究，结果表明，利率、还款期限和还清笔数成为借款人违约风险的预测因素，借款人其他诸多信息因素并没有对借款人的违约率构成直接影响，平台公布的借款人信息只有极少数能够为投资人提供关于借方的风险参考，而例如借款人的个人信息如年龄、婚姻状况等，借款人的工作相关信息等规避来自借款人的信用风险是无用的。在借款人的信息中，借款人的信用评级所占的分量和代表的意义与其他信息指标是不同的。借款人信用评级是借款人信用状况的综合和直接体现，它应直接对投资人形成风险警示作用，使投资人根据借款人的信用评级选择自己的投资偏好。因此，借款人信用评级也应是其未来违约率的直接推测依据，但研究结果表明，借款人信用评级并没有对其预测违约风险造成影响，进而可以得出借款人信用评级不能对其未来信用风险构成参考，这样的结果也说明了作为借款人信息的汇总和精华体现，借款人信用评级已经失去了其应有的意义。

对于 P2P 网络借贷借款人信用风险的防范和控制，并不是单独依靠政府部门或 P2P 网络借贷平台就能取得成功的，必须要多方主体的共同参与和努力。P2P 网络借贷平台应把控好借款人信用风险审核环节及贷后管理环节，充分利用已获取的借款人信用信息作出合理的信用风险判断并辅以完善的贷后管理计划，争取在 P2P 网络借贷平台这个载体上把借款人信用风险把控到安全的范围之内。P2P 网络借贷的借贷主体双方也应充分自律，借款人应提高自身诚信意识，不依靠虚假增信过度借贷，投资人也应建立一套科学合理并适合自己的投资计划，树立强烈的风险意识，以使因个人失误造成的投资损失降到最低。政府部门适当进行行政干预，制定各种适用于 P2P 网络借贷行业的监管细则及辅助发展政策，一方面为 P2P 网络借贷行业的征信发展开辟道路；另一方面也要制定相关监管政策使 P2P 网络借贷行业的各方主体依法行事，规范自身的经济行为，同时也要对 P2P 网络借贷这个新生事物给予政策上的扶持，以推动 P2P 网络借贷行业在我国的深层次发展。

由于 P2P 网络借贷平台无法共享央行的征信数据，因此在对借款人进行风险定价的时候，需借助线下审核等实地调查模式来获取借款人信息。对我国 P2P 网络借贷平台的信审环节进行实证研究，以探究 P2P 网络借贷平台对借款人的信用审核是否起到了降低借贷双方信息不对称的目的，又是否进一步降低了借贷过程中的借款人信用风险。在对人人贷借款人数据整理分析的基础上，从信息不对称角度出发，以探究平台所收集的借款人信息是否具有通过缓解借贷双方信息不对称而降低借款人信息风险的作用。通过理论和实证研究，进而找到人人贷平台在处理借款人信用风险时存在的问题，一方面为丰富了 P2P 网络借贷借款人信用风险的理论研究；另一方面发挥了实证研究的现实说服力，为我国其他 P2P 网络借贷平台提供了借鉴对象和努力改进的方向，也为我国制定相关监管细则提供了有效参考。具体到研究内容上的主要创新和贡献如下：

第一，创新性地提出我国 P2P 网贷中信息不对称现象不仅仅是由信息获取源头的限制造成的，还在于 P2P 网贷平台盲目依据不属于违约风险因子的信用评级对贷款进行分配，导致借款人信息因素被放大使用。

第二，借款人信用评级作为风险放大因子，会加剧借贷双方的信息不对称现象，从而诱发信用风险的发生。

第一章　导　论

一、研究背景

近几年，在信息技术的推动下，互联网经济以迅猛的姿态快速崛起。所谓互联网经济是指以互联网为依托，金融机构、政府职能部门等经济主体通过互联网上获取的经济信息大数据进行预测和决策，并直接在互联网上进行经济交易活动。这种新兴的经济形式对资源的配置更合理、更便捷，因而快速而直接地影响着世界范围内金融活动。互联网信息技术与金融的结合降低了金融机构的经营成本，同时模糊了金融行业之间的界限，也为银行向客户提供个性化的服务奠定了基础，金融服务更加便捷、高效。

作为互联网经济、微型金融的融合体及特殊表现形式，P2P 网络借贷（Online Peer to Peer Lending，以下简称“P2P 网贷”）把个人信用的传统观念融入互联网，而且整个借贷过程不需要专业金融机构的参与（Herzenstein et al.，2008；Galloway，2009）。贷款发放的决策过程被赋予到私人贷款人和借款人手中，P2P 网贷平台上的借款人一般会描述其贷款目的，并提供目前的财务状况，如收入等，然后贷款人可以根据这些信息定位贷款的利率（Bachmann et al.，2011）。对于借款人而言，P2P 网贷是一种没有金融机构参与贷款决策过程的贷款方式，也为比在传统银行系统获得更好的贷款条件提供了可能。投资人也可以把它看作是一种投资风险与贷款信用评级相联系的投资模式，P2P 网贷平台本身通过提高成功交易的费用实现盈利的目的（Galloway，2009）。

（一）我国 P2P 网络借贷的发展现状

2007 年 P2P 网贷传入我国，2011 年至 2013 年间伴随着商业模式的探索和行业知识的普及，P2P 网贷行业开始实现爆发性增长。据零壹数据公司监测，截至 2013 年年底，全国 P2P 网贷平台的数量接近 700 家，较之 2012 年的 110 家增长了 5 倍多；年度交易额约为 1100 亿元，较之 2012 年的 100 亿元增长了 10 倍。至 2014 年 P2P 网贷行业仍然延续高速增长的势头，P2P 网贷平台数量从 2013 年的 692 家上升到 2014 年 1983 家，年度增长率达 187%；扣除其中倒闭、暂停营业的部分，正常运营的 P2P 网贷平台仍然接近 1575 家，年度增长率达 166%。在撮合贷款规模方面，从 2013 年的 1100 亿元左右，增长到 2014 年的 3000 亿元左右，年度增长率超过 172%；贷款余额更是翻了两番，从约 250 亿元增长到约 1000 亿元。

我国的 P2P 网贷行业在 2014 年的市场覆盖度和渗透率迅速提高。借款人数从 2013 年的 22 万人增长到 2014 年的 80 万人，增长了 264%；借款人类型从普通个人、个体工商户、小微企业主扩展到中小型企业、国有企业、政府机构乃至准金融机构；借款人的地域范围加速从一、二线城市向三、四线城市和农村渗透。伴随行业规模的扩大、借款人类型的增加和资产类型的多元化，围绕 P2P 网贷服务的机构类型、数量不断增加，P2P 网贷的生态圈初步形成，已有上千家各类机构（例如担保公司、小贷公司、征信机构、IT 技术公司、金融咨询公司、第三方支付机构、流量推广服务机构、律师事务所、评级机构、垂直媒体、监管机构、行业组织等）或多或少参与到 P2P 网贷服务中来，共同推进行业生态圈的成长。

(二) P2P 网络借贷的正面效应

由于我国金融体制发展不充分，主流金融机构并未完全覆盖客户人群，以个体消费者、创投业者等为代表的小微个贷仍是空白市场。对于这类群体来说，首先需要解决的是借贷产品的有无问题，若 P2P 网贷平台能够为这类群体提供一定的资金供给，再加上合理有效的风险控制措施，优化此类群体的信用环境，实现信贷资源合理配置，避免了信贷资源的浪费，从而对这一空白市场有所裨益，也在主流金融市场外开发出一片金融蓝海，促进整个金融市场的优化。

征信数据稀少是我国 P2P 网贷行业的先天不足，但是 P2P 网贷通过对自身信审风控能力的不断完善，即可逐步改善这种不利现状。P2P 网贷平台为了获取借款人更多的信用信息，不得不进行通过大量的线上线下调查，进而借款人的各方面的信用信息将被最大限度的汇总，成为个人信用档案，在此基础上若能将各 P2P 网贷平台上的信用信息共享，逐渐就会形成完善的信用数据库，不但弥补了我国征信体系的不足，而且将形成更加系统、完善的个人信用数据，这也是我国信用体制从下至上的一种自我完善。

通过“有借有还，再借不难”契约精神的实践与教育，我国征信文化也会日渐提升并传承发扬下去。信用良好者将能获得更多的信用折现收益，信用不良者的违约成本将越来越高，这将有助于整体信用环境的建设。

通过优胜劣汰的自然规律，诚信且管理技术强的 P2P 网贷平台将日渐强大，不管是在整体管理方面还是在业务流程的风险控制方面，都将取得丰富经验。特别是在小微信贷方面会建立严格高效的风险控制机制，在用户筛选审核、信用评估、风险评估、风险控制等风险管理的一系列流程上日臻完善。P2P 网贷平台风控手段和管理能力的提高，将促使其经营成本的降低和服务效率及服务质量的提高，也将促进整体金融市场的高效健康发展。风控能力和管理能力的提高将促进我国第三方征信平台的建立。有的平台拟开辟第三方征信业务，有的正强化数据审贷技术，有的已开始为银行输送小额借款用户。这些工作降低了传统金融机构的负担，并强化了二者的比较优势，使得传统金融机构能够专注于自己的核心业务，为在更大范围内改善金融市场的效率提供了可能性。“野蛮生长”的 P2P 网贷市场根据借款人的信用状况高低不同，施以不同的借款利率，这种利率市场化的小趋势将打开我国整体市场利率化的缺口，促使全面利率市场化的到来。而由于这一局部市场的体量尚小，又与主流金融市场存在较宽的风险隔离，是一个极佳的观察样本。

（三）P2P 网络借贷存在的问题

P2P 网贷行业的超高速发展加上监管缺失，其相关的各类风险呈现出加速累计态势。平台数量急剧增加导致竞争加剧，在同一区域互相竞争的平台为了获得借款人，经常降低审核标准或以更“优惠”的条件争夺客户资源，甚至采取“跟随”策略，向已在其他平台获得贷款的借款人重复房贷，导致资产质量下降，信用风险日益上升；平台之间的竞争还导致各平台的业务人员稳定性差，管理风险同样在不断上升。

资产规模急剧上升导致资金需求量同步增长，对投资人的争夺也日趋激烈，获客成本急剧上升，对平台运营产生极大压力。部分平台可能无法承受如此高昂的成本而走向衰落，危及存量贷款的管理。部分平台还可能采用自融的方式，把从投资人出借来的资金用于吸引新投资人，导致旁氏骗局，最终难以安全收场。平台人员规模急剧扩张导致管理成本上升，管理风险加大。各先发平台的产品和服务已趋向稳定，后发平台要与之竞争，必须迅速组建庞大的销售、风控队伍（人数以千、万计量）才能获得规模优势。人员规模高速扩张必然带来招聘、培训、内控、激励等一系列管理问题，极易形成严重的管理风险。平台水平良莠不齐，部分平台人员的金融精英匮乏，缺乏风险控制和风险定价能力又盲目开展业务，忽视了金融风险。

在 2014 年 10 月 11 日举办的“2014 年首届中国网贷论坛暨网贷评价体系发布会”上，中国社会科学院金融研究所和金牛理财网联合发布了 P2P 网贷评价体系——《中国 P2P 网贷行业发展与评价报告》。此次发布的网贷平台评价体系的课题组成员来自中国社会科学院金融研究所和金牛理财网，选取业内数十家 P2P 平台作为首次评级对象。方案从定性和定量方面的多个指标来考察和评价网贷平台，主要涉及的指标有资本实力、盈利能力、风险管理能力、平台活跃度、品牌影响力、平台体验、平台透明度等，各指标之下又设有细项指标。评级采用百分制，90 分以上的是 AAA，80 分到 90 分是 AA，60 分到 80 分是 A。此评价体系是规范整个行业的第一步，有效降低了 P2P 网贷的平台风险且促进了 P2P 网贷行业甚至是整个互联网金融行业的健康发展。

通常，P2P 网贷信用风险一般包括两个方面的内容，一方面是指网贷平台自身的信用风险，包括网贷平台跑路、骗贷等，上述发布的评价体系就是针对这种 P2P 网贷平台自身的信用风险而提出的；另一方面指的是 P2P 网贷借款人信用风险，即由于借款人违约可能造成的风险。目前由于有很多不正规的 P2P 平台出现跑路、倒闭等使投资人蒙受损失的情况，但作为前景广阔的金融创新事物，在政府行政职能的调解下，P2P 网贷行业会趋于规范，行业平台所造成的信用风险将在政府以及制定的各种准入法则和发展规范下渐渐消失在投资人视野中，所以，之后急需关注的问题点就是 P2P 网贷中的借款人信用风险。

二、研究问题和意义

（一）问题的提出

P2P 网贷业务主要是针对小微客户的小额信贷服务，其大部分的业务是无抵押无担保和纯信用性的（张凯、马晓楠，2015），严重依赖征信体系、诚信环境和数据技术。欧美国家在全面、准确的个人征信数据基础上评估得出的 FICO 分数，一般作为筛选借款人信用风险的第一道门槛。即使如此，欧美的 P2P 网贷平台还会对 FICO 模型进行改进，通过精确调试的模型，精确测算借款人的单笔借款违约概率，而非简单评估其整体信用情况（罗明雄，2013）。即使国外的信用评估体系相当完备，信用风险仍然是 P2P 网贷平台的首要风险。以 Prosper 和 Lending Club 为例，从 2010 年 1 月 1 日至 2012 年 6 月 30 日，Prosper 和 Lending Club 的贷款总量中分别有 55% 和 70% 被划分为三个较好的信用等级，而到 2011 年 3 月 31 日，在这些贷款中，Prosper 和和 Lending Club 分别有 1.2% 和 2% 被归为拖欠或坏账减记。之所以如此，是由于 Prosper 和 Lending Club 在为借款人评定等级时，经常无法确认借款人提供的信息（如收入、债务收入比、工作年限、房屋所有权等）的真实性。另外，由于投资者不了解借款人还款的资金渠道，因此，投资者会面临无法达到预期收益或无法收回本金的风险（第一财经新金融研究中心，2013）。与国外相比，我国征信环境和大众金融行为习惯较不成熟，单靠互联网来实现信息对称性和信用评定模式的难度和风险较大。罗明雄（2013）指出，P2P 网贷信用风险主要来自借款人到期没有偿还资金的风险和 P2P 网贷平台虚构债权吸收投资者资金的风险。尽管各国 P2P 网贷的运行模式不同，但有一个共同的显著特征，即匿名交易。因此在交易过程中，借贷双方的信息是非对称的，再加上贷款是无抵押的，则必然会存在信用风险（莫易娴，2011）。P2P 网络贷款虽然可以通过电话、网络等渠道对借款人的基本信息进行核查，但是对于借款人的信用、实际的经营情况以及最终的贷款用途却很难进行跟踪，这是最大的风险所在（艾金娣，2012）。为改善借贷双方之间的信息不对称，保证信用数据的准确性及完整性，目前我国的 P2P 网贷平台，尤其是提供风险性服务（如担保等）的平台，开展了对借款人的线下调查认证工作，从搜集信用数据开始，经过初审、终审、复核等环节，以便尽可能准确地评定借款人的信用状况，进而评估其偿还能力、偿还意愿和违约成本（罗明雄，2013）。大量的线下调查和信用评定工作在一定程度上降低了坏账风险，但同时也产生了极高的成本，且目前许多国内 P2P 网贷平台仍无法做到严格有效的线下调查，因此，借款人信用风险仍是我国 P2P 网贷发展过程中亟须解决的问题。

我国 P2P 网贷存在的借款人信用风险的严峻事实给我们提出了以下命题：P2P 网贷借款人信用风险的根源出自何处？受到哪些因素的影响？产生了什么负面效应？P2P 网贷平台的信审风控环节是否有效筛查了借款人信用风险？实现 P2P 网贷借款人信用风险防范的有效途径是什么？

本篇立足于我国 P2P 网贷重借款人信用风险的存在事实，对 P2P 网贷借款人信用风险进行全面、系统的研究，以期完善有关 P2P 网贷借款人信用风险基本理论和实证研究，对我国 P2P 网贷借款人信用风险的防范提供科学的政策建议。

（二）研究意义

银行类金融机构的借贷都与普通民众个体无缘，这些金融机构所服务的借贷对象多为国企或大型企业，但实际上无法进入金融借贷市场的个人和小微企业才是构成国家经济发展的主力军。健康的金融借贷市场应该是一个高、中、低端客户都能获得各自需求的和谐借贷生态圈，但银行类金融机构作为国家正规金融借贷机构，却摒弃了小微客户，整个金融借贷活动都在高端客户中进行，这种不健康的金融生态会对经济的发展造成极大的阻滞。从小微企业角度来说，一个国家的国有企业和大型私有企业的数量是有限的，能解决的就业和流通问题也是有限的，而承担国家大部分就业压力的是小微企业，能带动经济小股繁荣进而形成大范围经济影响力的也是小微企业，但是这部分企业却面临着融资难的问题。由于小微企业无法进入银行类金融机构的资信门槛，多数只能通过高息的民间借贷融资，不但增加了小微企业的资金压力，也具有较大的风险。从个人消费借贷角度来说，以美国为例，个人信用消费借贷机制极为发达、成熟，不但极大地带动了内耗，也驱动和加强了个人创造力和发展动力。我国在个人消费借贷方面的发展只是围绕在以银行为中心的信用卡业务上，银行的多数资金都是以较低的储蓄利率吸收的个人存款，尽管银行存款利率低但多数人还是选择银行储蓄，因为国内股票市场的理财出口风险极大，除此之外民众可以接触到的稳妥的理财方式就是银行储蓄，可以说，有理财需求的民众并无合适的理财出口。而植入互联网基因的小额借贷——P2P 网贷的出现极大地缓和了上述矛盾，作为新生事物，在其发展的同时中也存在这样那样的问题，这本身也是对 P2P 网贷的检验，若在成长的过程中无法在金融市场上生存，自然会被淘汰掉。通过近十年的发展，P2P 网贷在国内外金融市场上已初步站稳脚跟，金融大浪潮的考验和洗礼过后，不得不面对其内部存在的诸多问题。P2P 网贷完全以借款人信用作为换取贷款条件，这其中存在的借款人信用风险是其面对的最基本也是最大的问题，若这个问题能得到妥善解决，必将促进 P2P 网贷的进一步飞速发展。作为普惠金融[①]的一种实现形式，P2P 网贷的健康发展对我国小微企业和个人消费借贷融资方面的影响深远。

---

① 普惠金融体系（inclusive financial system）这个概念是联合国率先在宣传 2005 年小额信贷年时运用的词汇，其基本含义是：能有效、全方位地为社会所有阶层和群体提供服务的金融体系。联合国希望通过小额信贷（或微信金融）的发展，促进这样的金融体系的建立。

P2P 网贷也吸引了大量学者的注意，国内外学者也从未间断对 P2P 网贷的各角度的研究，但目前来看，由于 P2P 网贷是新生事物，在学术研究上也处于起步阶段，还并没有形成系统的理论研究体系，学者们利用各学科的理论知识来探索和解答 P2P 网贷中问题，进而形成了学科交叉、学科互动的好局面，学科交叉也将为探索和建立 P2P 网贷的理论体系提供灵感和参考。本篇以借贷双方信息不对称为角度，分析了 P2P 网贷中借款人信用风险的生成原因，以此为指导，首先对我国 P2P 网贷平台人人贷借款人信息进行实证研究，以确定其中对借款人信用风险有影响的信息因素，并进一步探索了借款人信息披露对是否具有提示信用风险的作用。其次对信用评级中借款人信息的完全与否进行了研究，以确定其提供信用评级是否准确全面反映了借款人信用状况。这是信息不对称理论在 P2P 网贷信用风险中的有效运用，一方面拓展了信息不对称理论的适用范围；另一方面也是 P2P 网贷在理论研究上的深入补充，并为政府监管者未来制定借款人信息披露细则提供了辅助参考，是经济理论指导经济实践的有效证明，具有一定的理论贡献。

本篇以人人贷为研究对象，在借鉴银行和国外 P2P 网贷平台的信用评分体系，建立了 P2P 网贷借款人信用风险评估体系，充实了我国 P2P 网贷借款人信用风险评估体系的研究。通过对人人贷给出的借款人信用评级进行深入研究，分析了信用评级与信用风险之间的关系，发现信用评级并未起到对借款人信用风险的预测作用，对投资人没有实际的筛选风险的指导作用，而只是提高了借款人的借款可得性。在进一步补充了我国对 P2P 网贷信用风险实证研究的同时，也为国内 P2P 网贷平台的信用风险防范机制提出预警，以为其进一步的风控管理提供指导和矫正，并为政府监管者提供了对 P2P 网贷平台的监管方向和重点监管内容，具有一定的现实意义。

三、主要概念界定

（一）个人信用评级

信用（credit），是一个古老的命题，是从属于商品交换和货币流通的一种经济关系，信用的发展与经济发展史一样源远流长。当货币执行支付手段职能、商品通过赊销而让渡时，信用便产生了。英文的信用一次来自拉丁文“credere”，意为信赖。“信用”一词有“信任”与“借贷”两重含义，前者指伦理道德范畴，后者属经济范畴，但都含有契约精神在里面，在不同的场合还可以为“信任”“信誉”和“信义”等词汇所代替。我国古代的个人信用，主要是基于道德基础之上的。古人云：“人之道德，在诚笃不欺，有约必践，夙为人所信任者，为之信用。”这里践约不仅指履行经济合同，更强调社会道德伦理方面的意义。而现代信用是市场经济的产物，只在产权明晰的市场经济条件下才能存在。在改革开放以前，我国企业的所有制是单一的国有形式，企业的产权形式上为国有，银行也是国有，并非是按照市场化运作。银行向企业贷款，不论企业是否还贷，资产总是没有流失，在性质上等同于财政拨款，是国家资产的一种重新配置。因此，有的经济学家说，计划经济下并不存在真正意义上的“信用”，确有道理。那么从经济学角度来说，信用这个范畴是指借贷行为。这种经济行为的发生的前提是一种心理期望，即对付出所产生收益的期望。因在这种行为发生之时并没有立即产生利益，因此存在着不可避免的风险，因此信用伴随着风险而生。

按照不同分类标准，信用可以有不同的分类。按照受信对象的性质，可以将信用划分为公共信用、企业信用和个人信用等三种。个人信用是指个人在获得商品、服务或资金时，不需要当时立即付款，它加利在对个人在特定的期限内付款或还款承诺信任的基础上。个人信用是整个信用体系的基础力量，由下至上支撑着整个信用体系，它决定了整体信用经济的发展，是社会经济能否良性循环的重要因素。个人信用的差异性主要来源于个人不同社会角色的差异，每个人社会角色所收到的社会法规约束的差异是同一社会不同人具有不同信用形态的根本原因所在。

个人信用评级就是第三方信用评级机构依据信用评级标准，按照一定的方法和程序，在对个人信用进行全面了解、征集和分析的基础上，对其信用度进行评价，并以专用符号或文字形式来表达的活动。

本篇所涉及的P2P借款人信用评级就是属于个人信用评级范畴。

(二) P2P网络借贷借款人信用风险

威廉（C. A. Williams）等将风险定义为事件未来可能结果发生的不确定性，也即风险是指结果的任何变化。奈特在其著作《风险、不确定性和利润》中，区分了风险和不确定性。他把可度量的不确定性定义为风险，把不可度量的不确定性用不确定性表示，他认为风险表示的是一种损失，不确定性则表示一种获得。《新帕尔格雷夫货币金融大辞典》中，风险被等同于不确定性，认为："风险现象，或者说不确定性或不完全信息现象，在经济生活中无所不在。"《西方经济学大辞典》指出："风险和不确定性是一对有联系但又有所区别的概念。当存在不确定性时，决策者作出某项选择后，得到的收益是不确定的。这种获得更低收益的可能性被称为选择中的风险。"

巴塞尔银行监管委员会在《有效银行监管的核心原则》中指出：信用风险是指交易对象无力履约的风险，也即债务人未能如期偿还其债务造成违约而给经济主体经营带来的风险。信贷与信用风险相伴而生，早期对信用风险的引发对象定位为企业，企业由于主观的道德风险和客观的经济状况无法及时偿还借贷机构的债务所引发的经济行为，即为信用风险。随着个人消费在经济发展中的贡献力量越来越大，个人在借贷市场中的地位越来越高，但随之而来它们也给借贷机构带来个人信用风险。因此，现代的信用风险主体包括企业和个人两方面。典型的个人信用风险现象，如客户违约、信用卡欺骗、消费行为欺诈等，已经受到充分的关注，不少学者在从事这方面的理论和实践研究工作。个人信贷业务与企业信贷业务的最大不同在于前者受信对象不是工商企业而是消费者个人，个人信贷业务因借款对象众多，银行无法对借款人的行为进行有效跟踪，借款人的信誉、品德、收入水平和还贷能力存在动态变化过程，在管理上不如企业信贷业务那样能与客户保持密切的联系，从而加大了管理难度。

个人信用风险具有公共利益属性，存在负外部性。① 个人信用风险问题不是在微观的经济主体间能够解决的问题，而是一个涉及公共利益的系统性问题。这是因为个人信用作为现代市场经济信用系统中的一种信用形态，本质上是微观经济个体间基于消费而形成的债权债务关系，而这种债权债务关系是通过商业银行等现代金融中介组织来实现的。个人信用的借

① 负外部性是指一个人的行为或企业的行为会影响其他人或企业，使之支付额外的成本费用，但后者又无法获得相应补偿的现象。

款者是社会公众，而社会公众有公共利益属性；同时，其提供者主要是商业银行等金融机构，而商业银行是经营货币和信用业务的特殊的企业，经营的主要是社会资本以及围绕其形成复杂的债务链，也是为社会公众服务的。个人信用风险在本质上是基于消费基础上的债权债务关系断裂的可能性，这种债权债务关系的断裂会进一步传导到市场经济社会中信用体系中其他信用形态的断裂，达到一定程度会引发系统性的债权债务关系的断裂，引发系统性危机，引起社会动荡（如：美国次贷危机）。

综合上述观点，本篇的 P2P 网贷借款人信用风险是指在 P2P 网络借贷过程中存在的借款人信用风险，文中出现的“个人信用风险”和“借款人信用风险”均指借贷行为主体中的借款方存在的可能违约的行为风险。

四、研究方法与研究思路

（一）研究方法

本篇运用了文献研究、理论分析与实证研究相结合的的研究方法。首先，本篇以“P2P 网络借贷”“个人信用评估”“P2P 网络借贷信用风险”关键词分别在中国知网源数据库中的“期刊”“学位论文”“报纸”“会议”进行文献检索。以“reviews on Online Peer – to – Peer lending”“Online Peer – to – Peer lending”“credit risk in Online Peer – to – Peer lending”关键词在谷歌学术里进行文献检索，用“Online Peer – to – Peer lending”关键词在 ProQuest 博硕士论文全文库，获取相关英文文献。对英文文献的翻译和对中文文献的研究工作，为本篇的写作提供了充分的文献资料支撑。其次，在本篇的理论研究中，将 P2P 网贷借款人风险的产生根源通过运用信息不对称理论的分析而挖掘了出来，即借贷双方的信息不对称是造成 P2P 网贷借款人信用风险的根本原因，通过理论探索，进而指引了本篇接下来的实证研究方向。虽然 P2P 网贷目前并没有自己的理论体系做支撑，但通过信息经济学的交叉介入，使得对 P2P 网贷的研究更进一步。再次，在理论部分的分析指引下，本篇以我国知名网贷平台人人贷平台搜集借款人信息为数据支撑，通过运用二元 logistic 回归、多项 logistic 回归和线性混合效应模型对借款人信息和信用风险的关系进行了深入的实证研究，以探究借款人信息是否起到了缓解借贷双方信息不对称的作用，进而为投资人提供了有效的信用风险规避指引，这是本篇研究的特殊所在。最后，结合理论分析和实证结论分析，提出了我国 P2P 网贷借款人信用风险的相关防范建议，为我国对 P2P 网贷的监管提供了细则参考，并为我国网贷平台指明了现存的不足和努力的方向。

（二）研究思路与基本框架

本篇的主要内容如下所示：

1. 第二章对 P2P 网贷国内外研究现状进行回顾

通过对现有的国内外 P2P 网贷文献资料的回顾，发现由于征信制度和经济环境等的差异，国内外 P2P 网贷运行模式存在较大差异。另外国外学者对 P2P 网贷的研究要比我国学者更为深入，国外学者研究集中在借款人信息特征对 P2P 网贷融资可得性、贷款利率、违约率等的影响上，因此对借款人的信息研究的更加细致。国内学者的研究重点多在 P2P 网贷的风险及其监管上，而且多为理论研究，也有较少的实证研究，这是由国内 P2P 网贷平台数据不公开，学者难以获取研究数据的缘故。

2. 第三章是对 P2P 网贷借款人信用风险的机理分析

引入了信息经济学的信息不对称理论，结合理论对 P2P 网贷的借贷流程进行分析，发现在借贷过程中存在着借贷双方信息不对称的情况，由此引发投资人的逆向选择和借款人的道德风险即是 P2P 网贷借款人信用风险产生的根源，进一步分析了 P2P 网贷借款人信用风险所产生的巨大危害，并对影响借款人信用风险的诸多信息因素进行深入分析，并以此构建了 P2P 网贷借款人信用风险指标体系。

本篇的研究框架如下页图 1－1 所示。

3. 第四章为实证分析部分

个人信用不但受自身财务状况等微观因素的影响还受国家或国际大经济环境的影响，因此客观来说在个人信用评估体系的制定上应充分考量微观因素和宏观因素的综合影响，但由于宏观数据的可得性原因，现实中不管是银行机构还是国外的个人信用评估中都尚未把宏观因素列入其中。在充分借鉴个人信用的微观影响因素的基础上建立了我国 P2P 网贷的借款人信用评估体系。该体系主要包括个人基本信息、工作信息、资产信息、贷款信息、贷款历史信息以及平台审核认证六个大方面，其覆盖了可能对借款人信用造成影响的各方面信息，在此体系的基础上通过二元 logistic 回归构建了借款人信用风险评估模型。并依次多项 logistic 回归和线性混合效应模型建立了实证模型，逐步对人人贷平台的借款人信息进行研究分析，以探究借款人信息对信用风险是否构成某种关联。

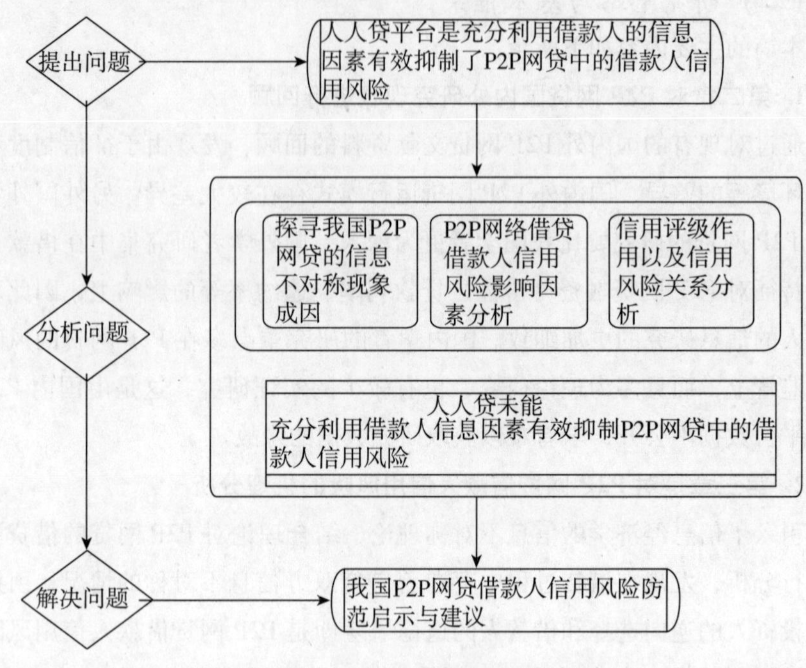

图 1-1　本篇研究框架

最后，根据理论分析和实证结果，第五章针对借款人信息获取源头和加工传递环节存在的问题提出了改善建议，即在政府部门的积极监管下，建立适合我国 P2P 网贷的征信体系，完善 P2P 网贷风控管理体系，通过政府、P2P 网贷平台以及 P2P 网贷中的借贷双方共同努力，以抑制 P2P 网贷中的借款人信用风险，促进我国 P2P 网贷的高效、稳健发展。

第二章　文献综述

虽然 P2P 网贷是一个相对较新的研究领域，但是近几年在这个领域的科学贡献越来越多（Iyer et al.，2009；Pope & Sydnor，2011；Ravina，2007）。随着 2006 年第一个 P2P 网贷平台“Zopa[①]”的出现，这种新型的借贷模式引起了极大关注（Hulme，Wright，2006）。然而随着 2007 年 Prosper[②] 平台数据的公开，引发了科学研究的浪潮。此后，来自经济学、信息技术和社会科学等方面的学者，开始专注于研究 P2P 网贷平台借贷双方之间的关系（Bachmann et al.，2011）。

钮明（2012）认为 P2P 网贷的灵感是来自穆罕默德·尤努斯[③]创立的孟加拉乡村银行，而钱金叶、杨飞（2012）则认为在互联网技术的推动下，民间借贷中的 P2P 小额信贷依托互联网平台发展成为 P2P 网贷。互联网技术的发展是 P2P 网贷的产生的客观条件，信贷资源配置失衡是 P2P 网贷其产生的根本原因。对于借款人而言，由于金融机构会优先考虑资产状况好的借款人，因而资产状况一般但信用状况好的普通借款人不容易获得贷款（Magee，2011）。对于投资人而言，P2P 网贷为其闲置资金提供了投资理财需求（Bachmann et al.，2011）。马运全（2012）指出 P2P 网贷的借款主体主要为信用状况良好的中低收入的消费人群和创业人群，如大学生、工薪族以及个体小商户等。赵乐峰、杜凯（2012）认为 P2P 网贷比传统信贷的执行过程更加简单方便，对于借款人的紧急资金周转的要求也更

---

① Zopa 于 2005 年 3 月在英国伦敦成立，是世界上最早成立的 P2P 网贷平台。

② Prosper 于 2006 年 2 月在美国加州旧金山市创立，是美国金融史上第一个 P2P 网贷平台。

③ 1979 年，穆罕默德·尤努斯在国有商业银行体系内部创立了格莱珉（意为“乡村”）分行，开始为贫困的孟加拉妇女提供小额贷款业务。1983 年 10 月 2 日，格莱珉银行正式独立，专门提供给因贫穷而无法获得传统银行贷款的创业者，其向贫困人口发放贷款的方式自成一体，被称为“格莱珉模式”。2006 年，“为表彰他们从社会底层推动经济和社会发展的努力”，他与孟加拉乡村银行共同获得诺贝尔和平奖。

容易满足，另外，因为实现了金融脱媒，P2P 网贷比传统信贷的交易成本更低（Slavin，2007）。

一、P2P 网络借贷的运营模式

和其他金融机构一样，P2P 网贷平台也有自己的运行模式，与我国相比，国外 P2P 网贷平台的运行模式比较简单。国外 P2P 网贷平台按照营利方式的差异分为营利性和非营利性两类。二者的区别主要在于非营利 P2P 平台的投资人维系的重点在于帮助落后地区的借款人，投资的收益并不是他们关注的重点（Bachmann et al.，2011）。其中，非营利性的 P2P 网贷平台覆盖方式是全球性的，如 Kiva。[①] 而营利性 P2P 网贷平台则普遍局限于本国内部的金融市场，受本国法律法规的约束（Xu Yun，et al.，2010）。单纯中介型的代表是 Prosper，平台仅作为借贷双方的中介存在；复合中介型的代表是 Zopa，与 Prosper 相比，平台不但参与了借贷过程，还进行了很多的风险防范工作，如提供担保、贷后管理等；公益型与前面提到的非营利 P2P 平台是一样的。

由于我国的经济发展水平以及经济环境等差异，国内 P2P 网贷平台的运营模式与国外有差异。P2P 网贷并不是传统民间借贷模式的简单替代，而是传统金融以互联网技术为平台进行的深度变革，将有利于我国金融市场更健康的发展（零壹财经、零壹数据，2014），随着银行系 P2P 网贷平台的出现，此类模式的网贷平台具有传统平台无可比拟的公信力，因此发展更为迅速（蔡洋萍，2015）。

根据服务对象不同，王艳等（2009）把国内的 P2P 网贷平台分为三类：一是专门提供个人对个人进行招投标小额贷款的平台，如“拍拍贷”；二是专门面向学生提供贷款的网贷平台，如“齐放网”；三是面向贫困地区贫困人群开展小额借贷业务的网站，如“Wokai 网”。陈初（2010）把我国 P2P 网贷模式归为四类：第一类是以企业网上行为参数为基础综合授信，把贷款对象锁定为企业客户；第二类是网贷平台与国内银行合作；第

---

① Kiva 是一个斯瓦西里语的单词，意思是“成交”。非营利私对私小额贷款机构 Kiva 致力于向发展中国家的创业者提供小额贷款，实现消除贫穷的目标。

三类是引入国外社交网络的概念，平台仅作为中介不吸储不放贷；第四类的服务对象是学生，平台作为为学生提供贷款的网络社区。

莫易娴（2014）对国内数量众多的 P2P 网贷平台按照不同的分类方法进行了全面、详尽的概括。其划分标准为：①贷款利率高低。据此可分为盈利性和公益性 P2P 网贷平台；②借款对象。如拍拍贷借款对象为普通个人、大学生、网店卖家、私营业主；宜农贷和贷邦借款对象为农村地区的农户及小微企业；陆金所服务对象则为上海、广东等大城市个人及小企业主；③是否提供担保及担保的形式；④开展业务与网络关系程度，据此可分为线上模式、线下模式以及线上线下相结合模式；⑤出生不同；⑥是否获得融资；⑦注册身份不同。

叶湘榕（2014）提出四种 P2P 网贷平台模式：一是以拍拍贷为典型代表的纯平台模式；二是我国大多数 P2P 网贷平台所采用的以自有资金担保的保证本金（利息）模式。三是信贷资产证券化模式，该模式的典型代表是陆金所[①]和有利网。[②] 四是债权转让模式。智信资产管理研究院的王文韬和沈修远（2014）从资金及项目的获取、债权性质、信用审核、利率水平的确定、投资资金的流向以及收费与担保机制等方面比较分析了国内外主要的 P2P 运行模式。

拍拍贷执行总裁胡宏辉（2014）把 P2P 网贷分为网络在线市场模型及家庭和友情模型。网络在线市场模型的 P2P 网贷通过投标拍卖的方式连接借贷双方，使得双方达到各自满意的点，进而促成交易。而中介平台在在线市场模型中也可能会参与，如把贷款进行打包和转让。家庭和友情模型类似于国外的社交网络形式贷款，在亲人、朋友或是同事之间进行借贷，完全放弃了类似投标拍卖的形式。因此，在线市场模型即是 P2P 网贷的传

① 陆金所，全名为上海陆家嘴国际金融资产交易市场股份有限公司，是中国平安保险（集团）股份有限公司旗下成员，成立于 2011 年 9 月，陆金所旗下网络投融资平台 2012 年 3 月正式上线运营，2014 年 5 月，陆金所被美国最大的 P2P 研究机构评为中国领先并具有重要国际影响力的金融资产交易信息服务平台，其 P2P 线上交易服务已经位列全球三甲。陆金所是上海唯一一家通过国务院交易场所清理整顿的金融资产交易信息服务平台 。

② 有利网是于 2013 年 2 月 25 日上线的一家创新型的互联网理财网站，运营公司为北京弘合柏基信息科技有限责任公司。

统形式，而家庭和友情模型则是 P2P 网贷在我国运用社会资本后的特殊形式。

二、P2P 网络借贷的影响因素

国外学者对 P2P 网贷可获得性及贷款利率的影响因素方面进行了大量详细深入的研究。P2P 网贷并非是风险回收站，在传统银行体系得不到贷款的信用评级较差的借款人，也无法通过 P2P 网贷得到贷款（Klafft，2008）。借款人的信用评级和借款人的债务收入比（Klafft，2008），借款人的借款额、财务状况、竞拍方式（Collier & Hampshire，2010）、借款人性别（Barasinska，2009）都与贷款利率相关。但借款人的银行账户或房屋所有权对贷款利率几乎没有影响（Klafft，2008）。借款人年龄（Pope & Sydnor，2011）、相貌与贷款可获得性之间存在影响（Klafft，2008；Ravina，2007；Pope & Sydnor，2011；Duarte et al.，2012）。另有学者（Pope & Sydnor，2011；Herzenstein et al.，2008）研究表明在 P2P 网贷中存在对借款人的种族歧视，但也有学者对此进行反驳（Ravina，2007）。

还有学者认为借贷双方的相似性对贷款人的决定具有强烈的正面影响（Ravina，2007；Galak et al.，2011；Gonzalez & Loureiro，2014）。Galak 等（2011）研究表明投资人倾向于喜欢那些和自己社会地位接近的借款人。他们发现投资人喜欢在性别、职业和最初的第一名字上与他们更相似的借款人。对此，Gonzalez 和 Loureiro（2014）也有相似的发现：①外表和年龄所表现的能力、吸引力对贷款成功并没有影响；②借贷双方性别和吸引力相同会导致贷款失败；③成功的贷款对借贷双方的相对年龄和吸引力是敏感的，甚至，住宅情况也对结果有影响（温小霓，武小娟，2014；李渊博等，2014）。

（一）财务特征

国外大多数 P2P 网贷平台把借款人的财务信息特征作为主要信用指标，典型的财务信息包括信用评级、月收入和开支详情、房屋所有权或债务收入比（Bachmann et al.，2011）。有些平台还提供借款人当前的信贷额度或银行卡利用率等额外的财务信息（Klafft，2008）。

Freedman 和 Jin（2008）在他们的研究中得出结论，Prosper 的融资率从 2002 年 11 月—2007 年 3 月的 8.51% 上升到 2006 年 06 月—2008 年 7 月的 10.14%。他们认为，较高的融资利率是 Prosper 提供给其贷款人更好的信息的结果（2007 年 2 月 12 日，Prosper 增加了有关借款人更详细的财务信息和借款人报告他们目前的收入、就业状况和职业的可能性）。

Iyer 等（2009）特别调查了借款人的信用评级对资金成功的影响。他们提出了一个问题，除了依据信用评级，贷款人是否能够从其他特征推断出借款人的信用。他们发现在借款人信誉最高的信用评级类别（AA）和信誉最低的类别 HR 之间有 28% 的利差，这被解释为其他特性而非信用评级本身（见图 2－1）。他们表明贷款人通过筛选贷款清单中借款人的其他特征，能够正确区分相同信用等级中不同信用评分的借款人。根据作者描述，贷款人推断借款人信用的内部信用评级类别主要来自像债务收入比、目前拖欠的债务数目或信用查询数量等标准银行变量。非标准变量对利差影响较小。像借款人愿意支付的最高利率可能仍然是显著的信息影响。

Klafft（2008）证实了 P2P 网贷的适用规则与传统银行借贷体系极为相似。其研究显示，借款利率受借款人信用评级的影响程度最大，与之相比，借款人的债务收入比对贷款利率的影响要小得多，而借款人的银行账户信息和其房产所有权对贷款利率几乎没有影响。然而，分析表明，对于借款人借款成功率而言，借款人的银行账户因素是对其有决定性影响的变量，令人惊讶是借款人的信用评级，在此类别中仅仅是第二个最有影响力的变量。

Collier 和 Hampshire（2010）指出，在 P2P 网贷中借款利率会受到借款人的借款金额、财务状况的影响，借款金额与借款利率成正比，而借款人财务状况与借款利率成反比。

Klafft（2008）指出，在传统银行体系得不到贷款的信用评级较差的借款人，也无法通过 P2P 网贷得到贷款。他的分析表明，在 Prosper 中只有 5.5% 的信用评级为 HR 的借款人能够成功获取贷款，而却有 54% 的信用评级为 AA 的借款人能够成功获取贷款。Emekter（2013）研究得出，借款人信用评级对违约风险也具有预测作用。

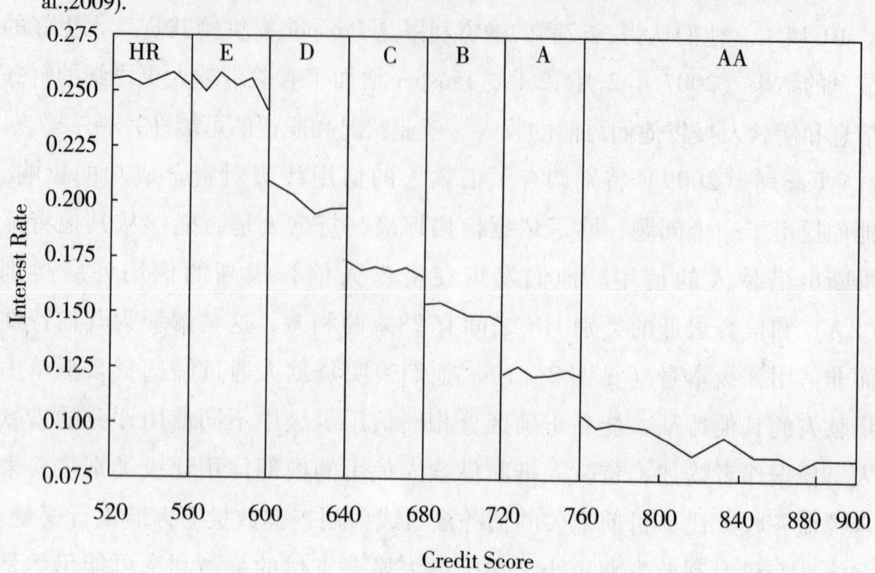

图 2-1 Prosper 信用评级之间的利率差

少数国内学者也对国外网贷平台进行了实证研究，冯新月（2014）通过对 Lending Club 2007 年至 2012 年统计数据的分析，指出借款用途和借款期限对借款违约率的影响最大，且信用评级每降低一级，相应造成违约率上涨 3.89%。吴小英和鞠颖（2012）对 Prosper 的研究得出，借款金额、借款利率、信用评分等对借款成功率有影响。张正平等（2015）运用结构方程模型对 Prosper 借款人借款可得性进行了研究，发现借款人的社会资本和财务因素对借款可得性有显著影响。从群组角度看，小组成员的身份对其借款可得性有显著影响，财务因素中的信用评级也有显著影响，并对如何提高网贷平台的融资率做出了以下建议：一是建立完善的个人信用评级制度；二是须及时处理撇账等坏账问题；三是大力利用客户的社会资本。

亦有少数国内学者以人人贷与拍拍贷这两个具有代表性的国内网贷平台为依托，对国内 P2P 网贷的影响因素进行研究。肖曼君等（2015）采用排序选择模型对人人贷和拍拍贷的数据进行分析得出，网贷平台对于借款人的信用评分并没有起到实质的降低信用风险的作用。但其他学者却得出相反的结果。

对人人贷数据进行研究发现：信用评级与借款成功率成正比，与借款成本成反比；并得出对借贷行为影响较大的指标是：视频认证、工作认证、收入认证、房产认证、车产认证等平台认证指标（王会娟、廖理，2014）。在人人贷的三种标的类型中，投资收益率最高的是信用认证标，其次是实地认证标，最低的为机构担保标（王会娟，2014）。借款人信用状况及偿还历史状况对借款金额具有显著影响（陈霄，2014）。陶珍（2015）的研究表明，借款人提供认证信息越多越能获得投资人的信任，如身份信息认证、学历认证、收入认证等。王会娟、何琳（2015）通过对借款人借款描述的研究发现，信用等级越低的借款人，其对于借款描述得详细程度越高，借款人以此期望达到降低信息不对称的目的。而借款描述中的"勤奋"人格和"成功"直接影响了满标用时，其中，与其他人格相比，"成功"人格对借款违约率影响最大。廖理等（2015）发现投资人和借款人之间信息不对称现象越严重，投资人之间的羊群行为越明显。

对拍拍贷实证研究得出：借款人的信用评分、历史流标次数、总投标次数与融资成本成反比；借款方式即社会资本对融资成本无显著影响；借款人的信用评级、借款期限、历史成功次数、总投标数与融资成功率成正比（郭弈，2011；赵乐峰，2013；温小霓、武小娟，2014；冯俊文、高瑞琼，2014）。陈冬宇等（2014）以拍拍贷网站用户为研究对象，得出一个出乎意料的结论：感知风险也不会对出借意愿产生显著影响。从而认为出借者主要为风险偏好人群，他们对利润的追求甚于对风险的考量。

（二）人口特征

人口特征中性别、种族、年龄、相貌等被证实与P2P网贷之间存在相关性。

Ravina（2007）分析了贷款人和借款人之间的相似性角色。结果表明，相似对贷款人的决定具有强烈的正面影响。作为贷款人生活在同一个城市，属于同一种族或性别都得到获得贷款请求的可能性。Pope 和 Sydnor（2011）试图建立两种不同形式的歧视——基于好恶和统计性歧视。好恶歧视的一个例子是贷款人主观赞成或反对某个群体，如男性或女性。统计歧视的发生，例如当贷款人向少数人（如老人）提供更高的利率，是因为有数据表明，这类少数人比其他的借款人具有更高的违约率（Phelps，

1972)。

庄雷、周勤(2015)研究发现我国 P2P 网贷市场上存在身份歧视现象。借款人信息披露越低,存在的身份歧视越严重,反之,信息披露质量越高,身份歧视则不显著。

1. 种族

在 P2P 网贷中对借款人的种族是最严重的歧视。Herzenstein 等(2008)指出非裔美国人比其他种族得到贷款的机会更小,这些发现得到了 Pope 和 Sydnor(2011)证实,非裔美国人比与之信用评级相似的白人获得全额贷款的概率低 25% ~34%。他们提出这个问题,是否这些差异在部分上引发了一下事实,即非裔美国借款人比其他种族更愿意去接受平均来说较低的最高利率。较小的最高利率的减少了贷款人获得贷款上市投标的机会。而 Ravina(2007)反驳了这些调查结果,声称种族,性别和年龄对获得贷款可能性并没有显著的影响。她认为,种族歧视是主要显示在利借款人为了得到贷款而不得不支付的利率方面。根据她的研究,与其他情况类似的白人相比,非裔美国人支付的利息要高出 1.39% ~1.46%。Pope 和 Sydnor(2011)的发现表明,非裔美国人的贷款利率比那些白人要高出 0.6% ~0.8%。然而,非裔美国人贷款的预计净回报与白人的相比明显更差。因此对非裔美国人高出的利率并不足以补偿他们可能的高违约率。

2. 性别

Pope 和 Sydnor(2011)的实证研究指出,即使单身女性贷款的预计净回报比单身男性低大约 2%,单身女性支付的利率仍比男性低 0.4%。Barasinska(2009)调查了借款人的性别与贷款风险的关系,结果发现与男性贷款人相比,女性贷款人属于低风险厌恶者。女性贷款人更多的是提供低利率贷款和及提供贷款给低信用评级的借款人。对此调查结果 Barasinska 的解释是,与男性相比,女性更容易被利他动机所驱使,因此更愿意以较低的利率出借贷款。而在性别对借款成功率的影响上,Barasinska 等(2010)发现在德国 P2P 网贷中性别歧视并不存在。Barasinska 指出未来的研究涉及的问题是,是否女性贷款人给予贷款的执行方式是否不同于那些男性贷款人。

也有国内学者的研究表明,借款人的性别对其借款结果有影响(温小霓、武小娟，2014；李渊博等，2014）。

3. 年龄

Pope 和 Sydnor（2011）分析了借款人年龄对贷款成功的影响。年龄为35～60岁的贷款人比35岁以下的贷款人获取贷款的概率高出0.4%～0.9%。年龄在60岁以上的贷款人比年龄为35～60岁的贷款人获取贷款的成功率低了1.1%～2.3%。

4. 相貌

Klafft（2008）的研究表明，借款人的相貌主要影响了借款成功率而非借款利率。相比之下，Ravina（2007）的研究指出，在其他条件相同的情况下，相貌美丽的借款人比相貌一般的借款人高出1.41%的借款成功率，且借款利率也低出了0.81%。这个结论得到了 Pope 和 Sydnor（2011）的支持，他们指出 Prosper 市场会很消极地回复那些没有照片或者照片上的人看起来很不开心的表格。Duarte 等（2012）通过对 Prosper 交易数据的研究发现，那些长相看起来越可信的借款人信用评级越高，也更容易获得贷款，而且事实上他们的违约率也较低。

综上所述，在人口特征方面，黑色人种不易获得贷款支持；外貌漂亮的人更易获得贷款；女性出借人更易出现逆向选择的问题；学生和年龄大的人贷款成功率更低。人口特征方面的研究多数集中于国外学者的成果，国内学者鲜有涉足，如吴小英、鞠颖（2012）使用最小二乘法进行参数估计，实证研究表明，同等条件下，学生借款比其他种借款成功率低3.4%，即使有也是选取国外的 P2P 网贷平台数据，还没有针对国内平台的案例研究。

（三）社会资本

自20世纪80年代法国学者 Bourdieu 于《社会资本随笔》一文中首次提出社会资本（social capital）[①] 这个概念，以社会资本为角度的各学科文献开始不断增加，尤其是社会学、政治学和经济学这几个学科。社会资本

① 所谓社会资本，一般是指个人在一种组织结构中利用自己特殊位置而获取利益的能力，通常是指个人的亲戚、朋友、同学、老乡等关系，一个人能从这些关系中获取的利益越高，那么其社会资本就越高。

主要有三个维度，分别为结构、关系和认知（Nahapiet & Ghoshal，1998），该结构维度描述的是，人或实体是否以及如何被连接的。结构维度最重要的一点就是，人与人之间存在或不存在的网络联系、网络构造（如，集中或密度）、专有性。该关系维度是指人们在互动的过程中形成的人际关系的集合体，而人际关系中的信用、品德、原则等好的因素才能增加关系维度的质量。认知层面涉及提供共享表现、解释和含义系统的资源。重要方面是共享共用叙述的语言，使个人在网络中有类似事件的解释。如今社会资本在经济活动中的作用也日渐凸显，如它可以量化为经济活动中人们的无形资本，在降低信息不对称（Greiner，Wang，2009）和消除贫穷（Lin，2009）等方面的作用十分突出。

目前，尽管社会资本对于 P2P 网贷的影响并没有定论，但不乏积极影响方面的研究。有学者指出对于信用评级较低的借款人而言，社会资本的积极影响更为突出，另外社会资本也影响了借款人的借款成功率（Greiner，Wang，2009）。由于社会资本（如社交网络）能够一定程度地缓解信息不对称现象（Kumar，2007；Berger，2009；Greiner et al.，2009），社会资本不但可以对较弱的财务因素构成补充，使得借款人增加获取全额贷款的机会（Herrero - Lopez，2009），还可以降低借款利率（Lin，Prabhala，Viswanathan，2009）。Lin，Prabhala，Viswanathan（2013）分析了社会关系在评估信贷风险中的作用，并发现强大的社交关系是决定借款的成功和降低违约风险的重要因素。其中，进一步报告说，申请人的友谊能提高成功融资的概率，降低资助贷款利率，而在 Prosper 这些借款人以较低的事后违约率有关。Freedman 和 Jin（2014）确定了资助贷款的社会关系的重要性。结果表明，借款人的社会关系更可能是他们获得贷款资助，并付出较低的利率。然而，就社交网络中参与的借款人而言，他们也发现贷款人风险的证据。

也有学者指出社会资本并没有人们想象的那么有用，社交网络关系会积极影响贷款结果，但社会网络结果却并没有影响到贷款结果（Lin，Prabhala，Viswanathan，2009）。Greiner 等（2009）发现社会资本显然不是贷款支付的一个很好的预测，并不一定能帮助贷款人做出更好的投资决策。

在社会资本对P2P网贷的影响方面，国内学者鲜有涉及。有学者认为社会资本可以增加“信任”，故而可以提高融资成功率（张娜，2011），也有学者认为社会资本之所以可以提高融资成功率是因为它降低了信息不对称（郭弈，2011），总而言之，就是社会资本因素的存在使得投资人从可靠渠道更多地了解了借款人的信息特征，进而使得借贷过程更为顺利。

（四）群组

Conlin（1999）开发了一个模型用以解释同等团体微贷在美国和加拿大的存在。他发现同等团体贷款使得固定成本强加给企业主的同时，项目的间接费用最小化了。大多数的P2P网贷平台的成员之间可以形成的特殊群体。如果群组设计有正确的激励机制，群组可能清除一些障碍的信息（Freedman，Jin，2008）。例如在prosper，值得信任的群体的成员会有加倍的可能性获全额贷款（Herrero－Lopez，2009）。然而，这种值得信任群组中成员关系并不能保证获取全额贷款。合理的出价仍是必须的。Berger，Gleisner（2009）以及Greiner等（2009）发现仅仅群组成员之间借款利率显著较低。Berger，Gleisner（2009）以及Klein（2011）的研究进一步指出，如果借款人是群组的成员则贷款支付则稍微较高且违约率较低，他们认为社交贷款比表格上没有团体关系或朋友关系有更多的可能获取贷款。

群组领袖的角色在文章中被公开的讨论过。然而群组领袖仅有的贷款背书可以增加获取贷款的可能性（Kumar，2007），但它并不会影响到贷款利率（Berger，Gleisner，2009）。研究表明只有群组领袖和其他成员的主动投标能够减少贷款利率（Berger，Gleisner，2009；Collier，Hampshire，2010）。Freedman和Jin（2008）并不同意这些调查结果，群组组长的背书和投标的联合实际上会增加平均利率，这就意味着群组组长的标实在上被理解为一个消极的信号。他们提出的证据表明，群组关系和群组组长出价的一些消极信号影响是由于对群组组长的不正当的奖励措施。直到2007年的第四个季度，Prosper仍会对群组内成功获取贷款的组长，每次奖励12美元。在使用2008年或更早的数据进行研究时，这种消极信号的影响还没有被提及。调查研究一致显示，群组组长的投标与他们竞标的贷款违约率之间并不是正相关（Berger，Gleisner，2009；Klein，2011；Kumar，2007）。这就意味着他们投标的积极信号影响和被贷款人诱导降低利率可能是不适合的。

意料之外是，在 Prosper，基于群组的性能相比群组过去平均违约率产生的群组评级，对利率很少或没有影响 Berger 等（2009）以及 Collier 等（2010）的研究表明，较大的群组导致了较低的利率。尽管这些研究都表明了只有微弱的相关性，但是作者仍解释了在较大群组中这些调查结果有较好的同行评审。Freedman 和 Jin（2008）的数据反驳了这些结果。他们指出，群组越大，利率越高且贷款人的回报率越低。他们又以 Prosper 在 2007 年年底的激励机制为例，认为这可能会导致群组组长在没有勤于检查的情况下人为地扩大群组规模。与群主规模相比，群组中借贷双方之比对利率的影响更大。贷款人的比例越高，利率就越低（Freedman，Jin，2008；Greiner，Wang，2009）。在群组关系被授予之前，如果借款人个人信息的审查是强制的，那么借款人的贷款利率在其他情形不变的情况下较小（Berger，Gleisner，2009；Collier，Hampshire，2010；Greiner，Wang，2009）。强制审查的影响对于低信用等级的借款人，特别是评级为 D、E 和 HR 的借款人，具有很显著的影响（Berger，Gleisner，2009）。这部分的借款人是最有可能被群组组织的（Freedman，Jin，2008），因为他们从来自群组关系的社会资本中获取的利益最大（Collier，Hampshire，2010）。有趣的是，Klein（2011）表明，群组组长并没有选择那些特征优质的借款人进入群组。他解释道，这是由直到 2007 年年底 Prosper 提供的不合理短期激励行为导致的。

三、P2P 网络借贷的风控与监管

国内部分学者也对 P2P 网贷平台的风控机制进行了实证研究。虽然人人贷平台的审核认证在一定程度上降低了由于信息不对称而引起的信用风险，但王会娟、廖理（2014）对人人贷的风控机制进行分析后，认为其仍然存在局限性。而拍贷在借鉴 Zopa 风控机制的基础上，结合中国国情，在平台审核过程中融入借款人社会信息，从而建立自己的平台信用审核体系（王紫薇等，2012）。还通过参考商业银行的风控模式，赵玉平、胡鹏（2015）对我国 P2P 网贷平台提出如下风控建议：一是健全征信体系和评级系统，推进 CPD 模式（控制违约率）；二是控制风险敞口，完善 CRE 模式（控制违约风险敞口）；三是创新抵押、担保机制，提升 CLGD 模式（控制违约损失率）；四是发展综合风控模式。与商业银行寻求合作可以有效降低 P2P 网贷行业的风险，但若要 P2P 网贷行业健康发展，只是一方的努力是不够的，须从政府、网贷平台和借贷双方等着手进行风险控制，才能使其稳健发展。

对 P2P 网贷监管的研究指出，作为新生事物，P2P 网贷具有方便快捷优点的同时，也必然伴随着一系列问题，其中监管的缺失便是问题之一（赵乐峰、杜凯，2012）。虽然 P2P 网贷平台在内部风险控制方面做出了很大努力，也取得了一系列成效，但是仍然存在很多问题（朱斌昌、雷雯，2011）。由于 P2P 网贷平台的业务流程中会产生风险，且平台自身对其的控制能力较弱（吴晓光、曹一，2011；马运全，2012），有学者从法律角度出发，质疑 P2P 网贷平台的合法性，就 P2P 网贷平台的法律地位的确立提出了相关要求（刘丽丽，2013），所以 P2P 网贷若要健康发展就必须出台相关的法律法规，对其流程的方方面面制定详细的监管原则以引导其良性发展，进行立法监管。也有学者从 P2P 网贷客户权利保护角度出发，提出了对 P2P 网贷进行立法监管的必要性（吴晓光，2012）。而陈静俊（2011）则认为对 P2P 网贷监管的过程中也可能会泄漏客户信息。

并就 P2P 网贷的监管提出具体建议。黄叶苣、齐晓雯（2012）提出三方面的建议，一是对 P2P 网贷建立相关的保险机制；二是在 P2P 网贷平台和用户之间建立第三方平台；三是 P2P 网贷平台之间统一信用评级体系。王振（2012）指出 P2P 网贷会助长洗钱风险，因而一方面平台须加强自我建设和管理；另一方面政府不但要完善监管法规，还要加强国家间的合作。有学者指出我国 P2P 网贷模式多数为金融管制政策下的监管套利，且在风险上的表现也与国外有一定差异，并从征信体系、信息披露、产品信用评级行业以及自律标准等四个方面，对现有监管思路提出补充建议：一是整合征信信息“孤岛”；二是明确信息披露要求；三是推广产品信用评级；四是制定行业自律标准（刘绘、沈庆劼，2015）。也有学者直面我国 P2P 面临的征信困境（李真，2015）：一是征信业法律规范缺失，效力层次较低；二是 P2P 网贷的法律地位与行业监管框架尚未明确；三是征信标准化工作进展缓慢，相对滞后；四是征信数据共享机制不健全。从法律角度还提出相关建议：一是明确 P2P 网贷平台的法律属性和监管机构；二是建构行之有效的法律规范框架；三是研究制定《征信业管理条例》的配套规章制度；四是打造 P2P 征信新模式，逐步建立征信信息共享机制；五是强化征信业监管，保护信息主体合法权益。也有学者建议在 P2P 网贷出台相关的监管细则后，央行的征信系统应对其开放（董裕平，2015）。

国内学者更从国外监管实践中吸收经验，以为我国 P2P 网贷监管提供参考。刘绘、沈庆劼（2015）指出我国 P2P 网贷监管主要存在法律缺失、监管主体缺失、监管套利模式等问题，并通过总结国际经验，提出我国的监管建议：一是划清 P2P 网络借贷的合法界限；二是规范信息披露与消费者保护；三是制定过程控制时式监管规则；四是完善征信与信用评级；五是防止系统性风险与监管套利。邓雄、高勇（2015）通过对比英美两国的 P2P 监管措施，指出美国力在准入审查，而英国在围观审慎监管上更为入微，且与英国单方面专注保护投资人相比，美国则注重借贷双方的平衡保护。并从以下几个方面提出建议：一是 P2P 平台应于银行多合作；二是加强产品创新，提高网贷产品金融属性；三是设立行业准入门槛；四是强调资金安全保护；五是完善平台信息披露。贾丽平、邵利敏（2015）运用问卷调查法和主成分分析法分析了 P2P 网贷存在的五大风险，并结合英美两国的监管经验对我国 P2P 网贷监管提出了以下三方面的意见：一是引入社会中介组织监督约束机制；二是强化行业自律组织管理和桥梁作用；三是政府监管。

四、本章小结

P2P 网贷兴起于英国，紧接着在美国也快速发展起来，传入我国后，由于受国内的征信体制和经济环境的影响，P2P 网贷在模式上逐渐形成了独有特色。这其实是我国 P2P 网贷在对抗各路风险过程中进行的自我修复和完善，是一个新生事物在初始阶段适应大环境的自我磨合。模式本身并无好坏之分，关键在于是否适应当地的经济环境，在于是否能取得稳定的长足的发展。国内征信环境限制了 P2P 网贷平台对于借款人信用数据的获取，因此网贷平台在掌握不完全的借款人信息的情况难以获得投资人的青睐，于是出现了网贷平台联合第三方机构的担保借贷方式等针对投资人利益的保护措施。网贷平台为了获取更多借款人真实信用信息，甚至动用线下调查这种费时费力的征信方式，不但提高了交易成本，而且效率较低，影响运营发展。诸如此类的我国独有的 P2P 网贷运行模式层出不穷，但这并没有阻碍 P2P 网贷在我国的蓬勃发展，相反是 P2P 网贷在我国独特经济环境中的发展试探和发展进步，目的都是为了降低和消除 P2P 网贷中各种风险，以促进 P2P 网贷在我国的快速健康发展。

由于 P2P 网贷在国外发展的时间要早于国内，且网贷平台交易数据处于公开状态，因此国外研究较国内更有深度。国内学者早期则多侧重于理论方面的研究，但现在进行实证研究的学者也越来越多，研究主要集中在对 P2P 网贷平台风险以及监管建议上。我国 P2P 网贷行业在总体的金融环境中还并未取得十分稳固的地位，较多地出现问题平台，行业风险较严重，因此针对此类情况进行研究并给出监管建议的学者较多。也有部分学者针对发展较稳定的网贷平台如人人贷、拍拍贷等展开实证分析，以研究融资成功率影响因素、风险因素等，虽然部分还停留在较初级的研究阶段，但也有部分学者给出了较深刻的研究成果，这说明我国学者对于 P2P 网贷的研究正在日益深入和进步。

以英美为代表的国外征信环境透明、开放，这为 P2P 网贷的发展提供了有利的大环境。P2P 网贷平台可以获取大量借款人的信用数据用于抵御借款人信用风险，而且很多网贷平台把借款人交易信息通过匿名的方式打包成数据包放到平台上供学者们进行研究，因此在对 P2P 网贷的研究上，国外学者具有巨大的数据优势并取得了一系列的成果。特别是对 P2P 网贷可获得性及贷款利率的影响因素方面进行了大量详细深入的研究，主要表现为以下内容：借款人的财务信息如借款人的债务收入比、财务状况、月收入和开支详情、房屋所有权等是借款人重要的信息指标，极大影响着借款人的融资可得性以及借款成功后的贷款利率。人口特征如性别、种族、年龄、相貌等也被证实与 P2P 网贷融资可得性具有一定关系，特别是现实中对借款人存在的种族歧视在 P2P 网贷中也存在，但在关于种族歧视者方面国外学者们的观点还并未达成一致，甚至有研究表明借贷双方的相似性对贷款人的决定具有强烈的正面影响，投资人倾向于喜欢那些和自己社会地位接近的借款人。由于社会资本（如社交网络）能够一定程度地缓解信息不对称现象，社会资本也会对借款人的借款成功率有影响，而且对于那些信用评级较低的借款人，社会资本的积极影响更为突出。

综上可知，国外的研究非常细致和深入，虽然国内外文化和经济发展存在差异，P2P 网贷在国内外的风险控制模式也会有所差异，但国外 P2P 网贷的研究成果对我国 P2P 网贷发展仍具有一定的借鉴意义。

第三章　P2P 网络借贷借款人信用风险的理论分析

一、P2P 网络借贷借款人信用风险的根源

（一）信息不对称理论

1. 信息不对称理论内容

信息不对称理论是指在市场经济活动中，各类人员对有关信息的了解是有差异的；掌握信息比较充分的人员，往往处于比较有利的地位，而信息贫乏的人员，则处于比较不利的地位。信息不对称现象的存在使得交易中总有一方会因为获取信息的不完整而对交易缺乏信心，对于商品交易来说，这个成本是昂贵的，但仍然可以找到解决的方法。

该理论认为：市场中卖方比买方更了解有关商品的各种信息；掌握更多信息的一方可以通过向信息贫乏的一方传递可靠信息而在市场中获益；买卖双方中拥有信息较少的一方会努力从另一方获取信息；市场信号显示在一定程度上可以弥补信息不对称的问题；信息不对称是市场经济的弊病，要想减少信息不对称对经济产生的危害，政府应在市场体系中发挥强有力的作用。这一理论为很多市场现象如股市沉浮、就业与失业、信贷配给、商品促销、商品的市场占有等提供了解释，并成为现代信息经济学的核心，被广泛应用到从传统的农产品市场到现代金融市场等各个领域。

(1) 信息不对称下的逆向选择

所谓“逆向选择”（adverse selection）应该定义为信息不对称所造成市场资源配置扭曲的现象。经常存在于二手市场、保险市场。虽然“逆向选择”的含义与信息不对称和机会主义行为有关，却超出了这两者所能够涵盖的范围之外，“逆向选择”是制度安排不合理所造成市场资源配置效率扭曲的现象，而不是任何一个市场参与方的事前选择。

逆向选择，指的是这样一种情况，市场交易的一方如果能够利用多于

另一方的信息使自己受益而对方受损时，信息劣势的一方便难以顺利地作出买卖决策，于是价格便随之扭曲，并失去了平衡供求、促成交易的作用，进而导致市场效率的降低。

“逆向选择”在经济学中是一个含义丰富的词汇，它的一个定义是指由交易双方信息不对称和市场价格下降产生的劣质品驱逐优质品，进而出现市场交易产品平均质量下降的现象。

在现实的经济生活中，存在着一些和常规不一致的现象。本来按常规，降低商品的价格，该商品的需求量就会增加；提高商品的价格，该商品的供给量就会增加。但是，由于信息的不完全性和机会主义行为，有时候，降低商品的价格，消费者也不会作出增加购买的选择（因为可能担心生产者提供的产品质量低，是劣质产品，而非原来他们心中的高质量产品）；提高价格，生产者也不会增加供给的现象。所以，叫“逆向选择”。说明逆向选择是无处不在。

（2）信息不对称下的道德风险

道德风险是20世纪80年代西方经济学家提出的一个经济哲学范畴的概念，即“从事经济活动的人在最大限度地增进自身效用的同时做出不利于他人的行动”。或者说是：当签约一方不完全承担风险后果时所采取的使自身效用最大化的自私行为。道德风险亦称道德危机。通常由信息不对称问题引起的。

道德风险（moral hazard）一词是源于研究保险合同时提出的一个概念。简单地说，由于机会主义行为而带来更大风险的情形称为道德风险。道德风险是从事经济活动的人在最大限度的增进自身效用的同时作出不利于他人的行动，或者当签约一方不完全承担风险后果时所采取的使自身效用最大化的自私行为。道德风险是指在信息不对称的情形下，市场交易一方参与人不能观察另一方的行动或当观察（监督）成本太高时，一方行为的变化导致另一方的利益受到损害。

理论上讲道德风险是从事经济活动的人在最大限度地增进自身效用时做出不利于他人的行动。它一般存在于下列情况：由于不确定性和不完全的，或者限制的合同使负有责任的经济行为者不能承担全部损失（或利益），因而他们不承受他们的行动的全部后果。同样的，也不享有行动的所有好处。显而易见，这个定义包括许多不同的外部因素，可能导致不存在均衡状态的结果，或者，均衡状态即使存在，也是没有效率的。

2. 信息不对称理论演化发展

2001 年度诺贝尔经济学奖授予了三位美国经济学家：约瑟夫·斯蒂格利茨、乔治·阿克尔洛夫和迈克尔·斯彭斯，以表彰他们 20 世纪 70 年代在“使用不对称信息进行市场分析”领域所做出的杰出贡献。1970 年乔治·阿克尔洛夫发表论文《柠檬市场：质量的不确定性和市场机制》，率先提出了商品市场中的信息不对称现象；约瑟夫·斯蒂格利茨就道德风险问题在保险和信贷领域进行了分析，并为掌握信息较少的交易方提出了获取更多交易信息的建议；迈克尔·斯彭斯在他的博士论文《劳动市场的信号》中分析了人才市场中存在于用人单位和招聘方的信息不对称问题，并深入挖掘了这种现象的根源。

1970 年阿克尔洛夫就旧车市场提出了“柠檬市场”模型，从而提出了逆向选择理论。在旧车市场上，掌握信息优势的是卖者，他知道车的真实质量水平，而买车者则只会根据旧车市场中车的平均质量状况付费；任何同一价位上，那些质量最差的次品车与旧车市场中同类其他车子相比，都没有比较优势，因而这类车的车主最急于出售自己的车子。处于信息劣势的买主，由于没有掌握当时的真实信息，当买完车子以后才会慢慢发现车子的质量问题。当一段时间以后，旧车市场上车主能够接受的车子出售价格会下降，而此时那些质量问题最少的旧车车主就会觉得这个价格卖出不划算，便会留着自己使用，进而退出市场。而此时，留在旧车市场上的旧车质量就会整体进一步下降。所以，价格的下降导致了逆向选择的出现：高于平均水平的旧车退出市场，低于平均水平的旧车进入市场。把此模型运用到整个商品市场可以解释为，逆向选择的存在，使得假冒伪劣商品对整个商品市场造成了破坏，并进一步导致更严重的逆向选择问题。恶意竞争，低价出售假冒伪劣商品，将整个市场价格拉低，进而使得真正的好商品被挤出市场，消费者信任坍塌，整个市场规模渐渐萎缩，整个社会的福利水平也会因此而降低。但是，这种现象是可以得到改善的。一方面，厂商可以通过保修承诺等为消费者提供好产品的信号；另一方面，可以设立专门的第三方商品质量监督及认证机构，帮消费者识别好产品，甚至还可以运用激励措施使厂商坚持提供好的产品。

约瑟夫·斯蒂格利茨分析指出保险市场上也存在逆向选择和道德风险。如果保险公司不了解投保人的个人行为，投保人不按规则履行合同或是为了获取保险赔偿金故意遭险，那么就会使保险公司的赔付率高出正常概率，这就是保险业存在的道德风险现象；如果保险公司不了解投保人的风险度，就不能依靠投保人的风险度提供对应的保险水平。保险水平一般时，低风险度的客户参与投保后得到的效用要低于不参与投保的效用，那么这种低风险度的客户就会推出保险市场，此保险水平下，那些高风险的投保人会非常愿意参与进来。低风险度的客户退出市场后，如果保险公司依然维持之前的保险水平，就会面临失去优质客户的亏损。因此，保险公司会进一步提高保险水平，而此时那些认为自身事故率较小的客户就会因为高额支付费用而放弃投保，如此一来，高风险度客户会将低风险客户“逐出”市场。这就是保险市场存在的逆向选择问题。为了避免这一问题的出现，保险公司可以细分客户人群，针对不同层次的客户提供不同的保险方案，以防范投保人的欺诈行为。

迈克尔·斯彭斯主要分析了劳动力市场上的信息不对称现象。在劳动力市场上，应聘者的受教育水平是雇主进行筛选的主要指标，在对应聘者完全不了解的情况下，也只有受教育水平即文凭可以代表应聘者的某种能力。依靠文凭这个指标，雇主会对应聘者作出取舍选择，并也会根据文凭这个指标对已选取的雇员进行报酬分配。在学校里受教育的人们最后都要进入社会工作，那么人们被认为不是为了获取知识和某种技术而在学校学习的，而是为了取得让雇主相信自己具有较高技术的文凭才待在学校。这样，文凭不是人们为了证明自己获取了某种知识和能力，而是为了向雇主证明自己获取了这种知识和能力。据此，应建立一种市场信号来帮助处于信息劣势的雇佣方来对应聘者进一步进行能力识别。

3. 信息不对称理论作用与贡献

信息不对称理论的作用表现在以下几个方面：

（1）该理论指出了在市场经济中信息所具有的重要意义。随着网络经济的兴起和繁荣，信息在网络经济中占据的影响力越来越大，大数据时代即是互联网技术依托下获取大信息的时代，信息成为经济活动中制胜的关键因素。

（2）该理论说明了理想状态下的市场经济并不存在，市场体系也有其缺陷，若完全依靠市场自己调节并不能带来资源合理配置。

（3）该理论也指出了在市场经济运行的过程中政府调节的必要性。通过政府的调节和监管政策，才能使市场经济中的信息不对称变为对称，进而消除不良影响，使得市场经济在政府的指导下取得良性发展。

信息不对称理论的贡献：传统的经济学理论通常会把市场中的交易双方假定为信息完全状态，但是在实际的经济活动中，这种状态多数是不存在的。经济活动中的行为主体不但大多情况下没有完全掌握信息状况，而且行为主体发现完全信息的手段也很有限，进而就会导致经济活动中的行为主体面临诸多的不确定性，这种经济活动中的现实状况与传统经济学理论中的假设相矛盾。所以，信息不对称理论正是通过补充传统经济学理论的缺陷而推动了现代经济学理论的更新和发展。

（1）信息不对称理论是对传统经济学的重大突破。由于市场中信息不对称现象的存在，拥有信息优势的一方会作出“败德行为”，而处于信息劣势的一方则会出现“逆向选择”行为。这就直接扰乱了市场机制的正常运行，最终导致市场失灵。因此，为了防止此类情况的发生，必须建立最后的市场体制方案。这一理论一方面为市场经济的健康运行拓宽了理论视角，也为发展中国家在经济转型中的市场体制涉及和政府政策的制定选择提供了启发性的思路。

（2）信息不对称理论促使了行为经济学的诞生。经济活动中人的行为其实是其心理活动的直接体现，而行为主体的信息不对称就可以理解为是由于其心理活动的“屏蔽性”导致的。因此，在探讨信息不对称问题时，应就造成这种问题的行为主体的心理行为动机及由此引发的经济利益进行深入研究。这样，经济学就必须与行为科学、心理科学结合，进行学科交叉研究。信息不对称理论的出现，使传统经济学理论中那些建立在许多不现实的严格假设基础上的理论模型向基于现实经济生活而得出的理论靠拢，理论指导实践，真正做到为实践服务，因此它具有革命性的意义，并促使了行为经济学的诞生。

（3）信息不对称理论推动了博弈论的发展。正是由于交易双方之间存在信息差异，使得双方在经济活动中为了获取自身更高的经济利益，而处于心理和行为的博弈状态。因此，对信息不对称问题的探讨和研究也在一定程度上推动了博弈论的发展。

(4) 信息不对称理论更新了人们对信息的传统认知。传统经济理论认为收益就是劳动成果或产出，没有意识到信息不对称问题的存在会减少一项收益。信息不对称问题的存在是人们进行决策时需要应对诸多的不确定性，而要去除这种不确定性需要付出一定的经济成本。因此，可以理解为这种经济成本的减少就是收益的增加，即印证了信息就是财富这一证据。信息不对称现象也证明了信息传递的重要性，人与人之间的沟通和对话才能消除交易中存在的信息不完全现象，交易才能顺利进行，自由市场机制才能顺利地发挥其应有的作用。

(二) 信息不对称与 P2P 网络借贷借款人信用风险

1. P2P 网络借贷中信息不对称的实质

信息不对称通常通过事前、事中和事后等三个发展阶段来解读，且信息不对称的内容可以从两个方面来理解：一是指参与活动的双方行动信息的不对称；二是指参与活动的双方知识的不对称。

在 P2P 网贷中所说的借贷双方信息不对称是指，放款人对于借款人的信用信息并不完全了解或借款人故意隐瞒、虚构个人信息。在 P2P 网贷整个信用风险控制链条中，P2P 网贷平台作为授信方在发放贷款前，首先需获取借款申请人的全部有效信息，并在此基础上进行信息识别、信用评定和申请人筛选，在贷款发放中及时监控风险的发生及发展，为及时采取规避风险措施提供信息。在贷款发放前，剔除信用风险高的借款人，在贷款发放后的及时关注借款人的财务动向，以减小风险事件的发生。事中的监控和事后的追账只有极为紧密地协同起来才能取到良好的效果。因此，在考察 P2P 网贷中存在的信息不对称情况时，应该从事前、事中及事后等三个阶段进行。

在 P2P 网贷平台与个人信用关系链条中，P2P 网贷平台是授信主体，借款人是受信客体，P2P 网贷平台对借款人授信信息和历史信息。这部分信息个人必须如实填写，但可以选择披露尽量少的信息的做法。P2P 网贷平台对个人的信息收集有借款人个人信息（如性别、年龄等）、工作信息

(如年收入、岗位职位等)、历史借贷记录等，这是借款人的一些基本的自然信息及工作 P2P 网贷平台还会专门派遣专员进行线下实地调查取证，以弥补线上信息获取不足或不实的状况。很明显，放款人处于信息劣势，而借款人处于信息优势，即借款人对自己的经济状况、愿景及自身的努力程度都比放款人更清楚。

(1) 事前阶段

事前阶段的信息不对称主要是关于知识的不对称性。在 P2P 网贷中，借款人对自身的收入水平、消费水平和未来财务状况等个人信息，以及宏观因素影响下的个人信息的波动情况，都拥有不具放款人所知的私人信息，也就是相对于放款人来说，借款人存在着信息优势，个人在向 P2P 网贷平台申请贷款时，P2P 网贷平台必须对借款人的各种信息收集，进行分析处理，作出是否授信的决策。在这个过程中，P2P 网贷平台收集到借款人信息所蕴藏的信用风险越少，P2P 网贷平台对借款人的信用评价越高，借款人就会拿到越多的贷款。借款人为了能以更低的成本获得更多的贷款，满足个人的资金需求，具有掩藏自身不良信息的动机，更有甚者，可能会制造虚假信息，而这些被掩藏缺点则称成为该个人的私有信息，而不是放款人和借款人的共同知识，放款人需要花费成本才能够得到其中一部分或全部。这种私有信息的存在使得 P2P 网贷平台放出的这笔贷款的实际风险比它所观察到的更多。在这个信贷关系中，P2P 网贷平台的目标是借款人及时、全额地偿还本金及利息，但由于个人在追求自身利润的动机驱使之下，可能会采取违背 P2P 网贷平台和放款人目标的行动，P2P 网贷平台的贷款偿还出现不稳定性，亦即出现了信用风险。

(2) 事中阶段

在 P2P 网贷平台放出贷款之后，同样存在着关于借款人收入和工作状况的信息不对称问题，这也是导致 P2P 网贷信用风险产生的一个重要根源。借款人在获得贷款以后，特别是获得分期偿还贷款以后，由于偿还时间比较长，而在这段时间内，社会的宏观经济环境可能发生变化从而导致个人状况也发生某些变化，比如：借款人的工作环境可能生变化从而引起收入的变化；借款人从一个地方转移到另外一个地方工作；借款人因为某些意外情况丧失工作能力；国家的总体宏观经济环境变坏等。由于这些因素，借款人收入不稳定且个人信用级别下降，而这些信息 P2P 网贷平台和放款人并不能够充分了解，也会形成风险。由此可以看到，在事中阶段，借款人可能有很多的变动很难为 P2P 网贷平台和放款人清晰地掌握，构成信息不对称，而这些行动的结果常常是将更高的风险转嫁给银行，由此形成重要的信用风险来源。

（3）事后阶段

对于事后阶段，仍然存在源于信息不对称而产生的信用风险。通常，P2P 网贷平台从市场风险角度考虑要降低风险，当借款人申请贷款时，P2P 网贷平台可能会要求借款人提供抵押、质押或第三方担保。在抵押、质押中，即存在产生信用风险的关于知识的不对称及隐藏行为。关于知识的不对称性表现在 P2P 网贷平台和借款人对于抵押、质押的资产的真实价值判断上的信息不对等性。很显然，借款人对于抵押资产的真实价值更为准确地了解，比如抵押资产当前价值及未来价值走向等，而银行对这些信息可能了解不充分，P2P 网贷平台和放款人处于相对信息劣势。此时，借款人可能用不良资产或自然损耗很大的资产来抵押，当放款人贷款不能收回时，抵押物的价值并不能足以偿还债务，出现信用风险。关于第三方担保人，则是 P2P 网贷平台和个人知识上的不对称性。借款人对第三方担保人的情况更为准确地了解，而 P2P 网贷平台和放款人则处于信息的劣势。此时，借款人就可能用资信水平较差的个人或企业作为担保人，而 P2P 网贷平台和放款人并不确切掌握这个信息。最后，借款人有可能不能偿还债务，而担保人已破产，放款人的贷款得不到偿还，蒙受损失。

从上面分析可以看到，无论是从事前、事中还是事后阶段来研究 P2P 网贷中的信息不对称现象，都可以一般地归结为借款人对 P2P 网贷平台和放款人之间关于知识和行为的不对称性（石晓军，2001）。

我国 P2P 网贷中的借贷双方信息不对称现象出现的源头不只是在对借款人信用信息的获取上，还在于网贷平台对借款人信用信息的加工上，所以，我国 P2P 网贷中信息不对称现象的存在主要是由两个环节造成的，即借款人信用信息的获取和加工环节。

（1）借款人信息的获取不完全

我国征信环境不开放。欧洲的个人信用评估机制是由两个部门协调配合完成的，即政府负责收集个人的全面的信用信息，然后将信息授予需要的授信机构。日本个人信用信息获取模式实行的是以银行为中心的会员制度，协会内部的会员需无偿提供自己所掌握的客户信用信息，并可共享其他会员的客户信用信息。美国是由环联公司、Equifax 公司和益百利公司等三个以营利为目的的企业组成的美国个人征信局搜集消费者信用信息，通过市场化、商业化运行。与欧、日、美相比，我国征信体制较落后，个人信用信息由央行掌握只供银行业内部使用，其他金融机构没有使用权，这就从源头上限制了我国 P2P 网贷平台对借款申请人信息的获取。

在我国，P2P 网贷平台自身进行借款人信用调查困难重重。P2P 网贷平台在接受借款申请人的申请后，一方面要核实申请人提交的信息的真伪度；另一方面要搜集申请人所没有提供的其他重要信息，但由于征信大环境的不允许，网贷平台只能在接受申请人线上提供的信息的基础上，同时结合线下调查，派遣专门的线下实地调查人员进行实地走访，对申请人提供的信息进行实地核实，并挖掘其他有用信息。这种获取信息的方式无疑耗时耗力，时效性差且网贷平台的运营成本也会相应增加，搜集到的信息仍然可能不完全。

借款人虚假增信致使网贷平台获取信息不实。目前我国无专门针对借款申请人虚假增信行为的法律法规限制，致使犯错无成本，再加上国民缺乏借贷诚信信用理念的熏陶和契约精神，使得借款申请人为了获得更多借款金额，隐瞒对自己信用状况具有消极影响的信息甚至提供虚假的增信信息，这最终导致了信息源头受到污染。

在借款申请人信息获取源头上，由于我国征信现状的制约，网贷平台可以搜集到的申请人信息数据十分有限，而在借款申请人提供的个人信息中也有许多不实或隐瞒未报的信息，使得网贷平台获取诸多借款人申请人伪信息。这样，我国 P2P 网贷中对于借款申请人信息获取的这一个环节就存在信息不完全状况。

（2）网贷平台对借款人信息的加工提取不足

欧洲的授信机构从政府机构无偿获取消费者的信用信息，并由授信机构对这些信用信息进行整理并作出信用级别评定。美国个人征信局不但收集消费者的信用信息，还会运用科学的个人信用评估体系将这些信用信息升级为消费者的个人信用等级。也就是说，欧美都有区别于金融机构以外的第三方专业授信机构，整合消费者的信用信息对其进行信用级别评定授信。

我国银行业的客户数据丰富完整且整个信用评价体系运行已久，其客户信用信息加工提取及信用级别评定流程都比较稳定和成熟。尽管目前我国并无专门且统一的第三方授信机构，但对于银行业影响不大，而银行业以外的民间金融机构，如 P2P 网贷平台，对借款申请人的信用风险筛查和信用级别评定都是由自身完成的。由于信息获取渠道不畅以及个人信用评估技术不成熟，使得网贷平台对借款申请人信息加工和提取不足，于技术落后，提取精度不高，借款人的诸多重要信息没有被提取，最终网贷平台给出的借款人信用评级多数没有涵盖借款人的重要信息。最终到达投资人面前的借款人信用状态已经与真实情况存在较大偏差，这就是在网贷平台信息加工环节的不足所导致借贷双方信息不对称问题。

综上所述，我国 P2P 网贷中的信息不对称问题不只由借款人信息获取源头不畅所造成的，还在于网贷平台对借款人信用信息的加工整理环节。经过这两个环节，呈现在投资人面前的借款人信用信息完整度已经大打折扣。投资人在进行投资选择时会把网贷平台对借款人的信用评级作为重要的参考指标，由于此时借贷双方的信息已处于不对称状态，因此会出现投资人的逆向选择和借款人的道德风险行为。

2．信息不对称下的 P2P 网络借贷借款人信用风险

国外学者从信息不对称和缺乏担保两个角度阐释了 P2P 网贷中信用风险的产生原因。一方面，为了成功获取贷款，借款人可能会提供虚假信息或隐瞒对信用状况有负面影响的信息，而投资人并不知道借款人真实的信用状况，最后会出现逆向选择进而引发信用风险（Freedman，2008）。另一方面，P2P 网贷是针对个人的小微贷款，单笔金额较小，一般仅依靠借款人信用评级授信而无须抵押担保，这样也增加了其信用风险 Lee 等（2012）。

我国 P2P 网贷中的借款人信用风险产生载体来自借款人、网贷平台甚至是我国经济大环境，但本质都在于在 P2P 网贷过程中，网贷平台和投资人在没有充分了解借款人的信用风险状况的情况下给出了风险指引和投资选择。产生的渠道来自以下几方面：

（1）征信缺陷

我国央行的征信数据来源于国有银行及商业银行等办理存贷款业务的金融机构，不但数据来源覆盖面广而且个人信用信息的内容也真实详细，但只供银行业内部使用，P2P 网贷行业等金融机构没有使用权。目前在 P2P 网贷领域的商业征信也发展缓慢，由于准入门槛高，投资见效周期长，较少有商业征信机构进入，即使进入领域的商业征信机构也因缺乏公信力，许多金融或类金融机构不愿意加入共享数据，而且作为第三方独立机构，商业征信对数据的保护也受到质疑。随着互联网技术的进步，大数据征信也加入发展，但是由于涉及个人隐私和信息安全，大数据征信也一直备受诟病，作为大数据征信的核心支撑，其征信模型的可信性和有效性也有待检验，且大数据征信的数据来源大部分是基于互联网，因此受众面偏窄，非常不利于个人全面信用信息的搜集。基于我国 P2P 网贷行业的征信现状，使 P2P 网贷平台从信用信息获取源头上受到了极大限制，只能依靠网贷平台自身进行线上和线下的借款人信息搜集工作，不但耗费时间，提高了网贷平台运营成本，而且得到的借款人信用信息也并不全面，这样加剧了因借贷双方信息不对称而引发的借款人信用风险状况。

与我国相比，欧、美、日的征信机制已较为成熟与完善。

欧洲的个人信用信息搜集是在政府的主持下运行的，并且政府对个人信用信息的管理和使用不参与商业活动，甚至会在需要的时候无偿提供给授信机构，这样掌握全面个人信用信息的授信机构就可以据此作出合理的信用风险判断。欧洲的个人信用评估机制是由两个部门协调配合完成的，即政府负责收集个人的全面的信用信息，然后将信息授予需要的授信机构，然后授信机构对这些信用信息进行整理并作出信用级别评定，这样个人的信用评估过程就完成了。

在个人信用机制方面，日本实行的是会员制度模式。行业内部协会的会员由银行等金融机构组成，并成为金融机构的信息共享平台，协会内部的会员需无偿提供自己所掌握的客户信用信息，并可共享其他会员的客户信用信息。这种个人信用信息获取模式与欧美相比渠道较窄，掌握的客户信用信息也未必全面，且只在金融行业内部使用，应用面积也较小，但却是目前我国最值得借鉴也最有可能取得试用成功的模式。即我国 P2P 网贷平台通过行业内部平台实现借款人信用信息共享，这也是目前极易试行的方式。

美国的个人信用经济最为发达，整个过程推行的都是市场化的商业模式。由环联公司、Equifax 公司和益百利公司等三个以营利为目的的企业组成的美国个人征信局搜集消费者信用信息，并将信用信息运用个人信用评价体制进行个人信用等级授信，之后出售给需要的授信机构。美国个人征信局的商业对象不只是银行等机构，还包括保险业、医疗及劳保部门，可谓覆盖面极其广泛。这些商业对象也会及时把自己获取到的客户信用信息提交反馈给征信局，这样一方面可以在购买消费者信用信息时获取优惠，另一方面也扩充了征信局的信用库。同时，作为消费者，也拥有获知自身信用状况的权利，并可针对不实的信用报告进行申诉，这就形成了对征信局的监督。毫无疑问，与欧洲、日本相比，美国个人信用评估体制更为完善、成熟和科学，但是就目前我国的征信现状而言，实现这种模式是需要很长的时间的，但仍然可以以此作为学习和借鉴的对象。

(2) 风控管理落后

从 2011 年开始，P2P 网贷行业在我国取得爆发性的发展，利益驱使下，许多风控管理存在缺失的 P2P 网贷平台纷纷上线运营。这些匆匆上线的网贷平台大多缺乏专业的风控管理人员，已有的管理人员多数无成熟的征信、审贷和风控管理经验，却为了获利而一味地盲目扩大业务量，同时又对投资人作出各种不切实际的承诺，或是漠视风险，把主要精力放在人情交际的债权开发上，迷信所谓的“熟人信用”，使信审和风控管理流于形式，这就注定了网贷平台的风险后果。另外，许多网贷平台对于已获取的借款人信用信息并没有充分利用，也使得最终对借款人作出的信用级别评定与实际情况存在偏差，这成为我国 P2P 网贷平台借款人信用风险的诱因之一。贷后对借款人财务状况变动的掌控、分期偿还情况的跟踪等都需要网贷平台投入极大的精力去进行。我国一些缺乏资质的网贷平台在贷后管理方面也存在管理不善的问题，对借款人贷后拖欠因素不及时发现也会造成坏账，从而引发信用风险进而损害网贷平台和投资人的利益。

(3) 虚假增信

为了获取更多的贷款，某些借款人会有选择地呈现自己的信用信息，他们隐瞒不利于自身信用状况的消极信息，更有甚者，提供虚假的可以提升自身信用状况的有利信息，而借款人的这些行为使 P2P 网贷平台获取的借款人信用信息已经在源头上受到污染，据此作出的借款人信用风险筛查也早已与借款人的真实信用状况偏差甚远，投资人最终掌握的借款人信用信息与真实情况的偏差会让投资人作出不合理的投资选择。而借款人刻意的虚假增信会使其借到远超出自身偿付能力的贷款，会出现借款人无力偿还贷款的后果，最终导致借款人信用风险的出现。

信用风险的产生渠道不管是我国的征信环境还是 P2P 网贷平台和借款人，归根结底就是信息的不对称。

在传统的借贷活动中，借贷双方存在信息不对称现象，而在 P2P 网贷活动中，尽管基于互联网平台的技术依托，但由借贷双方的信息不对称所引发的信用风险仍是 P2P 网贷所面对的主要风险。

传统民间借贷依靠以社会网络为主的社会资本实现借贷双方之间有限的信息交流，由于借贷双方之间可能隔着好几个中间人，关于对借款人的信息都是通过这些周转的中间人获取的，所以最后放款人所掌握的并不一定是真实可靠的信息，这就不利于放款人作出合理有效的判断，而放款人所作出的逆向选择加上借款人的道德风险，最后会导致借贷活动中出现信用风险。P2P 网贷以互联网技术为依托，P2P 网贷平台作为借贷双方的中介平台，为借贷双方提供借贷信息交流，同时 P2P 网贷平台还为放款人提供借款人的个人详细信息，以期实现双方之间的信息完全交流，但这只是理想中的状态，而实际上传统民间借贷中的信息不对称现象在 P2P 网贷中依然存在。

P2P 网贷活动中，借贷双方并不认识，是完全陌生的关系，这在传统民间借贷中几乎是不能实现的。以人人贷为例，借款人提出借款申请，先由网贷平台进行初步筛选。借款人向平台提供个人的详细信息，平台对借款人进行一系列的审核认证，如收入认证、身份认证、实地认证等等，并进行信用评级，依据此作出是否接受借款人申请的决策。由此可以看出，网贷平台在 P2P 网贷活动中充当了风险筛查的角色，放款人对借款人的放款决策基本都是在网贷平台提供的这些风险定位上做出的。然而在这个过程中，借款人提供的信息是否可以真正的让放款人作出规避风险的判断呢？答案是否定的。因为，首先就借款人而言，为了获得贷款以及获得更多的贷款，借款人很可能会提供一些不真实的对其个人信用具有粉饰作用的信息，或者直接掩盖对自己信用有消极影响的信息，而于放款人而言，这些信息对借款人的风险判断是很关键的。借款人处于掌握完全信息的有利地位，放款人则处于掌握着不完全信息的不利地位，所以在 P2P 网贷中，信息不对称现象仍然存在。

而这种信息不对称现象会导致 P2P 网贷中的逆向选择和道德风险。

理想状态下，在 P2P 网贷中，借款人向 P2P 网贷平台提供自己完全且真实的信息，P2P 网贷平台首先对借款人的这些信息进行风险定位，筛选出符合要求的借款人，然后把借款人的这些信息以及网贷平台对借款人的风险评估都披露给放款人，据此放款人在掌握借款人完全信息的情况下，会选择信用度高的借款人。但在实际情况中，由于借款人提供信息的不完全性，一方面，使得 P2P 网贷平台和放款人并不能选择出合理的选择，真正信用度高的借款人并没有被选择；另一方面，会使得网贷平台和放款人对原本信用度高的借款人提高贷款利率，反而使信用度高的借款人或付出高的借款利率或退出市场，这就是 P2P 网贷市场上由于信息不对称所造成的逆向选择现象。而原本信用度低的借款人通过提供伪信息或掩盖不良信息得到了网贷平台较高的信用评级，无论是在利率高低或是借款数量上，这类借款人都获得了与其还款能力和信用程度不匹配的借款，由于此类借款人还款能力有限，这就会诱发道德风险，而使放款人无法收回款项和预期收益，由此就发生了借款人信用风险问题，综上分析可知，P2P 网贷市场上的信息不对称所引发的逆向选择和道德风险现象，会进一步导致信用风险。

借款人的客观经济能力决定了对贷款的偿还能力，而主观还款意愿则决定了在具备客观偿还能力基础上，借款人主观上是否愿意偿还贷款。

P2P 网贷借款人客观经济偿还能力体现的是 P2P 网贷借款人客观的财务状况，即在客观情况下借款人能够按时足额偿还货款的能力。这里面主要涉及两个指标，即借款人收入水平和借款人支出水平。在评估借款人的偿还能力时，不能只看收入水平，需要结合借款人的日常消费水平。收入水平主要通过工作状况得知，消费支出包括孩子教育费用、医疗支出、日常生活支出、其他贷款偿还支出等，结合收入和支出才能完整掌握借款人偿还贷款的能力以及安全偿付范围。倘若借款人的收入水平很高，但消费支出也相应很高，那么他偿付贷款的能力就较低，与之相匹配的安全偿付金额就较少，如只就收入水平授信，忽略借款人的支出状况，就会无意中不客观增信，最后可能会因借款金额的偿还额度超出借款人可以偿付的范围而引发信用风险。

在 P2P 网贷中，除去造成借款人信用风险的客观因素，还有存在于借款人身上的主观因素，即借款人客观上有偿还借款的能力，但主观上却不肯还款恶意拖欠。在网贷平台掌握的借款人信用信息中多为客观数据，从中极少能窥探到借款人的道德品质，若借款人在借贷之处就做好不归还的准备，那么不管网贷平台对其的信用评级如何，最后都会引发信用风险造成坏账。

因此，在 P2P 网贷活动中，对于借款人真实信息的披露成为控制借款人信用风险一种主要手段。

二、P2P 网络借贷借款人信用风险的负面效应

P2P 网贷中的借款人信用风险会直接导致网贷平台和投资人的利益受损，进而对我国 P2P 网贷行业的发展造成不良影响，阻碍 P2P 网贷行业的健康发展，甚至会对整个社会的稳定造成消极影响。

（一）网贷平台和投资人利益受损

投资人利用手中资金在 P2P 网贷平台上进行投资，而由于借款人信用风险导致的坏账会使投资人无法获取收益甚至会赔上本金。在 P2P 网贷中借贷双方是陌生的借贷方关系，并不相识，只是通过 P2P 网贷平台的纽带才联系在一起，一旦发生借款人信用风险，投资人只能依托网贷平台进行借款追讨，若网贷平台也无力讨回，只能作为坏账处理。以人人贷的机构担保标为例，倘若发生坏账，会有第三方担保机构联合网贷平台进行责任赔偿，此时，投资人可以收到损失的本金，但同时网贷平台由于对机构担保标的投资人进行赔偿就会使自身利益受到损失。而信用认证标和实地认证标的投资人若遭受借款人信用风险是无法获得网贷平台或第三方担保机构的赔偿的，只能由投资人自己承担无法收回本金的损失。

（二）使网贷平台遭受声誉风险

2014 年我国出现的问题 P2P 网贷平台有 288 家，环比增长 191%。在这 288 家网贷平台中，提现困难、歇业停业、挤兑倒闭的网贷平台占比 35.8% 以上。P2P 网贷过程中，借款人信用风险会导致大量的坏账进而使投资人的利益受损，投资人以及行业内部对 P2P 网贷平台就会出现大量负面评价，即使 P2P 网贷平台遭受声誉风险，甚至使网贷平台经营困难，出现无法提现、被迫停业或因挤兑而产生倒闭。

已在网贷平台上遭受损失的投资人会不再信任此网贷平台，对此产生信任危机，这些投资人会把对网贷平台的负面评价传播出去，对网贷平台的形象和运营都会产生不利影响。网贷平台之间的恶意竞争使得对对方的各种负面新闻极其关注，网贷平台一旦发生逾期或坏账，这些问题就会被无限放大，也有可能遭受竞争对手的恶意抹黑，给网贷平台造成恶劣的声誉影响。一旦网贷平台被爆出负面消息，投资人在信任危机的影响下可能会集体撤资或提前收回贷款，进而产生挤兑现象，这样网贷平台将会面临巨大的兑付压力，运营实力较弱的网贷平台很可能因此倒闭，即使是实力雄厚的网贷平台暂时渡过危机，但形象和声誉受损所带来的重创是很难快速恢复的，也难以在投资人心中重新树立正面形象，从而导致接下来的运营困难。

（三）行业发展受阻

我国 P2P 网贷行业若要健康发展，需要每一家现存的 P2P 网贷平台科学有效地经营并处理各种风险，若问题网贷平台不断出现，那些没有问题的网贷平台也会受到波及，进而整个 P2P 网贷行业都会因为这些负面影响而出现发展阻滞。

P2P 网贷平台上出现借款人信用风险，使得投资人无法收回贷款，利益受损，进而使网贷平台承受经济和声誉上的双重损失，而这又会进一步导致整个 P2P 网贷行业的发展受阻。P2P 网贷作为新兴事物，本就备受诟病，撇除网贷平台主观骗贷造成的道德风险不说，那些诚心经营的网贷平台若一再因为无法识别及控制借款人信用风险而致使投资人利益受到损失，就必然遭受金融行业的排斥。为了改善这种情况，国家必花重力整治，一方面行业确实更加规范，但另一方面时间效率却也会受到影响，和国外 P2P 网贷行业的发展更无法相比了。

（四）影响社会稳定

P2P 网贷平台发生借款人信用风险，坏账无法追回，投资人无法收回贷款，网贷平台甚至停业倒闭，投资人为了追回贷款可能会做出一些过激的危害自己或他人的行为，从而对社会造成不良的影响。而一些借款人因为虚假增信，借入了早已超出自身偿还能力的贷款，等到最终债台高筑、无力偿还时，也会做出某些危害自己或他人的不法行为，这不但会对网贷平台甚至整个网贷行业造成极严重的声誉影响，也会给整个社会带来恶劣影响。

因此，必须正视我国 P2P 网贷中的借款人信用风险，充分理清风险思路，进而有效防范和抑制风险的发生。

三、P2P 网络借贷借款人信用风险的影响因素

（一）宏观政治经济环境

当前经济全球化的状况已经形成，国际政治形势、经济形势、国家外交状况及国际重大事件等，都会对国家内部的金融市场造成严重影响。国内的政局状况与政策动向对经济发展也会造成根本性的方向影响。GDP、物价指数、就业率等基本经济指标明显恶化，将显著地影响消费者的收入水平及对远景的预期，消费市场随着恶化。消费者的消费心理和支付能力所承担压力的能力必然会下降，消费者远期的支付能力也可能受到影响，信用风险增大，借贷机构对消费者进行信用评估是就应该适当提高授信门槛，来降低由此可能带来的增长的信用风险。至于授信门槛应提高到什么程度，要视政治风暴对社会冲击的程度而定。当经济处于繁荣时期，进出口顺畅，物价稳定，失业率很低，对以后几年的展望也比较乐观。此时，那些普遍收入状况较佳的借款人，几乎都有能力按时偿还贷款，很少有违约行为，也没有其他不良记录，信用评级普遍较高，他们是非常好的信用客户，为借贷机构创造了丰厚的利润。但是当经济出现衰退的信号，社会上失业严重，收入普遍下降，社会秩序恶化，这些因素将严重影响投资意愿，国民收入减少，政府势必要往下修正年度经济成长率目标时，消费者偿付能力也下降，那些曾经是信用良好的客户就会出现想当部分的违约，

借贷机构的信用风险大大增加。在这种情形下，借贷机构的授信门槛要适当提高。

宏观经济环境的变化会对 P2P 网贷行业造成影响，也会对 P2P 网贷借款人信用风险状况造成影响，能为宏观经济环境发展变化的好坏直接决定了 P2P 网贷客户质量的好坏。

（1）国内经济发展状况。2014 年中国经济增速放缓，经济下行使企业的产出下降，利润空间被压缩，进而偿债能力大幅下降。由于有限的偿债能力，企业无法在银行获取融资，而这些无法经由传统金融机构获取贷款的企业便成为了 P2P 网贷的客户，而这便导致了 P2P 网贷行业客户质量的下降，客户信用风险指数上升。以 2014 年发展最为糟糕的房地产行业为例，P2P 网贷平台接受了大量的房地产行业的企业客户，而房地产行业的持续下行，P2P 网贷借出的款项便无法收回，引发大量由信用风险导致的坏账。

（2）货币政策。我国部分 P2P 网贷平台便推出银行过桥贷款，即以借款人未来来自银行的融资作为 P2P 网贷平台的还款来源，当国家的货币政策下市场上的货币供给量减少时，企业自然很难获取银行的贷款，那么还款来源便无法保证。更有些网贷平台通过观望银行对企业的放贷情况而作出借贷决策，能够在银行获得融资的企业就可以在这类网贷平台上获取贷款，这种风控模式间接增加了银行贷款业务的杠杆，进一步加剧了借款人信用风险。

（3）股票市场。当国内股票行情较好时，大量资金便会涌入股市，这也减少了 P2P 网贷的投资客户来源，另外，由于股市利好，大量的借款人可能将借款用于股市投资而背离原始的资金用途，而来自股市的投资风险就会转变为借款人的信用风险。

目前，几乎所有的个人信用评估体系中都很难加入宏观环境因素。因为评估模型主要是基于反映个人信用信息的微观要素构建的，这些要素与个人是否违约均存在统计的稳健性，而宏观因素对个人信用的影响不容易测定，它们之间的关系与宏观环境的良好程度存在一种复杂的非线性联系。比如与经济发展良好时相比，当经济衰退严重时，原来信用好的客户违约率就会增大。在消费者个人信用评估中，宏观因素分析对评估结果影响比较明显。但由于技术不成熟和历史数据缺乏的原因，目前实用的个人信用评估体系中没有加入宏观因素影响。

（二）政府监管政策

在监管方面，美国政府没有对P2P网贷出台专门的法律法规，而是采取在现有体制下进行多层监管。2008年10月，P2P网贷平台发行的收益权凭证被美国证券交易委员会（SEC）认定为证券，需要在SEC注册，因此目前主要由SEC对P2P网贷平台进行责任监管。公开发行证券需要取得各州的许可证，联邦机构（如联邦贸易委员会——FTC、联邦存款保险公司——FDIC）及各州政府都会对P2P网贷行业进行监管。英国金融行为监管局（FCA）出台的《关于网络众筹和通过其他方式发行不易变现证券的监管规则》把纳入监管的众筹分为两类，其中第一类就是P2P网络借贷。

我国直到2014年才由银监会先后制定了关于P2P网贷监管“四条边界”和“十大原则”。P2P网贷行业若要健康发展，就必须规范化，这就要求有法可依、违法必究，对于危害P2P网贷的各种行为作出法律规范。没有严格的网贷平台准入标准，没有针对网贷平台风控管理能力的入门审核标准，没有对借款人提供虚假信息的违规惩处，发生信用风险的成本就降低了，只有国家政府部门充分发挥其行政职能，对市场经济给予必要的行政干预，才能使其在法律规定的范围内科学、合理、健康运行。

（三）产品创新

P2P网贷行业在我国的飞速发展，不只表现在网贷平台数量的递增和交易额的大幅度上涨，还表现在业务模式的创新上和从产品结构角度，2014年国内P2P网贷形成了以下三种具有代表性的模式（零壹研究院，2015）：

（1）类信用卡模式 实质是小额信用贷款，从效果上看，对于本来没有信用卡的客户提供了信用支付业务，而对于本身持有信用卡的客户则提供了“提升额度”服务。借款人多为普通居民、个体工商户和小微企业主，单笔金额普遍在10万元以下；借款用途多种多样，还款来源多为个人的工资性或经营性收入，通常按照等额本息的方式分期偿还；其发放和风控模式均类似于银行信用卡。在我国P2P网贷业务中，此类业务的存在时间较长因而业务模式较稳健。其产品的期限短则1~3个月，长则半年至一年半，收益率根据期限长短，在9%～14%之间波动。2014年由于大额借贷业务快速增长，该类业务在P2P网贷市场中所占份额有所下降。

（2）类担保债券模式该模式通过担保、抵押、质押等进行风险控制。在对借款人信用状况进行审核后，由第三方担保机构或P2P网贷平台对其发行的定息“债券”进行担保。该模式的借款人范围最广，借款用途最多；借款利率波动区间为8%～20%，借款期限数月至数年。此类业务在P2P网贷行业中发展最为丰富多彩，在P2P网贷业务中总体占比达90%以上。此类业务始于2011—2012年，促进了我国P2P网贷行业的爆发性增长。还有针对企业推出的的P2B模式），其具有借款额度高、期限灵活、利率较高的特点，需求旺盛、“发行”效率较高，在P2P网贷行业中占30%～40%的份额。2014年，另一个引起广泛关注的类担保债券业务是票据质押融资，该业务迎合了追求低风险且期限短的投资人。但低风险相伴的必定是低收益，所以该项业务的收益率多在8%以下。除却低收益的弊端，该项业务还容易受宏观流动性影响。虽然2014年年底，该项业务的热度逐渐消减，但仍在P2P网贷业务中占有一定比例。

（3）类资产证券化模式该模式的特点是平台上的资产来源为准金融资产（例如小贷债权、融资租赁债权、保理债权等），这些资产大多先转让给一个资产管理公司或商业保险公司作为资产管理方，后者与P2P网贷平台一起对这些资产进行设计和包装，形成投资人比较容易理解和接受的产品（标的），并根据投资人的投资金额进行分割出售。投资人的收益直接来源于这些资产所产生的现金流。P2P网贷行业的类资产证券化产品最早来自小贷行业，P2P网贷平台直接或间接承接小贷公司的债券包，经过小贷公司的回购承诺增信（有的还辅以第三方担保措施），以标准化、份额化的形式出售给投资人。由此，小贷公司可以提前收回债权包的本金，以便扩大后续经营。类资产证券化产品的结构一般比较复杂（涉及资产转让、管理和增信，甚至期限拆分等），投资收益率比较稳定（多在8%～12%之间）。随着融资租赁、典当、商业保理、消费贷款等资产纷纷进入P2P网贷行业，类资产证券化业务在2014年得到快速增长，交易额不断攀升。尽管目前其市场规模不高（在整个行业中的占比约为1.5%），但随着更多准金融资产的进入，这一模式在未来几年中可能会产生爆发性增长。

随着创新型产品的不断推出，对于新产品的风险管理便成为难题。对于新型业务的风险管理尚处于摸索阶段，并不成熟，而部分 P2P 网贷平台一味追求业务量，盲目增信，使得网贷平台对于新兴业务的风险管理处于不可控状态。在对新产品反复包装后，很可能会出现借款方虚假增信行为，而这将加剧 P2P 网贷中的借款人信用风险，甚至会引发网贷平台崩溃和倒闭。

（四）借款人信息特征

1. 个人基本信息特征

通过对文献的研究和对传统小贷信用风险评估指标体系的对比中发现，个人特征维度的指标几乎出现在所有个人信用风险评估指标体系中，所以本篇参考个人信用影响因素和我国国内外个人信用评估体系中关于个人特征的部分，考虑到 P2P 网络信贷平台数据的可获得性，选取了年龄、婚姻状况和学历等 3 个指标作为个人信息特征维度的指标，剔除了一向存在个人信息特征中的“性别”因素。

（1）年龄。借款人的年龄与其经济能力有着密切关系，通常情况下，30 岁和 50 岁作为年龄节点，所产生的三个年龄段的信用等级是有差别的。

（2）婚姻状况。婚姻状况不同，借款人的收入结构和所承担的家庭负担不同，还款能力也随之不同。一般情况下，已经结婚的借款人在收入和稳定性方面要高于未婚借款人。

（3）学历。高中或以下、本科、研究生或以上的学历特征直观反映了借款人的差别文化素养，通常来说学历高的借款人比学历低的借款人在品德、工作能力、人生规划方面更有优势，个人信用风险也相对较低。

2. 工作信息特征

工作信息特征中的“年收入”一项是个人经济能力最直观的表现，但其他因素，如“工作所在地”“工作行业”“公司规模”“工作年限”“职位或职称”都从侧面反映出了借款人工作的现状、稳定性及未来发展状况，而这些因素通过直接影响借款人的工作收入而间接影响其信用风险。

（1）工作所在地。同一行业的所在地不同，其现状和未来的发展态势也会有很大差别。一、二线城市与三、四线城市相比，其的行业规模和发展机会自然是更有优势。另外，在一、二线大城市工作的借款人，其见识、眼界和规划比三、四线高出一筹，综合来说，个人信用风险也会更低。

（2）工作行业。该指标主要反映借款人的收入来源以及稳定性的差异。一般情况下，国有企业职工和政府机关员工收入水平稳定，故其取值较高；而个体工商业或小型民营企业收入来源不稳定且风险波动较大，可还款现金流较低，故其取值较低。

（3）公司规模。以民营企业为例，公司规模越大，企业运营能力越强，其员工的收入相对比规模小的企业的员工要更具稳定性。

（4）工作年限。工作年限直接对工作收入有影响，一般而言，工作年限越长，借款人的经验、职位或职称越高，其收入就越高。

（5）职业类型。职业类型不同，地位不同，收入状况也不尽相同。而同一行业，职位或职称越高其收入越高，且高职位借款人违约的社会成本比低职位借款人违约的社会成本高，因为高职位借款人的社会影响要比高于低职位借款人的社会影响大，故而会更注重按期还贷。

（6）年收入。年收入是个人信用风险因素中最直观的表现指标，收入的高低直接决定借款人的还款能力高低。

3. 资产信息特征

资产信息特征直接反映了借款人的现金流支出情况和借款人的经济能力。该特征中的“负债”“房贷”“车贷”反映了借款人的支出状况，而“房产”和“车产”则是借款人经济能力和消费指标的体现，房屋维修费用，车子消耗费用等。

（1）其他负债。其他负债是指本次 P2P 网贷之外的负债情况。负债状况直接影响了借款人的支出情况，同等收入的借款人，有负债的自然比无负债的支出少，收入中用来还款的部分也自然多。

（2）房产。房产一方面反映了借款人过去的经济能力；另一方面有的房产的借款人违约后偿债能力也比无房产的要高。

（3）车产。车产一方面是借款人经济能力的表现；另一方面也是消费支出的一个点，不过总的来说，有车产的借款人经济能力要高于无车产的借款人。

（4）房贷。房贷会减少借款人的现金流，增加借款人的支出，有房贷的借款人经济压力会大于无房贷的借款人。

（5）车贷。与房屋相比，车子本身就是消耗品，加上需要偿还车贷，其借款人的经济状况自然是劣于无车贷的借款人。

4. 贷款信息特征

经济状况相同的借款人其贷款信息特征不同，那么面临的信用风险也会有很大差别。

（1）本次信用额度。P2P 网贷平台授予借款人的信用额度是借款人信用程度的直观表达。因为我们无从得知 P2P 网贷平台对借款人信用风险评估的方法，故而平台对借款人授予信用额度高的高低是平台对借款人信用风险高低评估的直接体现。

（2）贷款金额。贷款金额一方面体现了平台对借款人信用评估程度的高低，信用程度高的借款人，其贷款金额自然也高；另一方面，贷款金额越高，毁约概率也高，贷款金额高的借款人，其信用风险也相对要高于贷款金额低的借款人。

（3）贷款年利率。利率能够从侧面反映出风险的大小，一般难以筹款的高风险项目会提高利率，也就意味着利率越高风险越高。另外，高利率对应的是高利息，还款本息和也会越高。总之，高利率所反映的是较高的个人信用风险程度。

（4）贷款期限。通常情况下，贷款期限越短，发生违约的概率越低。从贷款人的资产角度上看，贷款期限越短，其资产的流动性越高。另外，贷款期限越长，借款人的违约风险就越大，因为中间可能会发生工作调动或影响大经济环境的宏观因素会发生变化，从而影响借款人的工作状况。

（5）待还本息。通常来说，待还本息越高所对应的信用风险越大。

（6）标的类型。P2P 网贷标的类型主要有：信用认证标、机构担保标和实地认证标。信用认证标是客户直接通过网络上传审核资料，P2P 网贷平台通过网络和电话对申请人进行严格的审核评估。实地认证标是在信用认证标的基础上添加了专员实地考察环节。机构担保标是 P2P 网贷平台的第三方合作伙伴为相应的借款承担连带保证责任的借款标的。所谓连带保证责任即借款人连带保证人（P2P 网贷平台的第三方合作伙伴）对债权人进行负责。

(7) 贷款用途。贷款用途主要归为三类：个人消费、购买房车、生产经营。就融资难易程度而言，生产经营属于投资再生产，要优于个人消费和购买房车，个人消费优于购买房车。另外个人消费与购买房车相比，资金需求量小，还款压力小，融资难度自然小。就信用风险程度而言，生产经营要小于个人消费，个人消费要小于购买房车。

5. 贷款历史信息特征

贷款历史信息特征是指借款人在该网贷平台的过往贷款历史信息。历史借贷记录反映了借款人对过往或当下债务的偿还意愿和偿还记录，并且能够进一步确认借款者的真实性和稳定性。国内 P2P 网贷平台的经验表明，已成功地偿还贷款的借款人更容易获得投资者的信任；而有违约记录的借款人想要再次获得借款的难度大大增加。

(1) 贷款总额。在该网贷平台上的历史贷款总额越高，则借款人的信用程度和稳定程度越高。

(2) 逾期金额。逾期金额越高则未来逾期的可能性也越高，信用风险就越高。

(3) 申请笔数。申请贷款笔数越多说明借款人的活跃度越高，但申请贷款笔数多虽不意味着该网贷平台对借款人的授信程度越高，但可以一定程度上反映借款人的活跃情况。

(4) 成功笔数。借款人历史贷款申请成功笔数越多，则网贷平台对借款人的信任度越高，借款人的信用程度高，那么未来信用风险就较低。

(5) 还清笔数。还清笔数直接显示了借款人过往的信用信息，是个人信用评估指标中的一个非常重要的指标。

6. 第三方信息特征

第三方数据特征指标，是 P2P 网贷借款人风险评估的特色指标，是根据 P2P 网络信贷的互联网特性设计的，考虑到网络信贷平台的参与者之间一般不能直接见面考察。在改进思路上参考了 P2P 网络借款流程的网络特性，通过对借款人信用报告、身份认证、工作认证、收入认证、实地认证、机构担保与否以及网贷平台对借款人的信用评级的考察，网贷平台可以更多地了解有关借款人信用的核心信息，在一定程度上并且可以判断借款人的真实性和稳定性。

（1）信用报告。信用报告为借款人提交的其在央行记录在案的信用报告，由于网贷平台无法直接获取，须由借款人自行提供，这是借款人信用信息核查的一个重要指标。

（2）身份认证。由于通过互联网交易的 P2P 网络信贷受到地域的限制，不可能面对面地了解每一个借款人，这个认证是确定借款人真实身份的必要保障。目前，我国各大 P2P 网贷平台基本都把这项作为一个需要审查的项目。

（3）工作认证。通过对借款人工作情况的书面认证，更能鉴别借款人工作信息的真伪，以助于网贷平台和放款人认知借款人的真实工作状态。

（4）收入认证。通过书面收入认证提交，网贷平台和放款人可以了解到借款人真实可查的收入状况，而收入状况直接关系到借款人未来的还款能力。

（5）实地认证。网贷平台派遣专门线下调查人员对借款人进行实地调查取证，以核实借款人提供信息，这是对线上信息的有效补充。

（6）机构担保。机构担保是第三方对借款人信用情况的直接表达，凡具有第三方担保的借款人其信用程度要比一般的借款人高，即使将来出现违约情况也由第三方担保机构做出赔偿。

（7）信用评级。网贷平台对借款人的信用评级是借款人信用的一个重要参考指标。P2P 网贷平台通过各种方法对借款人的信用程度作出划分，是借款人未来信用风险程度的重要评估。

四、测度 P2P 网络借贷借款人信用风险的指标体系

P2P 网贷得以发展的核心在于信用，因此这种无抵押的速贷模式就亟须建立相应的信用评价体系来稳固其发展（何晓玲、王玫，2013）。由于目前我国还没有建立起完善的个人信用体系，P2P 网络贷款的信用风险的判断也就更加存在难度（张玉梅，2010）。

根据影响 P2P 网贷借款人信用风险的因素可知，宏观政治经济因素、政府监管因素、产品创新因素以及借款人信息因素应作为度量 P2P 网贷借款人信用风险的指标，但是目前，几乎所有的个人信用评估体系中都很难加入宏观环境因素。因为评估模型主要是基于反映个人信用信息的微观要

素构建的，这些要素与个人是否违约均存在统计的稳健性，而宏观因素对个人信用的影响不容易测定，它们之间的关系与宏观环境的良好程度存在一种复杂的非线性联系。比如与经济发展良好时相比，当经济衰退严重时，原来信用好的客户违约率就会增大。在消费者个人信用评估中，宏观因素分析对评估结果影响比较明显。但由于技术不成熟和历史数据缺乏的原因，目前实用的个人信用评估体系中没有加入宏观因素影响。而政府监管因素和产品创新因素也由于种种限制或无法获取或无统一标准。

由于 P2P 网络信贷模式尚处于起步阶段，尚未完全成熟，相关法规正处于探索阶段，并且缺少数据支持，建立一个新的信用风险指标评估体系是既缺乏理论依据也没有操作上的可行性。因此，在此以借款人信息因素为主要指标构建 P2P 网贷借款人信用风险评估指标体系，该体系由个人信息特征、工作信息特征、资产信息特征、贷款信息特征、贷款历史信息特征、平台审核认证等 6 项一级指标和 33 项二级指标构成（见表 3－1）。

表 3－1　P2P 网络借贷借款人信用风险评估体系

一级指标	二级指标	指标赋值
基本信息	年龄	30 岁（含）以下取 1，30～50 岁取 2，50 岁（含）以上取 3
	婚姻状况	未婚取 1，已婚取 2，离异取 3
	学历	高中或以下取 1，大专取 2，本科取 3，研究生或以上取 4
工作信息	工作所在地	东北部取 3，东部地区取 4，中部地区取 2，西部地区取 1
	工作行业	第一产业取 1，第二产业取 2，第三产业取 3，第四产业取 4
	公司规模	10 人以下取 1，10～100 人取 2，100～500 人取 3，500 人以上取 4
	工作时间	1 年（含）以下取 1，1～3 年（含）取 2，3～5 年（含）取 3，5 年以上取 4
	职业类型	第一大类取 1，第二大类取 2，第三大类取 3，第四大类取 4，第五大类取 5，第六大类取 6，第七大类取 7，第八大类取 8
	年收入	5000 元以下取 1，5000 元～10000 元取 2，10000 元～20000 元取 3，20000 元～50000 元取 4，50000 元以上取 5

续表

一级指标	二级指标	指标赋值
贷款信息	信用额度	实际值
	标的总额	实际值
	年利率	实际值
	还款期限	实际值
	待还本息	实际值
	标的类型	信用认证标取 1，机构担保标取 2，实地认证标取 3
	借款用途	买车取 1，买房取 2，装修房屋取 3，生活消费取 4，进修学习取 5，资金周转取 6，生产经营取 7，投资创业取 8
贷款历史信息	贷款总额	实际值
	申请笔数	实际值
	成功笔数	实际值
	还清笔数	实际值
网贷平台审核认证	信用评级	HR 取 1，E 取 2，D 取 3，A 取 4，AA 取 5
	工作认证	有取 1，无取 0
	收入认证	有取 1，无取 0
	实地认证	有取 1，无取 0
	机构担保	有取 1，无取 0
	信用报告	有取 1，无取 0
	身份认证	有取 1，无取 0
房车产信息	房产	有取 1，无取 0
	房贷	有取 1，无取 0
	车产	有取 1，无取 0
	车贷	有取 1，无取 0
违约情况	是否违约	违约取 0，未违约取 1

其中，工作所在地参考中国四大经济区划分（见下表 3－2）。

表3－2　中国四大经济区划分标准

地区分类	省　份
东北地区	辽宁省、吉林省、黑龙江省
东部地区	北京市、天津市、河北省、上海市、江苏省、浙江省、福建省、山东省、广东省、海南省
中部地区	山西省、安徽省、江西省、河南省、湖北省、湖南省
西部地区	内蒙古自治区、广西壮族自治区、重庆市、四川省、贵州省、云南省、西藏自治区、陕西省、甘肃省、青海省、宁夏回族自治区、新疆维吾尔自治区

工作行业遵从我国四大产业划分（见下表3－3）。

表3－3　我国四大产业划分标准

产业类型	产业内容
第一产业	农业、林业、牧业、副业和渔业
第二产业	制造业、采掘业、建筑业和公共工程、上下水道、煤气、卫生部门
第三产业	商业、金融、保险、不动产业、运输、通信业、服务业及其他非物质生产部门
第四产业	包括教育、文化、广电、卫生（疾控）、体育、民政（残疾、福利、慈善）、环保、国防、司法、治安、社会保障、计生、宗教及民族事务等具有社会公共性和行政管理职能性的产业

职业分类遵从我国国家统计局和国家标准局颁布的中华人民共和国国家标准（见下表3－4）：

表3－4　我国职业分类标准

职业类别	职业内容
第一大类	国家机关、党群组织、企业、事业单位负责人
第二大类	专业技术人员
第三大类	办事人员和有关人员。在国家机关、党群组织、企业、事业单位中从事行政业务、行政事务工作的人员和从事安全保卫、消防、邮电等业务的人员

续表

职业类别	职业内容
第四大类	商业、服务业人员。从事商业、餐饮、旅游娱乐、运输、医疗辅助及社会和居民生活等服务工作的人员
第五大类	农、林、牧、渔、水利业生产人员。从事农业、林业、畜牧业、渔业及水利业生产、管理、产品初加工的人员
第六大类	生产、运输设备操作人员及有关人员。从事矿产勘查、开采，产品生产制造，工程施工和运输设备操作的人员及有关人员
第七大类	军人
第八大类	不便分类的其他从业人员

人人贷标的类型划分依据及不同标的类型的审核方式差异（见下表3－5和表3－6）：

表3－5　　人人贷标的类型划分依据

平台认证指标＼标的类型	信用认证标	实地认证标	机构担保标
信用报告	√	√	√
身份认证	√	√	√
工作认证	√	√	√
收入认证	√	√	√
实地认证		√	
机构担保			√

表3－6　　人人贷标的审核方式

标的类型	审核方式
信用认证标	客户直接通过网络上传审核资料，P2P网贷平台通过网络和电话对申请人进行严格的审核评估
实地认证标	在信用认证标的基础上添加了专员实地考察环节
机构担保标	P2P网贷平台的第三方合作伙伴为相应的借款承担连带保证责任的借款标的。所谓连带保证责任即借款人连带保证人（P2P网贷平台的第三方合作伙伴）对债权人进行负责

五、本章小结

P2P 网贷自进入我国以来取得了飞速的发展，但是作为新生事物，发展与问题同在。P2P 网贷中借款人信用风险对 P2P 网贷中的各方行为主体都危害极大，借款人违约产生坏账直接危及投资人的利益，投资人无法收回投资本金，投资人自然对 P2P 网贷平台会产生负面评价，一旦负面影响扩散，就会累及 P2P 网贷平台的声誉，进一步使投资人对 P2P 网贷平台产生信任危机，如此恶性循环，P2P 网贷平台或因运营不支而停业，或因遭受挤兑而倒闭等等。出现问题的 P2P 网贷平台逐渐增多就会对整个 P2P 网贷行业造成不良影响，阻碍行业发展。我国 P2P 网贷借款人信用风险产生的根本原因在于，对借款人信用信息获取不完全和 P2P 网贷平台的信用风险控制管理存在缺失。P2P 网贷行业目前面临的征信现状很不乐观，直接制约了这个行业的发展，P2P 网贷平台无法进入央行征信系统，商业征信也存在缺乏公信力和数据不完全的状况，而基于互联网技术的大数据征信则由于其征信数据模型的可信性而遭受质疑，总之，我国 P2P 网贷行业所处的征信环境限制了对借款人信用信息的获取，导致 P2P 网贷平台无法搜集到全面翔实的借款人信用信息，进而也就无法得出很客观的信用评级。由于近几年 P2P 网贷行业在我国异常火爆，许多无风控管理经验的 P2P 网贷平台为牟取利益，纷纷上线，这部分 P2P 网贷平台漠视风险，将主要精力用在拉关系拉债权，把信用风险的控制寄希望于“熟人”无风险上，而重要的信审环节则成了摆设，这样来自借款人的信用风险就逐渐攀升，P2P 网贷平台自食恶果，投资人利益却受到极大损害。

信息不对称理论促进了现代经济学理论的发展，改进了传统经济理论中存在于苛刻且不现实的理论模型，做到了真正的理论指导实践并为实践服务的宗旨。信息不对称问题存在于诸多领域，如借贷领域、保险领域、司法领域等等，正是信息不对称理论的推进，使得这些领域的信息不完全现象得到发现与重视，才能对这些不良的现象进行改进，进而促进这些领域内行为主体活动的顺利进行，也使得整个社会的福利水平得到提高。在传统借贷领域内，信息不对称现象一直存在，而在新兴的 P2P 网贷领域中，信息不对称现象也并未因为互联网技术下的大数据依托而消失，反而由于借款人信用信息获取源头的限制或污染使得第一手信用信息的获取极为困难，出现信息获取不完全状况，而在我国 P2P 网贷平台的信用风险审核评估环节，由于部分网贷平台信审技术比较落后，对借款人信用信息提取精度不够，最终网贷平台给出的借款人信用评级与借款人的真实信用状况存在部分偏差，这又进一步深化了借款人信息不对称问题，最终，在信息获取环节和整理加工环节之后，借贷双方的信息不对称情况一步步形成并深化。

尽管基于互联网平台的技术依托，但由借贷双方的信息不对称所引发的信用风险仍是 P2P 网贷所面对的主要风险。P2P 网贷以互联网技术为依托，P2P 网贷平台作为借贷双方的中介平台，为借贷双方提供借贷信息交流，同时 P2P 网贷平台还为放款人提供借款人的个人详细信息，以期实现双方之间的信息完全交流，但这只是理想中的状态，而实际上传统民间借贷中的信息不对称现象在 P2P 网贷中依然存在，而且这种信息不对称现象会导致 P2P 网贷中的逆向选择和道德风险。与国外相比，由于国内征信环境的限制，我国 P2P 网贷平台对于借款人信息的获取更为困难，因此我国 P2P 网贷中的借款人信息缺失问题也比国外更加突出。根据信息不对称理论可知，在 P2P 网贷中，由于存在借款人信息不完全的现象，使得 P2P 网贷中的借款人信用风险问题十分突出。因此，缓解 P2P 网贷中的借款人信息不完全状况成为控制 P2P 网贷信用风险的重要手段，这也为本篇之后的对我国 P2P 网贷借款人信用风险的实证研究提供了理论支撑。

个人信用不但受自身财务状况等微观因素的影响还受国家或国际大经济环境的影响，因此客观来说在个人信用评估体系的制定上应充分考量微观因素和宏观因素的综合影响，但由于宏观数据的可得性原因，现实中不管是银行机构还是国外的个人信用评估中都尚未把宏观因素列入其中。宏观环境下的国内经济整体发展状况以及货币政策、股市情况等都会对 P2P 网贷产生间接影响进而诱发借款人信用风险的产生，同样，政府的监管不足也是影响因素之一。另外，近几年 P2P 网贷平台为了吸引更多的投资人，不断推出许多创新型业务，但是 P2P 网贷平台却对这些业务的风险掌控较为无力，金融创新本就伴随着不可知的诸多风险，在 P2P 网贷中亦是如此，这些业务极易使借款人间接虚假增信，最后贷款额度超出借款人的承受范围，发生违约。所以，P2P 网贷借款人信用风险的直接影响因素就是来自借款人的偿付能力，这个偿付能力包括客观上的经济偿付能力和主观上的偿付意愿。不管是宏观经济环境还是产品创新，都是通过间接影响借款人的偿付能力而对借款人信用风险造成影响。所以，我国 P2P 网贷借款人信用风险的防范和控制，离不开对这些影响因素的预防和管控，多方面共同治理共同努力才能促成我国 P2P 网贷行业的健康发展。因此，在充分借鉴借款人信息因素的基础上建立了 P2P 网贷借款人信用风险评估体系。

第四章　我国 P2P 网络借贷借款人信用风险影响因子模型

一、问题的提出

对影响 P2P 网贷借款人信用风险的借款人信息特征进行分析，可选的影响因素有：年龄、婚姻状况、学历、工作所在地、工作行业、公司规模、工作时间、职业类型、年收入、信用额度、标的总额、年利率、还款期限、待还本息、标的类型、借款用途、贷款总额、申请笔数、成功笔数、还清笔数、信用评级，从中选择出违约风险的预测因素。

二、研究设计

（一）样本选取

1. 数据采集原则

在各种个人信用评估方法中，除了非数据挖掘的专家系统方式外，所有的与数据挖掘有关的方法与技术，均需要采集个人信用数据，以真实数据作为评估模型构建的基础。在实际应用过程中，很多专家系统的构建过程与验证机制，也需要真实的数据作为辅助。所以可以概括地说，在信用评估模型的构建中，能否采集到更多的原始数据，是能否做出高质量并富有针对性的评分模型的关键，数据采集一般应遵循以下原则：

（1）数据的真实性

数据的真实性是个人信用评估模型的合法性以及可用性的坚实基础，真实的数据是构建将来在评分中可实际应用并有实际意义的预测模型的关键。

目前，西方国家已形成了一整套完整的业务模式以及相应的法律、制度和规范，如公平信用报告法、平等信用机会法（Equal Credit Opportunity Act），来保证各个商业银行和金融贷款机构能够且必须向征信机构

(Credit Organization) [如信用局(Credit Bureau)] 提供真实可靠的数据。但是我国目前尚无法律保证，应该尽快制定相关法律，来保证真实数据的可得性。

同时，从个人和社会的角度来看，信用局等信用征集机构的存在对个人行为产生了一定的制约作用，提供个人不真实的数据会影响到将来是否能够得到贷款的机会，从而限制了个人提供非真实数据的行为。

(2) 数据的完整性

所谓数据的完整性，是指对数据的总体范围有一定的要求，特别是与信用风险相关的数据，如历史数据、违约数据等，要尽可能地采集到构建模型的框架中来。

并不是说数据不完整就不能构建有意义的信用模型，只要有一定内容涵盖的数据就可以进行建模的尝试。但实践证明，信用风险的预测与评估是与数据包括的范围密切相关的。如果缺乏一定量的违约数据，则很难确定目标变量；而如果缺乏一定量的历史数据，则很难对已经发生的守信或违规行为进行归纳总结，也就很难得出有意义的信用模型。

(3) 数据的时效性

由于构建模型的假设是过去发生的事件在将来会重复与延续，所以时效性对于模型的构建是一个非常重要的问题。通常的解决方法是抽取尽可能新的过去某一时段的数据，如过去 24~36 个月的还款记录等。

由于西方国家的信用机制比较健全，社会信用程度较高，且已经实施了很长的时间，所以数据相对来讲比较稳定，这也增加了模型的稳定性。通常信用局提供的申请分模型可以持续使用 12~24 个月，而商业银行自从开发的行为分模型可以持续使用 3~5 年的时间。

我国在个人信用的评估及管理方面刚刚起步，而且社会发展较快，宏观经济状况和微观经济因素均随时间的变化而频繁变化，所以数据的时效性尤其重要，相应的模型调整期也会比较短一些。

(4) 数据的合法性

与法律条文有冲突的数据，如个人隐私、种族等，需特别注意，不应作为个人信用评分数据，以免造成日后的法律纠纷，但是也应满足将来评分模型的实际可用性。我国正在这一方面加紧立法，以期能够满足日益增长的对全民信用体系建设的需要，奠定坚实的法律基础。

2. 样本来源及处理

关于 P2P 网贷借款人的信用数据获取较困难，一方面是由我国征信的现状所决定的，这在前面部分已提及；另一方面是由于 P2P 网贷兴起时间短，平台之间竞争激烈，借款人信用数据多数保密并不对外公开，这给学者们获取相关数据进行研究造成了极大的障碍。因此，国内学者在研究 P2P 网贷信用风险时多数采用美国 Prosper 网站上打包好的借款人信用数据，但是鉴于我国 P2P 网贷不论是在模式还是在平台信用机制方面都与国外 P2P 网贷有着巨大差异，因此国外的此类数据对于我国 P2P 网贷信用风险研究的借鉴性并不高。

人人贷（renrendai. com），系人人友信集团旗下公司及独立品牌。自 2010 年 5 月成立至今，人人贷的服务已覆盖了全国 30 余个省的 2000 多个地区，服务了几十万名客户，成功帮助他们通过信用申请获得融资借款，或通过自主出借获得稳定收益。作为中国最早的一批基于互联网的 P2P 信用借贷服务平台，人人贷以其诚信、透明、公平、高效、创新的特征赢得了良好的用户口碑。现在，人人贷已成为行业内最具影响力的品牌之一。所以用人人贷的借款人数据来研究国内 P2P 网贷的信用风险问题，比国外相关数据更有代表意义。

本篇整理了国内知名 P2P 网贷平台“人人贷”网站上公布的部分数据，进行借款人信用风险的实证研究。人人贷作为我国 P2P 网贷平台的一分子，具有国内 P2P 网贷平台的各种特质，能够真实反映目前我国 P2P 网贷的信用风险状况。在人人贷网站 2015 年 9 ~ 11 月公布借款人标的信息中选取 676 组作为样本，其中含有正常客户和违约客户。

根据上文已构建 P2P 网贷借款人信用风险评估体系略作调整。房产、车产、房贷、车贷等四个指标由于是恒定值，进入模型后不具有意义，因此在此去除。另外，人人贷的平台审核中的 6 个认证因素：信用报告、身份认证、工作认证、收入认证、实地认证、机构担保决定了其发布的标的类型，如表 4 - 6 所示，因此在此去除这 6 个认证因素，留下“标的类型”作为代表。余下 22 个指标如表 4 - 1 所示。

表 4-1　　评估指标调整

变量	变量名称	变量定义
x_1	年龄	30 岁（含）以下取 1，30~50 岁取 2，50 岁（含）以上取 3
x_2	婚姻状况	未婚取 1，已婚取 2，离异取 3
x_3	学历	高中或以下取 1，大专取 2，本科取 3，研究生或以上取 4
x_4	工作所在地	东北部取 3，东部地区取 4，中部地区取 2，西部地区取 1
x_5	工作行业	第一产业取 1，第二产业取 2，第三产业取 3，第四产业取 4
x_6	公司规模	10 人以下取 1，10~100 人取 2，100~500 人取 3，500 人以上取 4
x_7	工作时间	1 年（含）以下取 1，1~3 年（含）取 2，3~5 年（含）取 3，5 年以上取 4
x_8	职业类型	第一大类取 1，第二大类取 2，第三大类取 3，第四大类取 4，第五大类取 5，第六大类取 6，第七大类取 7，第八大类取 8
x_9	年收入	5000 元以下取 1，5000~10000 元取 2，10000~20000 元取 3，20000~50000 元取 4，50000 元以上取 5
x_{10}	信用额度	实际值
x_{11}	标的总额	实际值
x_{12}	年利率	实际值
x_{13}	还款期限	实际值
x_{14}	待还本息	实际值
x_{15}	标的类型	信用认证标取 1，机构担保标取 2，实地认证标取 3
x_{16}	借款用途	买车取 1，买房取 2，装修房屋取 3，生活消费取 4，进修学习取 5，资金周转取 6，生产经营取 7，投资创业取 8
x_{17}	贷款总额	实际值
x_{18}	申请笔数	实际值
x_{19}	成功笔数	实际值
x_{20}	还清笔数	实际值
x_{21}	信用评级	HR 取 1，E 取 2，D 取 3，A 取 4，AA 取 5
y	是否违约	违约取 0，未违约取 1

（二）模型设计

1. 共线性检验

有两个指标可以用来检验自变量之间的共线性问题，他们是容忍度（tolerance，简称为 TOL）和方差膨胀因子（variance inflation fator，简称为 VIF）。容忍度指的是一个自变量的变化不能被其他自变量解释的百分比，因此其值越接近 1 就表示它区别于其他自变量的独特信息量占比就越大，而其值越小就表示这个自变量就可能是冗余的（redundant），即其变化中的大部分都是与其他自变量重合的。如果一个自变量的容忍度低于 0.1，就意味着该变量与其他自变量之间相关严重，很容易使回归产生共线性问题，需要考虑从回归中删去。方差膨胀因子则是容忍度的倒数（1/容忍度），一半经验法则是，如果一个自变量的方差膨胀因子大于 10 就需要考虑从回归中将其删除。

在进行共线性检验的过程中，由于变量 x_{10} 的 TOL 值和 VIF 值过度异常，被直接排除。容差（TOL）<0.1 或方差扩大因子（VIF）>10，可认定为变量之间存在多重共线性问题。由表 4－2 可以看出变量 x_{11}、x_{13}、x_{14}、x_{15}、x_{17}、x_{19}、x_{20}、x_{21} 存在多重共线性问题。这几个变量 x_{11}、x_{13}、x_{14}、x_{15}、x_{17}、x_{19}、x_{20}、x_{21} 依次是标的总额、还款期限、待还本息、标的类型、借款总额、成功笔数、还清笔数、信用评级。很明显，根据本篇数据情况可以判断，变量的共线性分为三组：一组为 x_{11}（标的总额）、x_{14}（待还本息）和 x_{17}（借款总额）之间的共线性；二组为 x_{19}（成功次数）和 x_{20}（还清笔数）的共线性；三组为 x_{13}（还款期限）、x_{15}（标的类型）和 x_{21}（信用评级）之间的共线性。

表 4－2　　共线性检验结果

变量	共线性统计量		变量	共线性统计量	
	TOL	VIF		TOL	VIF
x_1	0.768	1.302	x_{12}	0.102	9.829
x_2	0.827	1.209	x_{13}	0.049	20.538
x_3	0.915	1.093	x_{14}	0.001	696.210
x_4	0.919	1.088	x_{15}	0.054	18.378

续表

变量	共线性统计量		变量	共线性统计量	
	TOL	VIF		TOL	VIF
x_5	0.842	1.188	x_{16}	0.872	1.147
x_6	0.391	2.557	x_{17}	0.014	21.051
x_7	0.392	2.553	x_{18}	0.362	2.263
x_8	0.870	1.149	x_{19}	0.005	200.010
x_9	0.767	1.303	x_{20}	0.005	191.914
x_{11}	0.001	767.569	x_{21}	0.086	11.646

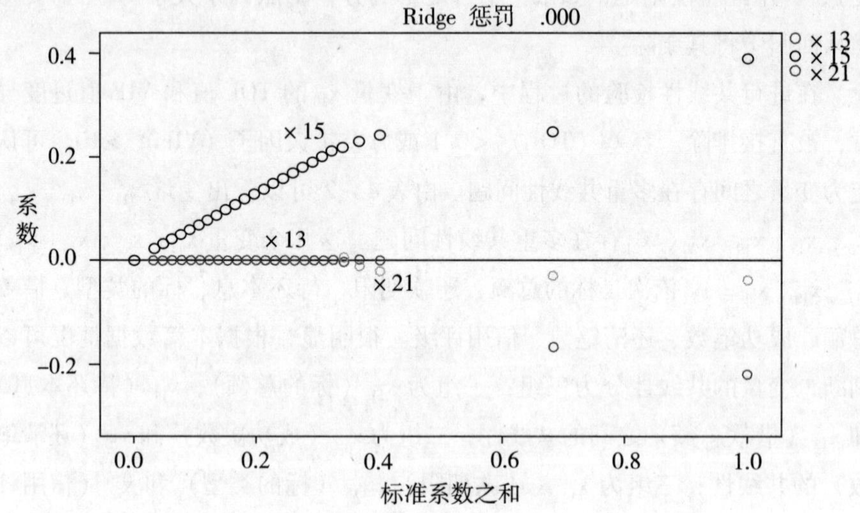

图 4-1　岭回归效果图

本篇的实证分析是基于对一个标的中借款人的违约可能性，所以留下 x_{11} 更合理。而借款人的还清笔数比成功笔数更具代表性，因此剔除 x_{19}。剩余的 x_{13}、x_{15}、x_{21} 进入岭回归，如图 4-1 所示。

由图 4-1，排除 x_{15}，剩余两个变量再次进入岭回归，如图 4-2 所示。

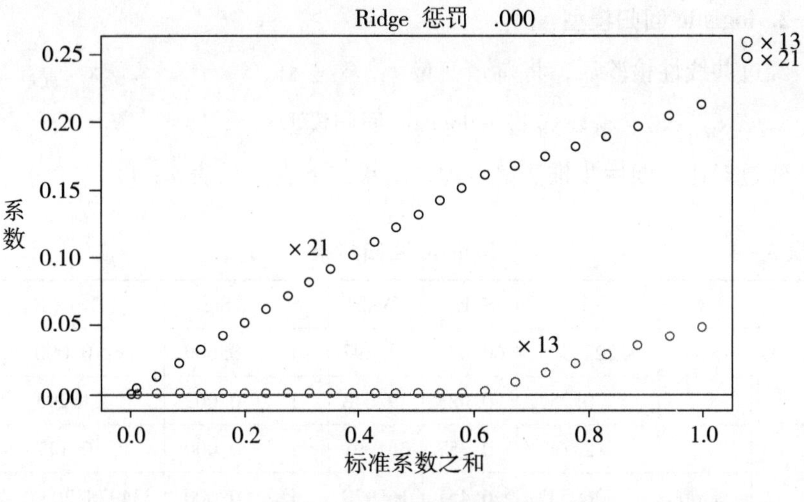

图 4－2　岭回归效果图

由图 4－2 剔除变量 x_{21}。

综上所述，经过共线性检验和处理，剔除变量：x_{10}、x_{14}、x_{15}、x_{17}、x_{19}、x_{21}，剩余变量再次进行共线性检验，如表 4－3 所示，剩余自变量中不存在共线性。

表 4－3　　共线性检验结果

变量	共线性统计量		变量	共线性统计量	
	TOL	VIF		TOL	VIF
x_1	0.781	1.281	x_9	0.780	1.281
x_2	0.834	1.199	x_{11}	0.450	2.224
x_3	0.941	1.063	x_{12}	0.431	2.318
x_4	0.931	1.074	x_{13}	0.207	4.822
x_5	0.847	1.180	x_{16}	0.892	1.121
x_6	0.404	2.473	x_{18}	0.370	2.703
x_7	0.486	2.059	x_{20}	0.411	2.433
x_8	0.875	1.143			

2. logistic 回归模型

经过共线性检验后，将剩余变量 x_1、x_2、x_3、x_4、x_5、x_6、x_7、x_8、x_9、x_{11}、x_{12}、x_{13}、x_{16}、x_{18}、x_{20} 进入 logistic 回归模型。

经过对比，向后步推法最合理，结果如下表（见表 4－4）。

表 4－4　　logistic 回归结果

		B	S. E,	Wals	df	Sig.	Exp（B）
步骤 13[a]	x_{12}	－222. 724	60. 625	13. 497	1	0. 000	0. 000
	x_{13}	0. 257	0. 083	9. 648	1	0. 002	1. 293
	x_{20}	－2. 147	0. 357	36. 091	1	0. 000	0. 117
	常量	26. 537	6. 451	16. 920	1	0. 000	334978320345. 792

a. 在步骤 1 中输入的变量：x_1，x_2，x_3，x_4，x_5，x_6，x_7，x_8，x_9，x_{11}，x_{12}，x_{13}，x_{16}，x_{18}，x_{20}.

从表 4－4 中可建立预测模型为：

$$\hat{p}=\frac{\exp\left(26.537-222.724x_{12}+0.257x_{13}-2.147x_{20}\right)}{1+\exp\left(26.537-222.724x_{12}+0.257x_{13}-2.147x_{20}\right)} \qquad (4-1)$$

预测公式（4－1）中，预测值 $\hat{p}$ 表示，$\hat{p}$ 大于 0. 5，借款人会违约，$\hat{p}$ 小于 0. 5，则借款人不会违约。

3. 模型拟合度及稳健性检验

（1）模型系数拟合度。表 4－5 给出了模型系数的综合检验结果，卡方值为 132. 520，自由度为 8，显著度为 0. 000，说明研究模型整体检验非常显著，自变量中至少有一个回归系数显著区别于 0，拒绝零假设。

表 4－5　　模型系数的综合检验

		卡方	df	Sig.
步骤 13[a]	块	112. 268	3	. 000
	模型	112. 268	3	. 000

a. 负卡方值表示卡方值已从上一步中减小。

表 4－4 为模型最终拟合结果，由每一个自变量对应的 P 值可见，在

0.05 检验标准下，变量 x_{12}、x_{13}、x_{20} 均小于 0.05，具有统计学意义。因此标的年利率、还款期限以及借款还清笔数对借款人违约率具有显著影响。

表 4-6 为 logistic 模型迭代了 13 次的模型拟合情况，在第 13 次迭代后的模型中，-2 对数似然值为 114.538，Cox and Snell 和 Nagelkerke 的 R^2 分别为 0.153 和 0.537，表示模型拟合情况尚可，由于是伪 R^2，此处只作为参考。

表 4-6　模型汇总

步骤	-2 对数似然值	Cox & Snell R 方	Nagelkerke R 方
1	34.344[a]	0.248	0.869
2	35.356[a]	0.247	0.865
3	36.148[a]	0.246	0.862
4	37.890[a]	0.244	0.855
5	42.964[a]	0.238	0.835
6	55.455[a]	0.224	0.786
7	56.323[a]	0.223	0.782
8	81.237[a]	0.194	0.680
9	82.508[a]	0.192	0.674
10	86.538[a]	0.187	0.657
11	88.639[a]	0.185	0.649
12	103.987[a]	0.166	0.583
13	114.538[b]	0.153	0.537

（2）ROC 曲线评价模型的拟合优度。公式（4-1）的“预测概率 $\hat{p}$”为检验变量，“是否违约（Y）”为金标准，状态变量为 1，对模型进行 ROC 曲线分析，得到 ROC 曲线下面积为 0.943［95%置信区间为（0.920，0.967）］，见图 4-3 的（a）和（b）标准误为 0.012，$p=0$。检测结果有统计学意义且 ROC 曲线下面积接近 1，因此模型拟合好。

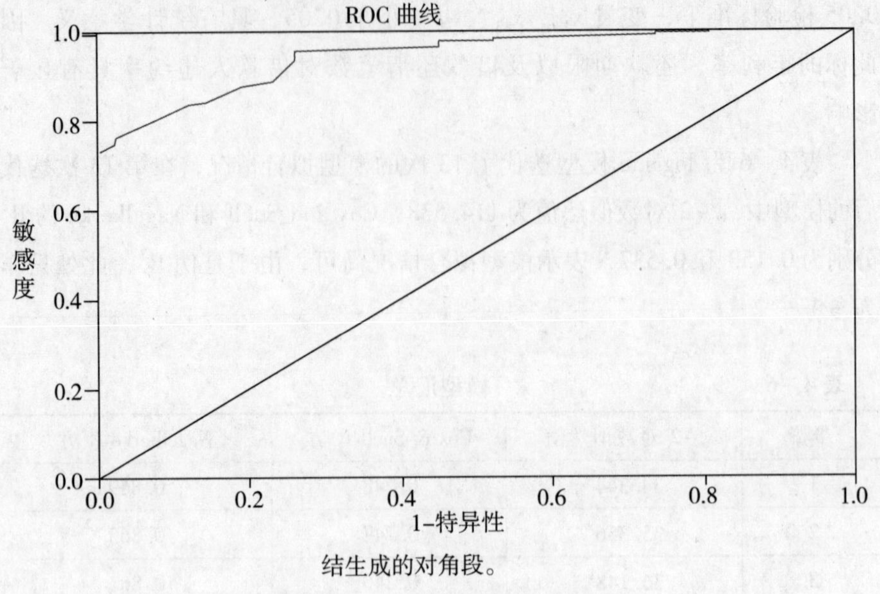

结生成的对角段。

图 4-3（a） ROC 曲线图

检验结果变量：预测概率

面积	标准误[a]	渐进 Sig.[b]	渐近 95% 置信区间	
			下限	上限
.943	.012	.000	0.920	0.967

（b）曲线下的面积

图 4-3（b） ROC 曲线拟合优度检验

三、实证结果分析

（一）预测因子

由预测公式（4-1）可得，标的年利率、还款期限以及借款还清笔数对借款人违约率具有显著影响。由此可知，人人贷信用风险的影响因素主要有标的年利率、还款期限以及借款还清笔数。

1. 利率与违约风险

X_{12}的系数为负，表明标的金额的年利率越小，借款人违约风险越大。人人贷的标的类型有信用认证标、实地认证标和机构担保标三种，其中信用认证标是借款人直接通过网络上传审核资料，人人贷通过网络和电话对申请人进行审核评估。实地认证标由人人贷与友众信业金融信息服务（上海）有限公司[①]（简称“友信”）共同推出，在人人贷原有审核的基础上，增加了友信前端工作人员对借款人情况的实地走访、审核调查以及后续的贷中、贷后服务环节。友信风险备用金和人人贷风险备用金将对此投资类产品的本金和利息提供双重保障；一旦该产品借款发生逾期，友信风险备用金将优先代借款人偿付此笔借款的本息及相关费用。机构担保标是深圳安盛互联网金融服务有限公司[②]（简称“安盛”）（公司网址：http：//www. we. com/event/as/index. jsp）为人人贷机构担保标的借款人承担连带保证责任的借款标的。安盛连带借款人对债权人进行负责。由人人网贷标的类型划分依据（见表 3 -5）可知，实地认证和机构担保标比信用认证标各多出一个平台认证指标，分别是“实地认证”和“机构担保”，由此可推测出信用认证标的违约风险要大于实地认证和机构担保标；又由人人贷标的审核方式（见表 3 -6）可知，机构担保标有第三方担保机构参与担保，向债权人负责，即一旦借款人违约，债权人可向第三方担保机构索赔违约损失，因此与另外两种标的相比，机构担保标的安全系数更高，信用风险更小，因比这三种标的的信用风险等级排序由小到大依次是：机构担保标、实地认证标、信用认证标。在搜集的样本中年利率的波动区间为 8% ~13. 2%，其中信用认证标对应的年利率区间为 8% ~11%，实地认证标对应的年利率区间为 11% ~12%，机构担保标对应的年利率区间为 12% ~13. 2%。因此可推测出，人人贷是依据标的类型对标的年利率进行划分。预测公式（4 -1）中显示：年利率与风险成反比，那么按照预测公式对借款人信用风险的认定方式，年利率所代表的风险从小到大应为：12% ~13. 2%（机构担保标）、11% ~12%（实地认证标）、8% ~11%（信用认证标），（见表 4 -7），即本篇的模型预测结果推出，人人贷三种标的类型的信用风险由小到大依次为：机构担保标、实地认证标、信用认证标。这与人人贷平台划定的标的类型信用风险情况相吻合，标的类型又代表了人人贷平台的 6 个认证审核指标：信用报告、身份认证、工作认证、

①② http：//www. we. com/event/youxin/index. jsp

收入认证、实地认证、机构担保，因此可以得出结论，人人贷平台对借款人信息的审核认证具有预测借款人违约风险的作用。

人人贷的信用评级从高到低依次为 AA、A、B、C、D、E、HR，目前观测到的信用评级有 AA、A、D、E、HR，其中信用评级 B 和 C 由于数量极少，并未观测到，因此本篇所涉及的人人贷借款人信用评级只包括 AA、A、D、E、HR。信用评级与利率的波动关系如下表 4－15，利率 11%～12%以及 12%～13.2%所对应的信用评级皆为 A－AA，信用评级对利率的波动解释有限，这并不能说明信用评级越高，利率就越高，违约风险就越大，只能说明信用评级 A 是摒弃纯信用无抵押的信用认证标的标准，在达到信用评级 A 的标准后，标的利率的大小已不受信用评级的影响和约束。因此，在信用评级 A 和信用评级 AA 这两个评级标准下，利率的波动空间由实地认证标利率的 11%～12%到机构担保标利率的 12%～13.2%，此时信用评级和利率不存在一一对应的关系，如表 4－4 所示。在模型的结果中，信用评级这一理应对借款人违约风险构成预测意义的指标并未进入预测公式（4－1），结合利率和信用评级的关系分析以及利率与违约风险的关系，可推测出，人人贷给出的借款人信用评级并没有起到预测借款人违约风险的作用。

表 4－7　　　　人人贷标的利率、类型与信用评级对照表

利率（%）	标的类型	信用评级
12～13.2	机构担保标	A－AA
11～12	实地认证标	A－AA
8～11	信用认证标	HR－D

2. 还款期限与违约风险

还款期限 X_{13} 的系数为正，表明标的金额的还款期限越长，借款人违约的可能性就越大。不管是在传统信贷中还是在 P2P 网贷中，贷款时间越长，在这个过程中影响借款人违约的因素就会越多（如宏观经济环境的恶化等），那么投资者面临的风险就越大，所以还款期限与信用风险呈正相关。

3. 还款笔数与违约风险

还清笔数 X_{20} 的系数为负值，表明借款人的还清笔数越多，其违约的可能性越小。还清笔数越多，说明在此前的借贷中，借款人都已按时还款，信用度因此提升。那么预测此类借款人的未来违约率自然要低于还清笔数少的借款人，投资者也更愿意借款给此类型的借款人。所以，还清笔数与违约率呈负相关。

在信用风险评估模型中，经过共线性检验后被最终输入模型的借款人信息因素共有 15 个，分别是年龄、婚姻状况、学历、工作所在地、工作行业、公司规模、工作时间、岗位职位、年收入、标的总额、标的年利率、标的还款期限、借款用途、申请笔数、还清笔数，其中的三个信息因素标的年利率、还款期限、还清笔数进入模型推导出来的借款人违约率预测公式（4－1）。由此可知，借款人信息中的诸多信息因素并没有对借款人的违约率构成直接影响，可以从两个方面来理解：一方面是说平台公布的借款人信息只有极少数能够为投资人提供关于借方的风险参考，它们分别是标的年利率、标的还款期限和还款笔数，其中并没有关于借款人的个人信息如年龄、婚姻状况等，也没有借款人的工作相关信息，这说明借款人的这些信息因素不能够展现借款人的信用风险情况，那么这些信息对投资人规避来自借款人的信用风险是无用的。另一方面，通常来说，在关于借款人的信息中，借款人的信用评级所占的分量和代表的意义与其他信息指标是不同的。借款人信用评级是借款人信用状况的综合和直接体现，它应直接对投资人形成风险警示作用，使投资人根据借款人的信用评级选择自己的投资偏好。因此，借款人信用评级也应是其借款未来违约率的直接推测依据，但在本小节进行借款人信用风险评估推出的违约率预测公式中却没有借款人信用评级这一指标，也就是说通过人人贷借款人的信用风险评估，我们得出借款人信用评级并没有对其预测违约率造成影响，进而可以得出借款人信用评级不能对其未来信用风险构成参考，这样的结果也说明了作为借款人信息的汇总和精华体现，借款人信用评级已经失去了其应有的意义，即对投资人规避来自借款人信用风险的指导作用。

因此，对人人贷借款人信用风险的评估结果，可知，人人贷的 6 个平台认证指标具有预测借款人违约风险的作用，但借款人的信用评级并不代表他们的违约风险大小。

（二）非预测因子

在对未进入预测公式的变量分析中，主要分析借款人信用评级这一因素。国内外的学者研究指出，信用评级影响借款人借款成功率（Klafft, 2008；Iyer R, et al. 2009；Emekter R.，2013；王会娟、廖理，2014；陈霄，2014），甚至决定了借款可获得性。而本篇信用风险评估的结果表明，信用评级和违约风险不相关，若和违约风险不相关的信用评级决定了借款的可得性，那么就是投资人在不了解借款人信用评级真正作用下，以为信用评级就是借款人未来违约风险的体现，进而作出了不合理的投资决策，这样，就会催生借款人违约风险。因此，接下来需要通过数据分析来证明这些推测，因此需要对借款人信用评级展开进一步的研究。借款人信用评级涵盖了借款人的哪些信息特征，为什么不能成为违约风险预测因素？借款人信用评级是否影响了投资人的投资决策？只有解答了这些问题，我们才能进一步发掘借款人信用评级与信用风险的关系。

1. 信用评级影响因素

（1）问题提出。搜集借款人信息的目的是为了从各个方面去了解借款人的信用状况，而借款人的信用评级也是根据借款人的信息得出的，通常信用评级高效抽取并涵盖了借款人信息中能够反映其信用状况的所用信息，只有这样得出的信用评级才具有风险警示作用，而在这里所得出的结果显示借款人的信用评级并没有发挥这个作用，那么在此的借款人信用评级都包括了借款人的哪些信息，因此，需要对借款人信用评级影响因素进行分析，可选的影响因素有：年龄、婚姻状况、学历、工作所在地、工作行业、公司规模、工作时间、职业类型、年收入、标的类型、借款用途、申请笔数、成功笔数、还清笔数、信用评级、历史违约状况，从中选择出影响借款人信用评级的因素。

（2）模型设计。信用评级是依据借款人的个人信息、工作信息、个人信用认证信息以及历史信用信息得出的评级，其中个人信用认证信息的6个认证在此用“标的类型”代表，历史信用信息中的把之前作为因变量的“是否违约”在此作为自变量 x_{22}。

由上文关于共线性的检验结果，得知 x_{19}（成功次数）和 x_{20}（还清笔数）存在共线性，在此直接剔除 x_{19}，共线性检验结果如表 4－8 所示，各自变量的 VIF 值均小于 10 且 TOL 值均大于 0.1，不存在共线性。

表 4－8　共线性检验结果

变量	共线性统计量		变量	共线性统计量	
	TOL	VIF		TOL	VIF
x_1	0.779	1.284	x_8	0.879	1.137
x_2	0.831	1.204	x_9	0.835	1.197
x_3	0.949	1.054	x_{15}	0.292	3.426
x_4	0.941	1.063	x_{16}	0.929	1.077
x_5	0.849	1.178	x_{18}	0.362	2.764
x_6	0.401	2.493	x_{20}	0.404	2.476
x_7	0.454	2.202	x_{22}	0.752	1.329

此处 y 为信用评级，类别变量 x_1、x_2、x_3、x_4、x_5、x_6、x_7、x_8、x_9、x_{15}、x_{16}、x_{22}作为因子，连续变量 x_{18}、x_{20}作为协变量进入多项 logisti 模型，如表 4－9 所示。

表 4－9　似然比检验

效应	模型拟合标准	似然比检验		
	简化后的模型的－2 倍对数似然值	卡方	df	显著水平
截距	277.213[a]	0.000	0	0.000
x_{18}	283.800[b]	6.588	4	0.159
x_{20}	315.419[b]	38.206	4	0.000
x_1	282.920[b]	5.707	8	0.680
x_2	278.089[b]	0.876	8	0.999
x_3	308.239[b]	31.026	12	0.002
x_4	281.991[b]	4.778	12	0.965
x_5	278.676[b]	1.463	12	1.000
x_6	282.409[b]	5.196	12	0.951
x_7	278.300[b]	1.087	12	1.000

续表

效应	模型拟合标准	似然比检验		
	简化后的模型的 -2 倍对数似然值	卡方	df	显著水平
x_8	286.797[c]	9.584	28	1.000
x_9	280.317[b]	3.104	16	1.000
x_{15}	460.331[b]	183.118	8	0.000
x_{16}	298.575[b]	21.362	28	0.810
x_{22}	294.829[b]	17.616	4	0.001

剔除 $P>0.05$ 的变量，剩余变量：x_3、x_{15}、x_{20}、x_{22} 再次进入多项 logisti 模型，如表 4－10 所示，各自变量 P 值均小于 005，具有显著统计学意义。

表 4－10　似然比检验

效应	模型拟合标准	似然比检验		
	简化后的模型的 -2 倍对数似然值	卡方	df	显著水平
截距	80.537[a]	0.000	0	0.000
x_{20}	595.589[b]	515.052	4	0.000
x_3	110.305[d]	29.768	12	0.003
x_{15}	1148.810[c]	1068.272	8	0.000
x_{22}	98.443[d]	17.905	4	0.001

由表 4－11 可知，该模型整体性 P 值为 0，拒绝零假设，模型具有显著统计学意义。

表 4－11　模型拟合信息

模型	模型拟合标准	似然比检验		
	-2 倍对数似然值	卡方	df	显著水平
仅截距	1091.654			
最终	80.537	1011.116	28	0.000

由表 4－12 的模型伪 R^2 系数可得，模型拟合状况良好。

表 4-12　伪 R 方

Cox 和 Snell	0.776
Nagelkerke	0.898
McFadden	0.750

模型的最终结果如表 4-13 所示，多项分类 logistic 模型算出的最终结果是信用评级 AA，已知信用评级越高，说明借款人信用级别越高，投资人更愿意借款给信用评级高的借款人，所以此结果合理，在此我们目的并不是推算出信用评级 AA 的预测概率，而是借此模型找出影响信用评级的影响因素，而模型的最终结果也说明了此模型结果与我们假设 Hb 一致。下面我们将进一步验证模型的拟合优度。

（3）ROC 曲线评价模型的拟合优度。以预测响应类别为检验变量，应变量 Y（信用评级）为金标准，状态变量为 1、2、3、4、5 时分别代表对信用评级 HR、E、D、A、AA 的预测程度。从图 4-4 到图 4-8 得知，此模型在对预测信用评级 A 和 AA 时比预测信用评级 HR、E、D 要更准确。

状态变量值为 1，如图 4-4 的（a）和（b）：

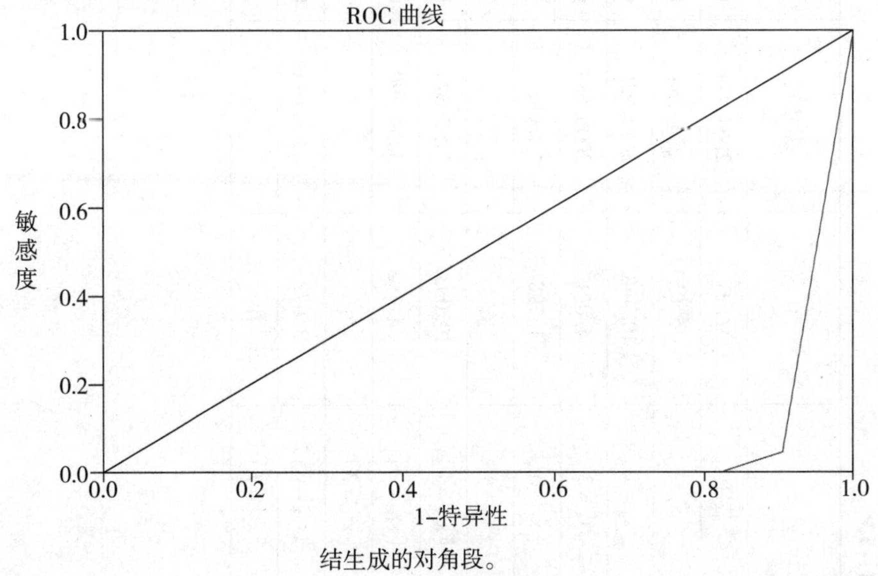

（a）ROC 曲线图

表 4-13 参数估计

y^a		B	标准误	Wald	df	显著水平	Exp（B）	Exp（B）的置信区间 95%	
								下限	上限
HR	截距	1.621	2564.471	0.000	1	.999			
	x_{20}	-5.053	224.168	0.001	1	.982	0.006	9.851E-194	4.145E+188
	[x_3 =1]	10.448	3674.936	0.000	1	.998	34461.508	0.000	.[b]
	[x_3 =2]	4.051	2006.383	0.000	1	.998	57.469	0.000	.[b]
	[x_3 =3]	1.798	1.098	2.681	1	.102	6.035	0.702	51.901
	[x_3 =4]	0[c]	.	.	0	.	.	.	.
	[x_{15} =1]	19.003	2152.374	0.000	1	.993	178999477.457	0.000	.[b]
	[x_{15} =2]	-4.193	3864.290	0.000	1	.999	0.015	0.000	.[b]
	[x_{15} =3]	0[c]	.	.	0	.	.	.	.
	[x_{22} =0]	3.672	2361.613	0.000	1	.999	39.319	0.000	.[b]
	[x_{22} =1]	0[c]	.	.	0	.	.	.	.

续表

y^{a}		B	标准误	Wald	df	显著水平	Exp（B）	Exp（B）的置信区间 95%	
								下限	上限
E	截距	3.283	1394.896	0.000	1	0.998			
	x_{20}	-2.702	224.168	0.000	1	0.990	0.067	1.035E-192	4.347E+189
	[$x_3=1$]	7.048	3674.936	0.000	1	0.998	1151.110	0.000	.[b]
	[$x_3=2$]	1.630	2006.383	0.000	1	0.999	5.106	0.000	.[b]
	[$x_3=3$]	0.041	0.915	0.002	1	0.964	1.042	0.173	6.261
	[$x_3=4$]	0^{c}	.	.	0	.	.	.	.
	[$x_{15}=1$]	18.346	0.000	.	1	.	92800272.252	92800272.252	92800272.252
	[$x_{15}=2$]	-4.228	3743.506	0.000	1	0.999	0.015	0.000	.[b]
	[$x_{15}=3$]	0^{c}	.	.	0	.	.	.	.
	[$x_{22}=0$]	0.936	2361.613	0.000	1	1.000	2.551	0.000	.[b]
	[$x_{22}=1$]	0^{c}	.	.	0	.	.	.	.

续表

y^{a}		B	标准误	Wald	df	显著水平	Exp（B）	Exp（B）的置信区间 95%	
								下限	上限
D	截距	2. 899	1394. 896	0. 000	1	0 . 998			
	x_{20}	−1. 928	224. 167	0. 000	1	0. 993	0. 145	2. 244E − 192	9. 422E + 189
	[x_3 = 1]	5. 152	3674. 935	0. 000	1	0. 999	172. 822	0. 000	.[b]
	[x_3 = 2]	−. 040	2006. 383	0. 000	1	1. 000	0. 960	0. 000	.[b]
	[x_3 = 3]	−. 445	0. 000	.	1	.	0. 641	0. 641	0. 641
	[x_3 = 4]	0[c]	.	.	0	.	.	.	.
	[x_{15} = 1]	17. 522	0. 000	.	1	.	40697329. 706	40697329. 706	40697329. 706
	[x_{15} = 2]	−4. 137	5489. 330	0. 000	1	0 . 999	0. 016	0. 000	.[b]
	[x_{15} = 3]	0[c]	.	.	0	.	.	.	.
	[x_{22} = 0]	0. 817	2361. 613	0. 000	1		2. 264	0. 000	.[b]
	[x_{22} = 1]	0[c]	.	.	0	1. 00	.	.	.

续表

y^a		B	标准误	Wald	df	显著水平	Exp（B）	Exp（B）的置信区间 95%	
								下限	上限
A	截距	23.269	3666.383	0.000	1	1.000			
	x_{20}	-4.500	3952.097	0.000	1	0.999	0.011	0.000	.b
	[x_3 = 1]	8.180	5109.797	0.000	1	0.999	3567.746	0.000	.[b]
	[x_3 = 2]	2.335	3720.655	0.000	1	0.999	10.329	0.000	.[b]
	[x_3 = 3]	0.533	3204.311	0.000	1	1.000	1.703	0.000	.[b]
	[x_3 = 4]	0^c	.	.	0	.	.	.	.
	[x_{15} = 1]	-20.395	2103.723	0.000	1	0.992	1.388E-009	0.000	.[b]
	[x_{15} = 2]	-4.127	3140.670	0.000	1	0.999	0.016	0.000	.[b]
	[x_{15} = 3]	0^c	.	.	0	.	.	.	.
	[x_{22} = 0]	3.005	6451.089	0.000	1	1.000	20.185	0.000	.[b]
	[x_{22} = 1]	0^c	.	.	0	.	.	.	.

a. 参考类别是：AA。

检验结果变量：预测响应类别

面积	标准误[a]	渐进 Sig.[b]	渐近 95% 置信区间	
			下限	上限
0.052	0.008	0.000	0.036	0.067

(b) 曲线下的面积

图 4-4　ROC 曲线拟合优度检验（状态变量值 =1）

状态变量值为 2，如图 4-5 的（a）和（b）所示。

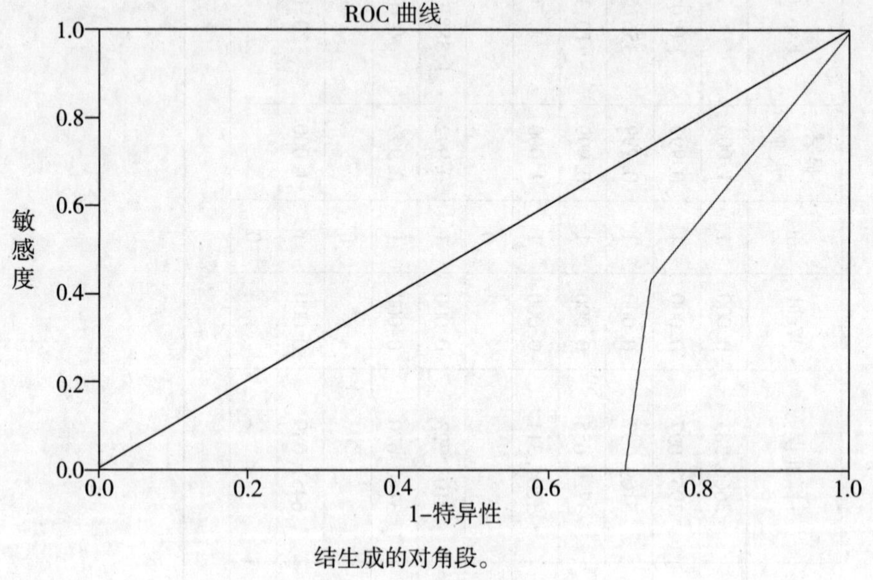

(a) ROC 曲线图

检验结果变量：预测响应类别

面积	标准误[a]	渐近 Sig.[b]	渐近 95% 置信区间	
			下限	上限
0.197	0.017	0.000	0.164	0.231

(b) 曲线下的面积

图 4-5　ROC 曲线拟合优度检验（状态变量值 =2）

状态变量值为 3，如图 4 – 6 的（a）和（b）所示。

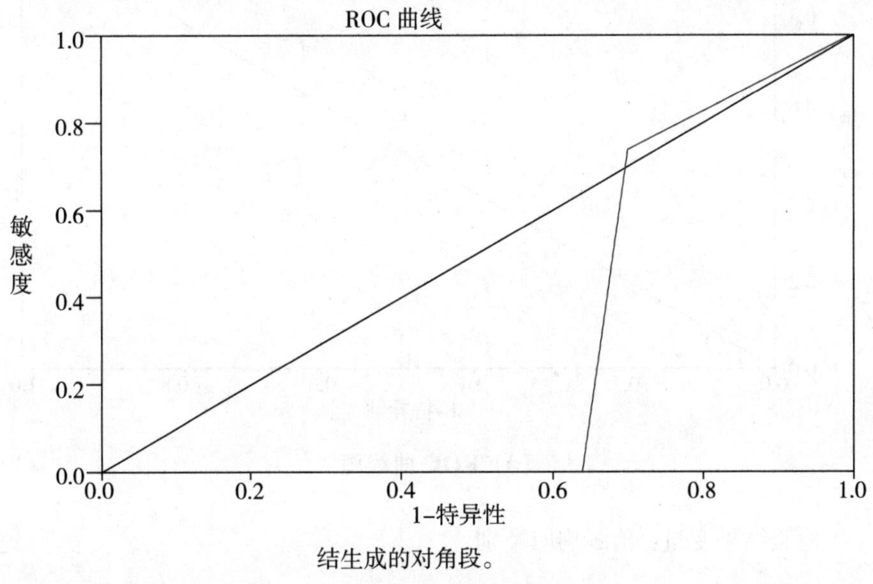

（a）ROC 曲线图

检验结果变量：预测响应类别

面积	标准误[a]	渐近 Sig.[b]	渐近 95% 置信区间	
			下限	上限
0. 284	0. 027	0. 001	0. 233	0. 336

（b）曲线下的面积

图 4 – 6 ROC 曲线拟合优度检验（状态变量值 =3）

状态变量值为 4，如图 4 – 7 的（a）和（b）所示。

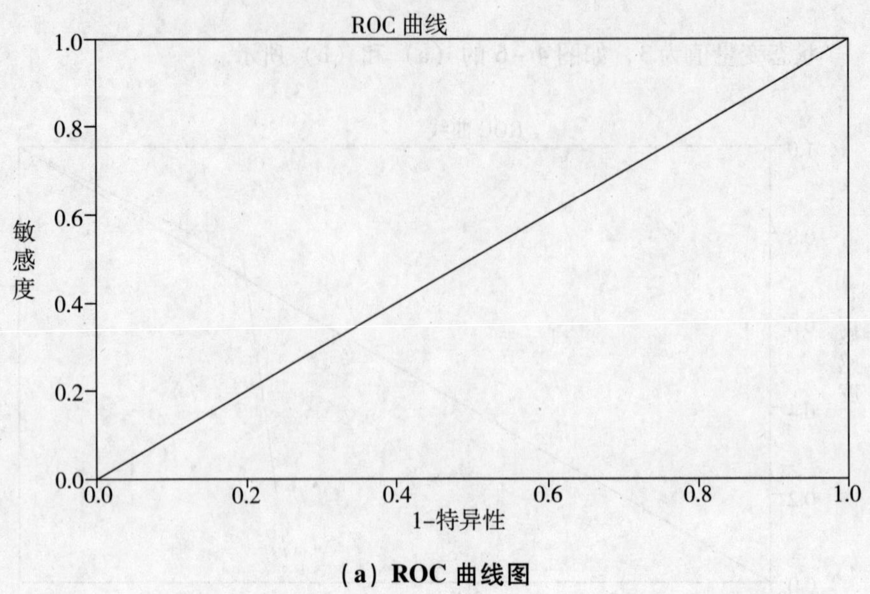

(a) ROC 曲线图

检验结果变量：预测响应类别

面积	标准误[a]	渐近 Sig.[b]	渐近 95% 置信区间	
			下限	上限
0.996	0.004	0.000	0.989	1.000

(b) 曲线下的面积

图 4-7　ROC 曲线拟合优度检验（状态变量值=4）

状态变量值为5，如图4-8的（a）和（b）所示。

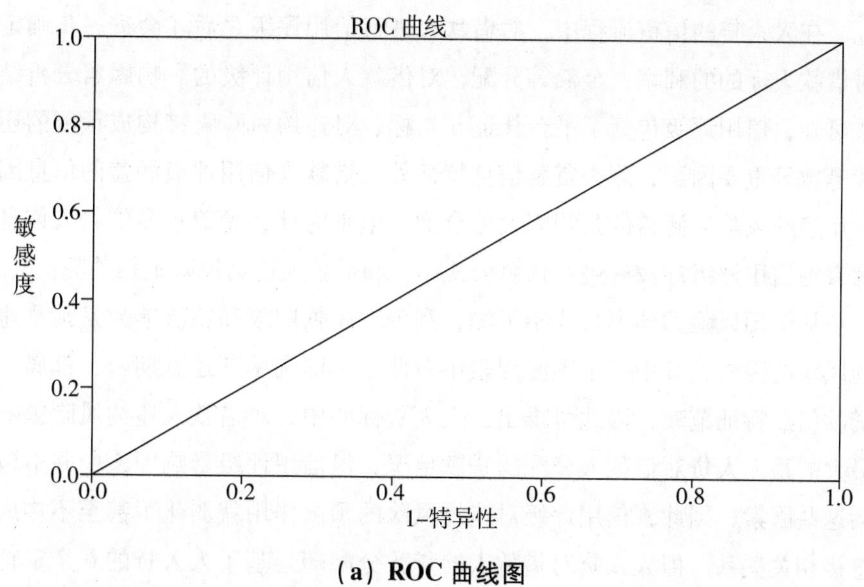

（a）ROC 曲线图

检验结果变量：预测响应类别

面积	标准误[a]	渐近 Sig.[b]	渐近 95% 置信区间	
			下限	上限
1.000	0.000	0.084	1.000	1.000

（b）曲线下的面积

图 4－8　ROC 曲线拟合优度检验（状态变量值＝5）

4）结果分析。由表 4－19 知，变量 x_3、x_{15}、x_{20}、x_{22} 最终进入模型，进而得到影响网贷平台信用评级的影响因素分别为：借款人的学历、标的类型、还清笔数、违约情况。其中标的类型实际代表的是工作认证、收入认证、信用报告、身份认证、机构担保、实地认证等 6 个平台认证情况。

借款人个人信息中只有“学历”进入模型，工作信息全部没有进入模型，历史贷款信息中“还清笔数”和“违约情况”进入模型，平台认证信息进入模型，我们由此可知，借款人个人信息和工作信息的披露对借款人信用评级的实质作用非常有限，平台认证信息和历史贷款信息较多的决定了借款人的信用评级。

在人人贷的信审流程中，对借款人进行信用评级之后才会进一步确定对借款人标的的利率、金额等分配，对借款人信用评级的影响因素分析结果可知，信用评级包括了平台认证 6 指标、对违约风险直接构成预测的还清笔数等重要因素，除去贷款信息特征外，借款人信用评级涵盖的信息因素比违约风险的涵盖的预测因素更全面，但是为什么涵盖较多借款人信息因素的信用评级却没有进入预测公式中，和借款人违约风险不相关呢？

从信用风险的预测公式中可知，利率、还款期限和还清笔数是预测违约风险的因素，其中三个预测因素中有两个，即利率和还款期限，都属于贷款信息特征范畴，因此可推出，人人贷标的中，对借款人违约风险影响最大的是人人贷对借款人分配的贷款情况，但信用评级影响因素中并不包括这些因素，因此，信用评级对违约风险的预测作用就弱化了甚至不构成直接相关关系。但人人贷对借款人的贷款分配却是基于人人贷的 6 个审核认证指标以及借款人信用评级这 7 个网贷平台审核认证指标，从上文的信用风险预测公式中我们分析得出人人贷的标的类型所代表的 6 个审核认证指标与违约风险也不具有相关关系，因此作为人人贷贷款分配的重要参考指标之一，由于信用评级和违约风险并不具备相关关系，因此，就可能导致网贷平台出现贷款分配失误，进而催生借款人违约风险的发生。

那么，借款人信用评级是否也会对投资人的投资决策产生影响呢？

2. 信用评级对投资选择影响

（1）假设的提出。在信用风险评估结果中，信用评级并没有进入借款人违约风险预测公式，因此不属于违约风险预测因素。在诸多的借款人信息特征中，信用评级的存在具有很大的意义，通过对信用评级影响因素的分析，可知信用评级涵盖了较多的借款人信息特征，也因此成为人人贷进行贷款分配的重要依据，但是由于信用评级但信用评级和违约风险并不具备相关关系，因此，就可能导致网贷平台出现贷款分配失误。从投资人角度出发，投资人在进行投资选择的时候，是否会想当然的认为借款人信用评级就是借款人未来风险状况的晴雨表，进而以此作为投资选择的重要参考指标？

因此，我们需要对借款可得性进行研究，探索信用评级对借款额度和借款成功率是否有影响，进而提出如下假设：

H_1：信用评级对借款总额有影响。

H_2：信用评级对借款成功率有影响。

在 H_1 和 H_2 成立的条件下可以提出如下假设：

H_0：信用评级对借款可得性有影响。

（2）模型设计。假设 H_1 的检验：

运用线性混合效应模型，借款总额为应变量 y_1，信用评级 x_{21} 为自变量，则 SPSS 计算出的模型结果表 4－14 和表 4－15 分别为模型分析的基本信息和筛选最优模型时采用的信用量准则，包括似然比的变化（－2lnL）、赤池信息量准则（AIC）、Hurvich 与 Tsai 准则（AICC）、Bozdogan 准则（CAIA）和 Schwarz 贝叶斯准则（BIC）。

表 4－14 模型维数[a]

		水平数	协方差结构	参数的数目
固定效应	截距	1		1
	x_{21}	5	4	
随机效应	截距[b]	1	方差成分	1
残差				1
合计		7		7

a. 因变量：y_1。

表 4－15 信息条件[a]

－2 受约束的对数似然值	15457.745
Akaike 的信息条件（AIC）	15461.745
Hurvich 和 Tsai 的条件（AICC）	15461.763
Bozdogan 的条件（CAIC）	15472.763
Schwarz 的 Bayesian 条件（BIC）	15470.763

a. 因变量：y_1。

表 4－16 提示变量 x_{21} 具有统计学意义（$P<0.001$），假设 H_{30} 成立。

表 4 – 16

源	分子 df	分母 df	F	显著性
截距	1	671.000	183.004	0.000
x_{21}	4	671.000	115.281	0.000

a. 因变量：y_1。

表 4 – 17 中给出了固定效应的参数估计、标准误及其假设检验结果，由于 x_{21} 为分类变量，因此在模型分析时，将 $x_{21}=5$ 默认为冗余分类。

变量 x_{21} 的参数估计值体现了前四种分类与第五种分类的差异。结果提示，其他四种分类皆与第五种分类有统计学差异，其中 $x_{21}=4$ 时，借款总额最多，$x_{21}=1$ 时，借款总额最少。

表 4 – 17　　固定效应估计[a]

参数	估计	标准误差	df	t	显著性	95% 置信区间	
						下限	上限
截距	196000.000000	23999.321011	671.000	8.167	0.000	148877.196675	243122.803325
[$x_{21}=1$]	–178330.000000	24074.202070	671.000	–7.408	0.000	–225599.832710	–131060.167290
[$x_{21}=2$]	–172951.282051	24152.672866	671.000	–7.161	0.000	–220375.192614	–125527.371488
[$x_{21}=3$]	–155531.578947	24622.783822	671.000	–6.317	0.000	–203878.555048	–107184.602847
[$x_{21}=4$]	–136713.875598	24028.011184	671.000	–5.690	0.000	–183893.012240	–89534.00738956
[$x_{21}=5$]	0[b]	0	.	.	.	.	.

a. 因变量：y_1。

假设 H_2 的检验：

运用线性混合效应模型，借款成功率为应变量 y_2，信用评级 x_{21} 为自变量，则 SPSS 计算出的模型结果表 4 – 18 和表 4 – 19 分别为模型分析的基本信息和筛选最优模型时采用的信用量准则，包括似然比的变化（–2lnL）、赤池信息量准则（AIC）、Hurvich 与 Tsai 准则（AICC）、Bozdogan 准则

（CAIA）和 Schwarz 贝叶斯准则（BIC）。

表 4－18　　模型维数[a]

		水平数	协方差结构	参数的数目
固定效应	截距	1		1
	x_{21}	5		4
随机效应	截距[b]	1	方差成分	1
残差				1
合计		7		7

a. 因变量：y2。

4－19　　信息条件[a]

－2 受约束的对数似然值	－378.877
Akaike 的信息条件（AIC）	－374.877
Hurvich 和 Tsai 的条件（AICC）	－374.860
Bozdogan 的条件（CAIC）	－363.860
Schwarz 的 Bayesian 条件（BIC）	－365.860

a. 因变量：y_2。

表 4－20 提示变量 x_{21} 具有统计学意义（$P<0.001$），假设 H_{31} 成立。

表 4－20　　固定效应的检验类型 III[a]

源	分子 df	分母 df	F	显著性
截距	1	671	504.203	0.000
x_{21}	4	671	75.472	0.000

a. 因变量：y_2。

表 4－21 中给出了固定效应的参数估计、标准误及其假设检验结果，由于 x_{21} 为分类变量，因此在模型分析时，将 $x_{21}=5$ 默认为冗余分类。

变量 x_{21} 的参数估计值体现了前四种分类与第五种分类的差异。结果提示，其他四种分类皆与第五种分类有统计学差异，其中 $x_{21}=4$ 时，借款成功率最高，$x_{21}=1$ 时，借款成功率最低。

表 4－21　　　　固定效应估计[a]

参数	估计	标准误差	df	t	显著性	95% 置信区间	
						下限	上限
截距	0.909091	0.179967	671	5.051	0.000	0.555724	1.262457
$[x_{21}=1]$	－0.156457	0.180529	67	－0.867	0.386	－0.510926	0.198012
$[x_{21}=2]$	－0.169073	0.181117	671	－0.933	0.351	－0.524697	0.186552
$[x_{21}=3]$	－0.121539	0.184642	671	－0.658	0.511	－0.484085	0.241008
$[x_{21}=4]$	0.089713	0.180182	671	0.498	0.619	－0.264076	0.443502
$[x_{21}=5]$	0[b]	0	.	.	.	.	.

a. 因变量：y_2。

（3）结果分析

由表 4－17 和 4－21 可知，假设 H_1 和 H_2 全部成立，即：信用评级越高，可获得的借款总额就越多，借款成功率就越高。可推出假设 H_0 成立，即：信用评级与借款可得性正相关，信用评级越高，借款可得性越高，信用评级越低，借款可得性越低。线性混合效应模型的输出结果证明了借款人信用评级是投资人投资决策的重要参考指标。

借款人信用评级不仅是人人贷平台进行贷款分配的依据，也是投资人进行投资决策的依据，特别是投资人，在进行投资选择时，理所应当地把人人贷对借款人的信用评级作为借款人信用风险的参考标准，就会以借款人信用评级作为自己选择放款对象的一个重要依据，借款人在这个过程所受到的影响就直接表现在借款额度和借款成功率上。不管借款人的信用评级有没有真正反映借款人的风险特征，投资人都会认为信用评级为其指出了借款人的风险状况并以此作为投资重要参考项。但实际上借款人信用评级对违约风险无预测作用，在这个过程中，借款人没有任何损失，但投资人很可能会因此而发生逆向选择的行为，进而引发借款人信用风险。因此，信用评级反而成为风险放大因子，进一步诱发了信用风险的发生。

四、本章小结

在此体系的基础上进行了借款人信用风险评估。利率、还款期限和还清笔数成为借款人违约风险的预测因素，借款人其他诸多信息因素并没有对借款人的违约率构成直接影响，平台公布的借款人信息只有极少数能够为投资人提供关于借方的风险参考，而例如借款人的个人信息如年龄、婚姻状况等，借款人的工作相关信息等不能够展现借款人的信用风险情况，那么这些信息对投资人规避来自借款人的信用风险是无用的。另外，在关于借款人的信息中，借款人的信用评级所占的分量和代表的意义与其他信息指标是不同的。借款人信用评级是借款人信用状况的综合和直接体现，它应直接对投资人形成风险警示作用，使投资人根据借款人的信用评级选择自己的投资偏好。因此，借款人信用评级也应是其借款未来违约率的直接推测依据，但在违约率预测公式中却没有借款人信用评级这一指标，即借款人信用评级并没有对其预测违约率造成影响，进而可以得出借款人信用评级不能对其未来信用风险构成参考，这样的结果也说明了作为借款人信息的汇总和精华体现，借款人信用评级已经失去了其应有的意义。

在以人人贷为代表的我国 P2P 网贷中，借款人的信息披露并未发挥缓解借贷中信息不对称的现象。投资人的投资决策主要是依据网贷平台对借款人的信用评级做出的，而在借款人信用的评估中，借款人信用评级这一因素却并没有进入借款人违约率预测公式中，可以判定借款人信用评级并不能完全阐释其信用风险。通过对信用评级影响因素研究得出，借款人信息状况并未得到充分提取，基于此种情况下的借款人信用评级并不能为投资人作出风险规避的指引，但由于投资人理念上认为信用评级是借款人信用特征的体现，便仍会把借款人信用风险作为其投资决策依据，借款人信用评级便仍然影响投资人投资行为，从借款人角度来看，就是仍影响了借款人的借款额度和借款成功率，这样，借款人信用评级没有很好地平衡对借贷双方的影响作用。网贷平台搜集借款人信息是为了掌握更多的借款人各方面可能对其信用状况有影响的信息，并根据这些信息做出借款人信用评级，以对借款人信用状况进行分类，使投资人更好地以此为参考进行投资选择。但通过本章的研究，人人贷平台对借款人的信用评级并未高效抽取借款人信息，这样所做出的信用评级就没有对借款人信用风险评估有实质影响作用，那么人人贷平台对借款人信息的搜集和披露没有发挥缓解借贷双方信息不对称的作用，就是说通过掌握更多借款人信息以此达到控制借款人信用风险的目的没有实现。反而，这种对借款人信用信息没有高效体现的信用评级很可能使投资人出现逆向选择的行为，这会加重借款人的道德风险，从而使得借款人信用风险更加突出。

第五章　对我国 P2P 网络借贷的发展启示

通过理论和实证分析可以得出我国的 P2P 网贷行业的风控管理存在诸多不足。主要表现为：征信环境方面，国外 P2P 网贷完全脱离线下审核，在其完善的征信体系的支撑下，业务流程完全依靠互联网进行，因而方便、高效且风险较小。而相比之下我国征信体系落后，平台获取客户信用数据渠道不畅，信用数据缺失严重。平台管理方面，平台的线下审核致使其效率低下且经营成本提高，且缺乏专门的风险管理技术人员。政府监管方面，监管缺失使得投资人的合法权益得不到有效保障。因此，需要从 P2P 网贷的征信环境、风控管理和政府监管这三个途径入手，对 P2P 网贷的借款人信用风险进行有效控制，使我国 P2P 网贷行业通过多方努力与自身积累，回归信息中介的本质，以促使这种新型借贷模式在我国的民间金融市场发挥越来越重要作用。

一、建立风险补偿机制

（一）完善 P2P 网络借贷征信体系

在广义的借贷关系中，信用风险的管理主要是以借款人未来的现金流所对应的还款能力为中心的，因此必须尽量充分的掌握借款人的还款来源。征信的意义在于，以借款人的历史信用信息及当下收入能力为基础，对其未来偿还贷款的能力及偿还意愿所做出的预测，目的在于通过全面了解借款人历史信息以降低借贷双方的信息不对称。

欧美发达国家的征信制度较发达，P2P 网贷平台通常不直接介入征信业务，P2P 网贷平台可以直接从政府征信机构或商业征信机构无偿或付费获取借款申请人的信用信息。欧美国家的征信机构不论是政府层面还是商业行为，其征信体系都较为完善、技术稳健且借款人数据也非常翔实，在此信用数据基础上所建立的信用评级体系也相当完备和全面，因此 P2P 网贷平台具有强大的征信体系支持，可以较大程度掌握借款申请人的信用状况，以此为基础可以高效稳健的进行信用风险管理。

目前我国仍处于征信环境闭塞、落后的状态，个人征信数据并不对民间金融机构开放，征信体制极为落后。而作为民间金融机构的我国 P2P 网贷平台受国内征信体制的影响，无法得到借款人全面的个人信用数据，这就加剧了我国 P2P 网贷的信息不对称情况。P2P 网贷传入我国之后形成了独具中国特色的运营模式，如网贷平台在进行借款人信息搜集是会采用实地调查的方式，因此在我国，P2P 网贷模式有“线上＋线下”之说，所谓“线下”就是指网贷平台脱离互联网采用实地走访等搜集借款人信息的方式。P2P 网贷在我国之所以出现这种“中国特色”，其根本原因在于我国的征信环境封闭，征信体制不完善，网贷平台通过互联网和体制可以得到的借款申请人的信用信息非常有限，于是为了得到更多的借款申请人信用信息，网贷平台增加了实地走访的线下调查环节，这个环节的确可以获得更多借款申请人信息，但是相应地也增加了网贷平台的运营成本，且审贷效率也大打折扣，非常不利于我国 P2P 网贷的高效发展。

因此，我国 P2P 网贷征信体系的建设要以央行征信系统为支撑，大力发展商业征信和大数据征信以及 P2P 网贷平台自主征信，一方面改善传统征信体系弊端，另一方面极力发展新型的征信方式，既获取借款人历史信用数据又搜集其当下信息数据，多方结合，多管齐下，充分改善我国 P2P 网贷以线下征信为主导的不良现状，主要应从以下几方面突破：

1. 有序开放央行征信系统

虽然央行已经允许个人获取自己的信用报告，而且现在几乎所有的 P2P 网贷平台都会要求借款人在申请借款时提供自己的信用报告，但是作为 P2P 网贷平台自身却并没有查询借款申请人信用报告的权利，这也使得在 P2P 网贷平台对借款人信用风险审查中付出较多的时间成本。同时，P2P 网贷平台也不能向央行征信系统反馈客户的信用情况，这就降低了借款人的违约成本，缺乏对借款人违约的震慑力。

据零壹研究院数据，截至 2013 年，央行的征信系统已经接入了超过 700 家的金融机构，其中以银行为主，另有部分小额担保公司。现在我国拥有金融牌照的机构 1 万多家，若以每年 2000 家的接入量计算，央行的征信系统已经不堪重压。实现 P2P 网贷平台与央行征信系统对接，需要制定专门的 P2P 网贷准入标准及细则，对于接入央行征信系统的 P2P 网贷平台设立门槛，提出资质要求。要建立明确的准入制度，制度应包括对 P2P 网贷平台的资质要求，对接流程等，依照此接入制度，P2P 网贷平台有序接入。由于央行征信系统承受能力有限，可以将 P2P 网贷平台分批划分开，按照日期分批查询，以缓解系统压力，同时，也避免了 P2P 网贷平台无序恶意竞争。

P2P 网贷行业在我国发展也只有八年多的时间，行业成熟度不高，用户数据的真实度和可信度还有待提高，因此，短时间大规模全方位实现与央行征信系统对接十分不现实，因此，就需要商业征信机构和 P2P 网贷平台合作的专门针对 P2P 网贷的第三方征信机构相互协助、共同努力。P2P 网贷平台之间要实现信息互通，征信共享，P2P 网贷平台全面实现与商业征信机构和 P2P 网贷第三方征信机构对接，形成 P2P 网贷自身的征信圈，并实时反馈自己的客户信用信息，以丰富征信圈，而这些征信机构通过与各个 P2P 网贷平台的长期合作，可以对这些 P2P 网贷平台的征信能力进行评级，以此作为进入央行征信系统的一个重要参考，一旦进入央行征信系统，P2P 网贷平台不但可以查询数据，还可以及时反馈用户信用数据，使央行征信系统在个人互联网信用信息方面取得逐渐补充和丰富，进而形成征信良性循环。

2. 高效发展商业征信

2013 年 11 月 15 日，央行颁布《征信机构管理办法》。我国商业化征信机构的设立和运作有了正式的官方法律文件，市场上的“存量征信机构”可以通过申请获取经营牌照。

目前，专门为 P2P 网贷行业提供征信服务的商业征信机构中，上海资信和北京安融惠众的数据规模较大。另外，国外的商业征信机构也开始进军我国 P2P 网贷行业。2014 年 2 月，全球最大的征信局益百利与普惠金融信息服务有限公司及其下属淮安网金融公司爱钱进达成战略合作协，将在数据化风控技术研发及应用方面展开合作。

央行征信系统发挥的是金融基础性数据库的职能，商业征信不是对央行征信的重复和复制，而是有效补充。商业征信机构以会员制或合作制的形式进行借款人数据共享，通过信息共享，形成局部数据库，有效解决了目前 P2P 网贷行业征信数据分散、各 P2P 网贷平台借款人信用数据封闭的问题。因此，征信机构的信用报告对 P2P 网贷平台、小额借贷担保公司等民间金融借贷机构具有更好的覆盖度。P2P 网贷平台的借款人中多数由于缺少在传统金融机构上的信用记录而转向 P2P 网络借贷。这就说明了，在央行的征信数据涉及不充分的领域，商业征信机构可以构成有效补充。乐观的未来是商业征信机构有可能把发展成型的数据库对接入央行的征信数据库中，这将进一步完善我国征信体系构建。

商业征信在解决 P2P 网贷行业中的重复借贷方面也发挥着积极作用。在商业征信数据库中，关于借款人民间借贷的负债信息是对 P2P 网贷平台的最大意义所在。随着 P2P 网贷行业的不断发展，P2P 网贷平台的客户覆盖面越来越广泛，其中借款申请人主观上恶意骗贷、重复借贷的不良行为越来越多。因此，每个 P2P 网贷平台都迫切需要一个民间借贷行业内的能够真实反映借款申请人历史负债信息的信息共享平台。

商业征信充分、普遍发展后，P2P 网贷平台只需结合借款申请人的央行个人征信报告和商业机构征信报告就可以对借款人的偿还能力和偿还意愿作出科学、合理的判断，因此，应积极发展 P2P 网贷平台与商业征信机构的高效对接，形成对央行基础征信的高效补充。

3. 发挥互联网技术优势，积极推行大数据征信

大数据征信尚无规范定义，其主要特征是以多样化、大体量的异构数据为基础，全方位、综合性的拆解分析客户的行为习惯，以辅助传统征信系统对客户进行更加细致、精准的信用评估。大数据征信的数据尽管涵盖来自银行账户的传统征信数据，但其重点是在客户的社交数据和互联网交易数据上，如消费财务数据、身份数据、社交经营数据，甚至是互联网上日常活动数据、场景下的行为数据等，如表 5－1 所示（零壹财经、零壹数据，2014）。大数据征信的行为准则为：一切数据皆可用为信用数据，依托大数据建立的模型更能够全面推导出客户的信用特征。

表 5-1　大数据征信的数据内容

信息类型	数据来源	事例
金融数据	银行账户	信用卡账户流水或邮箱账单
消费记录	电商和第三方支付账户	支付宝、京东等购物记录
社交行为	网络化社交信息	微信、微博
日常活动	日常生活信息	水电煤气费、通信
特定行为	特定环境下的行为信息	网站访问信息、特定网页停留信息、兴趣爱好等

征信的实质在于依靠客户的历史信用数据来预测其未来的违约风险，运用传统的征信技术与历史信用数据的结合，必然会存在某些不可避免的缺陷。传统的征信信息展现的是信息主体在某些有限领域内长时间的点状活动，活动之间的联系无法获取，因此无法形成系统的活动线，也就无法精确预测其延伸的活动线，存在预测能力上的局限性。这种局限性表现为缺乏对信息主体偿还意愿和现阶段下偿还能力的刻画。而大数据征信所涉及的信息主体数据非常系统，可以从信息主体的过去一直延伸到借款申请之时，加上，信息数据融合了传统征信数据和全方位的日常行为数据，因此可以就借款人的偿还意愿进行较准确的判断，并可以根据当下的持续收入状况来精准把握借款人的偿还能力。

大数据征信在反欺诈方面能力突出。经验表明，欺诈申请的风险敞口远大于违约风险。在 P2P 网贷的案例中，主观恶意欺诈所导致的坏账数目大大高于客观违约。大数据征信所覆盖的大量异构、多样化信息，可以对信息主体提供的信息及第三方信息来源的真实性进行交叉检验。传统信息，如身份证、手机号码、收入证明等，其伪造成本非常低，P2P 网贷平台不得不投入大量人力、财力进行线下实地核实以确定其真伪，而对于第三方信息来源，信息主体极少存在伪造的可能，因为第三方信息时间周期长且琐碎，大数据征信在这方面的优势便得以充分体现。

另外，大数据征信也促进了金融借贷平等性。信用应是一个极具个性化和差异化的信息匹配，同一信用评级下的借款人存在着各种差别，传统征信体系下的信用评级很难体现这一点，而大数据征信通过大体量、全方位的数据覆盖，为无信用记录者及信用记录较差者实事求是地进行更加有时效性的精准信用评估，从而实现借贷平等，这样就有效克服了传统征信以极少量历史数据衡量借款人信用风险的弊端，实现对传统征信的有效补充。

因此，应积极推广大数据征信在 P2P 网贷行业的运用，充分发掘借款人当下具有时效性、连贯性的行为信息，以形成对央行征信和商业征信这种建立在借款人历史信用信息上的征信补充。

4. P2P 网贷平台加强自主征信

在征信方面，P2P 网贷平台也应加强自身努力。借款申请人的大部分信用资源仍存于线下，由于缺乏网络沟通渠道和网络信任，P2P 网贷平台必须进行线下实地调查以核实，即使目前以对借款人信用信息进行数字化的管理，但是仍需要在 P2P 网贷平台在线下实地调查后，把借款申请人的信用信息上传到 P2P 网贷平台的网上信息系统。

目前的现状是 P2P 网贷平台必须选择大量的线下调查，即使伴有低效率、高交易成本的副作用，但是长期的线下调查，反馈至 P2P 网店平台的信息系统中，逐渐形成平台自身的信用数据库，这样有计划地降低人工干预的程度，直至形成以线上借款人信用数据审核为主，线下人工干预为辅的局面。

以央行征信数据为基础，高效发展商业征信，充分发挥互联网技术优势，积极推进大数据征信，传统征信技术与现代征信技术相辅相成并逐步对接、融合，再通过 P2P 网贷平台的自主征信努力，从而形成适合我国 P2P 网贷行业发展的高效征信体系。这样以翔实借款人信息数据为依托，P2P 网贷平台在借款人信息获取源头上的不足就得以弥补，进而为 P2P 网贷平台的信用风险审核环节打下坚实的数据基础。

（二）加强风控管理

国外的 P2P 网贷平台的业务职责多是在网络上直接对借贷双方进行撮合，不承担过多的中间业务，因而 P2P 网贷平台的运营模式比较简单。P2P 网贷始于英国，目前在欧美其他国家也取得了不错的发展成绩。

1. 美国

美国的 P2P 网贷行业因其证券化模式及监管的早期介入，使得行业发展更为集中。目前仅 Lending Club 和 Prosper 两家平台就占据了约 80% 的市场，但在 2014 年，专注于大学生贷款市场的 SoFi 异军突起，引起较大关注。截至 2014 年年底，Lending Club 的总贷款额已超过 70 亿美元，Prosper 的总贷款额超过 20 亿美元，SoFi 的总贷款额超多 13 亿美元。Lending Club 于 2007 年 5 月成立，并于 2014 年 12 月 11 日在纽交所上市。2015 年与多家知名企业合作以拓展小微企业贷款市场。目前 Lending Club 的个人贷款仍然占据平台放贷的主体，占比达到 80% 以上。Lending Club 成立伊始便十分注重对平台风险的管理。借款者的借款成功率仅为 10%。Lending Club 根据借款期限和借款金额把借款分成不同等级，如表 5－2 所示。

表 5－2　　Lending Club 的贷款利率

单位：%

贷款等级	A	B	C	D	E	F	G
贷款利率	6～8	9～12	13～15	16～18	19～22	23～25	2～6

Lending Club 不参与借贷活动，只作为借贷中介而存在，对借款人进行信用级别评定，并制定相应的借款利率，投资人风险自负。Lending Club 的收益为收取借贷双方的服务费，对投资人收取投资总额的 1%，对借款人则收取借款总额占比 1%～5% 不等的费用。

Prosper 作为美国金融史上的第一个 P2P 网贷平台，于 2006 年 2 月在美国旧金山创立。在成立早期，Prosper 采用贷款拍卖模式，实际运行效率低。度过 2009 年的 SEC 证券注册静默期后，Prosper 开始像 Lending Club 一样提供预设利率贷款，至 2010 年 Prosper 完全抛弃了贷款拍卖的做法。Prosper 虽然是美国第一家 P2P 网贷平台，但由于各种原因没有充分发挥占领市场先机的优势，后逐渐被 Lending Club 超越。

SoFi 成立于 2011 年，总部位于美国旧金山，服务对象定位为大学生。截至 2014 年年底，SoFi 的累计贷款额超过 13 亿美元，借款人数超过 15500 人。SoFi 于 2013 年年底宣布其首次完成公开的资产证券化，此次证券化的规模为 1.52 亿美元。为完成本次证券化，SoFi 成立了发行机构，

Tru Student 公司和 U. S Bank National Association 分别为 SoFi 的债券管理服务机构和受托机构。加拿大的世界第四大信用评级公司 DBRS 对其进行正式的发型评级，信用评级为 A，并由摩根士丹利公司（Morgan Stanley & Co. LLC）作为担保人卖给顶级机构投资者。2014 年 4 月，获得 8000 万美元融资的 SoFi 宣布进军房地产贷款市场，成为美国第一个允许房产抵押的 P2P 网贷平台。

美国的 P2P 网贷行业发展至 2014 年表现出两个特点：①机构投资者大举进入。与国内 P2P 网贷散户居多的情况有所不同，美国 P2P 网贷行业出现大量的机构投资人。在美国两家最大的 P2P 网贷平台 Lending Club 和 Prosper 上，已有超过 30 亿美元的出借资金来自机构投资者，占平台年度发放贷款总额的 65%，仅有 35% 的贷款投资人来自个人投资者。②为借款端业务开始多元化。例如 Lending Club 增加小企业贷款和医疗贷款，SoFi 增加房产抵押贷款业务，等等。平台谋求上市。Lending Club 和网络放贷平台 OnDeck 先后在纽交所上市，共募集了超过 10 亿美元的资金。从目前情况来看，以后美国可能有更多 P2P 网贷平台（如 SoFi）谋求上市。

2. 英国

英国的 P2P 网贷行业被列为替代金融（alternative finance），英国政府对替代金融的支出、健康的态度给予了 P2P 网贷平台良好的发展空间。2011 年英国成立了 P2P 金融协会（简称“P2PFA”），目前有 9 位成员，包括 Zopa、Ratesetter、MarketInvoice、Funding Circle、Lending Works、Lend Invest、Thincats、Madiston Lendloaninvest 和 Lendbay。2014 年英国 P2P 网贷市场份额集中在四大平台，分别是 Zopa、Ratesetter、Funding Circle 和 MarketInvoice。

Zopa 于 2005 年年初在伦敦成立，是世界上最早成立的 P2P 网贷平台。Zopa 平台的贷款主要为个人贷款，主要用于购买汽车、偿还信用卡和消费。Zopa 根据信用评级机构 Equifax 的借款者信用得分把借款者分为 A 类和 B 类，并根据信用得分来设定借款人利率。借款人同意接收后再进一步确认实际借款利率。Zopa 的借款期限有 2 ~ 3 年的短贷，也有 4 ~ 5 年的长贷。为了分散风险，投资者的资金被分为 N 个 10 英镑投资给不同的借款人，但当投资者资金超过 2000 英镑时，最多只能分为 200 份进行投资，投资者最低可投 10 英镑，没有上限要求。Zopa 的主要收入来源于向投资者借款人收取的手续费。它向投资者收取每年投资金额的 1%，向借款人收取借款审批费用。

Zopa 建有 Safeguard 基金投资人进行保障。如果出现逾期，Zopa 会以公司的名义行使借款人权利，若 4 个月后仍没有还款，Safeguard 基金会就会介入，有可能（但不一定）偿还本金和利息。Safeguard 基金的资金来源于投资者支付的手续费，一部分放到 Safeguard 基金，一部分交给非营利性基金机构 P2PSLimited 保管。根据 P2P banking. com 的数据，从 2005 年创立到 2014 年年末，Zopa 共放款 7. 6 亿英镑，为投资者创造了 4660 万英镑的收益。其中，2014 年放贷总额 2. 8 亿英镑，占历史放贷总额的 36. 8%。其设立的 Safeguard 基金规模已达到 780 万英镑以上。截至 2014 年年底，Zopa 的借款人总数为 10. 7 万（男 78%，女 22%），平均每笔借款为 7500 英镑，出借人总数为 5. 8 万（男 70%，女 30%），平均每笔出借额为 6200 英镑，年收益率在 5% 左右。从 2010 年算起，历史坏账率为 0. 25%。从贷款用途来看，3 亿英镑（5. 3 万笔）借款被用于汽车贷款，1. 77 亿英镑（2. 7 万笔）用于偿还信用卡，1. 51 亿英镑用于家装，剩下约 6500 万英镑用于婚礼、摩托车、度假、房车、修理和电子产品等。

3. 德国

Auxmoney 是德国最大的 P2P 网贷平台，成立于 2007 年。最初 Auxmoney 只有信用借款，后来又加入了汽车质押贷款，借款人可以将汽车质押给 Auxmoney，为获得更低的借款利率做背书，如果借款人无法还款，Auxmoney 将会将汽车出售，用来补偿投资者。由于没有刚性兑付，Auxmoney 要求投资者分散投资减小投资风险。Auxmoney 会根据借款人的信用情况进行打分，确定最终借款利率，大份的过程是由 SWK 银行完成的。由于根据德国法律规定，放贷机构必须取得拍照，Auxmoney 没有放贷许可资格，所以要借助 SWK 银行充当放贷渠道，把投资者的资金归集后打到借款人的账户。Auxmoney 于 2013 年获得 1200 欧元风投资金后开始急速扩张，占领了德国 P2P 网贷市场 80% 的份额。根据官方数据统计，从 2008 年 3 月 1 日到 2015 年 2 月 8 日，Auxmoney 共完成超过 3 万笔贷款，累计放贷额为 1. 6 亿欧元，投资者平均收益率为 9. 65%，坏账率为 1. 99%。

Lendico 成立于 2013 年 12 月，总部位于德国，在荷兰、南非、西班牙、波兰、奥地利都设有分部。由于各个国家的政策法规不同，Lendico 在一些国家也借助银行合作开展业务。Lendico 的产品类型主要为个人信用贷款。针对用户开发出了多种借款产品，如汽车贷款、信用卡过桥贷款、装修贷款等。根据 P2P – Anlage 的数据，2015 年 1 月 Lendico 贷款总量为 70 万欧元，其借款利率从 2% 到 23% 不等，借款额从 600 欧元到 25000 欧元，借款期限从 6 个月到 5 年不等，允许的最小投资额为 25 欧元。Lendico 不提供任何形式的担保，当借款人无法还款后 Lendico 会交给当地的催收公司协助催收，但不保证催收成功。

4. 其他国家

其他的国家的 P2P 网贷平台还有很多，如法国唯一的 P2P 网贷机构，Prêt d' union，全世界第一家公开上市的 P2P 网贷平台，瑞典的 Trustbuddy；意大利的 Smartika 等等。

Prêt d' union 是法国第一家 P2P 网贷平台，由法国国家银行于 2009 年成立。在法国从事 P2P 网贷需要银行牌照，因此 Prêt d' union 也是法国唯一的 P2P 网贷机构，具有得天独厚的优势，垄断了整个法国的 P2P 网贷市场。Prêt d' union 平台的投资者可以选择单个借款标的进行投资，同时也提供了 5 个“投资基金”用于投资到平台的各个标的，与国内的“理财计划”相似。Prêt d' union 不提供任何形式的担保，投资者需自担风险。据官方数据统计，截至 2015 年 2 月 8 日，Prêt d' union 累计成功发放贷款 1. 4 亿欧元。借款人借款金额在 3000 欧元到 4 万欧元之间，借款期限为2 ~ 5 年，投资者的平均收益为 4% ~6% 。

瑞典的 Trustbuddy 成立于 2009 年，2011 年在 Nasdaq Omx First North (TBDY) 上市，是全世界第一家公开上市的 P2P 网贷平台。Trustbuddy 在欧洲的十一个国家都设有分部。Trustbuddy 的个人信贷产品平均借款期限 3 ~ 34 个月，金额为 350 欧元 ~ 5000 欧元，其中小型企业贷款平均借款期限 48 个月，平均规模 65000 欧元。Trustbuddy 的起投金额为 100 欧元，投资者自担风险，Trustbuddy 提供自动投标工具，帮助投资者便捷地分散投标，平台也提供债权转让功能。据官方披露的信息，该平台的历史坏账率约为 4% 。Trustbuddy 上市较早，上市后从股票市场获得大量现金后，开始在欧洲范围内扩张。起初采用开分部的形式扩张，2014 年收购了两家 P2P 网贷平台，分别是荷兰的 Geldvoorelkaar 和意大利的 Prestiamoci。此外，Trustbuddy 还收购了一家英国金融服务公司，但该公司的具体名称未透露。

意大利最著名地 P2P 网贷平台是 Smartika，其前身是 Zopa 意大利分部 ZopaItaly，于 2011 年独立为 Smartika。Smartika 对借款人的审核方式是信用评分，根据信用评分确定借款利率，借款金额从 1000 ~ 15000 欧元，借款期限从 1 ~4 年不等。该平台上的借款都是信用借款，平台不提供担保，要求投资和投资每个项目的金额不超过 20 欧元。Smartika 平台上的投资年化收益率为 4% ~6.59%。此外，Smartika 提供债权转让功能以提高产品的流动性。据官方披露的数据，截至 2015 年 2 月初，该平台地累计借款额为 1600 万欧元。

从上述材料和数据可以看出，目前世界各国地 P2P 网贷行业都有较大发展，老平台地交易额快速攀升，新平台、新业务、新模式层出不穷。这意味着在世界其他国家 P2P 网贷行业都有效弥补了传统金融机构的不足，具有强大的生命力，并非我国独有现象。与此同时，各国的 P2P 网贷行业也从小额信贷开始，逐步向小企业贷款、票据融资和抵押贷款发展，说明资产多元化是 P2P 网贷发展的清晰走向，也说明国外 P2P 网贷平台在风控方面的发展已较为完善，这对对我国 P2P 网贷的风控管理极具启示意义，具体在以下几个方面：

第一，贷前风险筛查及补充。我国 P2P 网贷的贷前信用风险筛查环节主要内容是网贷平台依据搜集到的借款申请人各方面的信息，如个人基本信息、工作信息等，进行信用级别评定，再根据此信用评级界定借款申请人是否准入以及准入后的贷款级别。根据前文的实证研究可知，仅以网贷平台做出的借款人信用评级作为投资者的投资参考是较为片面的，因此在贷前风险筛查环节需要进一步作出补充，以使借款人的真实信用状况尽可能地被投资人掌握，从而降低借贷双方的信息不对称状况。

——借款人信用评级补充

由本篇实证研究可知，对于借款人的信息，人人贷并没有实现充分利用，其给出的信用评级中大部分包括平台认证信息，如收入认证、工作认证等，类似年龄、性别等基本信息并没有包括进去，而且信用评级和借款人违约率也没有直接关系，由此可知，人人贷的信用评级体系存在很大缺陷，表面上看来通过对借款人提供的信息进行评估，提供给投资人，进而达到缓解信息不对称的目的，但实际上发挥的作用仅仅是平台认证信息的汇总代表指标，很显然信用评级这一重要指标在我国特殊的 P2P 网贷模式中，已经失去了原有的作用和意义。因此，网贷平台应综合多方面因素，提高对借款人信息的有效利用率。

人人贷对借款人作出的信用评级只片面的包括了借款人的学历、标的类型、还清笔数和违约情况，而关于借款人的工作信息等其他信息都并未涉及，这样非常不利于掌握借款人的总体信用状况。因此，在此环节中，不能单靠“借款人信用评级”这一指标对借款人进行风险划分，需要对借款人信用评级进行进一步的补充。以表 5 –5 我国 P2P 网络借贷个人信用评估指标体系为参考，把包括借款人年龄、婚姻状况、学历的个人基本信息进行级别界定，把包括工作所在地、工作行业、公司规模、工作年限、职业类型和年收入的工作信息进行级别界定，把包括房产、车产、房贷、车贷等的资产信息进行级别界定，把包括贷款总额、逾期金额、申请笔数、成功笔数、还清笔数的贷款历史信息进行级别界定，把包括信用报告、身份认证、工作认证、收入认证、实地认证、机构担保的平台审核认证信息进行级别界定，以此形成借款申请人基础信用等级、工作信用等级、资产信用等级、贷款历史信用等级、平台认定信用等级，在这五个信用等级基础上再进一步形成借款申请人最终的信用评级。这样，原来的信用评级片面反映借款人信用状况的现象就会得到极大缓解，且包括借款人全面信用信息的信用评级也将对借款人未来违约率起到一定的预测作用。依据此信用评级，投资人便可掌握借款申请人的全面信用状况，以此作为投资参考可较大程度地缓解 P2P 网贷中的信息不对称状况，从而降低信用风险，因而，信用评级也具有了对投资人规避信用风险的指引作用。

另外，借款人的网络消费流水账单具有一定的借鉴意义，应把其一并纳入信用评级体系中，在此基础上，丰富和改进网贷平台的信用评级体系。

——借款人制订偿还计划

在 P2P 网贷的贷前信用风险防控中，不但要做好信息筛查工作，还要对借款人的贷款偿还计划安排作出了解。以借款人的工作收入、日常生活消费以及借款总额、还款期限等为主要参考指标，使借款人对未来的还款计划作出安排，并交于网贷平台进行辅助参考。

在对借款申请人的偿还能力进行评估时，不能单依靠其工作收入这一指标进行衡量，还需考虑借款人的支出状况，根据借款人年龄、性别、家庭情况等指标信息评估其日常生活支出状况，结合借款人目标借款金额和还款期限，评定借款人工作收入是否能够在足以维持其日常生活开支的基础上，偿还每月的借款金额。具体指标内容如下表 5－3 所示。

表 5－3　　P2P 网贷借款人偿还计划表

个人基本信息	性别
	学历
	年龄
	婚姻状况
	有无孩子
收入情况	工作收入
	其他收入
支出情况	生活消费
	教育支出
	债务支出
	其他支出
贷款计划	贷款总额
	还款期限
偿还计划	月还款额度
	计划还款期限

第二，贷后风险整理补充。作为网贷平台，在 P2P 网贷的贷后工作中，不但要进行贷后管理和风险跟踪，还对根据已有的坏账情况进行总结，提取违约人信息进行违约特征研究，以为以后的借款申请人信用风险甄别提供经验参考。

若要有效地防范并抑制 P2P 网贷中借款人信用风险，网贷平台不但需要建立完善的信用风险风控体系，还要具有风控管理经验的专门技术人才，以实现风控体系的高效运转。目前我国 P2P 网贷平台大量缺乏专业的技术人才，P2P 网贷在我国发展虽说已超过 8 年，但对此类人才的培养还处于滞后和迟钝状态，这也在一定程度上限制了 P2P 网贷的健康发展。大量的 P2P 网贷平台的管理层都是东拼西凑，缺少对风险统筹管理，使得大量平台坏账丛生，最后不得不倒闭，这也是引发 P2P 网贷平台本身信用风险一个重要因素。

第三，诚信及风险意识教育。作为 P2P 网贷中的主体，借贷双方都需作出努力，积极实现双方借贷信息全面交流，一方面有利于投资人对借款人做出正确的风险判读，避免逆向选择的发生；另一方面借款人提供自身真实全面的信息，可以使网贷平台对借款人根据其评级合理授信，避免道德风险的发生。借款人应充分发扬诚信借贷的品格，加强自律性，做到有借有还，这不但可以提高自己的信用等级，使自己拥有越来越高的信用额度，也会促使我国 P2P 网贷发展的良性循环。

对投资人而言，若要有效避免借款人信用风险，也要积极学习 P2P 网贷相关风险知识，深入了解有关 P2P 网贷信用风险的诸多事宜，在选择 P2P 网贷进行理财时要充分做足功课，使自己具有一套行之有效的投资理念和规则，这样即使网贷平台对借款人信用状况出现评估偏差，投资人也需自己能及时发现问题并予以纠正。另外要有较强的风险意识，不要为了获取高收益而片面追逐贷款高利率。这样才能树立投资的纪律性，对借款人信用风险有自己稳健判断，避免人云亦云的羊群行为发生。同时，P2P 网贷平台也应对投资者进行投资行为前教育，对投资人进行充分的风险提示，并避免误导性甚至是虚假性的宣传，在 P2P 网贷进行的过程中，让投资人具有充分的信息及风险知情权。

二、促进行业自律

我国目前也出现了很多 P2P 网贷民间自律组织。

2014 年 1 月 16 日上午，中国互联网协会互联网金融工作委员会正式成立，执行秘书在正式成立大会上报告了近期重点工作计划：其一，加强自身建设，为开展工作打好基础；其二，立足互联网金融发展，积极开展各项活动；其三，开展行业发展与规范研究，例如：以行业自律为手段，配合政府部门开展互联网金融企业行业自律、消费者权益保护等工作；其四，积极开展走访调研座谈活动。

2014 年 11 月 5 日，中国小额信贷联盟 P2P 借贷行业委员会修订了 2012 年 12 月发布并签署的 P2P 借贷行业自律公约，新的自律公约在原则上与即将出台的监管原则保持一致，且明确倡导 P2P 会员机构开展小额信贷业务。调整的主要内容为：①对参与中国小额信贷联盟 P2P 借贷行业委员会的机构定义为“小额信贷信息中介机构”；②将银监会创新部提出的 P2P 监管 10 条原则融进了公约；③进一步明确了 P2P 机构必须与银行或第三方支付机构进行账户托管；④明确定义逾期 90 天以上的同账龄逾期率：报告日时当前已经逾期 90 天以上的账户的未还本金总余额/到报告日时 120 天以前开户的贷款合同总金额。

2014 年 7 月 10 日，中国支付清算协会组织召开了 P2P 网络借贷风险保障模式暨保险业务合作内部研讨会，为共同探讨合理的 P2P 网络借贷风险保障模式，促进 P2P 网络借贷行业健康发展建言。会议就现有的 P2P 网络借贷风险保障模式及存在的风险等问题进行学术交流讨论，重点对 P2P 网络借贷担保业务、保险业务合作模式、非垫付模式下逾期账款追偿等问题进行研讨。

2014 年 12 月 29 日，全国首个省级 P2P 借贷行业专门协会——北京市网贷行业协会获得北京市民政局批准成立，协会接受业务指导单位北京市金融工作局、社团登记管理机关北京市民政局的业务指导和监督管理处。协会拥有 30 家创始会员，其中的 18 家网贷机构营业规模超过全行业规模的 20%，业务分布均衡，机构特点鲜明，具有一定的行业代表性和影响力；其余 12 家机构为征信、第三方支付等行业服务机构。协会的宗旨是团结北京市开展业务的网贷机构以及相关行业机构，坚持以金融创新的思维、协作的文化、开放的平台、有效的服务为指导思想，通过开展机构间持续的相互调研交流、开放数据、参与行业自律沟通等活动，为会员提供服务，为行业发展服务，达到推进行业规范发展的目的。

我国的征信体制本就落后，网贷平台难以获取借款人信用数据，若网贷平台之间再相互封闭，不进行借款人信用数据交流，那么 P2P 网贷的征信发展将很难取得进一步发展。因此，实现网贷平台之间信息互通意义重大。可以建立一个共同的第三方 P2P 网贷征信平台，每个网贷平台均对其传送平台所掌握的借款人信用数据，也可以自由使用这个征信平台已有的信用数据，这样互通有无，不但可以实现网贷平台间共同抵御信用的目的，也将极大促进我国征信体制的发展。

另外，P2P 网贷行业应建立一个统一的行业自律组织，并对组织内部的 P2P 网贷平台实现统一约束管理，应实现行业信息共享，包括各 P2P 网贷平台借款人信用信息、逾期借款人黑名单等。并建立行业应急保障基金，在组织内部的会员平台出现资金紧缺的危急时刻，启动应急保障基金给予行业援助。在会员平台出现无法经营而面临倒闭的情况时，行业组织应帮助处理后续事务，以保障该 P2P 网贷平台的借贷双方客户利益。

三、加强政府监管

P2P 网贷的发展离不开政府的监管和支持，政府的监管使得 P2P 网贷有法可依地在法律允许的范围内进行借贷活动，且违法的借贷行为才能实现违法必究。我国 P2P 网贷的监管才刚刚起步，因此在国外的 P2P 网贷监管经验对我国具有极大的借鉴意义，在借鉴国外监管经验的基础上结合我国国情，从而提出我国 P2P 网贷的监管建议。

在监管方面，美国政府没有对 P2P 网贷出台专门的法律法规，而是采取在现有体制下进行多层监管。2008 年 10 月，P2P 网贷平台发行的收益权凭证被美国证券交易委员会（SEC）认定为证券，需要在 SEC 注册，因此目前主要由 SEC 对 P2P 网贷平台进行责任监管。公开发行证券需要取得各州的许可证，联邦机构（如联邦贸易委员会——FTC、联邦存款保险公司——FDIC）及各州政府都会对 P2P 网贷行业进行监管。此外 P2P 网贷业务还涉及消费金融，消费金融保护局（CFPB）也会对 P2P 网贷平台进行行为监管。

英国金融行为监管局（FCA）出台的《关于网络众筹和通过其他方式发行不易变现证券的监管规则》把纳入监管的众筹分为两类：第一类是 P2P 网络借贷型众筹；第二类是股权投资型众筹，并制定了不同的监管标准。

监管框架的设计主要是为了实现以下目标：①为消费者提供额外的保护；②推动 P2P 网贷行业内的有效竞争；③在可控的范围内让行业健康增长；④确保平台提供明确、无误导的信息，并有适当的程序处理客户资金；⑤确保公司妥善处理遇到财政问题的客户和相关投诉；⑥确保平台上保持稳定的财务状况，并有应急的方案来应对可能出现的问题。

监管规则的主要内容如下（参照 FCA 的 CP13/13 号文件——《FCA 众筹监管规则》，PS14/14 号文件——《FCA 互联网众筹管理规则和通过其他媒介促进不易变现证券交易的监管规则的反馈及最终要求》）：

（1）最低资本要求。《监管规则》在最低资本要求中设立两个指标，取两个指标中的较高值作为最低资本（见表 5 -4）。

表 5 -4　　P2P 平台资本金计算标准

平台规模	资本金比例（%）
5000 万英镑以下	0.20
5000 万英镑至 2.5 亿英镑	0.15
2.5 亿英镑至 5 亿英镑	0.10
5 亿英镑以上	0.05

（2）客户资金保护规则。平台应分类管理客户资金，并须每年向监管机构报告其资金分类结果。报送要求如表 5 -5 所示。

表 5 -5　　客户资金保护规则

<table>
<tr><th>持有客户资金规模</th><th>分类（基于 CASS 分类管理）</th><th>监管要求</th></tr>
<tr><td>100 万英镑以下</td><td>小型企业</td><td>公司管理层可负责——每年向监管部门报告持有客户资金规模</td></tr>
<tr><td>100 万英镑至 10 亿英镑</td><td>中型企业</td><td rowspan="2">公式配置专门人员——每月向监管部门报告持有客户资金规模</td></tr>
<tr><td>10 亿英镑以上</td><td>大型企业</td></tr>
</table>

（3）信息披露制度。FCA 要求的信息披露主要涉及两方面：一是关于平台业务的信息；二是于平台提供的服务信息，包括联系方式、FCA 的授权文件披露、运营报告、费用说明、计提风险备付金。

（4）信息报告制度。网贷平台需定期向 FCA 汇报其审慎及财务信息、客户借贷及后期反馈情况、上季度业务状况等。若网贷平台已被批准授权，在其被批准一季度后才需要提交审慎及财务信息。例如公司在 2014 年 12 月前仍未被完整授权，则不需要提交审慎和财务报告直到被授权后一个季度。同样，如果一个公司在 2014 年 7 月 1 日获得完整授权，公司在 2014 年 10 月 1 日之前可以不提交此类材料。

（5）合同解除权。主要规定了消费者（投资者）单方解除合同的规则，包括两种情况：第一种是 P2P 网贷平台建有二级市场，投资者可以转让其债权则不享受解除权；第二种情况是 P2P 借贷平台没有二级市场，投资者在 14 天内可以取消投资且不承担任何限制和责任，但在这 14 天不允许再次投资。

（6）P2P 网贷平台破产后的保护条款。若网贷平台已宣布破产，那么其业务中未到期的合同应继续进行，并对其进行妥当安排。

（7）争端解决机制。FCA 出台争端解决机制相关细则，以使投资人投诉时有法可依。

我国对于 P2P 网贷的监管发展是较缓慢的，从 2013 年开始，国家相关领导人频频表态，可以看出对于 P2P 网贷的发展必将出台相关监管细则促使其健康发展。2013 年 7 月 30 日，中国银监会副主席、巴塞尔银行监管委员会委员王兆星撰文提出金融机构“大而不倒”存在的危害；8 月 2 日，中国央行发布《2013 年第二季度中国货币政策执行报告》中专门提出互联网金融概念及发展情况；8 月 12 日，国务院办公厅发布关于金融支持小微企业发展的具体实施意见；8 月 19 日，央行行长周小川表态看好互联网金融发展；在 9 月份举办的达沃斯论坛上，李克强总理在此表示推动金融改革的坚定决心。央行副行长刘士余在 2013 年中国互联网大会上讲到互联网金融监管市场的创新和行业自律的关系时，谈到当前互联网金融监管是一个世界性难题，但是在发展互联网金融时有两个底线不能触碰，或者不能击穿的，一个是非法吸收公共存款，一个是非法集资。

2014 年 4 月，银监会副主席阎庆民在出席博鳌亚洲论坛 2014 年年会期间回答《经济参考报》记着提问时表示，国务院刚作出决定，有银监会作为监管主体对 P2P 网贷行使监管之责。

我国 P2P 网贷监管政策的发展如表 5－6 所示。

表 5－6　　　　我国 P2P 网络借贷监管政策发展进程

时间	主体	监管政策	政策细则
2011/08	银监会办公厅	《关于人人贷有关风险提示的通知》	对网贷中介平台人人贷存在的七大风险进行一一揭示，是我国关于 P2P 网贷风险的第一个正式文件
2013/06	人民银行	《支付业务风险提示——加大审核力度提高管理水平防范网络信贷平台风险》	对我国商业银行和第三方支付平台做出了风险提示，即要注意网络信贷业务风险
2014/04	银监会处置非法集资部际联席会议办公室	四条边界	对 P2P 网贷平台行为做出了明确规定：网贷平台只作为网贷活动的中介，不能提供资金担保，不得进行资金池类和吸储类的非法集资行为。其实质在于促使 P2P 网络借贷平台回归信息中介本质，避免承担过多风险，有利于 P2P 网贷行业的长期、健康发展
2014/09	银监会创新监管部	十大原则	主要内容包括明确 P2P 网贷平台的信息中介性质，对行业门槛提出要求，以及提出信息披露的要求等
2015/03	银监会普惠金融部	可能监管细则	主要包括以下八点：（1）准入门槛为3000万元注册资本；（2）对单个项目融资额度设置上限；（3）不得进行平台自身融资；（4）每隔借款项目须有真实借款人的信息；（5）对 P2P 采取杠杆限制管理，不得超过 10 倍杠杆；（6）不得自我担保，即平台要“去担保化”；（7）不允许拆标；（8）设定债权转让范围

在监管方面，美国政府没有对 P2P 网贷出台专门的法律法规，而是采取在现有体制下进行多层监管。英国方面，英国金融行为监管局以出台相关政策，发布针对 P2P 网贷监管的诸多细则。而我国，随着监管呼声的高

涨，目前银监会被定为我国 P2P 网贷的监管主体，这在我国 P2P 网贷的监管史上意义重大，说明我国政府部门已经迈开了对 P2P 监管的步伐，这将有利于我国 P2P 网贷规范、快速发展。国内 P2P 网贷平台个人信用风险的成因是多方面的，其中一方面就是现行征信环境下，信用数据的不公开。国内社会信用环境不成熟，征信体系不完善、不开放，P2P 网贷平台无法像银行一样登录征信系统便捷地掌握借款人资信情况，并进行有效的贷后管理。另一方面，另外缺乏专业的信用风险评估、管理人员，即使有部分数据，也缺乏适合的信用风险度量方法来确定出合适的模型，难以突出 P2P 网贷的技术优势，P2P 网贷对借款人的信用评级存在其自身的局限性。P2P 网贷属于新型产业，其发展历程不过几年且进入门槛较低，所以大部分网贷公司缺乏专业的信贷风险管理人员，不具备充分的贷款风险管理能力和资质，容易产生大量的坏账。改善以线下调查为主的国内 P2P 网贷平台征信模式的弊端，这也是本篇研究的主要问题。

在 P2P 网贷活动中出现的各种不规范行为和危害借贷主体的行为都需要政府部门进行监管和惩处。特别是作为新生事物，P2P 网贷的发展还处于探索阶段，不可避免地会出现各种不规范的危害 P2P 网贷正常运行的行为，因此政府应出台相关法律法规，制定详细的监管细则，使对 P2P 网贷的监管有法可依、违法必究。

（一）对 P2P 网贷平台风控机制的监管

P2P 网贷自传入我国以来，就迅速扩散开来，成为金融市场中的蓝海，在利益驱使下，许多缺乏风控经验的网贷平台匆匆上线。由于我国没有专门的第三方机构对借款人进行信用级别评定，因此这个环节就由各网贷平台代为执行。网贷平台会根据借款申请人提供的信息对其进行信用级别评定，以实现信用风险筛查的目的，但若网贷平台自身的风控体系不够成熟或存在漏洞，就会在信用风险筛查环节出现纰漏，很可能出现借款人信用评级偏离真实状况的情况，这样会进一步危害到投资人的利益，因此，政府部门必须对 P2P 网贷平台的信用风控能力设立准入门槛，并在网贷平台上线后进一步进行核实和监管。设立专门的准入细则，以使各网贷平台在上线之前接受政府监管部门对其风控管理机制的调查与核实，具有完善的风控管理机制的网贷平台才被允许上线。上线之后在网贷平台的运营过程中，也需要定期向政府监管部门提供风控管理信息，其进行风控机制变动时也需要向政府监管部门提出申请变更，由政府监管部门评估审核后方能变更。这样，在政府的一系列监管下，具备完善风控机制的网贷平台才能在对借款申请人的信用风险筛查环节尽可能地做到最好。

（二）对借款人提供不实信息的行为监管

在 P2P 网贷活动中，借款人为了获得更高的信用评级和更多的借款金额，会本能地隐瞒对自身信用状况有消极影响的个人信息，甚至是提供虚假增信信息。从本篇实证分析得出，在我国 P2P 网贷进程中，借款人提供的信息中，大部分对信用风险没有提示作用，其中一方面的原因就是这些信息中存在很多不实信息，表面看来 P2P 网贷平台做到了对借款人的信息披露，但是并没有发挥信息披露应有的作用，在此情况下借贷双方的信息不对称问题仍然没有得到有效缓解。这种提供不实信息的借贷行为对整个借贷活动存在极大的危害，但是却并没有相关的法律法规限制约束，借款人不需承受任何法律制裁，自然就有恃无恐不设底线。网贷平台除了花费大量人力、财力进行线下实地调查，以达到核实信息真伪的目标，别无他法，这样不但提高了 P2P 网贷的交易成本，也不能从根本上解决问题。对此，政府部门应对 P2P 网贷中的借款人制定专门的诚信追责制度，若因借款人提供不真实信息或隐瞒真实信息而造成投资人利益损失的，需依法对借款人进行责任追讨，以法律手段强制实现清洁信息源头的目的。这样，P2P 网贷活动中借款人的信息提供不当行为才能得到有效地抑制，我国 P2P 网贷的信息来源才能得到有效保护。

以上对于 P2P 网贷平台和借款人的监管目的都是为了实现我国 P2P 网贷过程中的信用风险可控，以达到保护投资者的合法利益的目的。P2P 网贷来源于民间借贷却又有别于民间借贷，因此，我国适用于民间借贷的法律规范不完全适用于 P2P 网贷，为了 P2P 网贷中投资人的合法利益得到有效保护，政府部门需制定专门维护 P2P 网贷投资人合法权益的法律规范。P2P 网贷中的借款人一旦出现违约，网贷平台就会启动贷后追债环节，但即使这样也有可能发生坏账，使得投资人无法追回本息，此时就必须依据相关法律法规强制借款人还款，因此在对 P2P 网贷平台和借款人的监管的同时，政府部门也应针对投资者制定专门的保护效力的法律规范。在实际的网贷活动中，存在着更多问题，要解决这些问题必须政府行使其行政职能，对 P2P 网贷中的不规范行为进行强制约束，进而最大程度地降低 P2P 网贷中的信用风险。

四、本章小结

自 P2P 网贷进入我国，在短短的几年时间里便取得了骄人的成绩，伴随着影响力的扩大，随之而来的也存在各种问题。主要表现为我国征信体系落后，平台获取客户信用数据渠道不畅，信用数据缺失严重。在平台管理方面也存在较大问题，一方面低效率的线下审核提高了网贷平台的经营成本；另一方面网贷平台也存在风险管理技术人员不足的问题。而且政府监管尚不到位，监管缺失使得投资人的合法权益得不到有效保障。尽管存在上述先天不足，但我国 P2P 网贷行业正逐渐通过自身努力与积累，回归信息中介的本质，使得这种新型借贷模式在我国的民间金融市场发挥越来越重要作用。我国 P2P 网贷填补了小微企业和个人消费借贷的市场空白，实现了资源合理配置，避免了信贷资源的浪费，从而对这一空白市场有所裨益，也在主流金融市场外开发出一片金融蓝海，促进整个市场的优化。P2P 网贷平台通过大量的线上线下调查，借款人的各方面的信用信息将被最大限度地汇总成为个人信用档案，逐渐就会形成完善的信用数据库，促进我国信用体制从下至上的自我完善。而且在 P2P 网贷中，契约精神实践与教育将有助于整体信用环境的建设。我国 P2P 网贷平台在风控技术上的进步将促进整体金融市场的高效健康发展，风控能力和管理能力的提高还将促进我国第三方征信平台的建立。尽管我国 P2P 网贷行业发展存在各种问题，但其巨大的发展潜力和价值整体上对我国金融市场的发展有巨大的利好作用。目前世界各地 P2P 网贷行业都有较大发展，老平台地交易额快速攀升，新平台、新业务、新模式层出不穷。这意味着在世界其他国家 P2P 网贷行业都有效弥补了传统金融机构的不足，具有强大的生命力，并非我国独有现象。与此同时，各国的 P2P 网贷行业也从小额信贷开始，逐步向小企业贷款、票据融资和抵押贷款发展，说明资产多元化是 P2P 网贷发展的清晰走向。

我国 P2P 网贷借款人信用风险的防范和控制，并不是单独依靠政府部门或 P2P 网贷平台就能取得成功的，必须要多方主体的共同参与和努力。政府部门适当进行行政干预，制定各种适用于 P2P 网贷行业的监管细则及辅助发展政策，一方面为 P2P 网贷行业的征信发展开辟道路；另一方面也要制定相关监管政策使 P2P 网贷行业的各方主体依法行事，规范自身的经济行为，同时也要对 P2P 网贷这个新生事物给予政策上的扶持，以推动 P2P 网贷行业在我国的深层次发展。P2P 网贷平台在政府的政策监管和推动下，把控好借款人信用风险审核环节及贷后管理环节，充分利用已获取的借款人信用信息作出合理的信用风险判断并辅以完善的贷后管理计划，争取在 P2P 网贷平台这个载体上把借款人信用风险把控到安全的范围之内。P2P 网贷的借贷主体双方也应充分自律，借款人应提高自身诚信意识，不依靠虚假增信过度借贷，投资人也应建立一套科学合理并适合自己的投资计划，树立强烈的风险意识，以使因个人原因造成的投资失误降到最低。

第六章 本篇结论与展望

一、研究总结

本篇以 P2P 网络借贷借款人信用风险为研究对象，以信息不对称理论为基础，对借款人信用风险进行评估，对影响借款人信用风险的借款人信息因素进行分析，并对没有产生影响但却意义重大的信息因素（借款人信用评级）进行深入剖析，以检验我国 P2P 网贷平台在信审环节是否有效抑制了借款人信用风险。

具体研究结论如下：

(1) P2P 网络借贷中的信息不对称问题不但来源于借款人信息获取环节，还来源于 P2P 网络借贷平台对借款人信息的加工传递环节。

结合信息不对称理论对 P2P 网贷进行分析，发现信息不对称现象在 P2P 网贷中仍然存在，并会引发信用风险。P2P 网贷实质上是民间借贷依托互联网技术的特殊表现形式，但与传统民间借贷相比，尽管 P2P 网贷具有互联网基因，但这并没有消除其借贷过程中的信息不对称问题。在我国，由于没有专门针对个人的信用评级机构，而央行掌握的征信数据又不对民间金融机构开放，因此作为信息中介的 P2P 网贷平台同样也承担了对借款申请人的信用风险筛查工作。借款申请人向网贷平台提出申请，同时提供个人各方面的信息（基本信息如年龄、性别等，财务信息如收入状况等），网贷平台对这些信息进行分析并作出信用评级，信用评级达到网贷平台规定标准的借款申请人通过申请，不符合标准的借款人意味着其信用风险较大，因此被网贷平台拒绝。而且网贷平台会根据对借款人的信用评级进行借款金额匹配，网贷平台对每个信用评级下的借款金额多少是有规定的。在这个过程中借款申请人为了获得贷款或获得高额度的贷款，可能会掩盖部分消极信息或向网贷平台提供虚假增信信息，网贷平台会对这些信息进行信用评级并连带借款人提供的详细信息一并展示给投资人，基于这些不实信息，投资人很可能会选择自以为信用风险低但实际上违约可能较大的借款人，导致逆向选择的发生，而被选择的借款人极易出现道德风险，进而引发 P2P 网贷中的借款人信用风险。

（2）P2P 网络借贷平台的信用风险审核环节并未充分有效抑制借款人信用风险的发生。

本篇以人人贷借款人数据信息为数据支撑，运用二项 logistic 回归建立了 P2P 网贷借款人信用评估模型，从信息不对称的角度，对借款人信息中可能存在的信用风险影响因素进行了研究，得到了借款年利率、还款期限以及还清笔数对借款人违约率的影响本质。其中，借款年利率与违约率成反比，还款期限与违约率成正比，还清笔数与违约率成反比。除此之外，借款人的其他信息不对违约率构成影响，如个人基本信息（年龄、婚姻等）、工作信息（年收入、公司规模等）等，更值得注意的是，模型结果表明人人贷对借款人的信用评级也不对违约率构成影响，即信用评级无法起到预测信用风险的作用。可以得出结论，人人贷上借款人的极大部分信息并没有发挥真正的信用风险提示作用，尤其是人人贷给出的信用评级对投资人规避信用风险也并无指导作用。在 P2P 网贷中，借款人信用评级是非常重要的指标，特别是对于投资人而言。投资人会很自然地选择信用评级高的借款人作为放款对象，因为投资人认为信用评级与违约风险是成反比的，而人人贷给出的借款人信用评级与违约风险显然不存在这样的关系，但人人贷平台上的投资人还会依据传统认知，认为借款人信用评级与其预期违约率之间存在负相关，这就造成了明显的信息误导，仍是一种信息不对称现象。综上所述，人人贷对借款人的披露并没有起到缓解借贷双方信息不对称的作用，还有可能造成投资人的逆向选择，进而导致信用风险的发生。

（3）P2P 网络借贷中的借款人信用评级与违约风险不相关，不但不能为投资人提供投资决策参考，还成为风险放大因子诱发信用风险的发生。

在对 P2P 网贷借款人信用风险进行评估后，发现信用评级作为重要指标对借款人信用风险并没有影响，因此本篇运用多项 logistic 回归对影响借款人信用评级的信息因素进行分析。研究得出借款人学历、还清笔数、历史违约情况以及代表人人贷 6 个平台认证信息（工作认证、收入认证、信用报告、身份认证、机构担保、实地认证）的标的类型对信用评级有实质影响。除去贷款信息特征外，借款人信用评级涵盖的信息因素比违约风险的涵盖的预测因素更全面，但是为什么涵盖较多借款人信息因素的信用评级却没有进入预测公式中，从信用风险评估的预测公式中可知，利率、还款期限和还清笔数是预测违约风险的因素，其中三个预测因素中有两个，即利率和还款期限，都属于贷款信息特征范畴，因此可推出，人人贷标的中，对借款人违约风险影响最大的是人人贷对借款人分配的贷款情况，但信用评级影响因素中并不包括这些因素，因此，信用评级对违约风险的预测作用就弱化了甚至不构成直接相关关系。而人人贷对借款人的贷款分配正是基于人人贷的 6 个审核认证指标以及对借款人的信用评级，上文我们分析得出人人贷的 6 个审核认证指标与违约风险有相关关系，因此作为人人贷贷款分配的重要参考指标之一，由于信用评级但信用评级和违约风险并不具备相关关系，因此，就可能导致网贷平台出现贷款分配失误，进而催生借款人违约风险的发生。进一步通过线性混合效应模型探索了信用评级对借款可得性是否有影响，结果表明信用评级对以借款金额和借款成功率为构成的借款可得性有影响。上述内容可得出两个结论：一是综合影响信用风险和信用评级的借款人信息，可知，不论是对信用评级这个伪信用风险关联因素还是对违约率这个实际信用风险关联因素，借款人的信息都并没有发挥太大的信用风险提示作用。二是作为借款人信用表达的重要指标，信用评级对借贷双方的作用表现得非常不均衡。对投资人来说，信用评级并不能为其提供信用风险规避指引，反而可能引发投资人的逆向选择行为；对借款人来说，信用评级越高其借款可得性越高。可以说，人人贷所给出的借款人信用评级不但没有缓解信息不对称问题，反而造成了 P2P 网贷的不公平性。

通过以上的研究结论，我们可以推断出，之所以人人贷网贷平台对借款人的信息披露没有很好地起到缓解由信息不对称引发的借款人信用风险的作用，是因为一方面从信息获取根源上讲，借款人提供的信息中可能存在虚假增信信息或借款故意隐瞒了糟糕的信用信息，这使得信息源头得到污染；另一方面网贷平台作为信息中转平台和风险评估机构，并没有对借款人信息进行高效的提取和转换，使得最后展现在投资人面前的借款人信息已非本来面目。基于此，要逐步建立适合我国 P2P 网贷行业的征信体系，政府监管部门必须针对 P2P 网贷制定专门的法律法规，运用政府行政职能对 P2P 网贷中的不法行为进行强制规范和监管，使 P2P 网贷中的活动主体都处于法律法规约束中，如对提供虚假征信信息的借款人进行相应的惩戒措施，从根源上杜绝信息污染现象。P2P 网贷平台作为信息中介，也要不断提高风控技术和完善风控体系，通过对借款人信息的高效分析和提取，实现缓解借贷中信息不对称问题，以达到信息披露的真正作用和意义。借贷双方作为借贷主体，应高度自律，投资人积极学习和深入了解 P2P 网贷相关风险知识，杜绝盲目的羊群行为的出现，借款人应坚守诚信的借贷人格，杜绝道德风险。通过政府、网贷平台和借贷主体的共同努力，早日实现我国 P2P 网贷发展的良性循环。

二、研究创新点

本篇以信息不对称理论为指导，试图从 P2P 网贷借款人信息披露角度，对我国 P2P 网贷中的信用风险进行系统的解释和分析，并对 P2P 网贷平台的信用评级功能进行检验和分析，以探索我国 P2P 网贷平台对借款人信用风险的管控是否达到了预期目标。具体到研究内容上，本篇的主要创新和贡献如下：

（1）创新性地提出我国 P2P 网贷中信息不对称现象不仅仅是由信息获取源头的限制造成的，还在于 P2P 网贷平台盲目依据不属于违约风险因子的信用评级对贷款进行分配，导致借款人信息因素被放大使用。

在 P2P 网贷中，由于存在借款人信息不完全的现象，使得 P2P 网贷中的借款人信用风险问题十分突出。与国外相比，由于国内征信环境的限制，我国 P2P 网贷平台对于借款人信息的获取更为困难，因此我国 P2P 网贷中的借款人信息缺失问题也比国外更加突出。所以，以往的文献研究中，只指出由于我国征信环境影响 信息获取源头受限，使得我国 P2P 网贷中出现借贷双方的信息不对称现象。本篇创新性地提出，一是征信环境限制性，借款人信用信息的获取在源头上的受到限制或污染，二是 P2P 网贷平台盲目依据不属于违约风险因子的信用评级对贷款进行分配，导致借款人信息因素被放大使用。正是在信息获取和加工、传递这两个环节中，

P2P 网贷的借贷双方信息不对称问题一步步加深。因此，要缓解因信息不对称造成的借款人信用风险现象就必须从这两个环节入手。结合我国 P2P 网贷的生存环境和网贷平台风控现状，指出要缓解因信息不对称造成的借款人信用风险现象就必须从信息源头和信息加工这两个环节入手，进而有效抑制我国 P2P 网贷中的借款人信用风险。通过信息不对称理论在 P2P 网贷中的有效运用，在实践中可以为我国 P2P 网贷平台进行信用风险管控提供理论上的指导，并为政府监管者了解和控制我国 P2P 网贷中的信用风险提供理论依据。

（2）借款人信用评级作为风险放大因子，会加剧借贷双方的信息不对称现象，从而诱发信用风险的发生。

本篇以人人贷数据为依托，构建了适合我国 P2P 网贷的借款人信用风险评估体系，这是对我国 P2P 网贷借款人信用风险防范的一种补充，一方面为我国 P2P 网贷平台进行借款人信息收集提供了有效指引，另一方面为政府监管者提供了我国 P2P 网贷中借款人信息的详细内容，进而为政府监管者未来制定丰富的借款人信息披露细则提供有效参考。

从信息不对称角度出发，进行 P2P 网贷借款人信用风险的防范，是国内外学者积极研究的学术问题。P2P 网贷起源于国外，因此发展的时间和稳定性都要优于国内，且由于征信环境开放，P2P 网贷平台对于借款人数据的披露非常到位，因此在学术研究上，国外学者主要集中在借款人信息对 P2P 网贷的影响研究上，如借款人财务状况、工作状况、基本生理信息等对借款可得性、贷款违约率等的影响，而国内学者受国内闭塞征信体制和 P2P 数据来源的限制，主要集中对国内 P2P 网贷风险现状和监管建议等方面的研究，较少有对借款人信息的实证研究。那么在国内 P2P 网贷中，借款人所提供的信息是否全面反映了其风险状况，是否能为投资人作出有效的风险判断。本篇以人人贷数据为依托，构建了适合我国 P2P 网贷的借款人信用风险评估体系，这是对我国 P2P 网贷借款人信用风险防范的一种补充，一方面为我国 P2P 网贷平台进行借款人信息收集提供了有效指引；另一方面为政府监管者提供了我国 P2P 网贷中借款人信息的详细内容，进而为政府监管者未来制定丰富的借款人信息披露细则提供有效参考。以此评估体系为基础，运用二元 logisitic 回归对 P2P 网贷借款人信息进行信用风险评估研究，以实证方式探索借款人信息中的哪些信息会对其信用风险构成影响，而借款人的哪些信息并没有如预期的那样深刻地影响借款人的信用风险。通过对人人贷平台上借款人信息的实证研究，检测了借款人信息对信用风险是否具有实际的提示作用。本篇对于我国 P2P 网贷的借款人信用风险的评估，一方面为国内 P2P 网贷的学术研究构成了一定的补充；另一方面为国内 P2P 网贷平台进行借款人信息管理和信用风险控制提供了实际参考，P2P 网贷平台对借款人进行信用筛查审核时，此信用风险评估模型可发挥一定的辅助补充作用，因此，本篇所提出的我国 P2P 网贷借款人信用风险评估模型也具有较强的实践价值。

由多项 logistic 回归模型的输出结果得出，影响网贷平台信用评级的影响因素为：借款人的学历、标的类型、还清笔数、违约情况。其中标的类型实际代表的是工作认证、收入认证、信用报告、身份认证、机构担保、实地认证这 6 个平台认证情况。由信用风险的预测公式中可知，利率、还款期限和还清笔数是预测违约风险的因素，其中三个预测因素中有两个，即利率和还款期限，都属于贷款信息特征范畴，因此可推出，人人贷标的中，对借款人违约风险影响最大的是人人贷对借款人分配的贷款情况，但信用评级影响因素中并不包括这些因素，因此，信用评级对违约风险的预测作用就弱化了甚至不构成直接相关关系。但人人贷对借款人的贷款分配却是基于人人贷的 6 个审核认证指标以及借款人信用评级这 7 个网贷平台审核认证指标，又由文中信用风险预测公式中我们分析得出人人贷的标的类型所代表的 6 个审核认证指标与违约风险也不具有相关关系，因此作为人人贷贷款分配的重要参考指标之一，由于信用评级和违约风险并不具备相关关系，因此，就可能导致网贷平台出现贷款分配失误，进而催生借款人违约风险的发生。

通过线性混合效应模型进一步得出，信用评级会影响投资人的投资决策，投资人会理所应当地认为信用评级高的借款人其未来的违约风险就较小，而信用评级低的借款人其未来的违约风险就较大。尽管信用评级覆盖了借款人的多数信息，但是由于属于违约风险的预测因子，P2P 网贷平台盲目依靠信用评级进行贷款分配，投资人过度信赖信用评级的风险指引作用，最终使得借款人信息的加工和传递出现偏差，进而引发借款人信用风险。在 P2P 网贷中，对借款人信用状况核实后所作出的信用评级应发挥两个作用：一对借款人而言，信用评级不但是其信用状况的证明，还可以借此获得对应的借款待遇；二对投资人而言，信用评级是重要的信用风险提示。因此，信用评级理应发挥对借贷双方的共同作用，而且对投资人来说信用评级的指导意义更重大，因为它直接关系着整个贷款的违约风险。

三、不足之处和研究展望

本篇以信息不对称理论作为理论支撑点，对我国 P2P 网贷借款人信用风险进行评估研究。由于 P2P 网贷是新生事物，在研究理论、研究方法等方面还处于刚起步的阶段，因此本篇研究中存在的不足之处主要表现在下面几个方面：

(1) P2P 网贷作为互联网金融的一种形式，也属于金融创新范畴，自成立到现在不过十年时间，在学术研究上，并没有形成统一且系统的理论研究框架，需要通过其他学科的理论方法来补充自身的理论空白。本篇虽选取信息经济学的信息不对称理论作为实证研究的理论支撑，但在具体的信息不对称理论与 P2P 网贷借款信用风险的分析上，不够深入，比较单薄，还停留在较浅显的阶段。目前在 P2P 网贷的研究上都存在此类问题，即交叉各学科的理论基础来研究 P2P 网贷中的各种问题，虽然不够深入但也是对 P2P 网贷的各方多角度探讨，也为以后 P2P 网贷建立自己的理论体系提供部分参考。因此在以后对 P2P 网贷的研究工作中，更要注意理论与 P2P 网贷的结合，吸取多学科理论长处以对 P2P 网贷进行深入、广泛的理论指导。

(2) 在对 P2P 网贷的学术研究上，国外学者要比我国学者更有深度，这也是由现实情况决定的。以美国为例，Prosper 会把平台上的交易数据匿名打包在网站上公开，以供学者们进行学术研究，这种对 P2P 网贷开放式的学术研究，反过来也促进了 P2P 网贷的更好发展。而我国各个 P2P 网贷平台的交易数据不对外公开，处于保密状态，这种情况下，国内学者所能获取到的我国 P2P 网贷交易数据都并不完整和全面，这会直接影响到实证分析的结果。因此，本篇所获取的数据只是人人贷平台上很小一部分数据，并不是整网数据，因此，在一些结果上可能会出现偏差，直接影响判断。在以后的 P2P 网贷实证中，应做到以大数据为依托的整体模型验证，通过各种技术手段获取整体且全面的数据，以为实证研究提供有力的数据支撑。

（3）我国 P2P 网贷借款人对其个人信息的提供处于较保守的意识状态，因此存在很多不实信息。在本篇建立的借款人信用风险评估体系中，有车贷、房贷、车产、房产等四个指标，但是最后在进入模型之前却被删除了，因为这四个指标下的所有值各自都是恒定不变的，都为“无”，即样本中全部借款人无车贷、无房贷、无车产、无房产，显然这并不是真实信息。这种不实信息，会影响投资人的风险判断并会使实证结果存在偏差的可能。在以后的工作中，结合我国多个 P2P 网贷平台的数据情况，建立一个可供各个平台参考的信用指标评价体系。

另外，在未来的研究中，将对大数据征信在控制 P2P 网贷借款人信用风险方面进行深入系统的研究，并对 P2P 网贷平台的风控体系进行贷前信用审核和贷后管理的系统性构造。